汽车维修入门 全程图解系列

全程图解 新款 汽车电器 维修

★ 李伟 王军 刘强 主编

流程图 ⊕ 基础知识 ⊕ 实际操作
轻松入门 快速提高！

机械工业出版社
CHINA MACHINE PRESS

本书主要内容有蓄电池、发电机、起动系统、点火系统、灯光、信号系统，电子组合仪表，汽车辅助电器。本书以解答的形式详细地讲解了新型汽车电器构造，所选图片以透视图、剖视图及原理示意图为主，可以让读者清晰地看到汽车电气元件的内部构造，了解汽车电器各个部件运作的原理及故障诊断、检修。

本书将电器相关的新技术进行了整合，具有较强的针对性和实操性。

本书适合广大汽车爱好者和相关汽车行业人员使用。

图书在版编目（CIP）数据

全程图解新款汽车电器维修/李伟，王军，刘强主编. —2版. —北京：机械工业出版社，2018.4
ISBN 978-7-111-59397-3

I. ①全… II. ①李… ②王… ③刘… III. ①汽车－电气设备－车辆修理 IV. ①U472.41

中国版本图书馆CIP数据核字（2018）第048527号

机械工业出版社（北京市百万庄大街22号　邮政编码100037）
策划编辑：杜凡如　责任编辑：杜凡如　李　超
责任校对：郑　婕　封面设计：张　静
责任印制：张　博
三河市国英印务有限公司印刷
2018年6月第2版第1次印刷
184mm×260mm·21.5印张·2插页·523千字
0 001—3 000册
标准书号：ISBN 978-7-111-59397-3
定价：59.80元

凡购本书，如有缺页、倒页、脱页，由本社发行部调换

电话服务	网络服务
服务咨询热线：010－88361066	机 工 官 网：www.cmpbook.com
读者购书热线：010－68326294	机 工 官 博：weibo.com/cmp1952
010－88379203	金　书　网：www.golden-book.com
封面无防伪标均为盗版	教育服务网：www.cmpedu.com

前言 PREFACE

汽车在我们的生活中起着越来越大的作用，同时汽车保有量也日益增多，汽车行业的从业人员也与日俱增。编者从事了十余年汽车资料图书的编写工作，在工作过程中收集了大量的汽车电器结构原理透视图、系统分解图及线描图，并精心选择了目前市场上保有量居多的车系的相关高清图片，将其按照汽车电器结构特点编写。本书对汽车行业从业人员及汽车爱好者学习和了解汽车构造有很大的帮助。本书从基础出发，全面解读新款汽车电器构造，语言通俗、易懂，原理与图示相结合，将复杂的原理图示化、图形化，力求让没有汽车基础的读者也能轻松读懂简单的汽车电器构造原理。随着对汽车知识的了解，我们会发现对现在的汽车反而是越来越看不懂了，电器新技术、新配置、新名词、新设计让人眼花缭乱，如果只认识些车标和车名，早已不能称之为汽车爱好者了。随着汽车技术的进步，汽车爱好者们也需要不断学习和更新知识，对汽车应有更深层次的认识和了解，对于购车者、车主和驾车人来说，也必须掌握一定的汽车电器知识，了解汽车电器与驾驶和使用的关系。只有这样，您才能轻松应对每天行车中遇到的各种问题，并不断提高对汽车电器的了解。

汽车技术更新换代很快，为了让维修人员及学员能够掌握基本电器新知识及工作原理，本书将汽车电器内容进行了重新整合，把最新的电器结构、工作原理、故障诊断、检修、匹配等渗透到其中。本书特点如下：

1）采用最新的电器技术进行讲解和剖析；应用大量三维实物和解剖分解图使读者直观了解汽车电器最新结构原理，掌握最新电器技术。

2）大量新型电器图片与结构原理相结合，便于读者拆装与检修。

3）列举大量故障案例，达到举一反三的效果。

本书文字简练，通俗易懂，适合汽车学员及汽车爱好者参考阅读。本书共分7章，第1章由李伟编写，第2~4章由吉林工程技术师范学院汽车工程学院副教授、吉林大学汽车工程学院博士刘强编写，第5~7章由吉林工程技术师范学院汽车工程学院讲师王军编写。参与本书编写的人员还有李校航、李校研、于洪燕、李春山、于洪岩、李威、于忠贵、姜春玲、马针、吕春影等，在此深表感谢。由于编者经验不足，书中的错误和不完善之处在所难免，恳请广大读者批评指正。

编　者

前言

| 第1章 蓄电池 | 1 |

1. 常用的蓄电池 ... 1
2. 蓄电池的结构、型号 ... 2
3. 玻璃纤维蓄电池的结构 ... 5
4. 蓄电池传感器的结构、原理 ... 5
5. 蓄电池充电控制策略 ... 8
6. 奔驰双蓄电池系统的结构及工作原理 ... 10
7. 蓄电池常见故障 ... 14
8. 蓄电池常见问题解决、匹配、测量 ... 16

| 第2章 发电机 | 20 |

9. 交流发电机的分类 ... 20
10. 发电机的结构 ... 22
11. 定子总成的结构 ... 23
12. 转子总成的结构 ... 24
13. 整流器的结构 ... 25
14. 电刷及电刷架的结构 ... 25
15. 调节器的结构、工作原理及检测 ... 26
16. 风扇及传动带轮的结构 ... 30
17. 新型车用发电机输出电压调节原理 ... 30
18. 发电机的工作原理 ... 34
19. 汽车充电电路分析 ... 35
20. 发电机检测 ... 48
21. 发电机故障诊断与排除 ... 50
22. 车载电网型电源电路供电总端的供电原理 ... 55
23. 车载电网型电源模块及其电路分析 ... 58
24. 汽车电控系统休眠模式 ... 61
25. 电控系统休眠模式的检测 ... 62

第 3 章 起动系统 ····· 65

26. 起动机的结构 ····· 65
27. 起动机的分类、型号 ····· 66
28. 起动机各部件的结构 ····· 68
29. 起动机传动机构的结构 ····· 70
30. 起动机电磁控制装置的结构 ····· 71
31. 起动系统电路分析 ····· 72
32. 一键起动工作原理 ····· 76
33. 发动机起停系统电路分析 ····· 77
34. 发动机起停系统的主要部件 ····· 79
35. 一键起动许可控制单元 J518 匹配 ····· 82
36. KESSY 无钥匙系统的组成 ····· 85
37. KESSY 无钥匙进入工作原理 ····· 87
38. 起动停止系统的部件组成 ····· 89
39. 起动停止系统的工作原理 ····· 92
40. 宝马轿车便捷登车及起动系统 ····· 94
41. 宝马轿车智能无钥匙起动钥匙匹配 ····· 102
42. 手机遥控起动系统 ····· 103
43. 起动机检修 ····· 106
44. 起动系统故障排除 ····· 110
45. 起动机拆装 ····· 115

第 4 章 点火系统 ····· 117

46. 电子点火系统的组成 ····· 117
47. 点火锁的结构 ····· 117
48. 迈腾 B7L 点火开关端子电压的形成 ····· 121
49. 迈腾点火开关档位及工作过程分析 ····· 124
50. 点火系统电路分析 ····· 127
51. 点火线圈检修 ····· 131
52. 火花塞的结构 ····· 133
53. 火花塞、高压线的检修 ····· 135
54. 点火钥匙、遥控器匹配 ····· 137
55. 大众点火锁拆装 ····· 142
56. 点火系统故障案例分析 ····· 144

第 5 章 灯光、信号系统 ····· 150

57. 照明系统的组成 ····· 150
58. 氙气灯的结构 ····· 151

59. LED 前照灯的结构 · 152
60. 奥迪矩阵式 LED 前照灯部件及工作原理 · 154
61. 车灯开关的使用 · 159
62. 奥迪自动控制前照灯的结构与工作原理 · 161
63. 自适应前照灯系统 AFS 的结构与工作原理 · 163
64. 大众灯光控制系统 · 168
65. 信号灯的操作与使用 · 170
66. 大众内部和外部车灯控制分析 · 171
67. 灯光电路分析 · 173
68. 灯光故障分析 · 179
69. 前照灯调整方法 · 188

第 6 章 电子组合仪表 193

70. 仪表结构及信息识读 · 193
71. 电子仪表系统工作原理 · 194
72. 平视显示系统 · 197
73. 仪表电路分析 · 203
74. 新款捷达仪表拆装 · 207
75. 仪表的匹配 · 207
76. 大众/奥迪仪表自适应 · 208
77. 各车型手工保养归零 · 212
78. 仪表常见故障排除 · 218

第 7 章 汽车辅助电器 223

79. 电动刮水器的组成 · 223
80. 风窗洗涤器的组成 · 224
81. 刮水器操纵开关的操作与使用 · 225
82. 速腾刮水器工作原理 · 226
83. 常见车型刮水器与洗涤电路分析 · 229
84. 刮水器系统故障分析 · 237
85. 刮水器拆卸与安装 · 239
86. 电动车窗机械结构 · 241
87. 电动车窗升降控制 · 243
88. 电动车窗开关结构 · 244
89. 电动车窗电路分析 · 245
90. 大众电动车窗拆卸与安装 · 251
91. 电动天窗系统组成 · 254
92. 电动天窗控制原理 · 255
93. 电动天窗控制电路分析 · 256

94. 电动天窗故障案例分析 259
95. 电动后视镜的组成 262
96. 电动后视镜控制原理 264
97. 电动后视镜电路分析 267
98. 电动后视镜故障案例分析 270
99. 大众电动后视镜拆装 272
100. 电动座椅系统组成 274
101. 电动座椅控制原理 276
102. 座椅通风系统的组成与工作原理 278
103. 座椅加热系统的组成与工作原理 279
104. 电动座椅电路分析 281
105. 中央门锁系统的组成 283
106. 大众中控门锁控制原理 286
107. 电动尾门（PTG）系统的结构与工作原理 288
108. 电动滑门（PSD）的结构与工作原理 292
109. 中控锁电路分析 296
110. 自适应巡航控制系统的组成与工作原理 299
111. 巡航电路分析 300
112. 倒车影像系统的组成 303
113. 道路辅助系统的组成 306
114. 安全气囊系统的组成 308
115. 安全气囊电路分析 315
116. 空调系统的组成 317
117. 大众电控可变排量式空调压缩机 320
118. 空调电路分析 324
119. 空调制冷剂加注 329
120. 空调故障分析 333

第 1 章 Chapter 1

蓄 电 池

1 常用的蓄电池

蓄电池是一种可逆的低压直流电源,既能将化学能转换为电能,又能将电能转换为化学能。起动发动机时,蓄电池在短时间内(5~10s)能向起动机连续供给强大电流(一般汽油机为200~600A,柴油机高达1000A)。

汽车上常用的蓄电池有干荷蓄电池、免维护蓄电池和胶体蓄电池等。

(1) 干荷蓄电池 干荷铅蓄电池是在普通铅蓄电池的基础上经技术改进后开发的铅酸蓄电池,其与普通铅蓄电池的区别是极板组在完全呈干燥的状态下,能够长期(一般为2年)保存其化学过程中所得到的电量。干荷电铅蓄电池加足电解液后,静放20~30min即可使用,如图1-1所示。

(2) 免维护蓄电池 现代汽车用蓄电池越来越多地采用免维护(Maintenance Free,MF)蓄电池。所谓免维护蓄电池是指在蓄电池使用期间不需要添加蒸馏水,当充电指示器显示电解液液面高度不足时,蓄电池即应换新,其外形结构如图1-2所示。

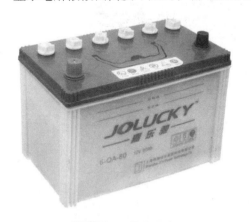

图 1-1 干荷蓄电池

图 1-2 免维护蓄电池

(3) 胶体蓄电池 电解液呈胶态的电池通常称为胶体蓄电池。胶体蓄电池属于铅酸蓄电池的一种发展分类,是在硫酸中添加胶凝剂,使硫酸电解液变为胶态。

胶体蓄电池如图1-3所示,其性能与普通铅酸蓄电池相比,具有放电曲线平直、拐点高、比能量高、循环寿命高、耐过放电、可以长期不充足电又进行放电、高低温性能好等优点；缺点是存在热失控现象。

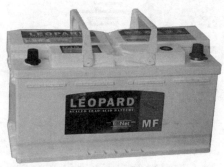

图1-3　胶体蓄电池

② 蓄电池的结构、型号

蓄电池一般由极板、隔板、电解液、壳体、联条、内装指示器、极柱等组成，如图1-4所示。

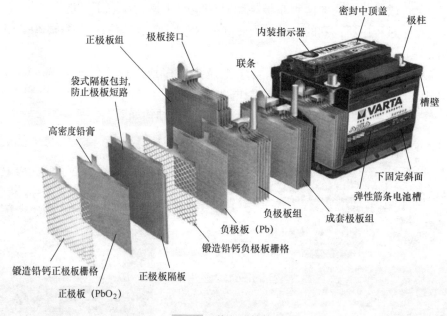

图1-4　蓄电池结构

（1）极板　极板是蓄电池的核心，它由栅架和活性物质极板上的工作物质，主要由铅粉、填加剂与一定密度的稀硫酸混合形成。为了防止龟裂和脱落，铅膏中还掺有玻璃纤维等附着物）组成，如图1-5所示。免维护栅架采用钙锡合金制成，消除了锑的作用。新型薄极板厚度为1.1～1.2mm（正极板比负极板厚），单格电池中负极板总比正极板多一片，保持放电均匀以防止变形。注：锑会加速氢气的析出而加速电解液的消耗，还会引起蓄电池自放电和栅架的腐蚀，缩短蓄电池的使用寿命。

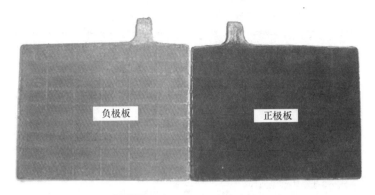

图 1-5 蓄电池的正、负极板

正极板上的活性物质是二氧化铅（PbO_2），呈棕色；负极板上的活性物质是海绵状纯铅（Pb），呈深灰色。

为增大蓄电池的容量，多采用薄型极板，力求在同样体积的蓄电池中通过增加极板数量来增大极板表面积。安装时，正、负极板组互相嵌入，以减小蓄电池内部体积。

注意：因为正极板化学反应剧烈，所以在单格电池中，负极板总比正极板多一片，使每一片正极板都处于两片负极板之间，保持其放电均匀，防止变形。

（2）隔板　为了减小蓄电池的内部尺寸、降低内阻，蓄电池的正、负极板应尽可能地靠近，如果正、负极板相互接触，又会导致蓄电池内部短路。因此，正、负极板相互嵌入后，在中间插入隔板。隔板采用绝缘材料，化学性能稳定，具有良好的耐酸性和抗氧化性，而且多孔，以便电解液自由渗透，如图1-6所示。

（3）联条　联条的作用是将分电池串联起来，提高整个蓄电池的端电压，如图1-7所示。普通蓄电池的联条的串联方式一般是外露式，而新型蓄电池的联条的串联方式是封闭式。

图 1-6 聚乙烯隔板

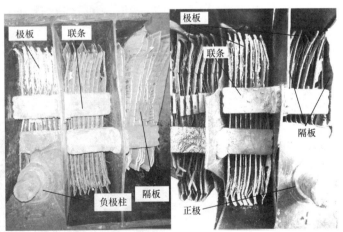

图 1-7 联条

（4）蓄电池的型号

按照 JB/T 2599—1993 的规定，蓄电池产品型号分为三段五个部分，其排列形式是□-□-□-□-□，它所表示的含义见表1-1。

表 1-1 蓄电池的型号

第一部分	第二部分		第三部分	
串联的单格电池数	蓄电池的类型	蓄电池的特征	蓄电池的额定容量	蓄电池的特殊性能
用阿拉伯数字表示： 3—3个单格，额定电压6V 6—6个单格，额定电压为12V	用大写的汉语拼音表示： Q—起动用铅酸蓄电池 N—内燃机车用蓄电池 M—摩托车用蓄电池	用大写的汉语拼音表示： A—干荷电铅酸蓄电池 H—湿荷电铅酸蓄电池 W—免维护铅酸蓄电池 M—密封式铅酸蓄电池 S—少维护铅酸蓄电池 J—胶体式铅酸蓄电池	20h放电率的额定容量，单位为A·h，单位略去不写	用大写的汉语拼音字母表示： G—高起动率 D—低温性能好 S—塑料槽蓄电池

例如：6-Q-105D，表示该普通起动型蓄电池由6格组成，额定电压为12V，20h放电率的额定容量为105A·h，低温起动性好；6-QW-90，表示该免维护蓄电池由6格组成，额定电压为12V，20h放电率的额定容量为90A·h。

额定容量K20：蓄电池的容量由制造商规定，以A·h为单位。在室温情况下，一个充足电的新蓄电池应能连续20h以上提供电流，其间蓄电池的电压不能低于10.5V。例如：对于额定容量为60A·h的蓄电池，60A·h/20h=3A，即额定容量为60A·h的蓄电池，应该可以连续20h以上提供电流值为3A的电流，其间蓄电池的电压不可低于10.5V。

蓄电池的铭牌标记如图1-8和图1-9所示。

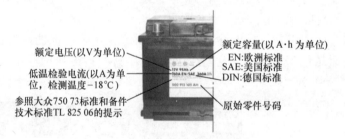

图 1-8 蓄电池的铭牌标记（一）

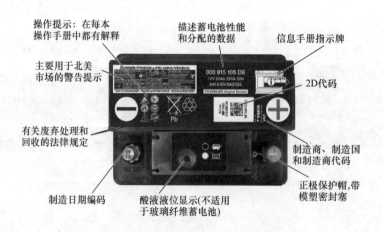

图 1-9 蓄电池的铭牌标记（二）

3 玻璃纤维蓄电池的结构

玻璃纤维（AGM）蓄电池无电眼，不得打开，电解质以液态形式储存在玻璃纤维板上，也可归类为VRLA（阀控铅酸）型蓄电池，一般用于装备有起动/停止系统的车辆上。

玻璃纤维蓄电池具有更高的循环稳定性，而且在经受连续多次的电流冲击时，玻璃纤维隔板仍能对电池极板提供良好的保护，这为发动机的节能起停提供了有力的保证。其结构如图1-10所示。

吸附式玻璃纤维隔板中微纤维玻璃棉无规则地交叉排列，形成的孔型结构平滑。隔板强度和韧性较差，易折裂和受到摩擦损伤，原因是纤维表面光滑规则，形成的微孔近似于直通孔，隔板的最大孔径和平均孔径均较大，纤维之间缺少填充物。孔的曲折度不够，孔的长度与隔板的厚度之比（曲折系数）接近1:1，孔径大而直通，这就会使铅制品比较容易穿透隔板而引起渗透问题。

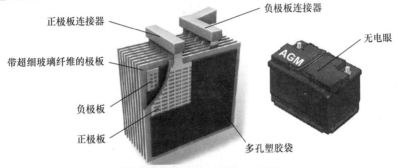

图1-10 玻璃纤维蓄电池的结构

4 蓄电池传感器的结构、原理

（1）宝马智能蓄电池传感器的结构　宝马智能蓄电池传感器（IBS）是电源管理系统的一个组成部分，其结构与连接如图1-11和图1-12所示。

图1-11 宝马智能蓄电池传感器的结构
1—蓄电池接线柱　2—测量分流器　3—间隔垫圈　4—螺栓　5—搭铁线

IBS 的机械部分由蓄电池负极接线柱及搭铁线组成。

IBS 机械部分的功能：使车身与蓄电池负极接触；作为电流测量传感器元件的定位件；作为硬件的定位件；确保硬件温度传感器和蓄电池负极之间充足的热敏接触来保护敏感电子元件，蓄电池接线柱作为 IBS 搭铁端。

IBS 是一个自身带有微型控制器 μC 的智能型蓄电池传感器。IBS 持续测量蓄电池端电压、蓄电池充电/放电电流及蓄电池酸液温度。

（2）宝马智能蓄电池导线的结构　所有宝马车辆上都有多根蓄电池导线。一根蓄电池导线直接通过跨接起动接线柱通向起动机和发电机。根据宝马车型，这根蓄电池导线可装有监控装置。

为了让宝马车辆更加安全可靠，对蓄电池导线（蓄电池正极到起动机的导线）进行监控。带有监控接口的蓄电池导线结构如图 1-13 所示。

另一根蓄电池导线连接至行李箱内的后部配电盒，然后连接至杂物箱内的配电盒。这根蓄电池导线没有监控装置。

传感器监控蓄电池导线是否对搭铁短路或对正极短路。在被动安全系统高级安全电子系统（ASE）内对这些信息进行监控。

蓄电池导线的监控装置由包在铝质导线塑料绝缘层外的铜制屏蔽层构成，如图 1-14 所示。

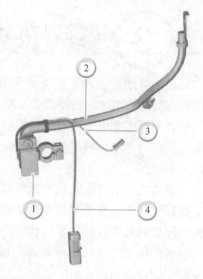

图 1-12　智能蓄电池传感器的连接
1—智能型蓄电池传感器　2—搭铁导线
3—串行数据接口（BSD）　4—接口 B+

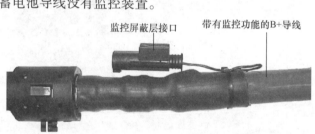

图 1-13　带有监控接口的蓄电池导线

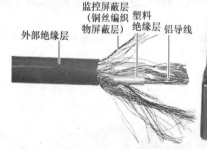 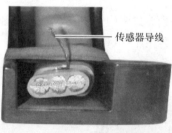 

图 1-14　受监控蓄电池导线的结构

（3）工作原理　IBS 内部安装的智能芯片通过电源线 B+给其供电，同时提供蓄电池电压信号。传感器工作时可以连续测量下列数值：蓄电池电压、蓄电池充电/放电电流及蓄电池电解液温度。电子分析装置控制原理图如图 1-15 所示。智能芯片内部的软件还负责控制相关流程和与发动机 ECU 的通信，通过数据接口将数据传送至发动机 ECU。

车辆处于驻车运行模式时，会以周期形式查询测量值，从而节省能量。IBS 的编程要求是每 40s 唤醒一次。IBS 的测量持续时间约为 50ms，测量值记录在 IBS 内的休眠电流直方图

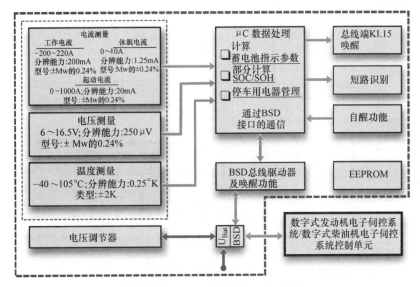

图 1-15 电子分析装置控制原理图

中。此外还计算部分蓄电池电荷状态（SOC）。重新起动车辆后，DME/DDE 读取直方图数据。如果出现休眠电流错误，则在 DME/DDE 的故障存储器内进行记录。相关数据通过位串行数据接口传输。IBS 用于分析蓄电池的当前质量。IBS 带有自身的控制单元，是蓄电池负极接线柱的一个组成部分。

IBS 计算出蓄电池指标，作为蓄电池充电和正常状态的基础。蓄电池指标是指车辆蓄电池的充电和放电电流、电压和温度。使蓄电池的充电和放电电流保持平衡状态，始终监控蓄电池的充电状态，蓄电池电量不足时向 DME 发送相关数据。在起动发动机时计算电流特性曲线，以确定蓄电池的正常状态，监控车辆的休眠电流。IBS 具有自诊断功能。

DME/DDE 进入休眠模式之前，它会告知 IBS 目前可用的蓄电池 SOC。如果提供的电荷已经耗尽，IBS 会发出唤醒信号。DME/DDE 向 IBS 查询当前的蓄电池 SOC。IBS 通知 DME/DDE 蓄电池 SOC 处于临界状态，然后 DME/DDE 会要求停车用电器关闭。DME/DDE 不再允许 IBS 唤醒车辆，如图 1-16 所示。

车辆接下来重新进入休眠状态。只有车辆处于休眠状态时，唤醒功能才适用。

受到监控的蓄电池导线的两端都有传感器，传感器导线与监控屏蔽层相连接。传感器可以监控蓄电池导线是否对搭铁短路或对正极短路，由被动安全系统高级安全电子系统对这些信息进行监控，其监控电路图如图 1-17 所示。

蓄电池正极端的监控导线连接在右侧蓄电池导线传感器（简称 SBSR）上，起动机的监控导线连接在左侧蓄电池导线传感器（简称 SBSL）上，被动安全系统高级安全电子系统通过这两个传感器对蓄电池导线进行诊断。起动后，左侧传感器通过传感器发出一个数字信号给右侧传感器，同时，右侧传感器也会通过传感器发出一个数字信号给左侧传感器，两个传感器都收到正常的信号后，产生 5V 电压信号。在蓄电池导线出现故障时，会产生差异明显的测量值，见表 1-2。

被动安全系统高级安全电子系统检测到蓄电池导线不正常的状态参数时，通过数据线将信号传输给发动机 ECU 和仪表 ECU，并发出报警信号。

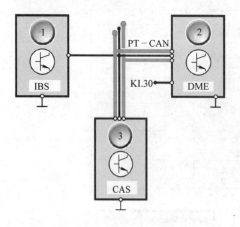

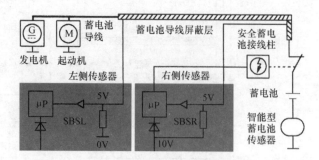

图1-16　KI.15 通过 IBS 唤醒功能原理
　　　IBS—智能蓄电池传感器
　　　DME—数字式发动机电子伺控系统
　　　CAS—便捷进入及起动系统
　　　KI.30—总线端

图1-17　蓄电池导线监控电路图

表1-2　蓄电池导线状态检测数值　　　　　　　　　（单位：V）

状态	SBSL 测量值	SBSR 测量值
蓄电池导线正常	5	5
传感器导线断路	0	10
传感器导线对搭铁短路	0	0
传感器导线对正极短路	12	12

5 蓄电池充电控制策略

在传统的内燃机车辆供电系统中，长期存在着以下问题：

1）缺乏对蓄电池电荷状态（State of Charge，SOC）的监控功能。整车电源系统对蓄电池充电侧和放电侧无法进行实时控制，导致电能量产生与电负荷消耗不平衡，造成了蓄电池电量不足或者过充电。

2）缺乏对重要电负载的保护。对不同的电气系统来说，没有优先级区分，即便是重要负载，在低电量时也会被关闭。

3）燃油经济性差。发电机与发动机同步运转，其输出电压为常值，即便发动机运行在低效率区，发电机也照常发电，致使燃油经济性变差。

近几年来，新型车辆将蓄电池充电控制融入到了车载电气能量管理系统中，发动机 ECU 根据蓄电池的传感器检测蓄电池的电压、电流和温度信号，计算出蓄电池 SOC 值，通过 LIN 总线控制 IC 调节器的目标电压，维持电负载供电和蓄电池充电的稳定功能。蓄电池充电控制系统电路如图1-18所示。

当蓄电池放电低于 SOC 阈值时，发动机 ECU 会控制 IC 调节器调整目标电压，提高发电机输出电压，加快蓄电池充电至规定的 SOC 值。另外，发动机 ECU 可以根据车辆行驶中发

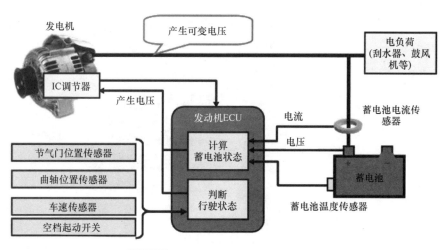

图1-18 蓄电池充电控制系统电路图

动机的负载设定 IC 调节器的目标电压范围。这也意味着，蓄电池 SOC 处在正常范围时，可以以提高车辆的燃油经济性为目的而不断地动态调节充电电压。在加速过程中，降低充电电压，使发电机消耗的转矩减小，让更多的发动机输出功率传递给驱动轮，保证车辆的加速性；在车辆减速过程中，提高发电机的输出电压，使发电机消耗发动机转矩，实现制动能量回收，提高燃油经济性。发动机 ECU 动态调节发电机充电电压图如图 1-19 所示。

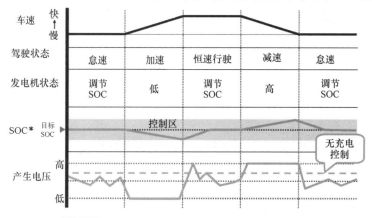

图1-19 发动机 ECU 动态调节发电机充电电压图

蓄电池传感器由霍尔式电流传感器和负热敏电阻蓄电池温度传感器组成，安装在蓄电池负极端子附近的电缆上，如图 1-20 所示。霍尔式电流传感器的工作原理是，当蓄电池充放电电流通过负极电缆时，在电缆的周围产生磁场，磁场的强弱与电缆上流过的电流成正比。由软磁材料制成的聚磁环将被测电流产生的磁场集中到霍尔元件上以提高测量灵敏度。根据霍尔效应原理，通过测量传感器上的霍尔电压，就可以获得被测的蓄电池充放电电流（图 1-21），用于发动机 ECU 计算蓄电池的 SOC 值，控制发电机输出的目标电压。

同时，发动机 ECU 根据负热敏电阻蓄电池温度传感器检测到的蓄电池温度，可以及时调节蓄电池的充电电流，防止蓄电池过充电而提前老化。蓄电池温度与检测电阻的关系如图 1-22 所示。

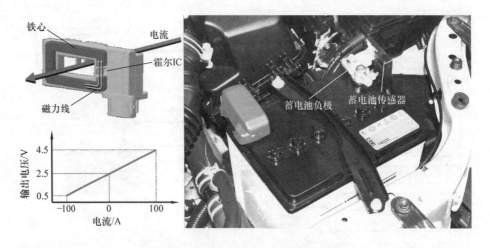

图 1-20　蓄电池传感器安装位置示意图

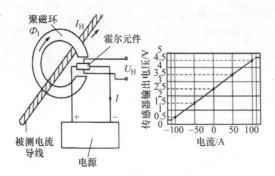

图 1-21　霍尔式蓄电池电流传感器工作原理图

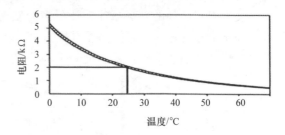

图 1-22　蓄电池温度与检测电阻的关系

6 奔驰双蓄电池系统的结构及工作原理

（1）奔驰双蓄电池系统的构成　图 1-23 所示奔驰车型双蓄电池系统由起动蓄电池 G1/4（为免维护蓄电池）、主蓄电池 G1/8（为加酸蓄电池）、蓄电池控制单元 N82/1 和前熔丝盒 F32 等构成。起动蓄电池 G1/4 用来给起动机提供能量；主蓄电池 G1/8 用来为全车的用电设备提供能量（甚至当发动机熄火时）。采用双蓄电池的主要目的是保证发动机的起动。特别提醒：主蓄电池 G1/8 在电量完全放空后就再也无法充电，完全报废。

前熔丝盒 F32 与蓄电池控制单元 N82/1 和主蓄电池线路一起，形成车载电气系统的基本结构。如图 1-24 所示，前熔丝盒 F32 是大功率的用电设备的连接

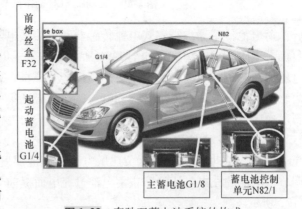

图 1-23　奔驰双蓄电池系统的构成

处，如电子扇、前SAM（N10/1）等，并与发电机相连。

（2）奔驰蓄电池系统的工作原理　蓄电池控制单元N82/1与主蓄电池G1/8通过内部车载系统相连，耦合继电器与蓄电池并联，蓄电池控制单元N82/1端子连接的线路如图1-25所示。蓄电池控制单元N82/1用来进行蓄电池分析（分析两块蓄电池的电量水平，在发动机起动后为起动蓄电池充电1h，在总线休眠6h或系统电压低于11.8V时控制静态电流开关（RSS，也称30g开

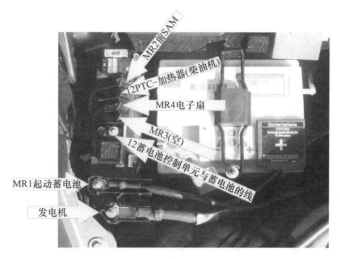

图1-24　前熔丝盒F32

关），起动蓄电池的DC/DC充电转换器，在系统电压低于9V或柴油机冷起动时控制耦合继电器工作使主蓄电池G1/8和起动蓄电池G1/4并联。如图1-26所示，蓄电池控制单元N82/1中的高温熔丝接至前熔丝盒F32，用于保护车载电气网络线路。高温熔丝在电缆温度为140℃时被触发，被触发的高温熔丝有故障码存储在控制单元中。高温熔丝只在蓄电池控制单元N82/1未处于睡眠模式时才能被监视。高温熔丝作为单独的更换零件提供，可以更换。

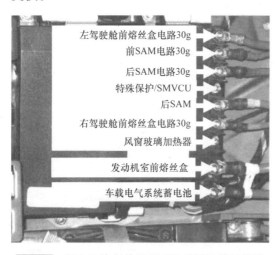

图1-25　蓄电池控制单元N82/1端子连接的线路

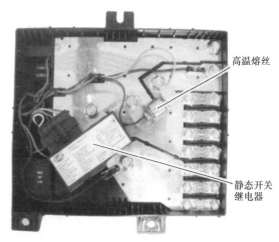

图1-26　高温熔丝和静态电流开关（继电器）

如果车辆静止，主蓄电池G1/8为所有用电设备供电。为延长车辆在静止状态下的供电时间，一般情况下，车辆解锁或钥匙A80插入EIS（N73）后，Chassis CAN和蓄电池控制单元N82/1被激活，静态电流开关如果之前是断开的，此时就会接合（接通30g用电设备），两个蓄电池将各自为自己的系统供电。发动机起动后，发电机为主蓄电池充电，发电机将通过蓄电池控制单元N82/1为起动蓄电池充电1h（根据蓄电池的充电状态确定），主蓄电池通

过DC/DC充电转换器为起动蓄电池充电。如果在此期间发动机熄火，只有在下列情况下DC/DC充电转换器会停止工作：电路61断开（OFF，熄火），然后接着再起动着机（电路15接通）；主蓄电池的电压低于10.5V（点火开关置OFF）；微动耦合开关和耦合继电器闭合（两个蓄电池并联）。当主蓄电池的电压低于9V时，系统会转换到紧急状况，此时，车辆不可以使用遥控钥匙解锁，只能使用机械钥匙打开驾驶人侧车门；当钥匙插入EIS时，DC/DC充电转换器给EIS信号，位于EIS中的微动耦合开关触发，使耦合继电器闭合，发电机直接为起动蓄电池充电。

车辆如果有无钥匙起动系统，当使用start/stop开关时EIS中微动耦合开关也会闭合；耦合继电器闭合，两个蓄电池并联5min，为起动机提供能量；当钥匙在EIS中转至"ON"位时（电路15接通），两个蓄电池并联提供的能量维持30s；当点火开关置"ON"后，两个蓄电池并联提供的能量由维持5min减少至30s，如果不起动发动机，30s后必须再次将钥匙插入EIS，再次发动发动机。总线休眠6h或系统电压低于11.8V时，静态电流开关断开，防止静电流的产生消耗电量。

（3）双蓄电池系统检修注意事项

1）检修关键步骤。在将主蓄电池从车载电气系统上断开之前，车载电气系统的内部部件必须没有电压，这是通过下述步骤完成的：

① 将钥匙转到位置0。

② 将钥匙转到位置2。

③ 等待30s。

④ 将钥匙转到位置0。

⑤ 不要拔下钥匙（拔下钥匙将触发主蓄电池向起动蓄电池充电）。

2）断开与连接搭铁线的步骤。进行系统维修和焊接工作，需断开、连接搭铁线，断开、连接搭铁线的步骤如下：

① 执行"检修关键步骤"。

② 断开起动机蓄电池上的搭铁线。

③ 断开行李箱横梁上主蓄电池的搭铁线。

④ 连接时按照相反的顺序重新连接。

3）拆除和安装起动蓄电池的步骤。起动蓄电池安装位置如图1-27所示，其拆除和安装步骤如下：

① 执行"检修关键步骤"。

② 断开起动蓄电池上的搭铁线。

③ 断开起动蓄电池上的正极导线。

④ 拆卸起动蓄电池。

4）拆除和安装主蓄电池的步骤。主蓄电池的安装位置如图1-28所示，其拆除和安装步骤如下：

① 执行"检修关键步骤"。

② 断开起动蓄电池上的搭铁线。

③ 断开主蓄电池上的搭铁线。

④ 断开主蓄电池上的正极导线。

⑤ 拆卸主蓄电池。

注意：在拆装或连接/断开主蓄电池后，无须对车辆进行初始化。

图 1-27　起动蓄电池位置

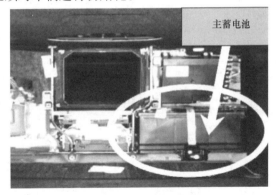

图 1-28　主蓄电池安装位置

5）其他注意事项。拆除/安装下列元件时，两条搭铁线必须始终处于断开状态：蓄电池控制单元 N82/1、前 SAM、后 SAM、安全气囊控制单元 ARCADE、发电机、起动机、前熔丝盒 F32。

6）双蓄电池系统的充电。

① 主蓄电池的充电。注意：因为奔驰 W221 车型的耗电量很高，因此要使用最低充电电流为 30A 的充电器进行充电。充电时，正极接至充电正极的长接线柱，负极接至起动蓄电池的负极。

② 起动蓄电池的充电。为起动蓄电池充电的充电过程通过起动蓄电池和车身搭铁来进行，正极接到起动蓄电池的正极，负极接到车身搭铁或发动机搭铁（如发动机气缸体的吊耳），如图 1-29 所示。

图 1-29　起动蓄电池的充电

7）主蓄电池电压参数的读取方法。特别提醒：直接从起动蓄电池测量的电压数值不是主蓄电池的电压。主蓄电池电压能在仪表板"车辆数据"菜单中显示，调取主蓄电池电压参数的方法如下：

① 将仪表板显示设置为"里程"。

② 短按多功能转向盘左侧按钮块中的"OK"按钮一次，"复位里程表"显示在仪表板中。

③ 再次按住多功能转向盘左侧按钮块中的"OK"按钮，同时按住多功能转向盘右侧按钮块中的"接听电话"按钮，并按住这两个按钮约保持5s，"车辆数据"项目显示在仪表板中。

④ 按下"OK"按钮，进入"车辆数据"菜单，"车辆数据"菜单显示的第一项数据就是主蓄电池（UB）的电压。

7 蓄电池常见故障

随着汽车电子技术的不断发展，汽车电气元件日益增多，经常有驾驶人抱怨车辆放置一段时间就会出现蓄电池亏电，无法起动的故障。轿车蓄电池亏电的原因一般有三点：蓄电池充电不良、蓄电池自身故障、静态放电过多。其中第三种情况较为常见。

（1）蓄电池充电不良

1）故障原因：发电机到蓄电池之间的线路存在虚接；发电机发电量不足。

2）排除方法：起动发动机，关闭所有电器，测量发电机正极与其外壳之间的电压（发电机的输出电压），应在13.5V以上，否则说明发电机发电量不足，需更换发电机；如发电机的输出电压正常，打开所有电器，检测蓄电池正极与发动机、车身及蓄电池负极间的电压，其中任意两电压的差值不能超过0.3V，否则说明发电机到蓄电池之间的线路存在虚接，需仔细检查相关线路。

（2）蓄电池自身故障

1）故障原因：极板硫化；电解液过少；蓄电池内部断路。

2）排除方法：在确定不是蓄电池充电不良的情况后，关闭所有电器，断开点火开关，用大众专用蓄电池测试仪（图1-30）对蓄电池进行测试，若测试电压低于11V，最大电流在200A以下，建议更换蓄电池。

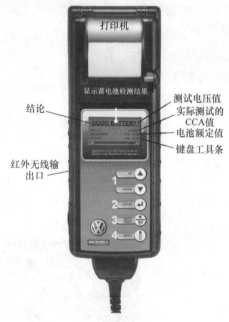

图1-30 大众专用蓄电池测试仪
1—上/下键（用上/下键选择测试参数或菜单选项）
2—回车键（用该键确认选择） 3—后退/打印键（用该键退回到前页，也可使用该键通过内置打印机打印检测结果） 4—菜单键（按该键进入主菜单的测试选项）

说明：蓄电池测试仪的使用方法：①关闭点火开关和所有用电器；②检测带观察孔的蓄电池的颜色显示；③开启测试仪；④将测试仪的红色接线端"+"连到正极上；⑤将测试仪的黑色接线端"-"连到负极上。

（3）静态放电流过太

1）故障原因：开关故障；继电器故障；控制单元故障；加装了其他电器。

2）排除方法：使用VAS6150，进入"测试工具"，然后选择"50A电流拾波器"，最后选择直流；检查车载控制单元中的所有电器是否关闭，如杂物箱灯、行李箱灯、车门灯及车顶灯等；关闭行李箱、发动机舱盖及所有车门后，用遥控器锁止车辆，然后等待10min 使所有系统进入休眠模式;将 VAS6150 的电流钳夹在蓄电池正极或负极导线上,要注意电流钳上的箭头(图 1-31)应指向电流的方向,然后观察 VAS6150 显示的放电电流,若超出 50mA,则说明蓄电池静态放电电流过大。进一步的检测步骤如下。

① 查看车辆是否加装了其他电器,如报警器、DVD 导航、防盗报警器等,若有,需断开其电源,若此时 VAS6150 显示放电电流明显变小,说明该加装电器负荷过大,需拆除。

② 逐项断开不经熔丝控制的所有电器(起动机、发电机及点火装置等)的供电线路,同时观察 VAS6150 显示的放电电流是否变化,若断开某线路后放电电流明显变小,说明该线路或电器有故障。

③ 将发动机室左侧、仪表台左侧的熔丝盒内的熔丝逐个拔掉(拔熔丝法),若将某一熔丝拔掉后,VAS6150 显示的放电电流明显变小,则说明该熔丝控制的线路或电器有故障。该步骤也可通过测量各熔丝两端的电压来实现,但所用万用表的精度要高,使用普通数字万用表无法测量,需使用 VAS6150 的万用表。熔丝有微小的电阻,若有电流经过,熔丝两端必定有电压,这样就可根据电压大小来确定电流大小。若 5A 熔丝两端的电压为 0.2mV,则经过的电流为 13mA;若 15A 熔丝两端的电压为 0.2mV,则经过的电流为 45mA;若 61mA 熔丝两端的电压为 0.2mV,则经过的电流为 61mA。

说明:由于汽车有些电气设备(防盗报警器、电子钟、中控锁)等系统要消耗一定的电流 50mA,如果电流过大,则说明蓄电池有漏电现象。

3)检查方法:断开蓄电池正极或负极串入万用表并打到电流档,观察表的读数,若静态电流过大,说明有漏电,逐个拔熔丝检查。若拔掉某个熔丝电流减小,则故障在该熔丝所管的系统,检查该用电设备、线路、开关。也可用电流钳来检测,如图 1-32 所示。

图 1-31 电流钳上的箭头

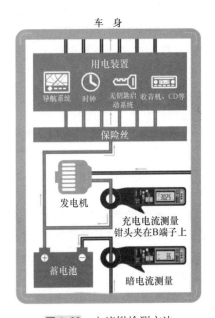

图 1-32 电流钳检测方法

注:所谓暗电流(之所以叫它暗电流,是因为英文称之为 Dark Current,故直译为暗电流),是指点火开关在 OFF 的位置(汽车无工作状态)时,仍然在流动的电流。正因为这些

暗电流的存在，以及蓄电池自然的放电，车辆长期停放则蓄电池电量不足，从而导致汽车无法启动。这就是所说的静态电流。

8 蓄电池常见问题解决、匹配、测量

（1）奥迪 Q5 车蓄电池电量匹配

1）进入 56。

2）进入匹配。

3）进入 39 通道后将 65519 改为 65535。

4）执行。

（2）别克英朗轿车断电后产生故障码 C056E 的解决　低配的别克英朗车型（不带车辆电子稳定系统的），若经过长时间断电，可能会在电子动力转向控制模块内产生故障码 C056E。一旦产生此故障码，以 GDS 检测确认后，需执行转角传感器的对中重学习；有如下两个办法可现。

方法一：①恢复车辆供电，起动发动机，车辆原地静止（车速为 0km/h），转向盘从居中位置匀速向左侧打到极限位置，再匀速向右侧打到极限位置，最后使转向盘回到居中位置；②转向盘围绕中心位置，匀速向左侧打约 90°，再向右侧打约 90°，再重复该操作一次；③车辆行驶至存放区，熄火，拔出钥匙，放置 2min 以上，即可完成全部学习。

方法二：使用 GDS，升级诊断数据包至 Chinav2012.2.0 版本，进入"电子转向控制模块"—"模块配置"条目，然后依次完成下列步骤：①复位动力转向软制动；②转向盘角度传感器居中；③学习动力转向软制动。GDS 诊断数据包可以在 tis2web 上自动升级，也可从 DMS—"软件信息"内下载。

（3）奔驰轿车拆过电池后的设定方法　奔驰 W220、S320 轿车蓄电池电压不足或拆过蓄电池后，经常会出现仪表板上的 ESP 指示灯或 BAS 指示灯点亮，以及车窗玻璃升降器不能自动升降等情况，此时需要进行同步设定。具体方法如下：

1）当仪表板上的 ESP 指示灯或 BAS 指示灯点亮时，用故障检测仪检测，在转向盘控制系统中一般会记忆关于"转向盘系统故障，转向盘角度传感器未学习"的故障码，说明转向盘角度传感器失去记忆。此时只要将转向盘向左及向右转到底，然后放置中央即可。

2）如果天窗无一键触发功能（自动功能），只要将天窗开关"向上"按键压下，并持续 3s 以上即可。

3）如果电动车窗无自动升降功能，需要按照如下步骤进行设定：将点火开关置于"ON"位；按下电动车窗开关第一段（自动降车窗），等车窗玻璃完全降到底后，按电动车窗开关第二段 5s 以上；按电动车窗开关第一段一次，等车窗玻璃完全关闭后，按第二段 5s 以上；等待 15min。

4）如果座椅、转向盘、后视镜、椅背无法由按键操作到正常位置，只要操作相应的按键到两侧极限位置，并持续 3s 以上即可。

（4）宝马蓄电池更换　宝马 F 底盘系列车型的发动机系统具有蓄电池管理功能，可监控蓄电池的状态，当识别到蓄电池已严重老化或损坏时，仪表板上会出现"蓄电池需进行充电"的警告信息（图 1-33），中控显示屏上也会有"蓄电池电量过低"的提示（图 1-34），同

时，发动机控制单元中也会存储相应的故障码。只有在更换蓄电池并"记录电池更换"后，故障码才能被清除。下面介绍使用 X431Pro3 更换宝马 F 底盘系列车型蓄电池的操作方法。

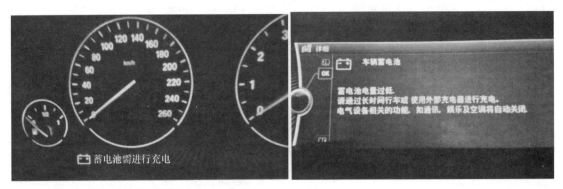

图 1-33　仪表板提示"蓄电池需进行充电"　　图 1-34　中控显示屏上提示"蓄电池电量过低"

1）连接 X431Pro3 汽车故障检测仪。
2）依次选择"宝马"→"手动选择"→"车系"→"底盘系列"→"驱动部分"（图 1-35），然后选择"ECM"（发动机控制模块—DME/DDE）。
3）依次选择"特殊功能"→"蓄电池"→"记录电池更换"，如图 1-36 所示。

 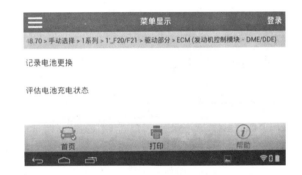

图 1-35　驱动部分界面　　　　　　　　　图 1-36　选择"记录电池更换"

4）选择"[2] 执行记录蓄电池更换"，如图 1-37 所示。
5）选择"[2] 记录电池更换"，如图 1-38 所示。

图 1-37　选择"[2] 执行记录蓄电池更换"　　图 1-38　选择"[2] 记录电池更换"

6）电池容量及型号选择界面如图1-39所示。若更换同类型同容量的蓄电池，则选择"［1］输入电池更换：同等容量"；若更换不同容量、型号的蓄电池，则选择"［2］输入蓄电池更换：从普通铅酸蓄电池更换为AGM（采用吸附式玻璃纤维棉）蓄电池"。需要注意的是，在更换不同容量或不同型号的蓄电池时，成功记录蓄电池更换后，需要对其进行编程。F底盘蓄电池编程（改装）暂不支持。

7）对所选择的蓄电池容量及型号确认无误后，选择"确定"，等待约20s。记录成功，则会出现图1-40所示信息。

图1-39 电池容量及型号选择界面

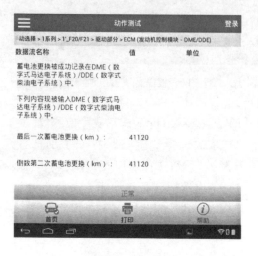

图1-40 记录成功

8）记录成功后，需清除故障码。若故障码无法清除或无法"记录电池更换"，则反馈该ECM（发动机控制模块—DME/DDE）的版本信息，如图1-41所示。

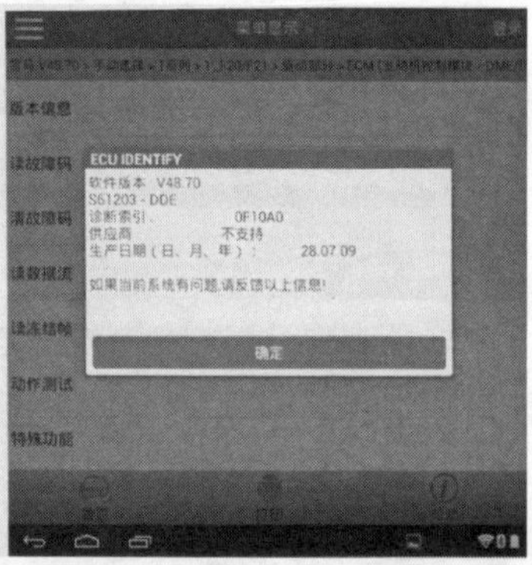

（5）蓄电池故障判断

1）将高功率放电计电缆上正（红）、负（黑）夹分别夹到蓄电池正、负极柱上。

2）将电压检测线上正（红）、负（黑）夹分别夹到蓄电池正、负极柱上。

3）按下开关按钮并保持5s。

4）观察电压表指针位置，判断蓄电池技术状况。不同的指针位置所对应的蓄电池状态如下：

① 高功率放电计绿色区域：端电压高于12V，状态良好，如图1-42所示。

② 高功率放电计红色区域：端电压低于9.6V，存电不足，如图1-43所示。

③ 高功率放电计不稳定或电流急剧减小至0，蓄电池故障。

注：按下高功率放电计测试开关并保持5s后放开，待测试仪上的指针静止不动后读数（图1-44），此读数即为蓄电池的端电压。

图1-41 故障码无法清除或无法"记录电池更换"时的反馈信息

图 1-42 绿色区域

图 1-43 红色区域

第2章 Chapter 2

发 电 机

⑨ 交流发电机的分类

（1）按结构分类

1）外装电压调节器式交流发电机。在载货汽车和大型客车上应用较普遍，如东风EQ1090型载货汽车使用的JF132型交流发电机、解放CA1091型载货汽车使用的JF1522A型交流发电机等。

2）内装电压调节器式（整体式交流发电机）。内装电压调节器式交流发电机多用于轿车，如一汽奥迪、上海桑塔纳等轿车用JFZ1913Z型交流发电机。

3）带泵交流发电机。带泵交流发电机多用于柴油车，在发电机后端带有真空制动助力泵，如图2-1所示。

真空助力泵

图2-1 带泵交流发电机

4）无刷交流发电机。即无电刷、集电环结构的交流发电机，如JFW1913型交流发电机。

5）永磁交流发电机。即转子磁极采用永磁材料的交流发电机。

（2）按励磁绕组搭铁方式分类

1）内搭铁式交流发电机。即励磁绕组的一端引出来形成励磁接线柱，而另一端与发电机壳相连接，如东风EQ1090型车用的JF132型交流发电机。

2）外搭铁式交流发电机。即励磁绕组的两个端子都和发电机外壳绝缘，引出来形成两个励磁接线柱，励磁绕组是通过调节器搭铁的，如解放 CA1O91 型车使用的 JF152D、JF1522A 型交流发电机，如图 2-2 所示。

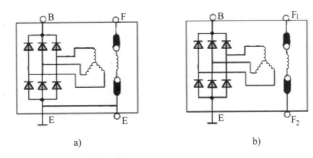

图 2-2 交流发电机的搭铁形式

a）内搭铁式交流发电机 b）外搭铁式交流发电机

(3) 按装用的二极管数量分类

1）6 管交流发电机。其整流器由 6 只硅二极管组成，这种形式应用最为广泛，如东风 EQ1090 型车使用的 JF132 型以及解放 CA1O91 型车使用的 JF1522A、JF152D 型交流发电机等。

2）8 管交流发电机。指具有两个中性点二极管的交流发电机，其整流器总成共有 8 只二极管，如天津夏利 TJ7100 型微型轿车所用的 JFZ1542 型交流发电机。

3）9 管交流发电机。指具有 3 个励磁二极管的交流发电机，其整流器总成共有 9 只二极管，如北京 BJ1022 型轻型载货汽车用的 JFZ141 型交流发电机。

4）11 管交流发电机。指具有中性点二极管和励磁二极管的交流发电机，其整流器总成共有 11 只二极管，如东风 EQ1118 型载货汽车用的 JFW2621 型发电机、桑塔纳轿车所用的 JFZ1913Z 型交流发电机。

5）大众辉腾 12 管水冷交流发电机。其恒定输出 190A 的电流，短期峰值输出可达 300A。发电机包含被一个转子绕组激励的 6 个定子绕组，如图 2-3 和图 2-4 所示。

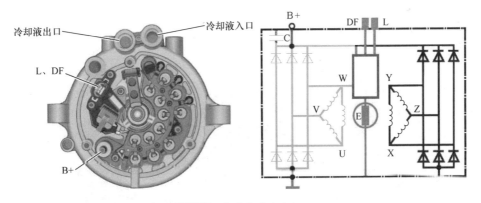

图 2-3 水冷交流发电机

C—电容 E—转子励磁绕组 B+—蓄电池正极 DF—脉宽调制信号 L—仪表内警告灯信号线
U、V、W、X、Y、Z—发电机线圈绕组

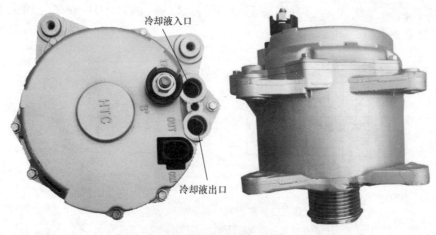

图 2-4 水冷发电机实物图

10 发电机的结构

交流发电机主要由定子、转子、电子调节器和端盖等组成,整体式交流发电机的不同点是在基本结构的基础上增加了电子调节器,且都采用集成电路调节器。整体式交流发电机零部件组成如图 2-5 和图 2-6 所示。

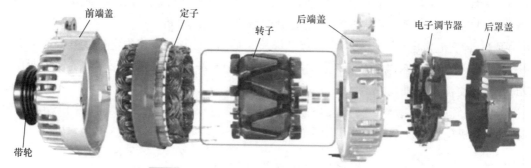

图 2-5 整体式交流发电机的零部件组成(一)

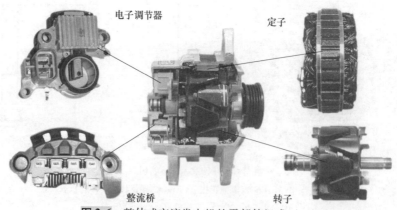

图 2-6 整体式交流发电机的零部件组成(二)

11 定子总成的结构

定子总成也称电枢，是由铁心和三相绕组组成的，它的作用是产生和输出三相交流电。定子槽内置三相对称绕组，每相绕组匝数相等，彼此相差120°相位角度；三相绕组的一端共同连接在一起，形成发电机的中性点，中性点电压是发电机输出电压的一半；另外三个端子与整流器的二极管相连，如图2-7所示。

新型车用发电机的设计考虑到要提高槽的利用率，采用扁铜线绕制的双层两组三相定子绕组，如丰田皇冠轿车的发电机采用了16极、96槽扁铜线绕制的双层两组三相定子绕组，SC型发电机定子结构如图2-8所示。其嵌线规则是每个定子铁心槽内有上、下两个线圈边，每个线圈的一个边放在某一个槽的上层，另一个边放在相隔跨距六个槽的下层，并且分别将两组三相绕组以偏移30°电角度的相位差嵌线。这样能使绕组产生反作用磁动势的六次谐波相互抵消，以达到降低电磁噪声的目的。图2-9所示为两组三相绕组偏移30°电角度相位差示意图。

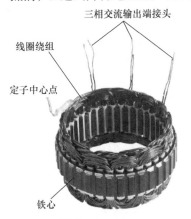

图2-7 定子总成

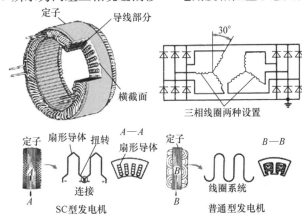

图2-8 SC型发电机定子结构

线圈端部彼此之间没有干涉，可以缩短绕组端部的长度，消除绕组在铁心槽内的死区。将绕组的圆导线改为扁铜线，增大了绕组导线的截面积，减小了绕组的电阻，提高了槽满率。由于采用了无重叠嵌线方式，线圈端部呈网状，因此，改善了定子绕组的通风性能，降低了发电机的发热量。双层绕组的组装工艺是先将各定子绕组用扁铜线经扭头后做成U字形线圈，如图2-10所示。将每套U字形线圈叠放整理后，从铁心的轴向插入槽中，然后进行绕组整形，再把各个U字形线圈的端部压弯焊接，形成定子绕组。为提高导线的绝缘性能，最后还要进行导线表面的绝缘处理。

采用扁铜线两组双层定子绕组的新型车用发电机已在丰田乘用车上普遍使用。它与传统型发电机相比，在外径、全长等项目上都明显缩短，重量也得到了减轻（双层差组的电枢用铜量比单层绕组少10%，槽满率达到70%以上）。由于定子绕组电阻的减小，发电时的铜损大幅度降低，散热性能得到改善，因而使发电机在怠速工况下的输出功率提高了近50%，总体效率提高了10%，电磁噪声降低了10dB。

三相绕组的联结方法有星形联结和三角形联结两种，如图2-11所示。星形联结具有低速发电性能好的优点，因此，目前绝大部分汽车采用星形联结。三角形联结的优点是高速时发电功率大，适用于高速、大功率的车辆，其缺点是低速时发电量小。

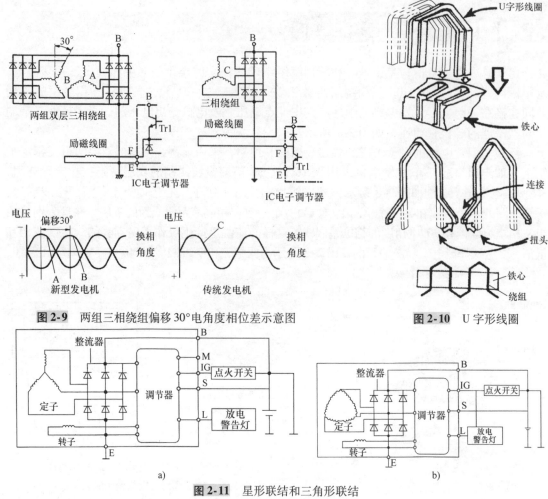

图 2-9 两组三相绕组偏移 30°电角度相位差示意图

图 2-10 U 字形线圈

图 2-11 星形联结和三角形联结
a) 星形联结 b) 三角形联结

12 转子总成的结构

转子的作用是产生变化的磁场。它主要由爪极、磁轭、励磁绕组、集电环、转子轴等组成，如图 2-12 所示。

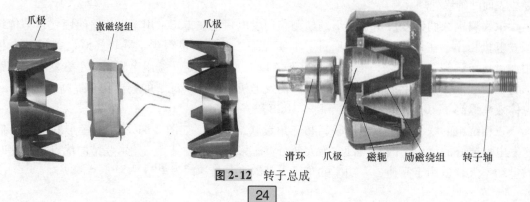

图 2-12 转子总成

13 整流器的结构

整流器一般由 6 个或 12 个硅整流二极管组成，其中流器总成分为 3 个或 6 个正极管和 3 个或 6 个负极管。引线为正极、壳体为负极的二极管称为正二极管；引线为负极、壳体为正极的二极管称为负二极管。3 个正二极管的壳体焊接在一散热板上通过螺栓引出构成发电机输出端，即发电机正极；3 个负二极管的壳体焊接在另一散热板上与发电机外壳相连构成发电机负极，如图 2-13 所示。

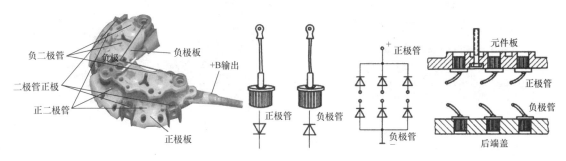

图 2-13　整流器结构

14 电刷及电刷架的结构

电刷架的材料是酚醛玻璃纤维塑料（模压）。两只电刷装在电刷架方孔内，有弹簧保持其与集电环接触良好，如图 2-14a 所示。

电刷有两种：一种是其拆装可在发电机外部进行的，即外装式（图 2-14b）；另一种是其拆装必须在发电机内部进行的，即内装式（图 2-14c）。两电刷的引线分别接后端盖上的两个接线柱，按接线柱形式的不同，发电机分成内搭铁和外搭铁两种形式。

注：电刷的标准高度应是 14mm，磨损至 7mm 时，应进行更换，如图 2-15 所示。

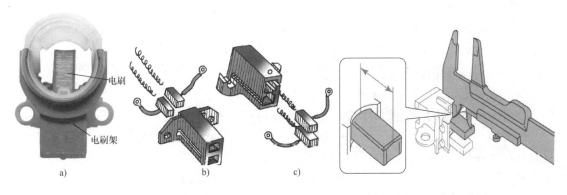

图 2-14　电刷
a) 电刷安装位置　b) 外装式　c) 内装式

图 2-15　检测电刷高度

15 调节器的结构、工作原理及检测

（1）调节器的结构　调节器分为触点式、晶体管式和集成电路式。主流车型大多采用整体式交流发电机，而整体式交流发电机也大多采用集成电路（IC）调节器。IC 调节器主要由 IC 元件和散热器片组成如图 2-16 所示。

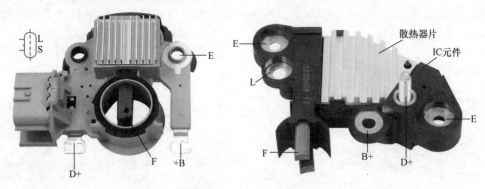

图 2-16　IC 调节器的结构

（2）调节器的作用　交流发电机是由发动机带动发电的，发动机转速随车辆行驶状况不同而变化，发电机的转速也随之不断变化，因此导致发电机发电量的变化，影响全车用电设备。设置调节器可以保证发电机电压不受转速变化而变化，保持其输出电压的稳定。

（3）调节器端子接线端插座说明

1）调节器端子为单线交流发电机外部接线，只有充电指示灯的一条线（大众、依维柯）。而新款卡罗拉单线、奥迪 A7 插脚针线 LIN 为诊断线，如图 2-17 所示。

注：Audi A7 Sportback 上使用的是空气冷却式发电机，其工作电流为 150~180A。这种发电机上装备有一个 LIN-调节器，有两个接头：一个是螺栓接头 B+，另一个是两脚插头（但是只有针脚 1 是与 LIN-线连接的，针脚 2 未使用）。数据总线诊断接口 J533 将 LIN-总线信息发到 LIN-调节器上，如图 2-18 所示。这个信息预先确定了 12.2~15V 这个电压规定值（根据车载电网的工作状态），这个值随后由调节器来调节。如果未能形成这个电压规定值（比如因 LIN-线断路），那么调节器会识别出这个情况，在经过了预定的时间后，会设置出 14.3V 这个恒定的发电机电压。

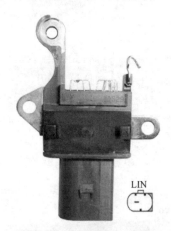

图 2-17　新款卡罗拉单线、奥迪 A7 插脚针线 LIN

在"15 号线接通"的情况下来检测指示灯的话，组合仪表上的充电指示灯不会亮起。只有当发电机有故障时，这个指示灯才会亮起。发电机的检测需要使用诊断仪内的相关检测程序来进行，并由 J533 内的电能管理系统评估发电机的内部情况。

为了保证在检测发电机时不会发生"能量回收"，检测时需要接通近光灯。这时需要注意：不要让修理用的保护垫遮住了前照灯（前照灯会过热的）。

2）调节器端子两线：IG（点火钥匙控制的电源）、L（充电指示灯），三菱轿车应用；

图 2-18 奥迪 A7 发电控制原理图

S、L，日产马自达轿车用；L、DFM（由磁场脉宽调制信号计算得到的发电机负荷状态），大众轿车用。

3）调节器端子三线：IG、L、S（常火线），丰田轿车；

4）调节器端子四线：IG、L、S、F_R（发电机负荷检测信号，当用电设备增加时它的电压由 5V 逐渐减小）或 IG、L、C（发电磁场控制线它随发电机转速上升电压由 12V 逐渐下降）、F_R，本田轿车用；P（转速传导线）、S、F（磁线监测线）、L，别克轿车应用。

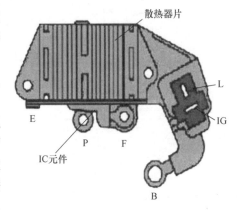

图 2-19 集成 IC 调节器元件

5）图 2-19 所示调节器端子有 6 个接线端子，F、P、E 三个端子用螺钉直接和发电机连接，B 端用螺母固定在发电机的输出端子 B 上，IG、L 两个端子用金属线引到调节器的外部接线插座上。

（4）调节器的工作原理　当点火开关置于"ON"档，发动机不运转时，蓄电池电压通过 IG 端子给调节器供电，Tr1 被触发导通，励磁绕组有电流通过，此时发电机不发电，P 端子电压为 0V，调节器控制 Tr1 截止，减少蓄电池放电，同时，调节器使 Tr2 导通，点亮充电指示灯。起动发动机后，Tr2 导通，励磁绕组通电，发电机发电，通过 B 接线柱向全车用电设备供电并向蓄电池充电。此时 P 端子电压增加，IC 确定发电机发电，将 Tr2 截止，充电指示灯熄灭。

图 2-20 中调节器组件随着发电机转速的升高，发电机输出电压不断升高，S 端子把此信号传给 IC，当电压高于规定值时，IC 控制 Tr1 截止，励磁绕组断电，电压迅速下降，当下降到规定值时，又重新接通 Tr1，如此反复，把发电机输出电压控制在 13.8~14.4V。

（5）M 型电压调节器

1）M 型电压调节器端子说明。在发电机内部，调节器上的 F、P、E 三个端子用螺钉直接和发电机连接。F 端子用于控制磁场绕组的通断；P 端子用于侦测三相电枢绕组的相电压；E 端子为调节器的搭铁端。

B 端子用螺钉引出，用于向蓄电池充电，同时也作为发电机输出电压的检测端。IG、L、S 三个端子通过插接器引出。IG 端子与点火开关连接，为 IC 提供电源；L 端子与充电指示灯连接，用于控制其点亮或熄灭；S 端子与蓄电池连接，用于检测蓄电池电压。

2）M 型（4 线集成）电压调节器的原理。M 型电压调节器广泛应用于丰田汽车发电机上，它通过检测蓄电池电压来调节发电机的输出电压。其外形和端子如图 2-21 所示，连接

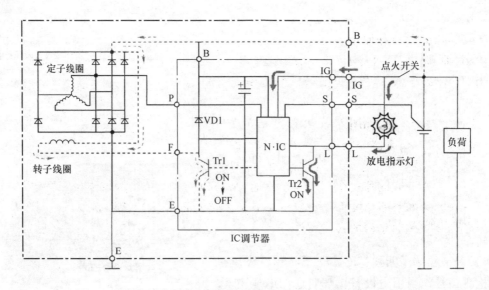

图 2-20　发电机 IC 调节器工作原理

电路如图 2-22 所示。

① 点火开关接通，发动机停机时点火开关接通，蓄电池通过 IG 端子向控制电路供电。IC 检测到 $U_P = 0V$，$U_S = 12V$，使 T1 间断导通。磁场绕组有小电流通电，约为 0.2A，从而防止磁场绕组过热。同时，使 VT_2 导通，充电指示灯亮，表示蓄电池处于放电状态。

② 输出电压低于调节电压时。发动机起动以后，随着发电机发电，U_P 增加到 6~7V 时，IC 控制 VT_2 截止，充电指示灯熄灭，表示发电机开始发电。

③ 输出电压达到（或高于）调节电压时。随着发电机输出电压的提高，蓄电池端电压也随着提高，IC 根据 U_S 控制发电机发电。当 IC 工作电压高于 14.5V 时，VT_1 截止，磁场绕组电流经二极管 VD_1 迅速衰减，使得输出电压 U_B 降低；当 $U_S < 13.5V$ 时，VT_1 导通，接通磁场电流，使得输出电压 U_B 升高。IC 通过控制 T_1 的通断，将 S 端子处的电压（蓄电池电压）调节在某一范围内。

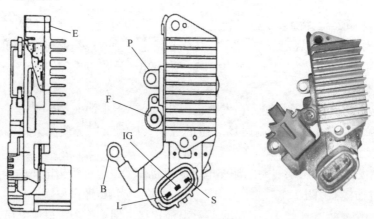

图 2-21　M 型电压调节器的外形和端子

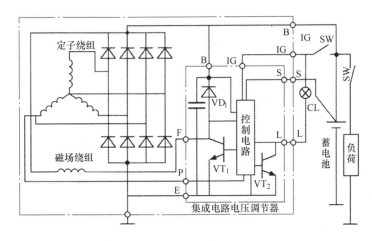

图 2-22　M 型电压调节器连接电路

(6) 检测

1) 就车检查。

① 起动发动机,用薄铁片靠近发电机带轮,感知有无吸力。若有吸力,而发电机不发电,可能是定子绕组断路或整流器损坏;若无吸力,说明磁场绕组无电流,可能是绕组断路或电压调节器故障。

② 断开发电机插接器,测量线束插座上各端子的电压。

B 端子检测:因为 B 端子与蓄电池正极直接连接,所以,无论点火开关是否接通,用万用表电压档测量线束侧 B 端子,其电压值均应为蓄电池电压,否则说明线路断路或接触不良。因为发电机通过整流器对外供电,将交流电转变为直流电,B 端子为正极,外壳为负极。所以,用万用表测量发电机上的 B 端子与外壳之间的电阻,正反接各测一次,应一次导通、一次不导通,否则说明整流器有问题。

S 端子检测:因为 S 端子与蓄电池正极直接连接,所以,无论点火开关是否接通,其电压值均应为蓄电池电压,否则说明线路断路。

L 端子检查:因为 L 端子为充电指示灯的搭铁控制端,所以,接通点火开关时,其电压值应为蓄电池电压,否则说明灯泡损坏、开关接触不良或线束断路。

IG 端子检查:接通点火开关,其电压值应为蓄电池电压,否则说明断路;断开点火开关,其线束侧电压值均为 0V,否则有短路现象。

就车检测是发电机发生故障以后的初步检测,用于判定故障范围是发生于外围电路(线束)、整流器、磁场绕组、定子绕组还是电压调节器。

2) 电压调节器的检测。若就车检测无法排除故障,一般应解体发电机,对电压调节器进行检测。M 型集成电路电压调节器检测连接线路如图 2-23 所示。

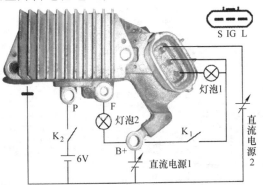

图 2-23　M 型集成电路电压调节器检测连接线路

16 风扇及传动带轮的结构

1) 风扇一般用钢板冲压而成，在发电机发电工作时，对发电机进行强制通风冷却。

2) 带轮一般用铸铁或铝合金铸造而成，有双槽和单槽之分。

3) 途锐 V10 TDI 发动机上，发电机通过一个齿轮传动机构和一根中间轴（传动比 $i=3.6$，并带一个哈代式挠性万向节）驱动。

该中间轴提高了发电机的驱动转速，这样也提高了发电机的功率。它能满足这个电气装置很高的电流需求，即使在怠速运行时也是如此。

通过发动机的冷却循环回路冷却发电机可防止其过热，延长使用寿命并提高效率，如图2-24所示。

4) 丰田内置单向离合器电动机驱动带轮。发动机曲轴带轮通过带传动实现车用发电机的运转。一般发电机的转速是发动机转速的2.5~3倍。发动机燃烧时产生的循环波动，即使微小的循环波动变化，都能引起驱动发电机传动带的瞬间抖动、打滑以及噪声的产生。长时间的运行不仅会导致传动带的疲劳，甚至还会降低发电机与拖动附件带轮的使用寿命。为了解决这一问题，新型车用发电机上采用了内置单向离合器发电机驱动带轮，其结构如图2-25所示。

图2-24 途锐发电机驱动形式

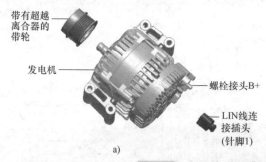
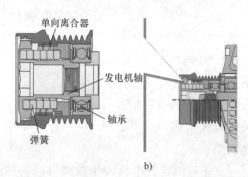

图2-25 内置单向离合器发电机驱动带轮的结构
a) 奥迪A7 b) 丰田

17 新型车用发电机输出电压调节原理

（1）发电机电子调节器的变化特点 随着新型车用发电机制造技术的革新与电子技术的运用，作为发电机电量输出管理器件的电子调节器（IC调节器）最主要的功能突出在整个工作温度范围内（一般为 -40~90℃），通过交流发电机输出电压的采样，经内部逻辑电路的智能判断结果来控制转子绕组的励磁电流，从而调节励磁磁场强度，来控制发电机的电量输出，保证向蓄电池合理地充电和整车电器的可靠用电。近几年来，随着车载网络技术的应用，IC 调节器发生了本质变化，发电机输出电压控制集成在了车辆本地互联网络中，通过发动机 ECU 的控制，为发电机提供增强型智能控制功能。图 2-26 所示为丰田新一代卡罗拉充电系统图，IC 调节器内部结构示意图如图 2-27 所示。

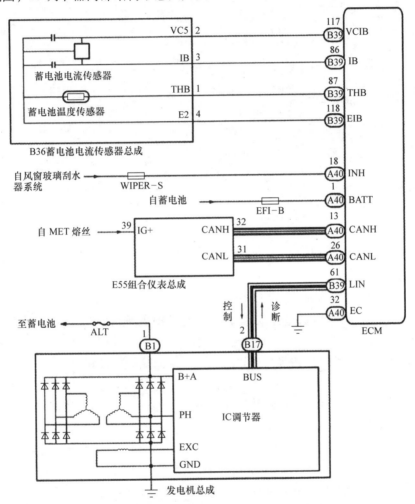

图 2-26 丰田新一代卡罗拉充电系统图

IC 调节器的 B+A 端子提供控制电路的反馈电压；PH 端子采集发电机的相电压，并与预存在数字核心内的比较电压对比，当两电压差有效时，在相处理器内部产生脉冲信号，反映发电机的当前相频率；IC 调节器通过场效应晶体管（MOSFET）的高侧 EXC 端子提供电流给发电机励磁绕组；IC 调节器内部续流二极管，能防止励磁电流断开时电压过高，仍能让电流连续；IC 调节器通过 LIN 协议接口 UBS 端子，使发动机 ECU 可以控制发电机目标电压（目标电压值根据车型而定，一般在 10.6~16V）、LRC（负载响应控制）控制时间、LRC 禁止频率和励磁限流。发动机 ECU 还能通过 LIN 诊断到发电机温度、励磁电流占空比、

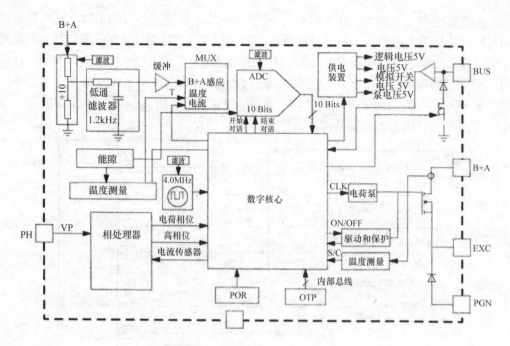

图 2-27 IC 调节器内部结构示意图

故障等信息，ECU 根据这些信息，管理用电器的使用策略或者调整发动机的转速以适应整车电负荷的要求。

当发动机处于低转速范围时，车辆突发电气负荷增加，传统的发电机调节器会迅速增大发电机励磁电流而导致发动机突发转矩变化，引起发动机速率振荡和振动。智能 IC 调节器具有 LRC 功能，其作用就是在负载响应控制区间内，逐步增加发电机励磁电流占空比控制时间，使电负荷电流由发电机和蓄电池共同提供，从而减轻发动机的转矩，节省燃油消耗。一旦实现了 LRC 禁用频率（大于切入频率的 2 倍），IC 调节器退出 LRC 控制，发电机将提供更加快速的输出响应。LRC 作用示意图如图 2-28 所示。

(2) LIN 工作模式

1) 当点火开关处于"ON"位置时，发动机 ECU 通过 LIN 总线发送控制信号，唤醒 IC 调节器进入 LIN 模式。IC 调节器诊断到发动机 ECU 命令有效时（发电机目标电压不等于 10.6V，且系统无错误信息），进入预励磁状态，此时若 B + A 的电压低于目标电压，IC 调节器输出一定占空比的励磁电流（预励磁占空比由发电机制造商根据发电机参数设定预励磁占空比，如新一代卡罗拉的预励磁占空比为 16.4%）。预励磁的目的是在发电机开始他励时减少蓄电池的能量消耗，使发动机能够平顺、轻松地起动，同时又能保证提供给发电机最小的他励电流，使发动机在起动后迅速发电而提供所需的励磁能量。

2) 发动机起动后在发电机的每个励磁调节周期内（励磁调节周期 = 2/发电机频率），IC 调节器通过 PH 端子采集到相电压低于 8V，会输出 100% 占空比的调节励磁电流。如果通过 8 个周期的反复调节，还不能出现 8V 相电压，IC 调节器会认为系统出现故障，励磁电流回到预励磁时的占空比，减小发电机负载，同时通过 LIN 总线把故障诊断信息传输给发动机 ECU，点亮充电指示灯。

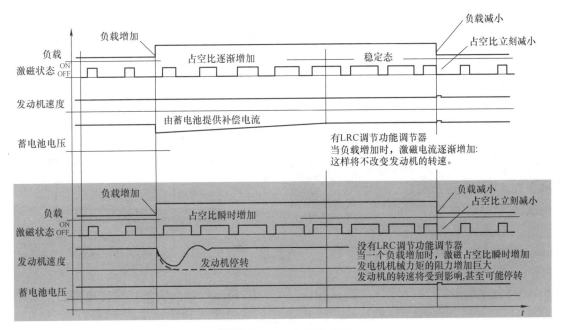

图 2-28 LRC 作用示意图

3) IC 调节器在 LRC 功能的控制下,使发电机转速进入切入频率(切入频率由发电机制造商根据车载电负荷功率和发电机极对数而确定,在 800~2500r/min 之间,一般设定在 1500r/min 左右,如设定发电机转速为 1550r/min,6 对极发电机频率就是 155Hz,8 对极发电机频率就是 206Hz)。此时,允许 IC 调节器控制励磁电流占空比从 0 增加到 100%,有 3~12.4s 不等的逐步加载过程(这个时间由发电机制造商给定,通过 IC 调节器内部总线写入数字核心内),而当发电机超过切入频率 2 倍时(LRC 禁用频率,2400~4000r/min,一般设定在 3000r/min 左右),IC 调节器立即退出 LRC 控制,此时随着电负荷增加,励磁电流占空比马上增加,没有延迟,发电机输出稳定的目标电压。如果发电机转速再次进入切入频率,IC 调节器会重新回到 LRC 控制,如果发电机转速低于 500r/min,则进入预励磁状态。

(3) IC 调节器的辅助功能

1) 发电机负载反馈。通过发电机励磁电流占空比的变化,发动机 ECU 能够诊断到发电机的负载状态。发电机负载反馈(DF 功能)波形如图 2-29 所示。

发电机负载反馈的作用是在重负载情况下,发动机 ECU 决定不让电负荷大的用电器打开,避免发电机过载,同时调节发动机工况(加大节气门开度,增加转矩),去适应负载变化。

2) 故障检测反馈。以下错误状态超过 300ms 时,IC 调节器将故障信息传输给发动机 ECU,点亮充电指示灯。

① 过电压。如果是因为电负荷突然消失而造成车辆电源系统短暂过电压,指示灯不会点亮。如果高电压不是出现在最小励磁占空比控制情况下(最小励磁占空比控制是指在负载突然消失,发电机很可能会输出一个高电压时,励磁不会马上关断,它会保持一个最小 5% 的占空比),如励磁电路短路,充电指示灯点亮。另外,如果 B + A 电压超过最大目标电压的 1.07 倍,且励磁电压大于 2V,即使是在最小占空比控制情况下,充电指示灯也点亮。

② 低电压。太多的电负荷一起加载，发电机输出的电流不能立即满足需要，重负载出现在 LRC 功能控制模式下，发电机故障（整流桥出现问题）都可能会出现车辆电源系统低电压。但是，如果 B+A 电压低于最小目标电压的 4/5，另外低电压不是出现在 LRC 功能控制状态下，充电指示灯点亮。

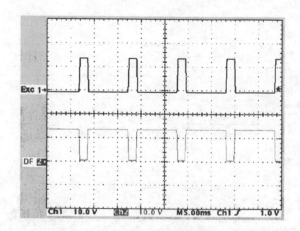

图 2-29 发电机负载反馈（DF 功能）波形

③ 缺相。发电机停止运转（传动带断裂、带单向离合器带轮损坏等）、励磁消失（电刷断开），都会导致相信号输入丢失。在缺相情况下，IC 调节器首先会增加励磁电流占空比到 100%，但如果还是检测不到相信号，则 IC 调节器强迫进入预励磁状态，并且点亮充电指示灯。

④ B+A 与蓄电池断线。如果发电机开始运转，B+A 连接蓄电池的导线断开，就没有励磁电流，充电指示灯点亮。如果 B+A 到蓄电池断线发生在发电机正常运转中，则只有在下一次起动的时候，充电指示灯才会点亮。

18 发电机的工作原理

发电机转子的励磁绕组通电产生磁场，发动机的起动带动了发电机转子旋转，定子绕组切割磁力线，因为定子是三相绕组（X、Y、Z），所以在定子绕组中产生三相交流电（A、B、C），如图 2-30 所示。

（1）励磁　将电流引入励磁绕组使之产生磁场的过程称为励磁。交流发电机励磁方式有他励和自励两种。

1）他励。在发电机转速较低时（发动机未达到怠速转速），自身不能发电，需要蓄电池供给发电机励磁绕组电流，使励磁绕组产生磁场来发电。这种由蓄电池供给励磁电流发电的方式称为他励发电。

2）自励。随着转速的提高（一般在发动机达到怠速时），发电机定子绕组的电动势逐渐升高并能使整流器二极管导通，当发电机的输出电压大于蓄电池电压时，发电机就能对外供电了。此时就可以把自身发的电供给励磁绕组，这种自身供给励磁电流发电的方式称为自励发电。

由此可见，交流发电机励磁过程是先他励后自励。

（2）整流原则　整流器一般由最少 6 个以上的二极管组成三相桥式整流电路。整流过程为：在某一瞬间，某一相电压最高，其相对应的那一个正二极管导通；某一相电压最低，其对应的那个负二极管导通。在发电机运转期间，6 个二极管是一对一对地轮流导通，流经负载 R 的就是平稳的直流电压，如图 2-31 所示。

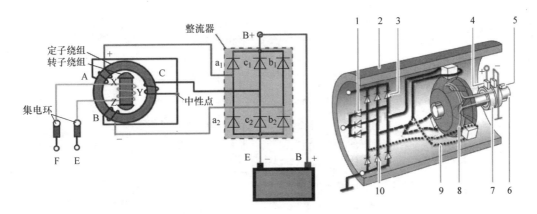

图 2-30 发电机发电原理图

1—励磁二极管 2—壳体 3—正极二极管 4—电刷 5—轴承
6—轴 7—集电环 8—转子 9—定子线圈 10—负极二极管

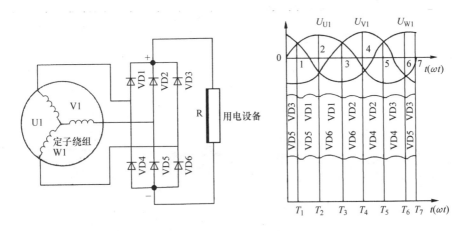

图 2-31 发电机工作原理图

19 汽车充电电路分析

（1）新款大众宝来轿车充电电路的组成及充电原理　发电机 L 端子与车身控制单元 J519 连接。J519 检测到充电信号，再通过 CAN 总线给仪表控制器信号，从而控制充电指示灯。新款宝来 1.4 DFM 端子与发动机控制单元 J623 的 T94/46（新款捷达 T121/13）号端子连接。发电机负荷信号可作为负荷管理的一个重要信号，如图 2-32 所示。

电路原理图如图 2-33～图 2-35 所示。

不同负荷及发动机转速下的发电机负荷数据见表 2-1。这些数据对分析本案故障形成机理提供了不少帮助。从表中可以看到：

1）在发动机空载或有载时，发电机负荷随发动机转速升高而降低。

2）发动机转速不变时，发电机负荷随用电设备增加而增大。

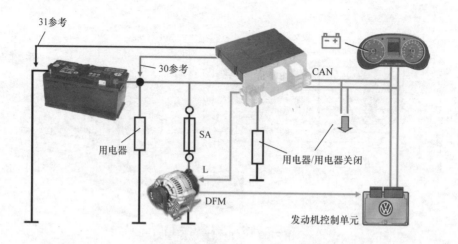

图 2-32 发电机工作原理

3）发电机负荷（也是发动机的一个电气负荷）是指所有运行的电气负荷，从正在工作的发电机那里得到多少份额的功率，用百分比表示其负荷状态。由于发电机在不同的转速下有不同的最大输出功率并随转速而增大。因此同一个电气负荷在不同的发电机转速下，或多个用电机负荷在发电机同一转速下，其所表现的发电机负荷都会有所不同。因此，当发动机转速升高后，本来出现的发电机负荷不能随之向小的数值变化的现象是不正常的。

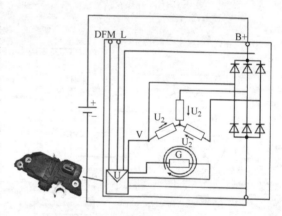

图 2-33 发电机原理图

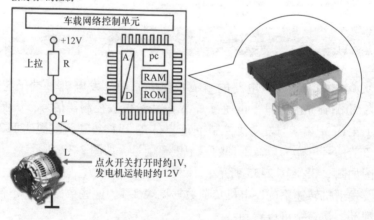

图 2-34 接线柱 L 的控制图

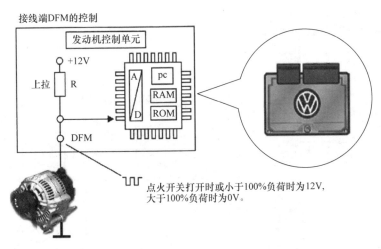

图 2-35　接线柱 DFM 的控制图

表 2-1　不同负荷及发动机转速下的发电机负荷数据

测试条件 / 发电机负荷状态	发动机转速 700r/min	1400r/min	2000r/min	3000r/min	发电机DFM端子至发动机控制单元T94/46之间导线中断（从点火开关接通后任何工况下）
发动机空载	38%～47%	23%～27%	18%～20%	16.9%	80.4%
开前照灯	50%～60%	29%～31%	25%～27%	16.9%	80.4%
开空调	45%～60%	32%	25%～30%	16.9%	80.4%
开前照灯、空调	74%～99%	49%～51%	47%～50%	20%	80.4%

电网电源管理系统对整车电源系统管理工作就是全方位进行跟踪。对蓄电池监控的是其电压，对发电机监控的是其负载，目的只有一个，即任何时候都必须保障这两者运行无误。对发电机负荷来说，电网电源控制单元 J519 从发动机工作开始，通过发动机控制单元和数据总线，不断收集来自发电机 DFM 端子送出的脉宽调制信号 PWM 和发动机转速信号，并据此确定加载到发动机上的发电机负荷。如果在怠速状态下，J519 经过这些信号得到发电机负荷已经达到其所规定的最大值即峰值，为避免发电机电压下降到蓄电池电压之下时引发蓄电池放电，立即指令发动机控制单元 J623 提高发动机原怠速转速，如图 2-36 所示。其结果是发动机功率和发电机功率相应增加，以解决原怠速下的高电气负荷带来的供求矛盾，并可稳定或提升电网电源电压。

（2）通用轿车充电系统电路分析

1）相关部件：相关部件有发电机 G13、发动机控制模块（ECM）K20、车身控制模块（BCM）K9、组合仪表（IPC）P16、蓄电池电流传感器，如图 2-37 所示。

① 电压调节器内置于发电机，控制着发电机的输出。电压调节器控制供给转子的电流量。如果发电机磁场控制电路故障，则发电机默认输出电压为 13.8V。

② 发动机控制模块（ECM）通过发电机接通信号电路控制发电机。发动机控制模块通过发电机磁场占空比信号电路监测发电机性能。信号是一个 128Hz 的脉宽调制 PWM 信号，

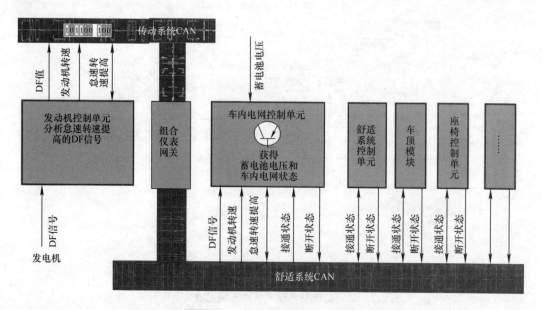

图2-36 发电机负荷管理示意图

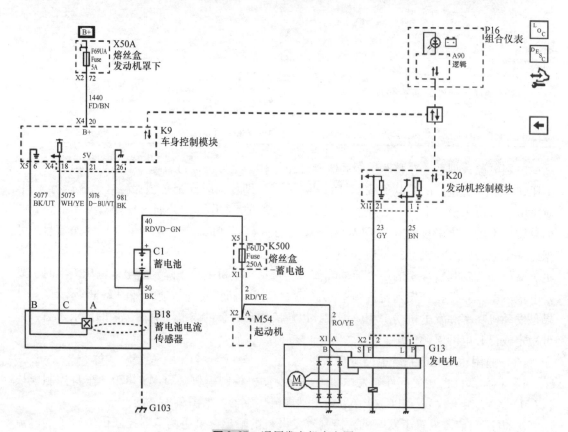

图2-37 通用发电机充电图

占空比为0~100%。正常的占空比在5%~95%之间。0~5%和95%~100%之间的占空比用于诊断。

③ 车身控制模块（BCM）是一个 GMLAN 装置。它与发动机控制模块 ECM 和仪表板组合仪表 IPC 通信以进行电源管理 EPM 操作。车身控制模块确定发电机输出，并发送信息到发动机控制模块，以控制发电机转向信号电路。它监测来自发动机控制模块的发电机磁场占空比信号电路信息，以控制发电机。它监测蓄电池电流传感器、蓄电池正极电压电路，并估计蓄电池温度以确定蓄电池充电状态。车身控制模块执行怠速提高。

④ 蓄电池电流传感器是一个可维修的部件，它在蓄电池处与蓄电池负极电缆连接。蓄电池电流传感器是一个 3 线式霍尔效应电流传感器。车身控制模块 BCM 向蓄电池电流传感器提供 5V 电压和搭铁。蓄电池电流传感器测量到流向或来自蓄电池的电流量，并向车身控制模块提供脉宽调制 PWM 信号。车身控制模块监测蓄电池电流信号。

2）工作过程。充电系统的作用在于保持蓄电池充电和车辆负载，有 6 种操作模式：蓄电池硫化模式、充电模式、燃油经济性模式、前照灯模式、起动模式、电压下降模式。

发动机运行时，发动机控制模块将发电机接通信号发送至发电机以打开调节器。发电机电压调压器通过控制转子的电流来控制输出电压。转子电流与调节器供给的电脉宽成正比。

发动机起动后，调节器通过内部导线检测定子上的交流电压从而感测发电机的转动。一旦发动机运行，调节器就通过控制脉宽来改变磁场电流。这就能调节发电机输出电压，使蓄电池正常充电，保证电气系统正常运行。发电机磁场占空比端子内部连接到电压调节器，外部连接到发动机控制模块。通过发电机磁场占空比信号电路，发电机向发动机控制模块提供发电机输出电压的反馈信号，该信息发送到车身控制模块 BCM。信号是一个 128Hz 的脉宽调制信号，占空比为 0~100%。正常的占空比为 5%~99%。

① 蓄电池硫化模式。当转换的发电机输出电压低于 13.2V 并持续 2~3min 时，车身控制模块将进入蓄电池硫化模式。当此情况出现时，车身控制模块将进入充电模式 2~3min。然后，根据电压要求，车身控制模块将确定进入哪一个模式。

② 满足以下任一条件，车身控制模块将进入"充电模式"：

a. 刮水器接通并持续 3s。

b. 暖风、通风和空调系统控制单元感测到 GMLAN（温度控制增压模式请求）属实。冷却风扇高速运行、后窗除雾器和暖风、通风与空调系统的鼓风机高速运行。

c. 估计的蓄电池温度低于 0℃、"蓄电池充电状态"低于 80%、车速高于 145km/h、电流传感器出现故障、系统电压被确定低于 12.56V。

遇到上述任何情况，根据蓄电池充电状态和估计的蓄电池温度，系统将设置交流发电机的充电电压在 13.9~15.5V 之间。

③ 燃油经济模式。当估计的蓄电池温度至少为 0℃ 但是低于或等于 80℃、计算得到的蓄电池电流小于 15A 并大于 -8A、蓄电池充电状态 SOC 大于或等于 80% 时，车身控制模块将进入燃油经济性模式。发电机的目标输出电压是蓄电池开路电压并且在 12.5~13.1V 之间。当出现以上所述任一条件时，车身控制模块将退出此模式并进入"充电模式"。

④ 前照灯模式。当前照灯（远光或近光）打开时，车身控制模块将进入"前照灯模式"。电压在 13.9~14.5V 之间调节。

⑤ 起动模式。当发动机起动时，车身控制模块设置发电机的目标输出电压为 14.5V 且持续 30s。

⑥ 电压下降模式 当计算的环境温度高于 0℃ 时，车身控制模块将进入"电压下降模

式"。计算的蓄电池电流小于1A并大于-7A，且发电机磁场占空比小于99%。它的发电机输出电压的目标值为12.9V。一旦满足"充电模式"准则，车身控制模块将退出该模式。

当电压调节器检测到充电系统故障时，会将此电路搭铁并将故障存在的信号发送至发动机控制模块。发动机控制模块监测发电机磁场占空比信号电路，并接收基于车身控制模块信息而发出的控制指令。仪表板组合仪表提醒用户特别关注充电系统。有两种提醒方法：充电指示灯亮和维修蓄电池充电系统的驾驶人信息中心（DIC）显示警告信息（若配备）。

3）充电指示灯的操作　以下一种或多种情况发生时，仪表板组合仪表（IPC）点亮充电指示灯，并在驾驶人信息中心（若配备）显示警告信息：

① 发动机控制模块（ECM）检测到发电机输出电压低于11V或者高于16V。仪表板组合仪表从发动机控制模块接收到一条请求点亮指示灯的GMLAN信息。

② 仪表板组合仪表确定系统电压低于11V或高于16V，持续30s以上。仪表板组合仪表接收到来自车身控制模块BCM的GMLAN信息，指出系统电压范围出现问题。

③ 仪表板组合仪表在每个点火循环开始时执行显示测试。指示灯点亮约3s。

车身控制模块和发动机控制模块将GMLAN信息发送到驾驶人信息中心，用于显示"BATERY NOT CHARGING SERVICE CHARGING SYSTEM（蓄电池不充电，维修充电系统）"信息。充电系统故障码为当前故障码时，将指令显示该信息。满足清除故障码的条件时，将结束该信息显示。提示：该充电系统采用电源管理系统。

电源管理EPM用来监测和控制充电系统，并提醒驾驶人充电系统中可能存在故障。电源管理系统使发电机输出的使用效率最高、改善蓄电池充电状态SOC、延长蓄电池寿命。在电压过低或蓄电池充电状态过低时，提高怠速是改善发电机性能的方法。

4）故障码B151608。

① 将点火开关置于"OFF"位置，断开蓄电池电流传感器线束插接器。

② 断开故障扫描仪，打开然后关闭驾驶人车门，并等待1min。测试低电平参考电压电路端子B和搭铁之间的电阻是否小于5Ω。

如果大于规定范围，则测试低电平参考电压电路是否开路或电阻过大。如果电路测试正常，则更换车身控制模块。

③ 将点火开关置于"ON"位置，测试5V参考电压电路端子A和搭铁之间的电压是否在4.8~5.2V之间。

如果低于规定范围，则测试5V参考电压电路是否对搭铁短路或开路电阻过大。如果电路测试正常，则更换车身控制模块。

如果高于规定范围，则测试5V参考电压电路是否对电源短路。如果电路测试正常，则更换车身控制模块。

④ 测试信号电路端子C和搭铁之间的电压是否为4.8~5.2V。

如果低于规定范围，则测试信号电路是否对搭铁短路或开路，或电阻过大。如果电路测试正常，则更换车身控制模块。

如果高于规定范围，则测试信号电路是否对电源短路。如果电路测试正常，则更换车身控制模块。

⑤ 如果所有的电路测试正常，则测试或更换蓄电池电流传感器。

5）故障码B151666。

① 确认蓄电池电流传感器牢固地安装在蓄电池负极电缆上，使凸舌背向蓄电池负极端子。

如果蓄电池电流传感器安装不正确，则重新安装传感器。

② 更换蓄电池电流传感器。

6）故障码 DTC B151A。

① 故障码说明：检测到蓄电池容量过低。

② 电路系统说明：车身控制模块（BCM）在发动机起动中监测蓄电池电压，以检测蓄电池电压过低情况。

③ 电路系统检验：在更换蓄电池前，执行"蓄电池检查/测试"。

7）故障码 DTC P0621、P2500 或 P2501。

① 故障说明：

DTC P0621：发电机端子 L 电路短路。

DTC P2500：发电机端子 L 电路电压过低。

DTC P2501：发电机端子 L 电路电压过高。

② 电路系统说明：发动机控制模块 ECM 使用发电机接通控制电路或端子 L 电路来控制发电机负载。发动机控制模块的高电平侧驱动器向电压调节器提供电压，以此来控制电压调节器接通和断开磁场电路。发动机控制模块监测发电机接通控制电路的状态。当点火开关置于"ON"位置且发动机关闭，或充电系统发生故障时，发动机控制模块应在发电机接通控制电路上检测到电压过低。发动机运行时，发动机控制模块应在发电机接通控制电路上检测到电压过高。发动机控制模块执行测试，以确定发电机接通控制电路的状态。

③ 电路系统检验：

a. 确认发电机 B+ 电路端子 AX1 和搭铁之间的测试灯点亮。

如果测试灯未点亮，则测试 B+ 电路是否对搭铁短路或开路。

b. 将点火开关置于"OFF"位置，断开 G13 发电机处的 X1 线束插接器。

c. 将点火开关置于"ON"位置，测试控制电路端子 1 和搭铁之间的电压是否低于 1V。

如果电压高于规定范围，则测试控制电路是否对电压短路。如果电路测试正常，则更换发动机控制模块。

d. 在发动机运行的情况下，测试控制电路端子 1 和搭铁之间的电压是否高于 3V。

如果低于规定范围，则测试控制电路是否对搭铁短路或开路，或电阻过大。如果电路测试正常，则更换发动机控制模块。

e. 如果所有电路测试正常，则测试或更换发电机。

8）故障码 DTC P0622、DTC P0625 或 DTC P0626。

① 故障码说明：

DTC P0622：检测到蓄电池容量过低。

DTC P0625：发电机 F 端子电路电压过低。

DTC P0626：发电机 F 端子电路电压过高。

② 电路系统说明：发动机控制模块 ECM 使用发电机磁场占空比信号电路或 F-端子电路，以监测发电机的占空比。发电机磁场占空比信号电路连接至发电机励磁绕组的高侧。在电压调节器内的脉冲宽度调制 PWM 高侧驱动器使励磁绕组接通和断开。发动机控制模块使

用脉冲宽度调制信号输入来确定发动机上的发电机负载。这样，发动机控制模块就可以调节怠速转速以补偿高电气负载。发动机控制模块监测发电机磁场占空比信号电路的状态。在点火开关置于"ON"位置且发动机关闭的情况下，发动机控制模块应检测到占空比接近 0。发动机正在运行时，占空比应为 5%~99%。

③ 电路系统检验：

a. 确认 G13 发电机 B + 端子 AX2 和搭铁之间的测试灯点亮。

如果测试灯未点亮，则测试 B + 电路是否对搭铁短路或开路，或电阻过大。

b. 将点火开关置于"OFF"位置，断开发电机处的 X1 线束插接器。

c. 将点火开关置于"ON"位置，确认显示在故障扫描仪上的"ECM Generator F – Terminal Signal（发动机控制模块发电机 F 端子信号）"参数小于 5%。

如果高于规定范围，则测试信号电路端子 2 是否对电源短路。如果电路测试正常，则更换发动机控制模块。

d. 在 B + 端子和信号电路端子之间，安装一只带 3A 熔丝的跨接线。

e. 确认显示在故障扫描仪上的"ECM Generator F – Temiml Signd（发动机控制模块发电机 F 端子信号）"参数大于 95%。

如果低于规定范围，则测试信号电路是否对搭铁短路或开路，或电阻过大。如果电路测试正常，则更换发动机控制模块。

f. 如果电路测试正常，则更换 G13 发电机。

（3）新君威发电机控制系统电路分析　　发电机控制端子有两根线，如图 2-38 所示，发电机受控于发动机控制模块 ECM。

L 端子是 25 号线路，作用是发动机起动后向发电机提供 11V 励磁电压，着车后用万用表测量 L 端子电压为 11V 左右，不着车无电压。发动机控制模块 ECM 使用发电机接通控制电路，以控制发动机上的发电机负载。发动机控制模块的高电平侧驱动器向电压调节器提供电压，以此来控制电压调节器接通和断开磁场电路。发动机控制模块监测发电机接通控制电路的状态。

当点火开关置于"ON"位置且发动机关闭，或充电系统发生故障时，发动机控制模块应在发电机接通控制电路上检测到电压过低。发动机运行时，发动机控制模块应在发电机接通控制电路上检测到电压过高。

F 端子是 2 号线路，作用是向发动机控制模块反馈发电机负荷以及发电机故障，正常用万用表测量该端子电压在 3V 左右，发动机控制模块 ECM 使用发电机磁场占空比信号电路或 F 端子电路，以监测发电机的占空比。发电机磁场占空比信号电路连接至发电机励磁绕组的高侧。在电压调节器内的脉冲宽度调制 PWM 高侧驱动器使励磁绕组接通和断开。发动机控制模块使用脉冲宽度调制信号输入，以确定发动机上的发电机负载。这样，发动机控制模块可以调节怠速转速以补偿高电气负载。发动机控制模块监测发电机磁场占空比信号电路的状态。点火开关置于"ON"位置且发动机关闭时，发动机控制模块应检测到占空比接近 0。发动机正在运行时，占空比应在 5%~99% 之间。

P 端子是转速传导线路。交流传感输入的作用是检测发电机 P 端子的输出交流脉冲，即检测发电机是否运转；直流传感输入的作用是检测发电机输出电压的高低，按照普通充电系统控制交流发电机输出电压的高低。

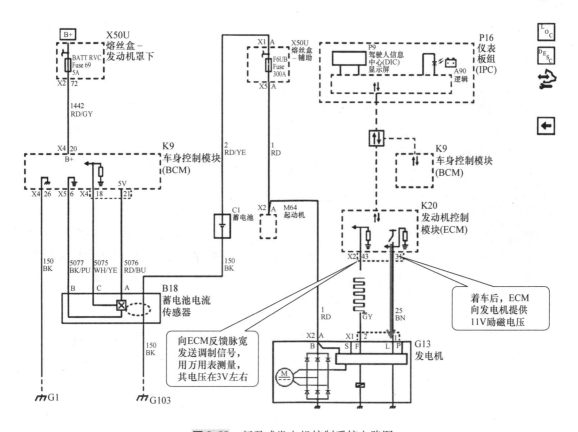

图 2-38 新君威发电机控制系统电路图

S 端子用于向发电机提供 12V 蓄电池电压，作用是向发电机反馈当前的发电电压。如果此线路断路、虚接、电压过低，发电机内部调节器将使 L 端子电压低于 1V，PCM 检测到 L 端子电压低于 1V 后，通过 2 级串行数据点亮仪表中的蓄电池灯并设置故障码。

采用了数字控制技术调节转子励磁绕组的励磁电流，实际上调节器以 400Hz 固定频率接通和断开励磁电流，通过改变励磁电流的通断时间间隔获得系统正常输出电压所需要的励磁电流平均值。励磁电流的大小与电压调节器发送给转子的电流脉冲宽度成比例。在发电机内部，电压调节器有一个直流电压输入端 DC 和一个交流电压输入端 AC。直流电压输入端可以在发电机插头未连接时（S、L、F、P 端子断开），用来向电压调节器提供工作电源和调节参考电压，电压调节器通过交流电压输入端感知发电机是否运转。接通点火开关但发动机不运转时，电压调节器向转子绕组提供窄脉冲（占空比小于 5%），产生弱磁场。一旦发动机起动，调节器检测到交流电压输入 AC，电压调节器根据发电机电压输出占空比为 20% ~ 90% 的电流脉冲。

别克君威轿车充电指示灯是由动力控制模块通过 2 级串行数据总线控制的，仪表上的指示灯与发电机之间没有直接连线。ECM 控制指示灯点亮的条件是 ECM 插头 31 端子检测到发电机 L 端子搭铁。调节器控制 L 端子搭铁，ECM 收到此信号后，通过 2 级串行数据总线控制充电指示灯点亮。当系统电压低于 11.2V，或系统电压高于 16.5V，或发电机不运转，或 S 端子参考电压丢失时，充电指示灯也会点亮。

新君威发电机控制系统测量方法：ECM 检测发电机控制系统，当存在故障时，ECM 通过网络通信点亮仪表中的蓄电池灯并设置相关故障码,可以通过 GDS+MDI 专业诊断仪进行诊断,然后可通过万用表电压档进行电压测量,测量时使用探针在控制端子后端插入。

(4) 本田发电机充电电路分析　发电机各端子说明:

C 端子:励磁电流控制。当车用电器负荷用电量增大时,线圈产生自感电动势反馈到电子负载检测器 ELD,ELD 输出电压到 PCM,PCM 将向励磁绕组提供电流提高发电机发电量。

FR 端子:发电机负载检测信号。当用电设备增加时,它的电压由 5V 逐渐减小。

C 端子:发电机磁场控制线。它随发电机转速上升,电压由 12V 逐渐下降。

IG 端子:由点火开关为 IC 调节器提供 12V 电压。

L 端子:充电指示灯。

在汽车 PCM 中有一个负载检测仪 ELD,检测电路中总电流负载大小,送信号到发动机控制单元,调节器 C 接线端子送发电机电压信号到发动机控制单元,发动机控制单元根据这两个信号判断励磁电路应该接通还是断开,输出控制号判断励磁电路应该接通还是断开,输出控制信号到 FR 端子,驱动调节器的控制电路,适时地接通和断开励磁绕组电路,以此控制发电机的输出电压。本田发电机充电原理图如图 2-39 所示。

1) 电子负载控制器 ELD 的工作原理:

电源控制系统中的用电负载检测装备 ELD 用于检测汽车电源系统总的用电负载,并向发动机 ECM 输入反应用电负载大小的信号,发动机 ECM 会根据该信号和 FR 接线柱传输的发电机输出电压信号,通过调节电压调节器 C 接线柱上的电流大小对发动机输出进行控制。

当用电系统负载发生变化时,由线圈感应的自感电动势输送给 ELD,然后将变化后的信号差输送给 PCM 端子 A10 (ELD)。安装在发动机盖下的熔丝/继电器盒里有三根线:A1 - 12V、A2 搭铁、A3 信号线)。

2) 本田汽车电源控制系统的检测:①检测充电指示灯及其线路;②检测发电机负载控制电路;③检测发电机的输出电压。

(5) 丰田皇冠发电机充电电路分析　皇冠充电系统电路图如图 2-40 所示。集成 IC 调节器 IG 端引出 Y 线,经线束插接器 EB1→J5 (A)、J6 (B)→插接器 (12)→B (12)→DK (6),最后经点火开关接至蓄电池,用于检测蓄电池和发电机电压,控制 IC 调节器内晶体管的导通和截止,从而控制励磁绕组的导通和截止。L 端子为充电指示灯控制端,接至发动机 ECU E32 端子,当发动机未运转时,发动机将此信号经 CAN 总线经网关 ECU 传输至组合仪表 C15 电源输入电路,再进入微电脑控制充电指示灯点亮,指示蓄电池放电。当发动机转速升高时,发动机 ECU E32 端子检测电压为蓄电池电压,此时,充电指示灯两端即组合仪表 IG+端子与组合仪表内微电脑控制端电位相等,充电指示灯熄灭。

当点火开关打开时,M 端子将蓄电池电压发送至 ECU 端子 DF,用于检测蓄电池电压。交流发电机 A (1) 为 RL0 信号端,接至发动机 ECU E31 端子。当电气负载和蓄电池状况发生变化时,占空比信号输出值也跟着发生改变。图 2-40 所示为丰田皇冠发电机充电原理图。

(6) 新款捷达发电机充电电路分析　新款捷达 J519 进行电气负荷管理的目的,是防止因蓄电池过度放电造成损坏或无法起动发动机。电气负荷管理电路图如图 2-41 所示。

J519 的 T73u/59 端子与 T73/23 搭铁端子构成 J519 电气负荷信号输入电路。J519 根据 T73u/59 端子实时检测到的蓄电池端电压,确认是否需要负荷管理,其 T73/50 端子输出

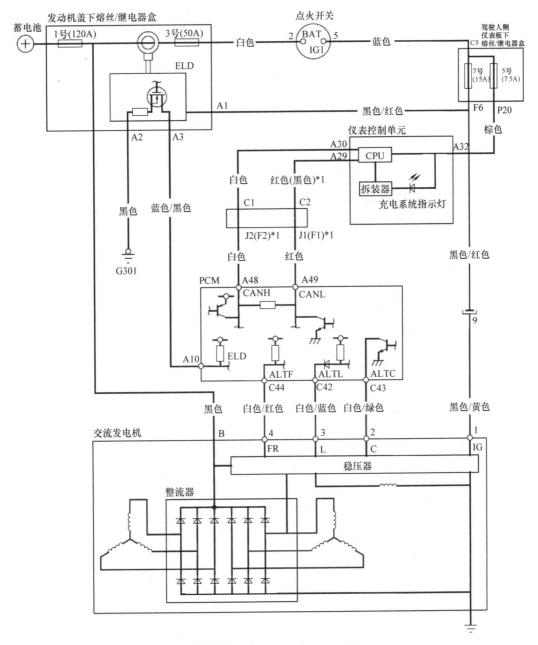

图 2-39 本田发电机充电原理图

PWM 占空比信号对发电机 C 励磁。发动机起动后，发电机 DFM 负荷信号传输给发动机控制单元 J623，组合仪表 J285 接收 CAN 数据总线传输的数据，以确认充电信息，决定发电机指示灯 K2 的熄灭或点亮。

电气负荷管理的任务：①当点火开关置于"ON"位置时，发电机工作，但 J519 检测到的蓄电池端电压小于 12.7V 且大于 12.2V 时，要求提升发动机怠速，以提高发电机功率输出与当前电气负荷相适应，这条指令由发动机控制单元 J623 负责实施；②当蓄电池端电压低于 12.2V 时，J519 将进行负荷管理干预，依次关闭座椅加热、后风窗加热、后视镜加热、

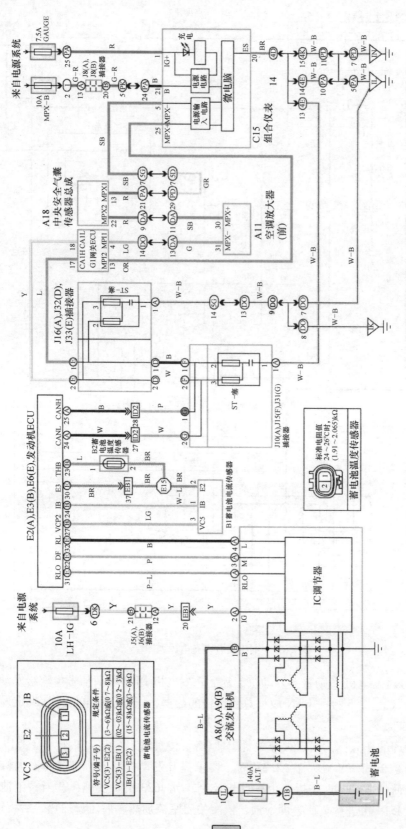

图 2-40 丰田皇冠发电机充电原理图

空调和信息娱乐设备。

负荷管理激活时，J519 的故障存储器将记忆 00907 负荷管理干预的故障码，其状态也可通过读取 J519 数据块 31 组 1 区的测量值验证。

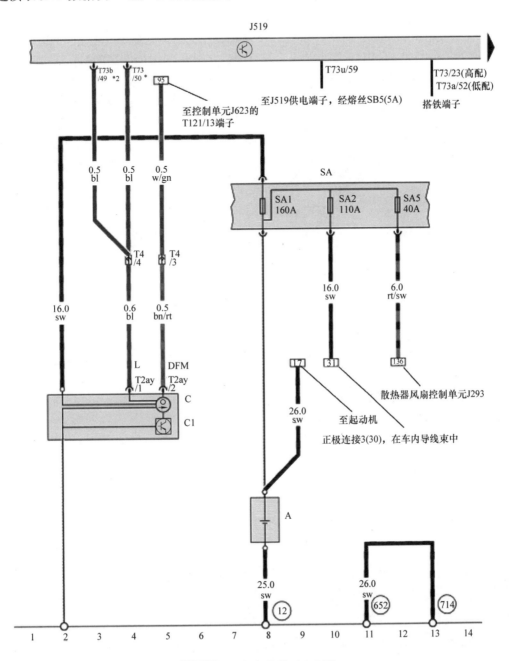

图 2-41　电气负荷管理电路图

A—蓄电池　C—交流发电机　C1—电压调节器　J519—车载电网控制单元　SA—熔丝座 A　SA1—熔丝架 A 上的熔丝 1
SA2—熔丝架 A 上的熔丝 2　SA5—熔丝架 A 上的熔丝 5　T2ay—2 芯插头连接　T4—4 芯插头连接　T73、T73b—73 芯插头连接
12—发动机舱内左侧搭铁点　652—变速器和发动机地线的搭铁点　714—发动机上右侧搭铁点
*—仅适用于带低端基本装备（AW0）的车辆　*2—仅适用于带高端基本装备（AW1）的车辆

20 发电机检测

（1）转子的检修

1）检查发电机转子是否断路。如图2-42所示，用电阻档测量集电环之间的电阻。标准电阻（约20℃）：3.0~6.0Ω。如果结果不符合规定，则更换发电机转子总成。

2）检查转子是否对搭铁短路。如图2-43所示，使用电阻档测量其中一个集电环与转子之间的电阻。标准电阻：1MΩ或更大。如果结果不符合规定，则更换发电机转子总成。

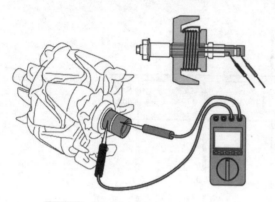
图2-42 励磁绕组短路、断路的检测

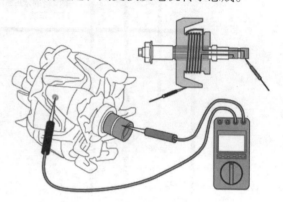
图2-43 励磁绕组搭铁的检测

3）如图2-44所示，检查并确认发电机转子轴承没有变粗糙或磨损。如有必要，更换发电机转子总成。

4）如图2-45所示，用游标卡尺测量集电环直径。标准直径：14.2~14.4mm，最小直径：14.0mm。如果直径小于最小值，更换发电机转子总成。

说明：集电环应表面光滑，无烧蚀，厚度应大于1.5mm。

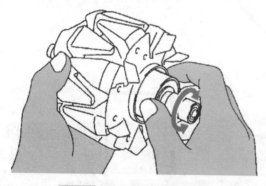
图2-44 检查发电机转子轴承

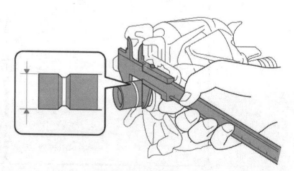
图2-45 测量集电环直径

（2）定子的检修

1）检测断路：如图2-46所示，每次任取两个首端，测量三次，每次阻值都应小于0.5Ω；若阻值无穷大，为励磁绕组断路，需更换定子总成。

2）检测搭铁：用万用表可检测定子绕组是否搭铁，如图2-47所示。测量三次，阻值均应为无穷大,否则说明定子绕组搭铁,需更换定子总成。

说明:定子绕组短路很难检测。因为一个正常定子绕组的阻值非常低。如果所有其他部件的检测均属正常,但输出电压却很低,其原因可能是定子绕组匝间短路。无论定子绕组是断路、短路还是搭铁,均需更换定子总成。

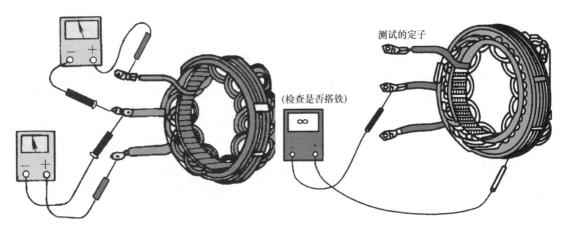

图 2-46 断路检查　　　　　　　　　图 2-47 定子搭铁故障的检测

(3)整流器的检修

1)先将二极管与定子绕组之间的连线断开,用万用表两个表笔分别接到二极管的引线与壳体上,测二极管的正向与反向电阻。正向电阻应在8~10Ω,反向电阻应在1000Ω以上。若正、反向电阻均为0,则说明二极管短路;若正、反向电阻均为无穷大,则说明二极管断路,如图2-48所示。更换二极管需要在压床上进行,或在台虎钳上使用专用工具,但不得使用锤子敲击,以免损坏元件。压装二极管时,过盈量控制在0.07~0.09mm之间。

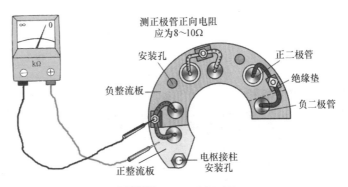

图 2-48 整流器的测量

注:两个表笔分别压在负二极管的极板和二极管接触端上,然后更换表笔再测量。若一次导通、一次不导通,则正常;若两次测量都不导通,则说明二极管断路;若两次测量都导通,说明此二极管被击穿。

2)检测正二极管:用数字万用表的导通档位,黑表笔接整流器端子 B,红表笔依次接整流器各接柱 P1、P2、P3、P4,万用表均应导通;调换两表笔进行测试,此时万用表均不导通,否则有负二极管损坏,需更换整流器总成。

3)检测负二极管:用数字万用表的导通档位,红表笔接整流器负二极管的外壳或整流器的端子 E,黑表笔分别接整流器各接柱 P1、P2、P3、P4,万用表均应导通;交换两表笔后再测,均应为无穷大,否则有负二极管损坏,需更换整流器总成,如图2-49所示。

4）用二极管（数字万用表）测量整流器：

① 正二极管：正向压降约为0.03V；反向测显示0.06V。

② 负二极管：正向压降约为0.16V；反向测显示0.02V。

注：分不清正、负二极管时，可调换表笔测两次。

③ 正、负二极管的元件板之间绝缘良好，绝缘电阻大于20MΩ。

5）不分解发电机的情况下检测二极管：用万用表的导通档位，黑表笔接发电机电枢B接柱，红表笔接发电机端盖，如图2-50所示。若阻值在40~50Ω以上，则说明无故障；若阻值在10Ω左右，则说明有失效的二极管，须拆检；若阻值为0，调换表笔测的电阻值为∞，则说明有不同极性的二极管被击穿。

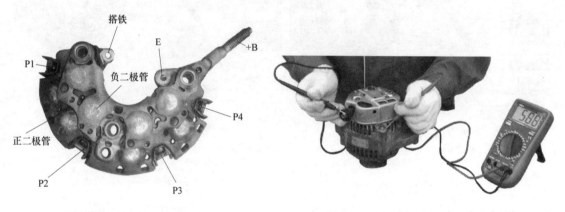

图2-49　正、负二极管检测　　　　图2-50　不分解发电机检测二极管

㉑ 发电机故障诊断与排除

（1）充电系统常见故障及其排除方法　充电系统常见故障有：不充电、充电电流过小、充电电流过大、充电不稳等，其原因及排除方法见表2-2。

表2-2　充电系统常见故障及其排除方法

常见故障	故障分析		排除方法
	故障部位	故障原因	
不充电	线路或电流表式发电机	连接导线断路、短路，连接处松动，电流表损坏	紧固连接点，更换导线或电流表
		转子或定子绕组短路、断路或搭铁	修理，必要时更换
		电刷磨损过度或在刷架中卡住	修理或更换电刷
		硅二极管损坏	更换
		接线柱绝缘脱落	修理
	电压调节器	触点式电压调节器触点氧化、烧蚀，使励磁电路断路	打磨触点
		晶体管（或集成电路）电压调节器损坏	更换
		电压调节值过低	调节或更换电压调节器

(续)

常见故障	故障分析		排除方法
	故障部位	故障原因	
充电电流过小	线路	连接导线有轻微短路，连接点松动或接触不良	紧固、清洁导线连接点或更换导线
	发电机	转子或定子绕组层间短路	重绕或更换
		电刷磨损过度，刷架紧固不良，电刷弹簧张力不足	更换电刷、弹簧或刷架
		集电环积污或磨损	清洁、修复或更换
		传动带过松	调节张紧度
		二极管不良或个别二极管损坏	更换
	电压调节器	低速触点积污或高速触点熔蚀	清洁、打磨触点或更换电压调节器
		晶体管或集成电路电压调节器性能变差	更换
		电压调节值过低	调节或更换电压调节器
充电不稳（电流表指针摆动或充电指示灯时亮时灭）	电压调节器	连接导线有松动或接触不良	紧固、清洁导线连接点
		电子元器件即将断路或短路	焊接或排除短路点
	继电器	线圈或电阻即将断路、短路	修理或更换
		触点接触不良	打磨触点
充电电流过大	电压调节器	电压调得过高	重调使其符合要求
		大功率晶体管（输出级）短路	更换新件
		稳压管或小功率管断路	更换新件
充电指示灯暗淡，但不熄灭	电压调节器	充电指示继电器触点接触不良	检修
	点火开关	触点接触不良	检修或更换

(2) 大众轿车不能恢复正常怠速故障

1) 故障现象 一辆大众汽油发动机，行驶里程30000km，最近不断出现960r/min高怠速，然后重新起动又恢复700r/min，正常值，但不久怠速又开始升高。

2) 故障诊断 连接大众VAS5052查阅数据各项指标也正常。在检查了影响怠速升高的各种部件，如发动机温度、节气门开度、进气管密封、活性炭罐电磁阀和曲轴箱通风管路等都无结果。最后采取了换件的方法，换了同型号车型的进气压力传感器、氧传感器、冷却液温度传感器、发动机控制单元和车载电网控制单元，但都无法消除故障，只有重新起动发动机才能恢复700r/min正常值后开始升高。又从电网电源系统管理开始检查，检查了蓄电池电压和带负载发电机输出电压，检测没问题。之后又对该车做了全面的检查。常规项目检查一切正常，但在对发电机进行检查时，发现发电机负荷在怠速不带负载的情况下就已经达到80.4%的负荷状态，也就是说，此时的发电机给发动机带来了极大的电气工作负荷。随着发动机转速的升高，显示发电机负荷的80.4%丝毫没有变化，这种情况是不正常的，按理应该有所变化。按照现在所掌握的情况，断定从发电机DFM端子出来到发动机控制单元J623 T94/46线束之间的导线有断路，用万用表测量其阻值为∞，接着在发电机DFM柱和发动机控制单元柱之间接通了一根导线，如图2-51所示。

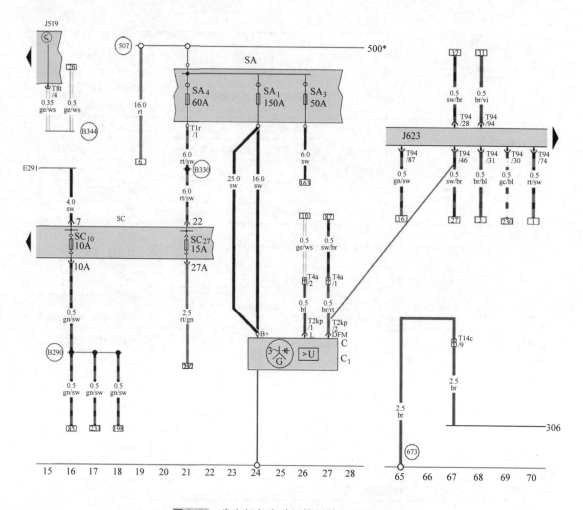

图 2-51 发电机与发动机控制单元相关电路图

C—交流发电机　C1—电压调节器　J519—车载电网控制单元　J623—发动机控制单元（排水槽内中部）

ws—白色　sw—黑色　rt—红色　br—褐色　gn—绿色　bl—蓝色

vi—淡紫色　ge—黄色

重新起动着车后，VAS6150诊断仪进入数据块阅读。在01-08-03的4区中，不再看到80.4%这个数值，而是出现38%，并随着加速踏板的不断踩下，数值不断向小变化。从中高速到怠速进行时，无论哪次回到怠速都是很平稳地回到700r/min。这就说明在电源管理系统中，所有比较重要的输入信号，在其丢失以后，都必须考虑相关部件不因受其影响而停止工作，因此往往会用一个具体的极限值来说明，或者用某些常数来表示，重要的是故障发生时，系统会采用某个确定的值来替代。电网电源控制单元J519从得到这个丢失的信号起，经过一段时间运作，和一些特定条件下的检测，认为丢失的信号无误，于是按照怠速时发电机已经达到其所规定的最大负荷（对外显示为不变的80.4%）这种管理模式，指令开启提速通道，向发动机控制单元J623下达了提高怠速260r/min工作指令，以回应当前发电机负荷状态不可知信号带来的需求。这种动态匹配，就其本质来说，应该就是电源系统出现故障时的一种失效保护。

3) 故障排除 修复发电机 DFM 端子出来到发动机控制单元 J623 T94/46 线束之间的导线，故障完全排除。

(3) 一汽大众迈腾充电指示灯常亮故障的排除

1) 故障现象：一辆 2016 年产一汽大众迈腾轿车，车型为 B7L，行驶里程 5 万 km。用户反映该车发电机充电指示灯常亮、怠速高、座椅加热装置不加热。

2) 检查分析：首先检查发电机正极、蓄电池正极和负极、车身搭铁，均未发现松动或接触不良等现象。

连接故障诊断仪 VAS6150 读取故障，各系统均能通信。车载电网控制单元 J519、仪表控制单元 J285 中均没有与充电指示灯点亮相关的故障码，但发动机控制单元 J623 有 05488 偶发故障码，如图 2-52 所示。

根据此车的电源负载管理图（图 2-53）。可知，发电机由 B+、DFM 和 L 三根线组成。DFM 线通向发动机控制单元 J623，提供发电机负荷信号；L 线通向车载电网控制单元 J519，为其提供发电机工作信号。J519 也为发电机工作提供预励磁电流。

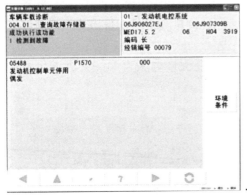

图 2-52 发动机控制单元故障码

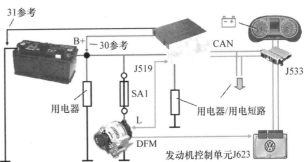

图 2-53 电源负载管理原理图

充电指示灯常亮的可能原因有：发电机本身故障或者发电机连接线路故障及蓄电池自身损坏；仪表本身及仪表线路有故障（由于充电指示灯点亮是通过仪表控制单元 J528 显示的）；车载电网控制单元 J519 自身原因及线路故障；发动机控制单元 J623 及其线路故障。

进入发动机数据流 01-11-O4 组，查看发电机数据流。怠速时电压为 12.1V，如图 2-54 所示；3000r/min 时电压为 13.6V，如图 2-55 所示。由于转速超过 3000r/min，电压达到 13.6V，发电机能自励磁发电。

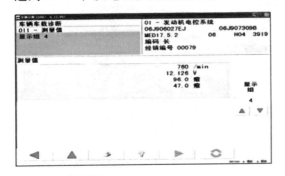

图 2-54 怠速时电压为 12.1V

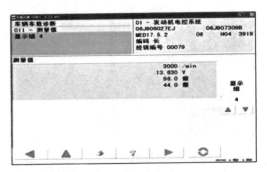

图 2-55 3000r/min 时电压为 13.6V

进入发动机数据流 01 – 11 – 53 组，查看故障车发电机数据流，如图 2-56 所示。对比正常车（图 2-57），由故障车显示组 53 显示区 3 可知故障车发电机没有他励磁发电，由显示区 4 可知故障车发电机没发电，且向发动机提供的发电负荷信号为 0。

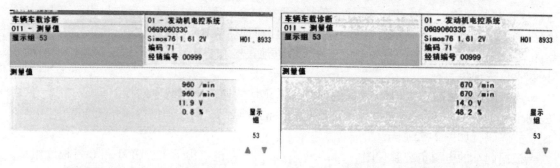

图 2-56　故障车怠速时数据流　　　　　图 2-57　正常车怠速时数据流

检查发电机接线端 L，如图 2-58 所示。实测接线端 L 电压在车未起动时为 0V，起动后也为 0V。正常未起动时应约为 1V，起动后约为 12V，经过测量基本可以得出此线路断路或 J519 内部对搭铁短路。

如图 2-59 所示，起动发动机后在 J519 T73b/49 端子处测量电压为 11.9V，而发电机 T72ax/1 端子处测量电压为 0V，证明此线路确实存在断路。

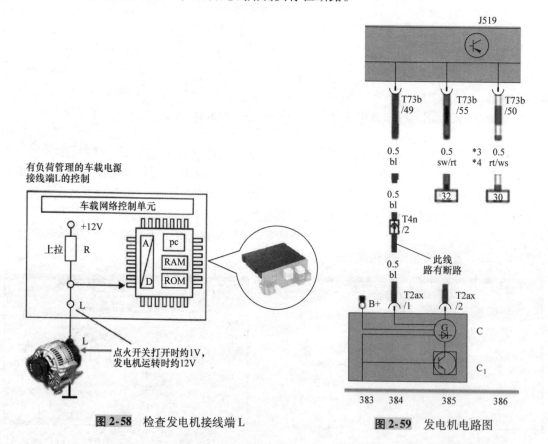

图 2-58　检查发电机接线端 L　　　　　图 2-59　发电机电路图

3) 故障排除：经过查找发现，接线端 L 已经磨断，重新处理后故障排除。

22 车载电网型电源电路供电总端的供电原理

在车载电网型电源电路中，供电总端包括：供电总端 15、供电总端 30、供电总端 75X、供电总端 50 等，它们对应的供电继电器直接受控于车载电网控制单元，不再直接受控于点火开关，从而彰显了车载电网控制单元功能的强大。

（1）供电总端 15 正电的形成　如图 2-60 所示，点火开关 D 被置于"ON"或"START"位时，点火开关的 15 号端子都会将 12V 的电送到转向柱电子控制单元 J527 的 F 位 12 孔插头的第 12 针脚（T12F/12）上，经 J527 处理，J527 产生一个相应的控制信号，经 T20D/17 脚传到车载电网控制单元 J519 的 G11 脚，再经 J519 处理并产生一个驱动继电器 J329 线圈的电压，来控制 J329 常开触点闭合，使 30 号正电经 J329 闭合的触点输出，形成供电总端 15 的正电。

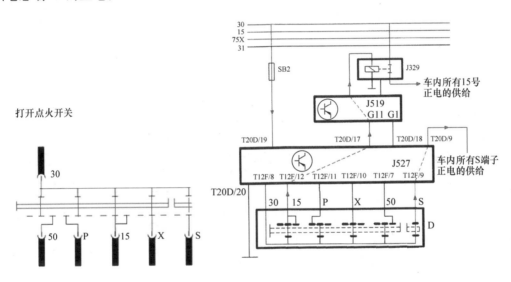

图 2-60　供电总端 15 号正电的形成过程

（2）S 触点正电的形成　如图 2-61 所示，只要点火锁中有钥匙，无论钥匙处于"OFF"位、"ON"位或"START"位，点火开关 D 中的 S 触点闭合，S 端子输出 12V 电信号，经导线传送到 J527 的 T12F/9 端子（此时，P 端子虽然也会将 12V 电信号输入 J527，但无效），经 J527 处理，再由 J527 的 T2OD/9 端输出一路 12V 的电信号，即 S 端子控制信号，此信号直接通向舒适系统（或辅助电器）的控制单元，此时音响等工作，同时遥控装置失效；有些车型，J527 还会通过 CAN 舒适便捷数据总线，将 S 触点闭合的信息"告知"J519、防盗控制单元 J518 和与舒适便捷功能有关的控制单元等，J519 收到 S 触点闭合的信息，会通过控制 J329 闭合，使供电总线端 15 保持有电，其他控制单元也会执行相应的功能。

（3）供电总端 75 正电的形成

如图 2-62 所示，点火开关 D 被置于"ON"档位时，D 的 X 端子向 J527 的 T12F/10 端

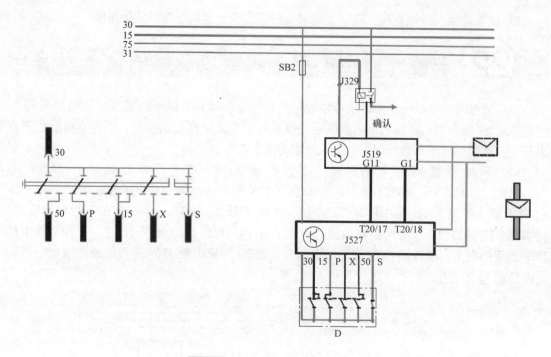

图 2-61　S 触点正电的形成（86S）

子传输一个 12V 的控制信号，J527 对此信号进行处理。通过 CAN 数据总线向 J519 传输一条控制信息，J519 根据此条控制信息会输出一路控制电压至 J59 的线圈，此线圈产生磁力使 J59 的常开触点闭合，30 号正电经 J59 闭合的触点输出，形成 75X 号（X 卸荷）正电。

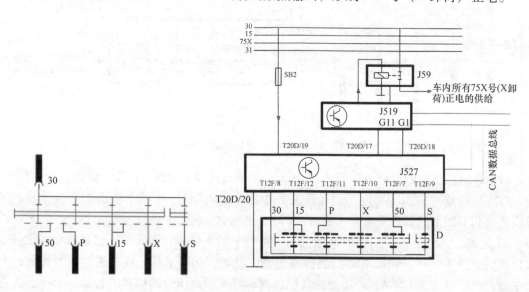

图 2-62　供电总端 75X（X 卸荷）正电的形成过程
J59—X 触点卸荷继电器　J519—车载电网控制单元　J527—转向柱电子控制单元　D—点火开关

（4）供电总端 50 正电的形成　如图 2-63 所示，点火开关 D 被置于"START"位时，D

的 50 号端子向 J527 的 T12F/7 号端子输送一个 12V 的起动控制信号，J527 对此信号进行处理，并通过其 T20D/18 号端子将这一起动信息传递给 J519 的 G1 端子，接下来，J519 会向 X 卸荷继电器 J682 的线圈输出一个控制电压，线圈产生磁力，使 J682 的常开触点闭合，30 号正电经此触点输出，形成供电总端 50 的正电。

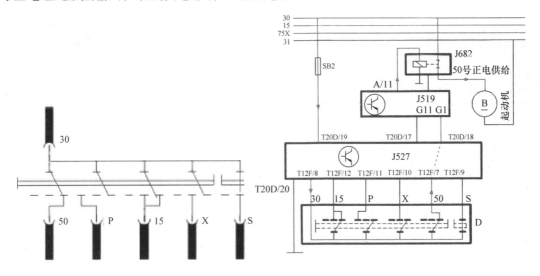

图 2-63 供电总端 50 正电的形成

J682—50 号正电供电继电器　J519—车载电网控制单元　J527—转向柱电子控制单元　D—点火开关

（5）停车正电的形成（P 正电的形成）　如图 2-64 所示，当点火钥匙被拔下后，点火开关 D 中的 S 触点断开，此时 P 端子将 12V 电信号输入 J527 的 T12F/11 端子，经 J527 处理，J527 会通过 CAN 舒适便捷数据总线，将 P 触点闭合的有效信息"告知"J519 和车上其他控制单元，J519 收到 P 触点闭合的信息，会通过控制 J329 闭合一段时间，使 15 号正电总端保持一段时间有电。同时，车上其他控制单元也会利用这一信息来进行工作或改变状态：

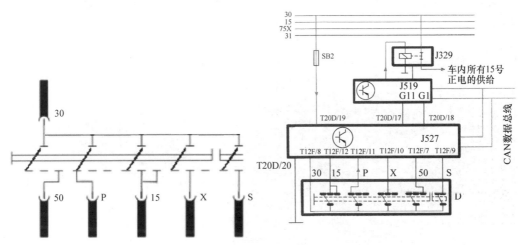

图 2-64 停车正电的形成（P 正电的形成）

J329—15 号正电供电继电器　J519—车载电网控制单元　J527—转向柱电子控制单元　D—点火开关

给防盗器供电、控制落锁进入防盗、给驻车灯供电、使系统由唤醒进入休眠等等。

23 车载电网型电源模块及其电路分析

（1）电气负荷（电能）管理　电气负荷（电能）管理的功能主要是使蓄电池中总是存有足够的电能来起动汽车。如图 2-65 所示，J519 时刻监控着发动机转速、蓄电池电压和发电机负荷，结合有关接通的高电流用电器的信息，会通过缩短接通时间对电源负荷进行分析，J519 可以利用这个分析结果要求发动机控制单元提高发动机转速，还可以要求关闭相关舒适性用电器，以保证技术安全功能。

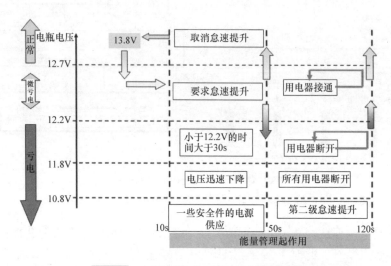

图 2-65　电气负荷（电能）管理作用过程

（2）中央电器系统模块的结构与安装位置　该控制单元安装于仪表台左侧下部，包括中央电器系统控制单元 J519 和车载电源控制单元继电器支架，如图 2-66 所示。

图 2-66　中央电器系统模块的结构与安装位置

按照汽车线束的配线原则，全车电器的控制中心设置在配电中心（中央配线盒）。中央电器系统模块实现了对配电中心的智能化控制。现代大众轿车用中央电器系统模块取代了中央配线盒，中央电器系统控制单元为 J519。

中央电器系统模块具有电能管理、灯光控制、燃油泵预工作、刮水器控制等多个控制系统，充分体现了总线模块的综合性和智能化。这些控制系统的众多传感器和开关信息均通过两根 CAN 总线传送到中央电器系统控制单元 J519，充分体现了网络信息共享的优势。

中央电器系统模块与传统的中央配线盒对比具有以下优势：可对用电器进行更强的控制、节省电量消耗、可实现用电器之间的电子通信、可进行电能管理、可进行程序化设置、返修便利、带有自诊断功能。

（3）中央电器系统模块的组成　中央电器系统模块是全车电器系统的中心，众多的电气设备都属于中央电器系统模块，主要包括以下几个部分：

1）控制器：中央电器控制单元 J519。

2）电源提供：30 正电由发电机和蓄电池直接提供，15 正电和 50 正电由 J527 提供。

3）传感器：前照灯开关 E1；倒档开关；制动灯开关；机舱盖开关。其他传感器和开关等信息均通过 CAN 总线提供。

4）执行单元（大多数通过继电器控制）：座椅加热元件，后窗加热元件，后视镜加热元件，转向盘加热元件，脚坑照明灯，门内把手照明灯，全自动空调耗能降低或空调关闭控制元件，信息娱乐系统关闭及关闭警示，左、右前照灯，左、右尾灯，高位制动灯，室内灯，雾灯，转向灯，牌照灯，燃油泵（通过燃油泵继电器控制）。

5）LIN 总线——中央电器系统模块子网络。

如图 2-67 所示，下雨时，雨滴/光强传感器信息通过 LIN 总线将信息传递到 J519，J519 通过 LIN 总线给刮水器控制单元 J400 提供信息，刮水器根据控制信息工作。

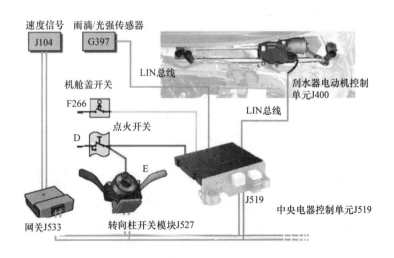

图 2-67　大众速腾刮水器控制系统

（4）中央电器系统模块的工作原理

1）中央电器系统模块的功能。中央电器系统模块的总线设备和控制功能非常多，中央电器系统模块管理功能包括：用电负荷管理；外部灯光的控制及灯光缺陷的检测；内部灯光的控制；后风窗加热控制（无电路）；舒适灯光控制（离家、回家功能）；转向信号控制；供电端子控制（75、15、30）；燃油泵预工作控制；照明灯控制；发电机准备功能（励磁）；刮水器电动机控制。

2）模块电能管理系统的工作原理。如图2-68所示，大众速腾中央电器系统模块电能管理系统没有传感器，J519通过舒适CAN总线获得各种有用信息，模块工作原理为电能管理系统管理策略。

为了确保蓄电池有足够的电能使发动机顺利起动和正常运转，中央电器控制单元J519根据以下的相关数据进行评估：发动机转速、蓄电池电压、发电机的DF信号（01-53）。根据反馈数据，在保证技术安全的前提下，控制单元适当地关闭舒适功能的用电设备。电能管理系统管理策略见表2-3。

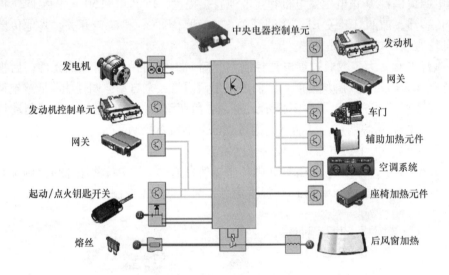

图2-68　大众速腾中央电器系统模块电能管理系统

3）"中央电器系统模块"燃油泵预工作控制系统工作原理。中央电器控制单元J521在CAN总线上获得车门开关信息（经车门控制单元J386、J387、J388、J389发送），来控制燃油泵工作（只要一个继电器工作，燃油泵就工作），J17由发动机控制单元J623（经J519）控制，而J49由中央电器控制单元J519控制，如图2-69所示。

当驾驶人打开驾驶人侧车门后，车门开关工作经车门控制单元将信号转化为CAN信息发送到舒适CAN总线，中央电器控制单元J519收到后，控制燃油泵预工作继电器J519，并使燃油泵工作大约2s，如果驾驶人侧车门持续开启超过30min，J519再次控制燃油泵工作大约2s。燃油泵预工作的目的是使油管中保持足够的压力，以便发动机顺利起动。

表 2-3 电能管理系统管理策略

管理模式 1	管理模式 2	管理模式 3
15 号线接通并且发电机处于工作状态	15 号线接通并且发电机处于停机状态	15 号线断开并且发电机处于停机状态
如果蓄电池电压低于 12.7V，则控制单元要求发动机的怠速提升 如果蓄电池的电压低于 12.2V，以下的用电器将被关闭： – 座椅加热 – 后风窗加热 – 后视镜加热 – 转向盘加热 – 脚坑照明 – 门内把手照明 – 全自动空调耗能降低或空调关闭 – 信息娱乐系统关闭并有关闭警示	如果蓄电池的电压低于 12.2V，以下的用电器将被关闭： – 空调耗能降低或空调关闭 – 脚坑照明 – 门内把手照明 – 上/下车灯 – 离家功能 – 信息娱乐系统关闭并有关闭警示	如果蓄电池的电压低于 11.8V，以下的用电器将被关闭： – 车内灯 – 脚坑照明 – 门内把手照明 – 上/下车灯 – 离家功能 – 信息娱乐系统关闭

注：
1. 这三种管理模式的不同之处在于，用电器被关闭的次序不同。
2. 在第三种模式中，一些用电器将会被立即关闭。
3. 如果关闭的条件取消，用电器将会被重新激活。
4. 如果用电器因为电能管理的原因被关闭，则 J519 中有故障存储。

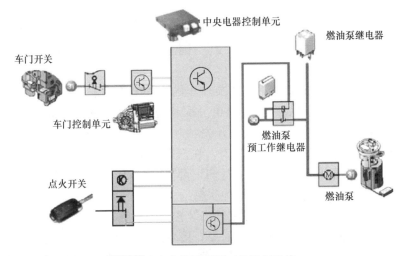

图 2-69 大众燃油泵预工作控制系统

24 汽车电控系统休眠模式

电控系统的休眠（Standby）模式，是指在发动机熄火一段时间后，整车自动进入一种用电量非常小的状态，因而也称为"低能耗模式"。

一般来说，当汽车锁上车门 35s 以后，或者未锁车门不进行任何操作 10min 以后，系统自动进入休眠状态，此时数据总线系统由运行电流 150mA 转为休眠电流 6~8mA，给电子防盗系统供电。当网关接收到打开任一车门、发动机盖、行李箱盖或者操作遥控器的信号时，数据总线系统将结束休眠模式，系统内所有的控制单元被唤醒，唤醒电流大约为 700mA。

汽车电控系统设置休眠模式的目的，一是减少在点火开关关闭以后蓄电池电能的无谓消耗，使蓄电池经常保持充足的电量；二是当 CAN 多路数据传输系统中某个控制单元出现故障时，不至于因"寄生电流"过大而引起蓄电池亏电。电控系统休眠模式的"魔力"来源于多路数据传输系统网关（BS1、智能服务器）的软件设置，休眠模式所有的控制过程都是在 CAN 网络内"不动声色"地进行着。需要说明的是，休眠模式仅存在于 CAN 舒适总线和信息娱乐总线，动力总线系统不具有休眠模式。

导致舒适总线和信息娱乐总线无法进入休眠状态的常见原因有如下几个方面（以大众车系为例）：①多路数据传输系统线束折断；②车载电源控制单元 J519 的插接器接触不良；③舒适系统控制单元 J519 发生故障；④车门控制单元有问题，50 风扇控制单元失常；⑤发动机 ECU 主继电器等继电器工作异常（如触点粘连、非正常吸合）；⑥行李箱灯、杂物箱灯等隐蔽处的照明灯损坏或者常亮；⑦导线的绝缘损坏，引起短路。

(1) 大众轿车的休眠模式

1) 15 正电再激活功能：15 正电关闭以后，动力总线系统有些控制单元仍然需要交换数据，因此在网络内部，用 30 正电激活 15 正电，保证在断电以后，数据信息能够正常地传递。再激活功能的时间为 10s~15min。

2) 休眠模式、唤醒模式的监控：当网关监控到舒适和信息娱乐总线处于空闲状态时，网关发出休眠指令，进入休眠模式。此时数据总线的电压低位线为 12V，高位线为 0V。如果动力总线处于数据传递过程中时，舒适和娱乐总线是不允许进入休眠状态的。当舒适总线处于数据传递的过程中时，娱乐和信息总线也不能进入休眠模式。当某一个信号唤醒相应的总线后，网关会激活其他的总线系统。

(2) 雪铁龙凯旋轿车的休眠模式　凯旋轿车的网关 BSI 除了起到 CAN 多路传输系统的指挥员和协调员的"角色"外，还控制供电分配和进行电路保护。为此，在 BSI 中装有熔丝，这种熔丝的电能来自于蓄电池和点火开关。为了避免蓄电池因长时间库存而耗尽电能，采用 SH 保险保证 BSI 处于低电能消耗状态。在汽车下线时，BSI 就是设置为这个状态，称为"库存模式"；在新车准备出售时，要将 SH 保险设置在"用户模式"。

凯旋轿车的网关（BSI）具有以下四种状态：

1) "无效"状态：所有由 BSI 控制的输出装置都处于睡眠状态。

2) "休眠"状态：没有来自 BSM 的 - APC 信号。

3) "唤醒"状态：所有的功能被激活，尤其是 CAN I/S 网、CAN 舒适网和 CAN 车身网的多路通信。

4) "醒来"状态：从 BSI 进入唤醒状态到 BSI 离开唤醒状态之间的这段过程。

25 电控系统休眠模式的检测

(1) 检测

1) 检测多路数据传输系统的电压。多路数据传输系统进入休眠模式以后，应该无电压；转入"唤醒"模式以后，应该为标准电压。

以宝马 730 轿车（装备 M54 发动机和 E66 底盘）为例。该车采用 CAN 总线传输数据，总线插接器里有三根导线，其中两根为动力总线 PT – CAN（CAN – H 和 CAN – L），另一根为唤醒总线。唤醒总线的对搭铁电压应当是蓄电池电压，CAN – H 和 CAN – L 的对搭铁电压分别为 2.6V 和 2.4V。如果 PT – CAN（动力总线）与唤醒总线短路，将使总线上的各模块之间无法正常传输数据，并出现多个故障及指示灯点亮现象。

2）检测蓄电池的寄生电流。蓄电池的寄生电流一般应在 70mA 以下，如果电流过大，说明休眠模式已经失效。例如宝马车系，要求休眠模式下的寄生电流不大于 20mA。可以连接故障诊断仪，进入 Measuring System（测量系统），测量元件参数（电压和电流），就能够检测到蓄电池电压以及休眠模式下的寄生电流等。

3）读取数据流。以速腾轿车为例，连接故障诊断仪，进入 19 – 08 – 001，可以阅读到仪表板唤醒线 – 数据总线诊断接口的状态（被动式/主动式）、舒适系统总线状态（无读数/总线空闲）、信息娱乐总线状态（无读数/总线空闲）、动力系统总线状态（无读数/总线空闲）；进入 19 – 08 – 002，可以阅读到"运输模式"是激活还是禁用。

4）实行延时检测。考虑到驾驶人完成停车、熄火和断开电器开关需要一定的时间等情况，所以在关闭点火开关到电控系统进入休眠模式中间设置了一个滞后期。有鉴于此，休眠模式的检测应当在所有电器停用几分钟之后再进行。例如：宝马轿车在所有用电设备停用 3min 后进入一次休眠，此时起动开关处的红灯熄灭；在所有用电设备停用 16min 后进入二次休眠。如果此时起动开关处的红灯仍然点亮，则说明还有用电器在耗电。

帕萨特 B5 轿车的舒适系统控制单元 J393 具备防止放电功能，如果驾驶人忘记关闭舒适系统的某些电器，J393 会自动切断其电源，计算机软件设计的断电开始时间为锁闭车门后的 2h 左右。又如爱丽舍轿车，它的冷却系统有两个电子风扇，主要受水温控制盒的控制。在发动机熄火后，如果冷却液温度超过 112℃，电子风扇会低速运转，进行 6min 的延时冷却，在这段时间内，也要消耗电能。

除此以外，在发动机熄火后，电控单元 ECU 需要驱动怠速步进电动机运转，使节气门回到初始位置，以利于下次起动；热线式空气流量传感器的热线在发动机熄火 5s 后，被电流加热，在 1s 内升温至 1000℃，用于烧掉黏附在热线上的杂质，在这些时间内也需要消耗电能。

总之，检测寄生电流应当在所有电器停用几分钟之后再进行，否则容易引起误判。

(2) 通过自适应学习，唤醒处于休眠状态的电器　高端车型一般装备了大量的电器，如果有的电器长时间不使用，电能管理系统会自动关闭某些耗电量比较大的电气设备（如行李箱控制系统），使其处于休眠状态。遇到这种情况，可以连接故障诊断仪，对电控系统进行自适应学习，就能唤醒处于休眠状态的电器，使其投入工作。

一辆大众辉腾轿车，长时间停放以后，遥控器无法打开行李箱盖。分析认为，这是由于行李箱控制单元仍然处于"休眠"状态的缘故。此时可以对行李箱控制单元进行自适应学习，其方法是：①连接 VAS6150 故障诊断仪；②进入舒适系统的地址码"46"；③选择功能"10"匹配；④输入通道号"24"，进入行李箱系统自适应界面；⑤选择"SAVE"；⑥输入重新确认数值"0"，并按"ACCEPT"键，此时行李箱开关会模拟开启和关闭的全过程，并且重复执行 3 次。这样操作，行李箱控制单元就能被"唤醒"，行李箱就能恢复正常的开启和关闭功能。

（3）车辆"运输模式"的启用与关闭（以速腾轿车为例）　在商品车运输到经销商之前，为了防止蓄电池过多放电，应当尽量降低汽车的耗电量，为此需要启用运输模式，让电控系统处于休眠状态。在运输模式下，以下系统不工作（即功能被关闭）：收音机、遥控功能、内部监控系统、驻车加热、倾斜传感器、内部照明灯、车门上的二极管防盗指示灯等。

在将汽车销售给用户之前，必须使用诊断仪器 VAS615051 关闭运输模式。进入 19-08-002，就可以关闭运输模式。"运输模式"关闭以后，汽车的电能管理系统恢复正常。

如果汽车的行驶里程达到 150km，系统将自动关闭运输模式，并且此模式不能再激活。

（4）网线断路引起休眠模式失效　速腾轿车停放两天后难以起动，仪表板上没有任何指示灯报警。怀疑系统漏电，于是在静止状态下测量蓄电池的放电电流，达到 1.05A（标准值为小于 50mA）。连接故障诊断仪 VAS6150 进行检测，读到一个故障码"00470"，其含义是单线组合舒适系统数据总线断路。

选择故障诊断仪的"引导性查询功能"，查询 CAN 总线的数据流。在正常情况下，关闭点火开关，等待大约 1min，由于网关休眠，第 1 区（唤醒总线状态）的结果应为"被动"，第 2 区（舒适总线）、第 3 区（信息娱乐总线）及第 4 区（动力总线）都应为"CAN 总线休眠"。

但是故障车点火开关关闭 1min 后的测量结果却为：第 1 区显示为"主动"，说明 CAN 总线没有休眠；第 2 区（舒适总线）、第 3 区（信息娱乐总线）显示为空白，说明舒适总线和信息娱乐总线没有休眠；第 4 区（动力总线）显示为传输休眠，说明动力总线正常。

为了进一步判断舒适总线和信息娱乐总线没有休眠的原因，再次利用故障诊断仪的"引导性查询功能"，查看舒适总线和信息娱乐总线的数据流，结果见表 2-4。

表 2-4　舒适和信息娱乐总线的测量值

测量项目	测量结果	正常值
CAN—网关—驾驶人侧车门	驾驶人车门 1	驾驶人车门 1
CAN—网关—乘客侧车门	乘客人门导线	乘客车门 1
CAN—网关—左后车门	左后车门 1	左后车门 1
CAN—网关—右后车门	右后车门 1	右后车门 1

从表 2-4 中看出，第 2 区所示的"乘客侧车门导线"后面没有显示（后面显示"1"，表示连接正常；后面无显示，表示连接不正常；后面显示"单线"，表示一根导线断路；后面显示"S"，表示休眠模式已设置），说明乘客侧车门上的舒适总线连接不正常。拆开乘客侧车门的线束检查，发现有一根网线断路。更换断裂的网线后，再测量静止状态下的寄生电流，下降为 10mA。由于乘客侧车门的网线断路，导致舒适系统总线和信息娱乐系统总线无法正常休眠，使网络上的控制单元持续工作，寄生电流过大，造成蓄电池亏电，所以发动机难以起动。

第 3 章 Chapter 3

起 动 系 统

26 起动机的结构

起动机的外观结构与组成分别如图 3-1 和图 3-2 所示。它具有操作简单、体积小、重量轻、安全可靠、起动迅速并可重复起动等优点，一般将这种电力起动机简称为起动机。

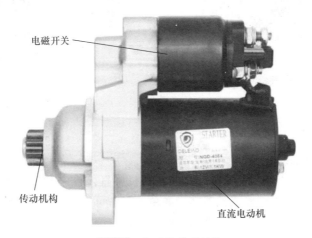

图 3-1 起动的外观结构

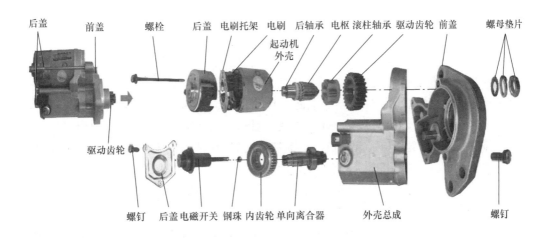

图 3-2 起动机的组成

27 起动机的分类、型号

（1）起动机分类

1) 按励磁方式分。

① 电磁式起动机。电磁式起动机（图3-3）靠励磁绕组和磁极铁心建立磁场，结构稍显复杂，但输出转矩和功率都很大，故应用极为广泛。

② 永磁式起动机。永磁式起动机（图3-4）以永磁材料作为磁极，取消了励磁式起动机中的励磁绕组和磁极铁心，结构简化、体积小、重量轻，并节省了金属材料。但永磁式起动机的功率一般较小，使用范围在一定程度上受到限制。

图3-3　电磁式起动机

图3-4　永磁式起动机

2) 按控制方法分类。

① 机械控制起动机。由脚踏或手拉杠杆联动机构直接控制起动机的主电路开关，来接通或切断起动机主电路。这种方式虽然结构简单、工作可靠，但由于要求起动机、蓄电池靠近驾驶室，而受安装布局的限制，且操作不便，因此目前已很少采用。

② 电磁控制起动机。用按钮或钥匙控制电磁铁，再由电磁铁控制主电路开关，以接通或切断起动机主电路。由于装有电磁铁，可进行远距离控制，操作省力，因此现代汽车大都采用这种控制方式。

3) 按传动机构啮入方式分。

① 惯性啮合起动机。起动机旋转时，驱动齿轮借惯性力自动啮入飞轮齿环。其特点是啮合结构简单、不能传递较大转矩，可靠性差，目前已很少使用。

② 强制啮合起动机（图3-5）。靠电磁力拉动杠杆，强制拨动驱动齿轮啮入飞轮齿环。其特点是啮合机构简单、动作可靠、操作方便，目前广泛使用。

③ 电磁啮合（电枢移动）起动机。电磁啮合式起动机靠电动机内部辅助磁极的电磁力，吸引电枢做轴向移动，将驱动齿轮啮入飞轮齿圈，起动结束后再由回位弹簧使电枢回位，让驱动齿轮退出飞轮齿圈。所以，又称电枢移动式起动机，多用于大功率柴油机。

④ 减速起动机（图3-6）。减速起动机的基本结构与普通起动机相同，只是在电枢和驱动齿轮之间，装有减速齿轮（一般减速比为3~4），经减速、增矩后，再带动驱动齿轮。质量和体积比普通起动机可减小30%~50%，但结构和工艺比较复杂。

图 3-5 强制啮合起动机　　　　　　图 3-6 减速起动机

（2）起动机型号　根据《汽车电气设备产品型号编制方法》（QC/T 73—1993）的规定，起动机型号如图 3-7 所示。

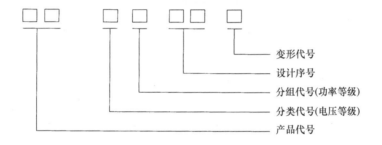

图 3-7 起动机型号

1）产品代号。产品代号有 QD、QDJ、QDY，分别表示起动机、减速起动机及永磁起动机。

2）电压等级代号。起动机电压等级代号用一位阿拉伯数字表示，1 为 12V，2 为 24V，6 为 6V。

3）功率等级代号。功率等级代号的含义见表 3-1。

表 3-1 起动机的功率等级代号

分组代号	1	2	3	4	5	6	7	8	9
功率/kW	~0.736	(1~2)×0.736	(2~3)×0.736	(3~4)×0.736	(4~5)×0.736	(5~7)×0.736	(7~10)×0.736	(10~15)×0.736	>15×0.736

4）设计序号。设计序号按产品设计先后顺序，由 1~2 位阿拉伯数字组成。

5）变形代号。一般电气参数和结构做某些改变称为变形，以大写字母 A、B、C……顺序表示。

例如：QD124 表示额定电压为 12V、功率为 (1~2)×0.736kW，第四次设计的起动机；QD27E 表示额定电压为 24V、功率为 (7~10)×0.736kW，第五次设计的起动机。

28 起动机各部件的结构

（1）串励直流电动机　串励直流电动机由电枢、磁极、电刷、壳体、换向器等主要部件构成。注：串励是指电枢绕组与励磁绕组串联。

1）电枢。电枢是直流电动机的旋转部分，包括电枢轴、换向器、电枢铁心、电枢绕组等部分。为了获得足够的转矩，通过电枢绕组的电流一般很大（汽油机为600～1000A，柴油机可达1000A），因此电枢一般采用较粗的矩形裸铜线绕制而成，如图3-8所示。

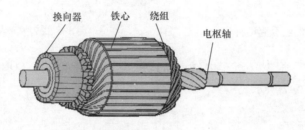

图3-8　电枢总成

2）换向器。换向器由铜质换向片和云母片叠压而成，且云母片的高度略低于铜质换向片的高度。为了避免电刷磨损的粉末落入换向片之间造成短路，起动机换向片间云母的高度一般不能过低，如图3-9所示。电枢绕组各线圈的端头均焊接在换向器片上，通过换向器和电刷将蓄电池的电流传递给电枢绕组，并适时地改变电枢绕组中电流的流向。

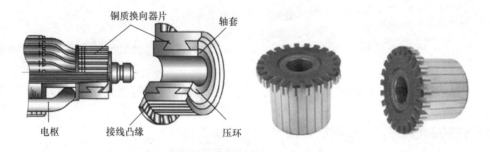

图3-9　换向器

考虑到云母的耐磨性较好，当换向片磨损以后，云母片就会凸起，影响电刷与换向片的接触，因此，有些起动机的换向片之间的云母片较换向片低0.5～0.8mm。

转子轴驱动端制有螺旋形花键，用以套装传动机构中的单向离合器。

转子与定子铁心之间的气隙，普通起动机一般为0.5～0.8mm，减速起动机一般为0.4～0.5mm。

3）磁极。定子也称磁极，其作用是产生磁场，分励磁式和永磁式两类。为增大转矩，汽车起动机通常采用四个磁极，两对磁极相对交错安装（图3-10a），定子与转子铁心形成的磁力线回路（图3-10b），低碳钢板制成的机壳是磁路的一部分。

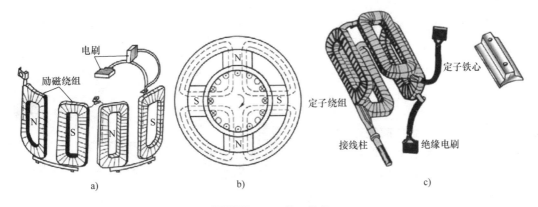

图 3-10 励磁绕组结构

a) 励磁绕组与正电刷 b) 磁场回路图 c) 实物

① 励磁式定子。励磁式电动机定子铁心为低碳钢，铁心磁场要靠绕在外面的励磁绕组通电建立。为使电动机磁通能按设计要求分布，将铁心制成图 3-10c 所示的形状，并用沉头螺栓紧固在机壳上。

励磁绕组与磁场回路：励磁绕组由扁铜带（矩形截面）绕制而成，其匝数一般为 6～10；铜带之间用绝缘纸绝缘，并用白布带以半叠包扎法包好后浸上绝缘漆烘干。

采用励磁式定子的电动机，其励磁绕组与转子串联连接，如图 3-11a 所示，故称为串励式电动机。

励磁绕组的连接如图 3-11b 所示，先将励磁绕组两两串联后并联，再与电枢（转子）绕组串联。

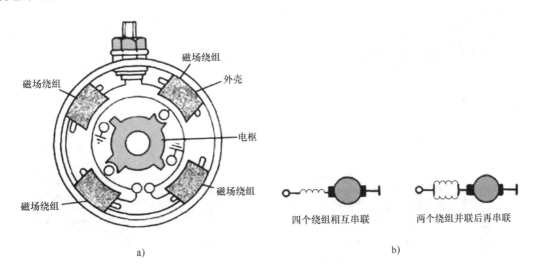

图 3-11 串励式电动机

a) 结构 b) 励磁绕组的连接

② 永磁式定子。永磁电动机不需要电磁绕组，可节省材料，而且能使电动机磁极的径向尺寸减小；在输出特性相同的情况下其重量比励磁定子式电动机可减轻 30% 以上。

条形永久磁铁可用冷粘结法粘在机壳内壁上，或用片状弹簧均匀地固装在起动机机壳内表面上，如图3-12所示。由于结构尺寸及永磁材料性能限制，永磁起动机的功率一般不大于2kW。

（2）电刷及电刷架　图3-13所示电动机有前、后两个端盖。前端盖一般用钢板压制而成，其上装有四个电刷架和电刷弹簧；后端盖用灰铸铁浇铸而成。前、后端盖靠两个长螺栓与起动机壳紧固在一起，两端盖内均装有青铜石墨轴承衬套或铁基含油轴承衬套。但减速起动机由于电枢轴转速很高，电枢轴承则采用滚柱轴承或滚珠轴承。

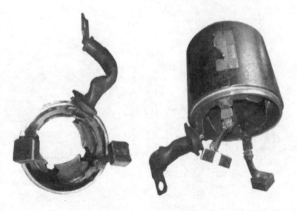

图3-12　永磁式定子

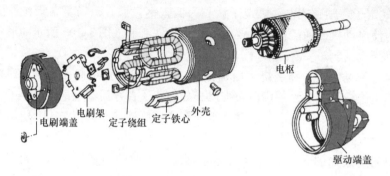

图3-13　前端盖与后端盖的结构

29 起动机传动机构的结构

传动机构一般由齿轮、单向离合器、拨叉、缓冲弹簧及飞轮等组成，其工作过程如图3-14所示。

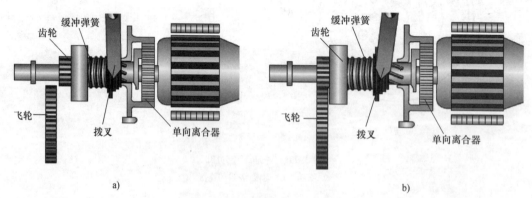

图3-14　传动机构的工作过程
a）静止状态　b）完全啮合状态

单向离合器是起动机传动机构的主要组成结构,有滚柱式、摩擦片式、弹簧式等几种类型,其中,最常用的是滚柱式单向离合器。

滚柱式单向离合器的构造如图3-15所示。滚柱式单向离合器的驱动齿轮与单向离合器制成一体(永磁式起动机花键套、拨环、单向离合器制成一体),内装有滚柱、回位弹簧、内环、挡圈等。滚柱式单向离合器通过改变滚柱在楔槽中的位置来实现分离和接合,以实现起动机驱动发动机,而发动机不能驱动起动机的单向传递动力的作用。滚柱式单向离合器齿轮啮合稳定,且磨损小,为目前汽车起动机使用最多的类型。

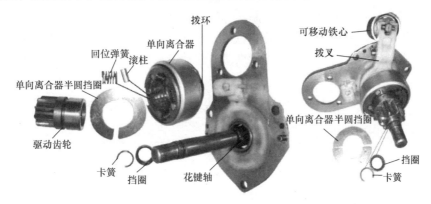

图3-15 永磁式起动机滚柱式单向离合器的结构

30 起动机电磁控制装置的结构

电磁控制装置在起动机上称为电磁开关,它的作用是控制驱动齿轮与飞轮齿圈的啮合与分离,并控制电动机电路的接通与切断。在现代汽车上,起动机均采用电磁控制电路。电磁控制装置是利用电磁开关的电磁力操纵拨叉,从而使驱动齿轮与飞轮啮合或分离的。

电磁控制装置主要由吸引线圈、保持线圈、回位弹簧、可动铁心及接触片等组成。其中,端子C接点火开关,通过点火开关再接电源;端子30直接接电源。其结构如图3-16所示。

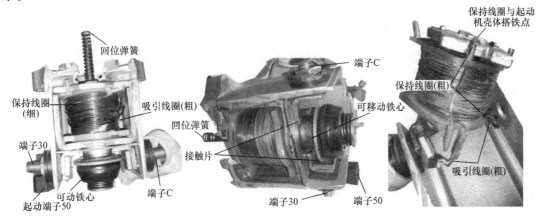

图3-16 电磁控制装置的结构

31 起动系统电路分析

（1）新款卡罗拉起动系统电路分析　一旦按下发动机开关，如果踩下制动踏板，则该功能将使起动机持续工作直到发动机起动，这样可防止起动失败和发动机起动后起动机转动。发动机控制单元监测来自主车身控制单元的起动信号时，防此系统监控发动机转速信号，并使起动机持续工作直到判定发动机已经起动。此外，如果发动机控制单元判定发动机已经起动，则即使检测到来自主车身控制单元的起动信号，此系统也不会使起动机工作。如果由于施加到发动机控制单元的信号功率过低，起动机继电器信号无法输出，则主车身控制单元将代替输出起动机继电器信号，以帮助激活起动机总成，其控制电路图如图3-17所示。

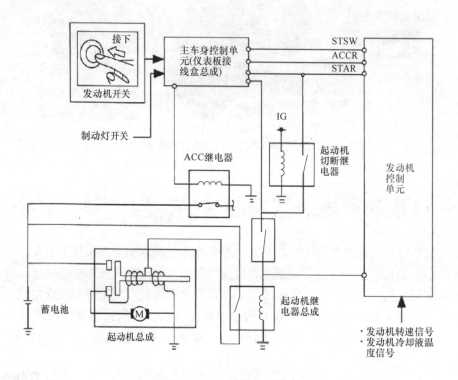

图3-17　自动档起动系统控制电路图

在装备手动变速器的车辆上，设有离合器起动系统，其控制电路如图3-18所示。离合

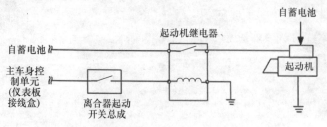

图3-18　手动档离合器起动系统控制电路图

器起动系统的作用是防止驾驶人操作起动机，除非踩下离合器踏板，以防止发动机在变速器有档的状态下起动。

（2）新款帕萨特起动系统电路分析　如图 3-19、图 3-20 所示，帕萨特车起动机由车身控制单元 J519 通过起动继电器控制，而车载电网控制单元 J519 要控制起动继电器 J682 工作，需要满足两个条件：一是接收到来自转向柱控制单元（J527）的起动信号；二是接收到来自双离合变速器机电单元 J743 的 P/N 位信号。将点火开关置于起动档时，一路由点火开关将起动信号传递至 J527，再由 J527 将起动信号传递给 J519；另一路 P/N 位开关 F189 通过驱动 CAN 将档位信号传递至双离合变速器机电单元 J743，如果变速杆处于 P 位或 N 位，J743 通过信号线将 P/N 位信号（搭铁信号）传递至车载电网控制单元 J519；车载电网控制单元 J519 接收到起动信号和 P/N 位信号后控制起动继电器 J682 工作，起动机运转。

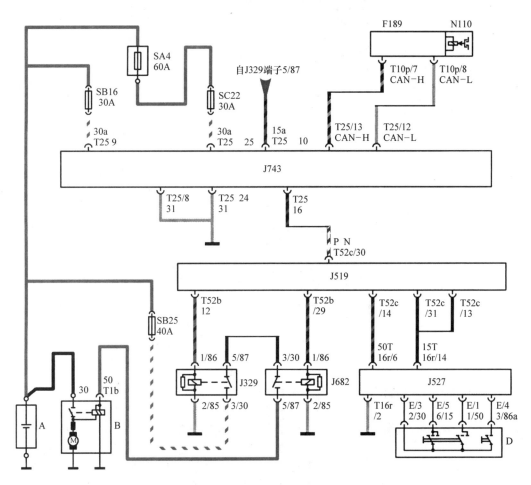

图 3-19　帕萨特轿车起动系统控制电路
A—蓄电池　B—起动机　D—点火开关　F189—档位开关　J329—总线端子 15 供电继电器　J519—车载电网控制单元
J527—转向柱控制单元　J682—起动继电器　J743—双离合变速器机电单元　N110—变速杆锁电磁阀

（3）凯美瑞车非一键起动系统电路分析　图 3-21 所示为凯美瑞车非一键起动系统的起动机控制电路，起动机由点火开关控制，发动机控制单元负责识别驻车/空档开关信号和起

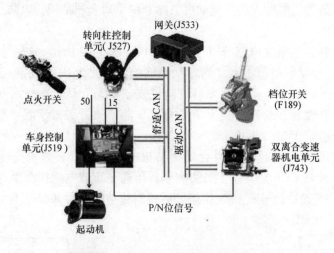

图 3-20　帕萨特轿车起动系统控制原理

动信号。接通点火开关,发动机控制单元通过端子 NSW 输出 12V 电压,若变速杆处于 P 位和 N 位以外的档位,驻车/空档开关断开,发动机控制单元端子 NSW 上的电压为 12V,发动机控制单元依此判定变速杆位于 P 位和 N 位以外的档位;若变速杆位于 P 位或 N 位,驻车/空档开关闭合,发动机控制单元端子 NSW、短接器、驻车/空位开关和起动继电器形成回路,此时发动机控制单元端子 NSW 内部串联的电阻产生压降,发动机控制单元端子 NSW 实际得到的电压小于 2.7V,即起动继电器得到的供电小于 2.7V,发动机控制单元依此判定变

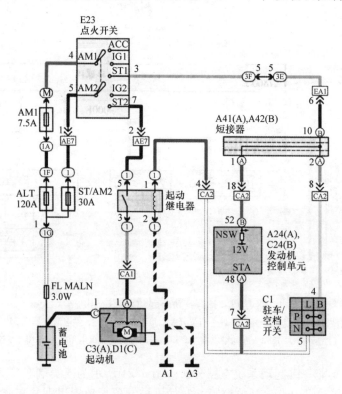

图 3-21　凯美瑞车非一键起动系统电路

速杆位于 P 位或 N 位。由此可知，发动机控制单元通过端子 NSW 上的电压识别变速杆是否位于 P 位或 N 位。

发动机控制单元识别的驻车/空档开关状态通过发动机数据流中的 "NeutraI Position SW Signal"（空档位置开关信号）显示，正常情况下，接通点火开关，当变速杆位于 P 位或 N 位时，该项数据为 "ON"，否则为 "OFF"。

当变速杆位于 P 位或 N 位时，将点火开关旋至起动档（点火开关端子 AM1 与端子 ST1 接通），发动机控制单元端子 NSW 得到 12V 电压，"Neutral Position SW Signal" 为 "OFF"；发动机控制单元端子 STA 也得到 12V 电压，"Starter Signal"（起动信号）为 "ON"，起动继电器也得到 12V 电压，起动继电器吸合，起动机工作。由此可知，发动机控制单元通过端子 STA 监测起动继电器电磁线圈的供电，以判断起动机的工作情况，当发动机控制单元端子 STA 上的电压为 12V 时，发动机控制单元便认为起动机工作了。

由上述分析可知，发动机控制单元通过端子 NSW 监测驻车/空档开关状态，通过端子 STA 监测起动信号，"Starter Signal" 数据只有在起动的过程中才为 "ON"，其他时间均为 "OFF"；"Neutral Position SW Signal" 数据在接通点火开关时为 "ON"，在起动的过程中为 "OFF"，起动结束后又为 "ON"。

（4）途观起动系统电路分析　途观起动系统电路如图 3-22 所示。

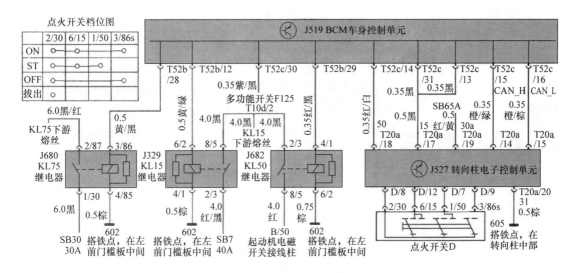

图 3-22　途观起动系统电路

KL15 电源的形成：J527 投入工作后，J527 的 D/8 为 KL30 常电端子，点火开关置 "ON" 时，J527 的 D/8 端子→D 的 2/30 端子→开关内部闭合的触点→D 的 6/15 端子→J527 的 D/12 端子，J527 识别后其 T20a/17 端子输出 12V 电压加在 J519 的 T52c/13 和 T52c/31 端子上，J519 据此令 T52a/12 端子输出电流→总线端 KL15 继电器 J329（643 号）的电磁线圈→搭铁点 602，继电器常开触点闭合，KL30 电源→熔丝 SB740A→J329 已闭合的触点→向所有需要 KL15 电源的用电器供电。

J519 接收的 D/15 开关位置信号，通过 J519 数据块 62 组的测量值显示出来，见表 3-2。

表 3-2　J519 数据块 62 组的测量值定义（接线柱 15）

62 组测量值区域	1 区	2 区	3 区	4 区
测量值定义	输入	CAN 输入	空	CAN 输出

自动变速器空档信号由多功能开关 F125 提供，空档时，F125 的 T10d/2 端子处于低电位（对手动变速器车型而言，J519 的 T52c/30 端子直接搭铁）。当 J519 因其 T52/30 端子上的电位被拉低至搭铁时，则认定自动变速器处于 P/N 位。D/50 信号电路的走向是 D/50 信号→J527 的 T20a/18 端子输出→J519 的 T52a/14 端子，此时若 J519 确认满足 D/50 信号输入与自动变速器处于 P/N 位两个条件，则令 T52b/29 端子输出 12V 电压，总线端 KL50 继电器 J682（643 号）得电，J682 继电器触点闭合，电流经 SB7→J329→J682→起动机 B/50 端子，对起动机 B 供电。

手动变速器车型空档信号取决于离合器位置传感器 G476 的信号，只有在踩下离合器踏板后，起动机才有可能接通。

32　一键起动工作原理

一汽大众新迈腾（B7L 车型）装配接线端控制单元，它一方面充当车载电网控制单元与电子点火锁操作元件之间的连接件，用于进行接线端控制；另一方面它还用于模拟新增的点火起动按键的接线端。接线端控制单元仅与 KESSY（无钥匙进入功能）配套安装实现一键起动功能。该系统的相关组成部件有：接线端控制单元 J942、车载电网控制单元 J519、舒适控制单元 J393（与防盗控制单元 J362 能集成于一体）、发动机控制单元 J623、进入及起动许可天线、点火钥匙、点火开关 E415、点火起动按键 E378、网关 J533 等部件组成，电路图如图 3-23 所示。

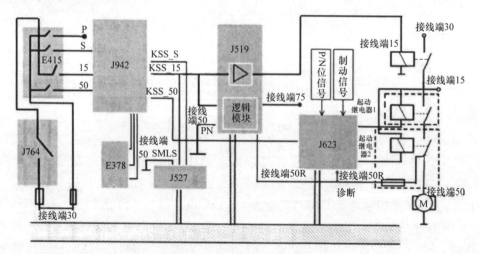

图 3-23　一键起动系统电路图

驾驶人可通过点火开关或点火起动按键操纵车辆。接线端 S、接线端 15 和点火开关的接线端50会在接线端控制单元J942中被接通。接线端S和接线端15由接线端控制单元J942根据点火起动按键的请求以电子方式产生，在收到请求时产生持续信号。而此车型的一键起动功能正是建立在第四代防盗器基础之上的，当按下起动按键时，首先进行防盗验证，此种验证是舒适控制单元J393通过进入/起动认可系统天线识别到点火钥匙并判断出是否合法，如果判断出是合法钥匙，舒适控制单元J393将发出唤醒信号由串行接口传输到转向柱锁止控制单元J764中，使其内部的开关接通，向接线端控制单元P42供电，与此同时519接通15号供电，仪表指示灯点亮。自动起动时，接线端50的请求相当于由接线端控制单元送到发动机控制单元的200ms的矩形脉冲，与点火起动按键的操纵时间无关。如果发动机控制单元J623接收到关于边界条件的信息，如自动变速器车型上的P/N位信号（变速杆位于P位或N位）和制动信号，发动机控制单元J623就会接通两个起动继电器。在手动变速器车辆上，离合器操纵装置的信号被视为输入前提。

如果J942在连续工作过程中失灵，那么作为紧急运行，它将继续为接线端15供电，直到识别到车速为0km/h为止。然后断开点火开关，并将硬件和软件都切换到紧急运行状态（J942内部），这表示点火开关接线端将被连接，进而使车辆能够通过这种方式继续运行。点火起动按键E378不再起作用，其照明装置也被关闭，只要点火起动按键E378出现不可信情况，都会执行以上动作。在处理J942接线端50的请示之前，发动机控制单元J623会通过起动机控制装置的诊断导线（用于"反馈"的接线端50R）查询当前电动势的可靠性。如不可靠，发动机控制单元J623就会中断起动。车载电网控制单元J519也会同时获取到此信息。点火起动按键E378的两个输入针脚必须传输相同的信号，这样才能使接线端控制单元接收到点火起动按键E378的功能请求。输入端断开时表示点火起动按键E378未被按下，输入端搭铁时表示点火起动按键E378已被按下。通过接线端控制单元J942向车载电网控制单元J519发送"故障信息"（这种方式目前使用3根状态导线中的2根），不仅可以传输信息（不存在故障，满足所有起动条件），还可以传输诊断结果。目前能得到的两种故障信息为：控制单元故障或点火起动按键E378故障。

33 发动机起停系统电路分析

大众车型的发动机起停装置是大众推出的蓝驱Ⅱ技术方案（Bule Motion Ⅱ）里的一项重要内容，旨在减少车辆静止中发动机继续运转的燃油消耗与废气排放，已经配置在上海大众新帕萨特1.4TSi蓝驱技术版轿车上。

所谓起停装置，是指在车辆短暂停止时自动关闭发动机，恢复行驶时，无须操作点火钥匙，而能将发动机自动接通运转的一个系统。设计理念与实际使用表明，起停装置并未改变人们日常的驾驶习惯，不会带来任何使用上的麻烦，可以达到显著的节能减排效果。根据上海大众公布的技术数据，起停装置可以降低油耗0.18L/100km，减少CO_2排放量4.2g/km。

起停装置的功能集成在发动机控制单元的软件中，由发动机管理系统负责实施。当发动机起动，车辆速度高于3km/h行驶持续约4s时，起停装置即呈激活状态。

起停装置的工作可由以下具体过程来描述：手动变速器车型在遇交通信号灯或道路拥堵需要暂时等待时，驾驶人制动使车辆停止，置于空档并释放离合器踏板，系统令发动机熄火；当绿灯放行或道路开始畅通时，驾驶人踩下离合器，发动机起动，驾驶人挂档后即可恢复前行。

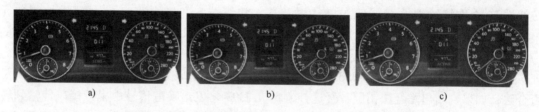

图 3-24 发动机自动关闭后仪表上出现的提示符信息
a) START　b) STOP　c) ACTIVE

配置 DSG 双离合器变速器车辆的操作更为简单,只要施加完全制动停住车辆,发动机被关停,此时,组合仪表 J285 中央显示屏出现一个起停符号。起停符号以 "START" "STOP" 与 "ACTIVE" 文本形式以 1.5s 的时间间隔循环显示,如图 3-24 所示。释放制动并踩下加速踏板,发动机重新起动,起停符号消失,车辆继续行驶。

电路分析:

新帕萨特 1.4TSI 蓝驱技术版轿车,搭载标识号为 CFBA 发动机与 OAM 七速 DSG 双离合器变速器,CFBA 发动机在转速 5000r/min 时的额定功率为 96kW,在 1750~3000r/min 较宽的转速范围内,可获得最大转矩 220N·m。

由图 3-25 可知,起动机控制部件的组成包括点火开关 D、转向柱电子控制单元 J527、BCM 车身控制单元 J519,发动机控制单元 J623,功率为 180W 的电源稳压器 J532,两个起动继电器 J906、J907 与起动机 B 等,其控制原理是:点火开关置 "ON",J519 通过 T52c/I3、T52c/14 与 T52c/31 端子接收到 J527 输入的 15 号线接通信号,令 T52b/12 端子输出 12V 电压,加在总线端 KL15 继电器 J329(645 号,在仪表左下侧继电器支架上 1 号位)的电磁线圈上,继电器触点闭合,给起动机继电器 1 J906(645 号,在仪表左下侧继电器支架上 5 号位)及所有需要 KL15 号线的用电器供电。

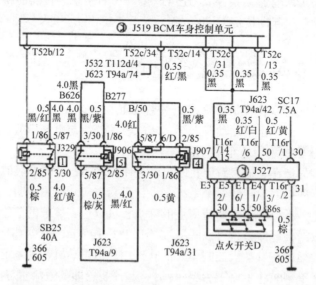

图 3-25 配置起停装置的蓝驱技术版轿车起动机控制电路图
B/50—起动机接线柱 50　J329—总线端 15 继电器　J527—转向柱电子控制单元　J532—电源稳压器
J623—发动机控制单元　J906—起动继电器 1　J907—起动继电器 2　605—搭铁点(在转向柱中部)

起动机继电器2 J907（507号，在仪表左下侧继电器支架上4号位）与J906的结构有所不同，两个继电器在起动机电路中呈串联状态，继电器电磁线圈的搭铁与否均由J623决定。之所以采用两个起动机继电器，原因是J623可以轮换接通或断开两个继电器的先后次序，以减小继电器触点被烧蚀的倾向，从而提高了使用可靠性。

起动发动机时，J623通过T94a/42端子识别到J527输入点火开关50号线接通的信号，控制T94a/9与T94a/31端子搭铁，两个继电器触点先后闭合，从而完成向起动机B供电，供电路径是熔丝SB25→J329→J906→J907→B/50→搭铁。

接通起动机的同时，J907的6D端子向J519、J623与J532输出50R反馈信号，该信号被J519用来切断总线端KL75继电器J680；J623则利用其来确认起动机是否接通，以监控继电器的工作状态；J532接收50R信号的作用是输出稳压器内储存的电能，稳压器内部的电子开关（晶体管）导通，可对组合仪表J285、收音机/导航控制单元J503等对电压敏感的电子部件供电，补偿起动过程中短时的电压波动，发动机运转后，电子开关截止，发电机通过KL15号线向J532充电。

34 发动机起停系统的主要部件

（1）稳压器J532 该稳压器是一个DC/DC变压器。DC/DC是指直流转换到直流。该稳压器位于左前车轮拱形板上（图3-26），其功率为180W。该稳压器通过LIN总线和车载网络（接线柱50R，R代表反馈）连接。

1）功用。稳压器的功用就是在特定情况下（比如在起动/关闭模式下工作时），将车载网络的电压稳定在约12V。

由于起动/关闭系统在工作时需要很大的起动电流，这将导致车上其他用电器的电压波动很大，因此就需要稳压器来稳定电压。如果没有稳压器，那么受影响的控制单元就会重置并记录下例如"车载供电电压，信号太小"的故障；而使用了稳压器就可以避免出现这种情况。

2）失效时的影响。如果稳压器损坏，在起动机工作时就会导致收音机、导航装置、组合仪表及电话这些装置上的电压不足，那么这些装置就会重置。

当处于起动/关闭模式状态时，如果每次起动发动机，上述装置都出现重置，这就说明稳压器损坏了。但目前不会有直接的故障记录（比如在诊断接口或者供电控制单元内）。

3）具体工作过程。变压器的核心部件是一个电子蓄能器，它可以将电能存储一定的时间。另外还需要一个内部开关（晶体管），该内部开关用于控制蓄能器内电能的流出，如图3-27所示。

① 如果点火锁转到"点火开关接通"状态，那么15号线就通电，且稳压器就接通了。于是蓄能器开始充电，以便让稳压器达到其180W的最大功率，用以抵消电压降。用于控制蓄能器放电的内部开关就断开了，于是稳压器就处于备用状态，如图3-28a所示。

② 随着起动机起动（50号线通电），稳压器就通过50R号线接收到一个激活信号。这个激活信号会将开关合上。于是存储的能量就会从蓄能器中流出，用以补偿电压的波动。随后开关又断开，蓄能器开始重新充电，如图3-28b所示。

图 3-26　J532 安装位置

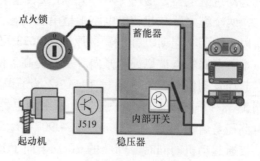

图 3-27　连接示意图

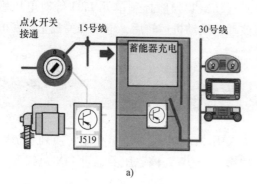

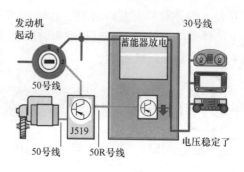

a)　　　　　　　　　　　　b)

图 3-28　电源稳压器 J532 的作用及安装位置
a) 点火接通　b) 发动机起动

（2）起停装置的系统结构　为应对起停装置频繁工作的使用环境，起动机采用了新的工艺和结构设计，使用次数由普通起动机的 5 万次提高到 25 万次，由此极大地提高了起停装置工作的可靠性。

起动/停止模式按钮 E693 位于变速器变速杆的中央通道左侧，如图 3-29 所示。图 3-30 所示为起动/停止按钮 E693 的信号输入电路，由于起停模式是 J623 默认的程序，点火起动后，J623 的 T94a/64 端子的电位降低，内置在 E693 的起停模式指示灯 K259 点亮。

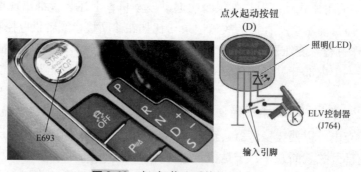

图 3-29　起动/停止系统按钮 E693

E693 处于熔丝 SC10（5A）的下游，按下按钮时，12V 电压信号加在 J623 的 T94a/22

端子上，J623据此确认起停装置被关闭，T94a/64端子的电位升高，K259熄灭。再次按下按钮，起停装置重新开启。

起停装置可靠使用的前提条件是对蓄电池的放电状态能否允许再次起动发动机进行判断，这个过程被称为起动电压预测，即进行与发动机重新起动有关的所有特性和数值的分析评估。为此，对蓄电池状态持续进行分析的任务由蓄电池监测控制单元J367完成。J367通过LIN总线向集成在数据总线控制单元J533内的蓄电池能量管理模块J520（诊断地址61）提供蓄电池电流、蓄电池电压与蓄电池温度等必要的信息。

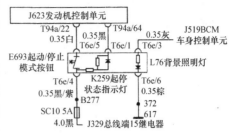

图3-30 起动/停止按钮E693的信号输入电路

J367集成在蓄电池负极接线柱上，如图3-31所示，所有电流均流过J367，通过内部的分流电阻准确显示。分流电阻是一个毫欧级电阻，在分流电阻上，下降的电压与流过的电流成比例，由此可以计算出流入或流出蓄电池的电流。

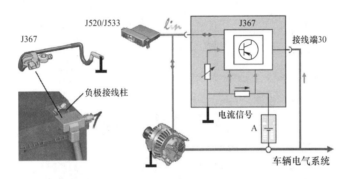

图3-31 蓄电池监测控制单元J367的位置及测量原理

J367通过电源供电接线直接在蓄电池正极上测量蓄电池电压。J367内设置了用来测量蓄电池温度的NTC温度传感器，通过分流电阻可靠地确定蓄电池温度。

在起动电压预测的基础上，确定是否能够执行起停程序，并确定必须关闭某些用电器以保证功率需求不再继续升高。目前涉及的用电器包括：加热座椅、加热后窗玻璃、加热后视镜。它们在发动机重新起动前和起动过程中都被切断。

值得注意的是，配置起停装置的蓝驱技术版车辆在外接充电器充电时，充电器的负极必须连接到车身的搭铁点上，以保证电流流过J367，否则J367无法检测到电流，需要时间重新计算蓄电池充电状态。更换蓄电池后，J367必须执行基本设定，即进行自学习才能识别出实时的SOC（Status of Charge，充电状态），通常情况下正常行驶5min后，自学习完成。

起停装置需要使用许多信号来检查接通和停止条件并执行功能，信号的来源如图3-32所示。这些所需信号按其各自的特点，可将其归结为驾驶人意愿/行驶状况、部件协调与涉及安全性的系统状态三个类别。来自J623的起动/停止模式按钮E693、加速踏板位置传感器G79、制动灯开关F、来自ABS/ESP控制单元J104的车速信号、来自双离合器变速器机电液压控制单元J743与自动泊车辅助控制单元J791的泊车/驻车识别，归属驾驶人意愿/行驶状况类；来自 J623 的发动机冷却液温度传感器 G62 和曲轴转速与位置传感器 G28 的信号、来自 J367 的蓄电池 SOC 信息、来自 J255 的空调设定温度与实际温度偏差以及前窗玻璃加热开关信号归属部件协调类；来自 J234 的驾驶人就座识别与系安全带识别、车辆碰撞信号，来自机械电子转向助力控制单元 J500 的转向盘转角，来自 J104 的真空传感器 G608（体现真空助力器内的真空度）与车辆倾斜状态信息（由纵向加速度传感器 G251 提供），归属安全性系统状态类。

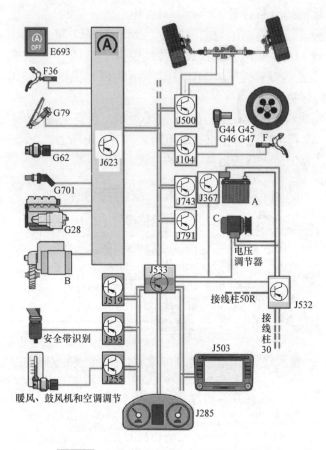

图 3-32 起停装置所需的信号来源示意图

A—蓄电池 B—起动机 C—发电机 E693—起动/停止模式按钮 F—制动开关 F36—离合器开关（手动变速器）
G28—曲轴转速与位置传感器 G44、G47—轮速传感器 G62—发动机冷却液温度传感器 G79—加速踏板位置传感器
G701—手动变速器空档开关 J104—ABS/ESP 控制单元 J255—自动空调控制单元 J285—组合仪表
J367—蓄电池监测控制单元 J500—机械电子转向助力控制单元 J503—收音机与导航控制单元
J519—BCM 车身控制单元 J532—电源稳压器 J533—网关控制单元 J623—发动机控制单元
J743—DSG 双离合器变速器机电液压控制单元 J791—自动泊车辅助控制单元

35 一键起动许可控制单元 J518 匹配

1）连接故障检测仪，进入"引导型故障查询"，选择车型、年款后，等待各控制单元故障状态检查结束。

2)进入"功能/部件选择"界面(图 3-33),打开"软件版本管理 SVM"功能程序块(图 3-34)。

3)打开"软件版本管理 SVM"功能程序块条目下的"SVM 控制器软件匹配"界面(图 3-35)。

4)选择"2. 通过措施代码更新软件"(图 3-36),然后输入措施代码"34E8"(图 3-37)。

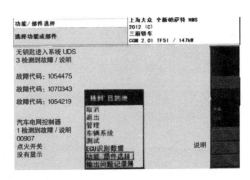

图 3-33 "功能/部件选择"界面

图 3-34 "软件版本管理 SVM"界面

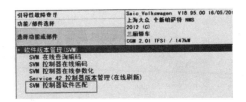

图 3-35 "SVM 控制器软件匹配"界面

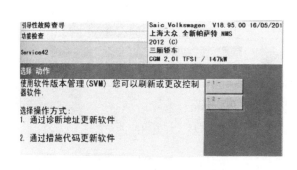

图 3-36 通过措施代码更新软件

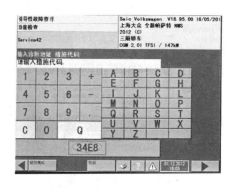

图 3-37 输入措施代码

5)进行在线传送控制单元数据,如图 3-38 和图 3-39 所示。

6)对 J518 进行参数化,如图 3-40 ~ 图 3-43 所示。

图 3-38 建立网络连接界面

图 3-39 选择登录 GEKO 界面

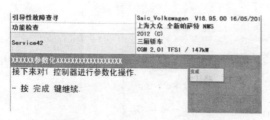

图 3-40 对控制器进行参数化操作

图 3-41 评估蓄电池电压

图 3-42 对无钥匙进入系统进行参数化

图 3-43 无钥匙进入系统参数化完成

7) 对 J518 进行编码,如图 3-44 ~ 图 3-49 所示。

图 3-44 对控制器进行编码 图 3-45 对无钥匙进入系统进行编码

图 3-46 无钥匙进入系统编码完成 图 3-47 关闭点火开关

图 3-48 保持点火开关关闭 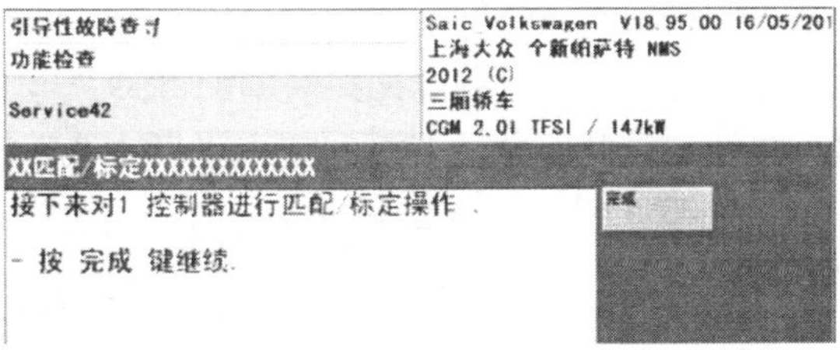　　　　图 3-49 重新打开点火开关

8）对 J518 进行匹配与标定，如图 3-50~图 3-54 所示。

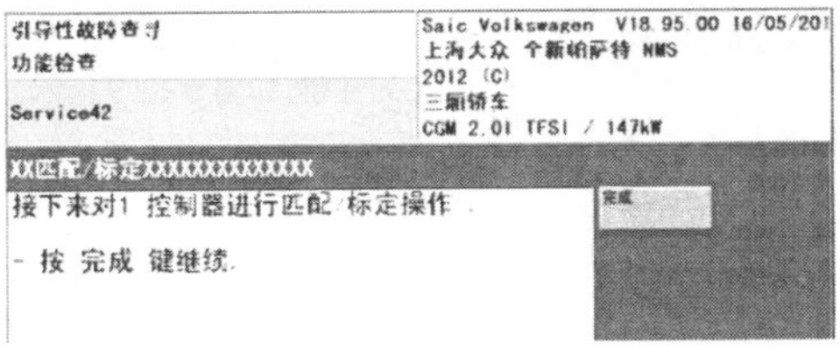

图 3-50 对控制器进行匹配/标定操作 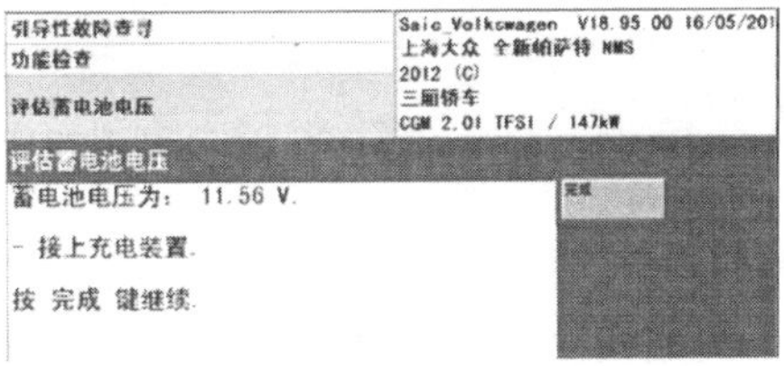　　　图 3-51 第 3 次评估蓄电池电压

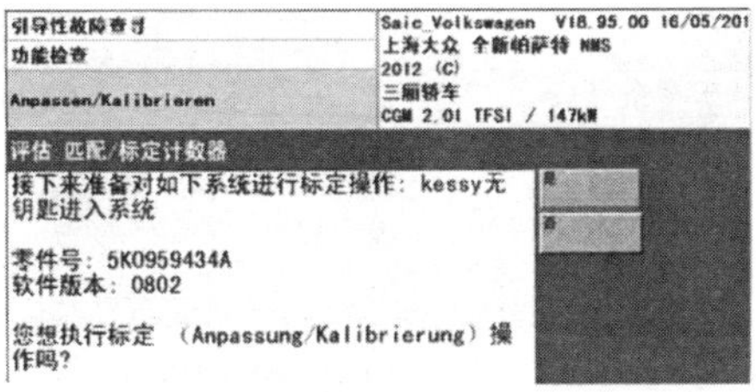

图 3-52 对无钥匙进入系统进行匹配与标定　　　图 3-53 执行无钥匙进入系统匹配与标定

图 3-54 J518 在线匹配完成

36 KESSY 无钥匙系统的组成

KESSY 无钥匙系统的相关组成部件包括：接线端控制单元 J942 电子转向柱锁 ELV、天线及车门把手接触传感器等。

(1) 接线端和发动机起动控制单元 J942　该接线端控制单元首次在第 7 代 Passat 平台上使用。它作为车载电网控制单元 BSG 和电子点火锁 EZS 操作元件之间的连接部分，可对接线端进行预控制，并新增了点火起动开关 ZAT。新款 Passat 平台上首次装配了接线端控制单元。它一方面充当车载电网控制单元 BSG 与电子点火锁 EZS 操作元件之间的连接件，用于进行接线端控制；另一方面，它还用于模拟新增的点火起动按键 ZAT 的接线端。接线端控制单元 J942 安装在制动踏板托架上方，竖直平行于转向柱，如图 3-55 所示。

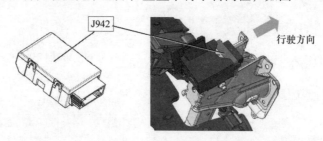

图 3-55　接线端和发动机起动控制单元 J942 的安装位置

(2) 电子转向柱锁 ELV　电子转向柱锁 ELV 是电路控制转向柱锁止与解除装置。它由原来的纯机械锁芯转动变成了电动控制，转向柱防盗锁由机械锁止部分与电子密码保护部分组成，转向柱锁和转向柱锁控制单元集成在一起（图 3-56），安装在转向柱上。转向柱控制单元接收到合法的钥匙信息后，舒适系统控制单元 J393 向电子转向柱锁止装置提供电压，便会松开电子转向柱锁 ELV，转向柱便可自由转动。通过和舒适系统控制单元 J393 相连的串行数据总线，可控制转向柱锁的锁止、开锁及诊断，如图 3-57 所示。

图 3-56　转向柱锁和转向柱锁控制单元集成在一起

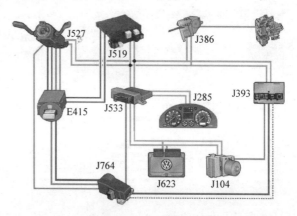

图 3-57　控制原理

E415—进入及起动许可开关　J104—ABS 控制单元
J285—带显示单元的组合仪表控制单元　J386—驾驶人侧车门控制单元
J393—舒适系统控制单元　J519—车载电网控制单元
J527—转向柱电子装置控制单元　J533—数据诊断接口
J623—发动机控制单元　J764—ELV 控制单元

(3) 天线　KESSY 无钥匙系统共安装有六根进入和起动授权天线，如图 3-58 所示，分别为 R134（驾驶人侧进入及起动系统天线）、R135（前排乘客侧进入及起动系统天线）、R136（后部保险杠内的进入及起动系统天线）、R137（行李箱内的进入及起动系统天线）、

R138（车内空间的进入及起动系统天线1）、R139（车内空间的进入及起动系统天线2）及R154（车内空间的进入及起动系统天线3，选装）。两个前车门外把手内都集成有一根磁棒天线，该天线的作用是将进入和起动授权控制单元的信号发送到车钥匙上。同时，在车辆如下位置也装有用于识别钥匙的天线：驾驶舱的后部、行李箱内衣帽架下部及后保险杠处。各天线的作用是搜索合法信号。KESSY车外天线的探测范围为周围1.0m内，探测高度为0.1~1.8m。

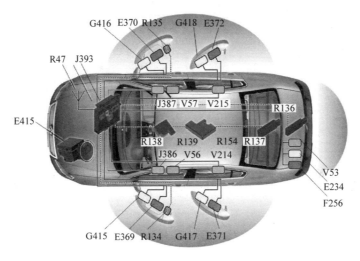

图3-58 KESSY无钥匙系统的天线分布

（4）车门把手接触传感器 共有两个车门把手触摸传感器：G415驾驶人侧车门把手接触传感器和G416前排乘客侧车门把手接触传感器（均设置在车门把手里面内侧解锁传感区，外侧小圆点按钮的是加锁传感区）。这些传感器是电容式的，集成在车外门把手内，进入和起动授权控制单元会对传感器电流进行分析，每个把手和支座上都装上了一个电容片，手抠凹坑起介质作用。如果电容片之间插入新的介质，那么就会有一个电流短时流过，进入和起动授权控制单元会识别并分析这个电流，如图3-59所示。通过触摸车门

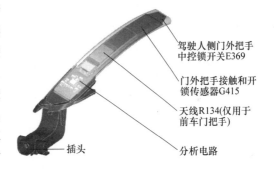

图3-59 驾驶人侧车门把手结构

把手接触传感器，钥匙读取系统识别用户的打开或关闭指令，若在60s内没有识别到有效的钥匙，接触传感器将关闭。

37 KESSY无钥匙进入工作原理

KESSY无钥匙系统起动时，已授权的点火钥匙必须位于驾驶舱内，钥匙不必插入进入和起动授权系统开关。这样，当按下进入和起动授权按钮时，就可以通过车内天线开始感应式查询了。点火钥匙发出一个加密的反馈信息给进入和起动授权系统控制单元，如果点火钥

匙被识别为已授权，按下进入和起动授权按钮时，电动机械式转向柱联锁装置将被打开，点火开关将被接通。其工作详细步骤如下：驾驶人可通过点火开关或点火起动按键操纵车辆功能；接线端S、接线端15和点火开关的接线端50会在接线端控制单元J942中被接通；接线端S和接线端15由接线端控制单元J942根据点火起动按键的请求以电子方式产生，在收到请求时产生持续信号，如图3-60所示。

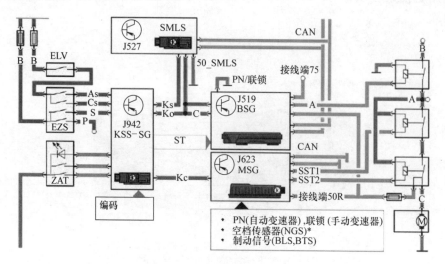

图3-60 无钥匙起动控制原理

A—15正 As—15信号 B—30正 C—50正 Cs—50信号 SST1、SST2—受发动机控制单元控制的两个起动继电器

一汽-大众品牌车型的一键起动功能是建立在第四代防盗系统基础之上的，当按下起动按键时，首先进行防盗验证。此种验证是舒适控制单元J393通过进入/起动认可系统天线识别到点火钥匙并判断出是否合法，如果判断出是合法钥匙，舒适系统控制单元J393将发出唤醒信号，由串行接口传输到转向柱锁止控制单元J764中，使其内部的开关接通，向接线端控制单元J942供电，与此同时J519接通15号供电，仪表指示灯点亮。自动起动时，接线端50的请求相当于由接线端控制单元J942发送到发动机控制单元的200ms的矩形脉冲，与点火起动按键的操纵时间无关。如果发动机控制单元J623接收到关于边界条件的信息，例如自动变速器车型上的P/N信号（变速杆位于P位或N位）和制动信号，发动机控制单元J623就会接通它的两个起动机继电器。在手动变速器车辆上，离合器操纵装置（联锁）的信号被视为输入前提。

如果J942在连续工作过程中失灵，那么作为紧急运行，它将继续为接线端15供电，直至识别到车速为0km/h为止。然后断开点火开关，并将硬件和软件都切换到紧急运行状态（J942内部），这表示来自点火开关的接线端将被连接，进而使车辆能够通过这种方式继续运行。点火起动按键E378不再起作用，其照明装置也被关闭，只要点火起动按键E378出现不可信情况，都会执行以上动作。

在处理J942接线端50的请求之前，发动机控制单元J623会通过起动机控制装置的诊断导线（用于"反馈"的接线端50R）查询当前电势的可靠性。如不可靠，发动机控制单元J623就会中断起动。车载电网控制单元J519也会同时获取到此信息。点火起动按键E378（ZAT）的两个输入针脚必须传输相同的信号，这样才能使接线端控制单元J942接收点火起动按键 E378 的功能请求。输入端断开时表示点火起动按键 E378（ZAT）未被按下，输入端搭铁时表示点火起动按键 E378 已被按下。通过接线端控制单元 J942 向车载电网控制单元 J519 发送"故障信息"（这种方式目前使用 3 根状态导线中的 2 根），不仅可以传输信息（不存在故障，满足所有起动条件），还可以传输诊断结果。目前能得到的两种故障信息为：控制单元故障或点火起动按键 E378 故障。

38 起动停止系统的部件组成

起动停止系统主要由以下部件组成：蓄电池［玻璃纤维隔板（AGM）蓄电池或高能（EFB）蓄电池］、起动停止系统按键 E693、蓄电池监控装置控制单元 J367、发电机、起动机和稳压器 J532 等。

（1）蓄电池

1）AGM 蓄电池　AGM 蓄电池一般安装于具有起动停止系统的车辆中，以及用于具有高充放电循环的其他应用装置里，如图 3-61 所示。其特点包括：无电眼、不得打开、电解质以液态形式储存在玻璃纤维板上。

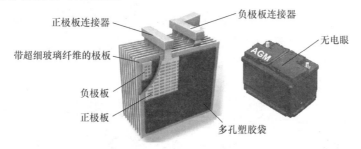

图 3-61　AGM 蓄电池的结构

2）EFB 蓄电池。EFB 蓄电池一般用于装备入门级起动停止系统的车辆上。其特点包括：两色电眼、不得打开、电解质以液态形式储存在聚乙烯涤纶磨毛布上。

AGM 和 EFB 蓄电池也可归类为 VRLA（阀控铅酸）蓄电池，与普通蓄电池相比，它们具有更长的使用寿命、更好的冷起动性能、对蓄电池深度放电有更好的保护，并且完全免维护。

注意事项：充电或辅助起动时，充电线和对接线的负极线不可直接连接到蓄电池负极上，应连接车身搭铁（图 3-62），不能使用普通蓄电池替换，否则会很快导致普通蓄电池损坏。

（2）起动停止系统按键 E693　行车过程中，驾驶人可用此按键关闭或开启起动停止系统，只要是手动打开点火开关，当车速大于

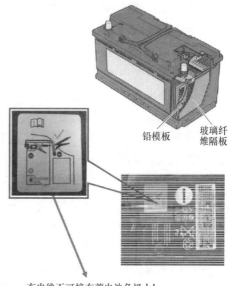

图 3-62　蓄电池充电注意事项

3km/h 后，起动停止系统就会自动开启，一旦满足前面的工作条件，此系统就会自动工作。如果 E693 出现故障，那么发动机控制单元就会自动关闭起动停止系统，同时存储器内会记录一条故障信息。起动停止系统按键 E693 安装位置如图 3-63 所示。

对于高尔夫或新速腾轿车，E693 安装在变速杆前的控制台上；对于迈腾 B7L 轿车，E693 安装在变速杆右侧的控制台上。

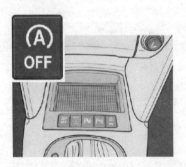 

图 3-63　起动停止系统按键 E693 安装位置

（3）蓄电池监控装置控制单元 J367　与不带起动停止系统的车辆相比，由于需要频繁起动发动机，所以要监控发电机的充电工作情况及蓄电池的电压。蓄电池是否有足够的电能来起动发动机，这对于起动停止系统工作来说是非常重要的前提。因此，蓝驱车型上采用新的线束来连接玻璃纤维隔板蓄电池，新的线束中有一个集成在蓄电池监控装置控制单元 J367 内的新型蓄电池传感器。蓄电池监控装置控制单元直接安装在搭铁线的负极接线柱上（图 3-64），它通过 LIN 总线与数据总线诊断接口相连。

蓄电池监控控制单元内的蓄电池传感器，连接在接地线的负极接线柱上

图 3-64　蓄电池监控装置控制单元安装位置

蓄电池传感器用于确定以下数值：蓄电池温度、蓄电池电压和充电电流。蓄电池温度是根据特性曲线和环境温度来确定的。根据蓄电池温度还可以推测出蓄电池负载作用持续时间。借助于这些数据，就可以将充电调节情况和充电电压与蓄电池的充电和工作状态进行匹配，其目的就是通过对蓄电池进行详细的数据分析，来提升起动停止系统的有效性。如果蓄电池监控装置控制单元 J367 损坏，那么发动机控制单元就会自动关闭起动停止系统，同时存储器内会记录一条故障信息。

（4）发电机　以前发电机和电压调节器通过两条导线连接到发动机和车载控制单元。作为蓝驱技术的一部分，现在是通过一条 LIN 线连接到网关，不再使用 L 和 DFM 导线。

可再生电能管理功能：当驾驶人松开加速踏板或者实施制动时，即在发动机超速或制动阶段，发电机的发电电压会被提高，用于为车载蓄电池快速充电。当车辆再次加速时，可以根据情况降低发电电压，这样释放了发动机的负担，从而可以达到降低油耗的目的。

（5）起动机　起动停止系统的工作（比如在城市工况下），对起动机提出了较高的要求，因此其循环稳定性增强了，齿圈强度也增大了，循环稳定性增强，也就意味着起动机的寿命更长。起动机的磨损也降低了,增强型起动机在维修或完成更换时,必须注意替换件目录上的信息,否则其工作寿命会大大缩短。起动机控制原理如图3-65所示。

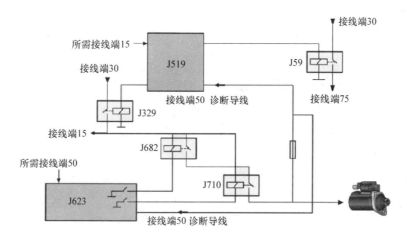

图 3-65　起动机控制原理

(6) 稳压器 J532　稳压器的作用是在起动车辆时防止控制单元断电。当断电时,有些控制单元和系统部件会重置或系统会重启。对于具有起动停止系统的车辆,如果没有稳压器,就会丧失舒适性。在起动停止系统控制发动机重新起动过程中,通过稳压器将收音机、导航装置、车内鼓风机及车内仪表的供电电压保持在约12V,确保车内功能不受影响,如图3-66所示。稳压器安装位置如图3-67所示。

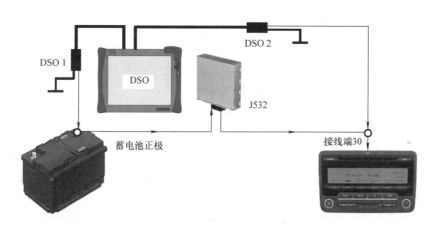

图 3-66　稳压器 J532 的诊断

对于高尔夫或新速腾轿车,稳压器 J532 安装在车内手套器后。

对于迈腾 B7L 轿车,稳压器 J532 安装在左前轮罩内,稳压器不支持自诊断。稳压器 J532 的功能原理如图 3-68 所示。

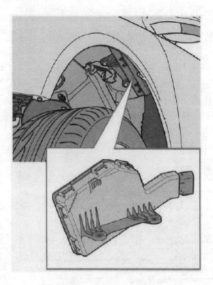

图3-67 稳压器安位置

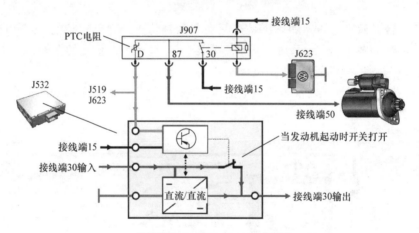

图3-68 稳压器的功能原理

39 起动停止系统的工作原理

起动停止系统在停车阶段可以自动关闭发动机，而在驾驶人想要起步时又会自动起动发动机，从而达到节油目的。车辆起步后，一旦行驶速度超过3km/h且时间持续约4s，起动停止系统就会自动开启。

起动停止技术使发动机怠速产生的油耗大大降低，该技术的应用可以使车辆节省最多5%的油耗。起动停止系统的功能是由发动机管理系统来执行的，并集成在发动机控制单元的软件中，对于系统来说，评估蓄电池的充电状态并以此判断是否可以使发动机再次起动，这是很重要的，这个过程被称为起动电压估测。这表明，对于涉及再次起动的所有发动机特性和数值都要进行评估，蓄电池状态和发动机特性曲线一直都在被监控分析。

系统根据起动电压估测的具体情况,来判定起动停止系统是否可以启用,或者是否需要关闭某些用电器,以避免用电需求过大。目前涉及的用电器有座椅加热装置、后视镜加热装置、转向盘加热装置和电热装置,这些用电器在发动机起动前会被关闭,并在发动机起动过程中不工作。

起动停止系统可用于带手动变速器车辆的发动机,也可用于带双离合变速器车辆的发动机,因此,对于配匹这两种不同变速器的车辆,起动停止系统的操作和工作过程也有所不同。

起动停止系统要与车辆很多部件和子系统进行数据交换,以便控制发动机的起动与停止。起动停止系统控制单元除了处理加速踏板信号及制动踏板信号之外,还需要处理大量其他信息。

(1) 系统工作条件

1) 停车——关闭发动机。要想让起动停止系统关闭发动机,除了驾驶人正常操作离合器、换档和制动外,还需要满足一些其他条件。关闭发动机的条件如图 3-69 所示。

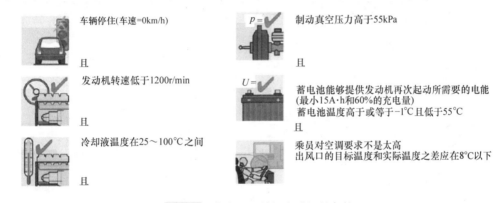

图 3-69　停车——关闭发动机的条件

2) 继续行驶——起动发动机。要想让起动停止系统自动使发动机再次起动,也要满足某些条件。起动发动机的条件如图 3-70 所示。

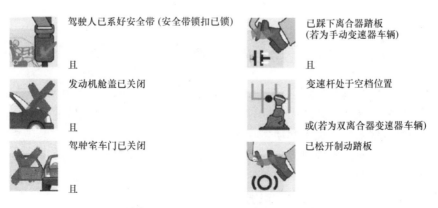

图 3-70　继续行驶——起动发动机的条件

3) 按车辆需求——起动发动机。图 3-71 所示的因素会使发动机起动(非驾驶人有意起动，根据车辆配置所涉及的条件有所不同）。

 车辆停在坡道上时发生溜坡
需要使用制动助力和转向助力
如果车辆移动速度超过3km/h，那么发动机会自动起动

 发动机冷却液温度不在25～100℃之间

 蓄电池充电不足

 制动助力不足

 按下了除霜按键
鼓风机档位提高超过了4级
提高了空调的制热或制冷要求
（出风口目标温度和实际温度之差大于8℃）

图3-71　按车辆需求——起动发动机的条件

（2）系统中断条件　对于发动机关闭和发动机自动起动来说，除了上述的影响因素以外，图3-72所示的这些条件会使起动停止系统工作中断。

 已经用起动停止系统按键关闭了起动停止系统

 空调操作单元上设置的温度与车内实际温度之差大于8℃

 蓄电池的充电状态无法再次起动发动机
（起动电压预测）

 发动机转速高于1200r/min

 发动机关闭前除霜功能已开启

 发电机损坏，如传动带撕裂

图3-72　系统中断条件

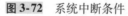 40　宝马轿车便捷登车及起动系统

（1）概述　F01/02便捷登车及起动系统采用第四代控制单元，舒适登车系统的全部功能都集成在便捷登车及起动系统内。F01/02是第一款标配被动起动系统的BMW车型，可在不主动使用识别发射器的情况下起动发动机。由于具有被动起动功能，车辆无需带有插槽，只要识别发射器位于车内，即可起动发动机。

识别发射器有一个电池，该电池的使用寿命大约为4年。一辆车最多可使用8个识别发射器，其中4个可进行个性化设置。识别发射器如图3-73所示。

便捷登车及起动系统4（CAS4）具有总线控制功能，例如"总线端15 接通"用于智能型蓄电池传感器。通过起动/停止按钮可选择总线端状态，例如"总线端15 接通/总线端0"。带有数字式发动机电子系统时，CAS4向起动机发出起动授权。便捷登车及起动系统4

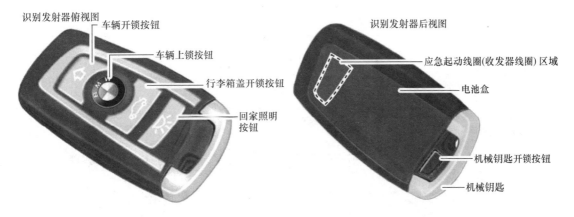

图 3-73 识别发射器

信号传输如图 3-74 所示。便捷登车及起动系统电路图如图 3-75 所示。

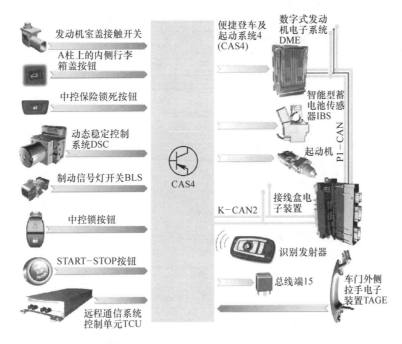

图 3-74 便捷登车及起动系统信号传输

（2）系统功能　便捷登车及起动系统 4（CAS4）集成有以下主控功能：舒适登车功能、中控锁功能、车窗升降功能、滑动/外翻式天窗功能、总线端控制功能、电子禁起动防盗锁功能。其他功能包括：车辆数据存储功能、传输车况保养 CBS 所需数据、验证 FBD 信号可信度。CAS4 允许（授权）或禁止以上功能，执行功能时还需要其他控制单元参与。其他参与 CAS4 功能的控制单元见表 3-3。

为了与车载网络内的设备进行通信，便捷登车与起动系统 CAS4 与 K–CAN2、CAS 总线和 LIN 总线相连：CAS4 分析发动机舱盖接触开关的状态并为防盗报警装置提供相关信号。CAS4 分析以下按钮的状态并激活中控锁功能：中控锁按钮（中控锁上锁/开锁）、A 柱上的

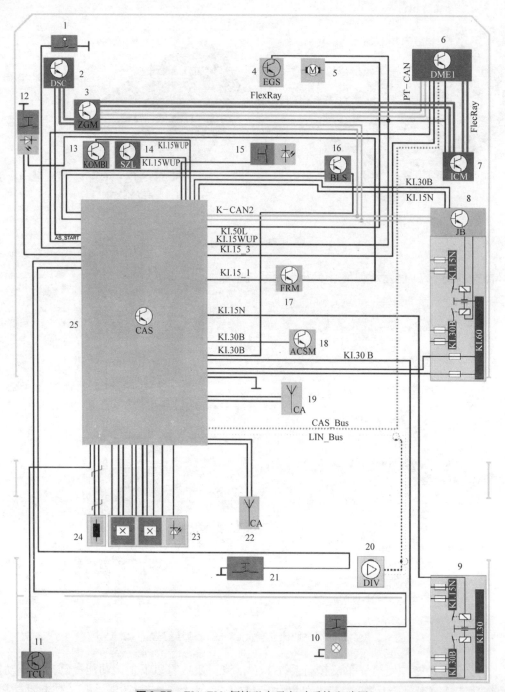

图 3-75　F01/F02 便捷登车及起动系统电路图

1—发动机室盖接触开关　2—动态稳定控制系统 DSC　3—中央网关模块 ZGM　4—变速器电子控制系统 EGS　5—起动机　6—数字式发动机电子系统 DME　7—集成式底盘管理系统 ICM　8—接线盒电子装置 JB 和前部配电盒　9—行李箱配电盒　10—行李箱盖中控保险锁死按钮　11—电话控制单元 TCU　12—A 柱上的内侧行李箱盖按钮　13—组合仪表 Kombi　14—转向柱开关中心　15—中控锁按钮/危险警告灯开关　16—制动信号灯开关 BLS　17—脚部空间模块 FRM　18—碰撞和安全模块 ACSM　19—舒适登车系统车内天线　20—多相择优模块 DIV 内的遥控信号接收器　21—宾馆设置开关　22—舒适登车系统车内天线　23—起动/停止按钮　24—应急起动线圈（收发器线圈）　25—便捷登车及起动系统 4（CAS4）　Kl.15_1—总线端 15（输出 1）　Kl.15_3—总线端 15（输出 3）　Kl.15WUP—总线端 15 唤醒　Kl.15N—总线端 15 继续运行　Kl.30—总线端 30　Kl.30B—总线端 30B 接通　Kl.50L—总线端 50 负荷　CAS_Bus—CAS 总线　LIN_Bus—局域互联网总线　K-CAN2—车身 CAN2　PT-CAN—动力传动系统　CANAS_START-DME—起动/起动中断

内侧行李箱盖按钮（行李箱盖开锁）、中控保险锁死按钮（打开行李箱盖通过底部按钮使车辆上锁和中控保险锁死）、宾馆设置按钮（防止执行行李箱开锁功能）。CAS4 为制动灯开关供电并分析该开关状态。

表 3-3 其他参与 CAS4 功能的控制单元

控制单元	执行组件
接线盒电子装置	中控锁
脚部空间模块	车窗升降器
车顶功能中心	滑动/外翻式天窗

CAS4 为车载网络内的设备提供总线端状态信号，它通过 K – CAN2 发送总线端状态信号或直接打开/关闭相应总线端。有一些总线端的名称发生了变化，见表 3-4。

表 3-4 改变名称的总线端

以前的总线端名称	新的总线端名称
总线端 15	总线端 15/总线端 15N
总线端正 30g	总线端 30B
总线端 30g_f	总线端 30F

1) 总线端 30。必须在蓄电池排空电量前将正常运行的控制单元和组件直接连接在永久正极供电总线端 30 上。相关单元包括 CAS4、车顶功能中心和接线盒电子装置。没有连接总线端 30 的控制单元由 CAS4 通过继电器供电。唤醒车时，CAS4 控制继电器显示状态信息。

2) 总线端 30F。总线端 30F（故障）用于在驾驶人离开期间控制各控制单元，如挂车模块 AHM、脚部空间模块 FRM、组合仪表 Kombi 和自动恒温空调 IHKA。总线端 30F 的继电器位于前部配电盒和后部配电盒内。前部配电盒如图 3-76 所示。

后部配电盒如图 3-77 所示。如果总线端 30F 因车载网络故障等原因关闭，那么车辆唤醒时会一起接通该总线端。

图 3-76 前部配电盒
1—总线端 30F 双稳态继电器　2—前照灯清洗装置继电器
3—总线端 15N 继电器　4—喇叭继电器

图 3-77 后部配电盒
1—总线端 30B 继电器　2—总线端 30F 继电器
3—总线端 15N 继电器　4—后窗玻璃加热装置继电器

接通总线端30F的条件如下：对识别发射器发出请求信息、中控锁开锁、按压起动/停止按钮、总线启用、电压复位。总线端30F在总线端30B接通期间无法关闭，这样可以避免在车辆基本运行期间关闭控制单元或用电器。

当某一总线端状态不可信时，系统会禁止关闭总线端30F。总线端30F的继电器触点受到监控。触点接合时可禁止关闭总线端30F的继电器。车辆处于运输模式下，总线端30F关闭。

3）总线端30B。总线端30B（基本运行）用于在驾驶人驾车期间控制各控制单元，主要用于控制座椅模块、发动机控制单元、变速器电子控制系统EGS、控制器和CD换碟机等组件。总线端30B继电器安装位置如图3-78所示。

接通总线端30B的条件如下：对识别发射器发出请求、中控锁开锁/上锁/保险锁死、按压起动/停止按钮、总线启用、车门触点状态变化。

关闭总线端30B的条件如下：车辆上锁时，CAS4收到中控保险锁死信息，总线端30B保持接通1min后关闭；车辆没有上锁或行李箱盖处于打开状态，总线端30B延迟30min后关闭；车辆处于驻车运行模式时，若达到蓄电池启动能力上限，则总线端30B关闭；进行诊断时通过休眠指令关闭总线端30B。

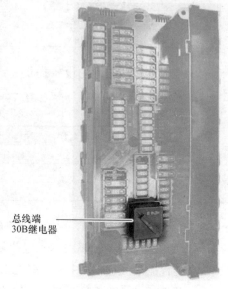

图3-78 总线端30B继电器安装位置

4）总线端15。总线端15用于发出"点火开关打开/关闭"信号，不用于供电，如用于发动机控制单元、脚部空间模块和夜视系统。CAS4内部集成驱动输出级，有三个用于总线端15状态的输出端。以下控制单元直接接收总线端15的状态信号：脚部空间模块FRM、碰撞和安全模块ACSM、组合仪表Kombi、发动机控制单元DME、中央网关模块ZGM、变速器电子控制系统EGst、转向柱开关中心SZL、集成式底盘管理系统ICM。

按压起动/停止按钮，切换到总线端0，关闭总线端15。满足以下条件时，总线端15自动关闭：通过中控保险锁死指令使车辆保险锁死；达到蓄电池的起动能力上限；使用自动洗车设备时，15~30min后关闭。

满足以下条件时，系统可能会禁止总线端15自动关闭：车辆正在移动（车速信号）、发动机运行、操作制动踏板、变速杆处于N位、近光接通（不在车辆保险锁死期间）、在设码期间（车辆处于运行模式）、与OBD进行通信、禁止关闭的诊断因素。

5）总线端15N。总线端15N（继续运行）用于在点火开关打开的行驶期间控制各控制单元和用电器，如用于换车道警告系统SWW、近程雷达SRR和夜视系统。总线端15N的继电器位于前部配电盒和后部配电盒内。

当总线端15接通后，总线端15N连接的控制单元立即连接车载网络。在总线端15关闭前，总线端15N连接的控制单元收到关闭总线端15N的信息。当总线端15关闭后，总线端15N连接的控制单元有5s时间存储数据，5s后CAS4关闭继电器；以此方式关闭相关控制单元。

6）总线端15WUP。总线端15WUP用于唤醒无法通过总线通信唤醒的控制单元。

7）总线端50。总线端50用于控制起动机。

8）可切换总线端的工作安全性。为提高车辆供电的工作安全性，满足以下条件时无法关闭总线端30F、总线端30B和总线端15N：总线端15接通、车辆正在移动、发动机运转。

CAS4有两个处理器负责总线端控制。主处理器和副处理器内的软件防止不按规定关闭总线端15和接通总线端50。总线端30F通过总线端30B状态信号得到保护，即总线端30B接通时，总线端30F无法关闭。

9）在车内授索识别发射器。按压起动/停止按钮时会触发车内搜索识别发射器指令。进行车内搜索是为了执行被动起动功能，进而授权起动。有两根天线用于车内搜索，一个天线覆盖前部车内空间，另一个覆盖后部车内空间。这两根天线与CAS4相连，CAS4以125kHz的无线信号控制天线，通过该信号要求识别发射器在车上注册的信息。识别发射器通过加密无线信号做出反应，多相择优模式内的遥控信号接收器通过HN总线向CAS4发送无线信号信息。CAS4验证识别发射器是否属于本车，识别发射器发射频率信号（如833MHz）继续进行通信。如果CAS4无法与识别发射器建立信息，组合仪表就会显示一条检查控制信息，提示无法在车内搜索到识别发射器。

10）总线端选择。短促按压起动/停止按钮，可按以下顺序变换总线端状态：总线端0、总线端15、总线端0、总线端15。总线端0是一个逻辑总线端，无法供电。总线端0包括总线端30、总线端30B和总线端30F。总线端控制原理如图3-79所示。

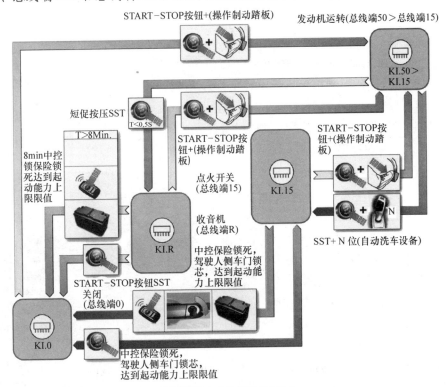

图3-79 总线端控制原理

在自动变速器车辆上，只有未踩下制动踏板时才会按以上顺序执行。只要踩下制动踏板,再次按压起动/停止按钮,就会起动发动机。

(3) 电子禁起动防盗锁　电子禁起动防盗数据传输如图3-80所示。

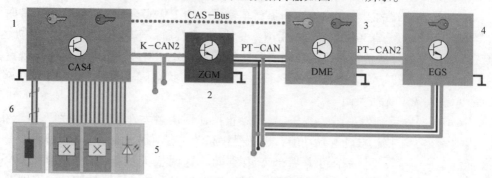

图3-80　电子禁起动防盗数据传输
1—便捷登车及起动系统4(CAS4)　2—中央网关模块ZGM　3—数字式发动机电子系统DME
4—变速器电子控制系统EGS　5—起动/停止按钮　6—收发器线圈(应急起动线圈)　CAS-Bus—CAS系统数据线
K-CAN2—车身CAN2总线　PT-CAN—动力CAN总线　PT-CAN2—动力CAN2总线

电子禁起动防盗锁4是一个可以防止非法起动发动机的禁起动防盗锁,该装置首次应用于E92的CAS4。授权起动发动机的软件安装在CAS4内,由数字式发动机电子系统负责授权点火和喷射。

在生产线上为控制单元分配相应密匙(secret key)。根据一个随机代码生成密匙。密匙针对成对控制单元(CAS4和DME)有效并与车辆相结合。也就是说,每一对控制单元的密匙相同。将密匙输入控制单元后,控制单元即锁止。从此时控制单元即永久分配给相应密匙和车辆。由于控制单元被分配给特定车辆,因此无法与另一辆控制单元调换。更换控制单元时必须向BMW订购新的控制单元,无须对控制单元进行匹配。

(4) 变速器授权　变速器授权方式与电子禁起动防盗锁的授权方式相似。当总线端15接通后,CAS4向变速器电子控制系统发送加密代码,数字式发动机电子系统将该信号发送到PT-CAN2上。变速器电子控制系统破译并检查该代码。检查通过后,变速器控制单元就会授权变速器功能。变速器控制单元与CAS4构成一对控制单元。

(5) 起动值匹配　在生产线上装配时对CAS4和变速器电子控制系统进行起动值匹配。CAS4将加密代码发送至变速器电子控制系统,变速器电子控制系统识别该代码并检查是否能够授权变速器功能。

(6) 驻车锁应急开锁　在行李箱内有一个驻车锁应急开锁手柄。必须将该手柄插入杯架下,旋转90°并向下按压。手柄卡止时即使变速器应急开锁。松开驻车锁如图3-81所示。

图3-81　松开驻车锁
1—旋转手柄　2—向下按压手柄

(7) 系统组件

1) 便捷登车及起动系统接口。由于集成有被动起动功能，现在起动/停止按钮通过仪表板导线束连接在 CAS4 上。CAS4 共有三个插座，其中一个为用于舒适登车系统的专用插座。CAS4 的接口如图 3-82 所示。

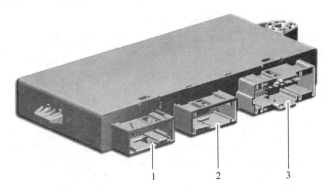

图 3-82 CAS4 的接口

1—连接驾驶室的插座（26 芯） 2—连接舒适登车系统的插座（26 芯） 3—连接车辆导线束的插座（41 芯）

2) 起动/停止按钮。起动/停止按钮集成在仪表板内，连接该按钮所需的导线集成在仪表板导线束内。当总线端 58 接通后，就会通过一个 LED 为该按钮提供照明。

3) 应急启动线圈。在不利条件下，系统可能无法识别出车内的识别发射器。因此便捷登车及起动系统会发出指令在组合仪表内显示相关信息。该信息提示客户系统无法找到识别发射器。

由于 F01/F02 上没有识别发射器插槽，因此在转向柱上有一个应急起动线圈（图 3-83）。通过应急起动线圈与识别发射器进行通信，仍可起动发动机并驾驶车辆。

应急起动线圈与收发器线圈的功能相同。通过收发器线圈进行通信，CAS4 可识别出有效的识别发射器。因此通过验证后，CAS4 可授权起动。

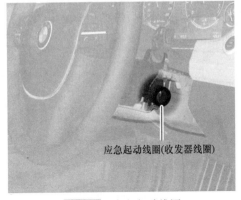

图 3-83 应急起动线圈

出现以下情况时，可能会导致系统无法找到识别发射器：识别发射器损坏、与识别发射器之间的无线信号传输受到干扰、识别发射器的电池电量过低。

4) 遥控信号 FBD 接收器。FBD 接收器带有一个接收和发送单元，集成在多相择优模块内，因此可使识别发射器与 FBD 接收器之间建立双向通信。FBD 接收器带有一个 LIN 接口，可通过该接口唤醒 CAS4。

5) 输入组件。CAS4 针对中控锁功能分析相关按钮。所有按钮都与搭铁相连。也就是说，按压按钮时 CAS4 收到低电平信号。

41 宝马轿车智能无钥匙起动钥匙匹配

宝马轿车智能无钥匙起动钥匙匹配完成以后，很多维修技术人员会发现没有无钥匙起动功能，但能遥控也能起动车辆，这是因为宝马车系所有车型，设计为只允许2把智能无钥匙起动钥匙，当另增加1把智能钥匙时，就只能起动车辆和能遥控而没有智能无钥匙起动功能。此时必须删掉多余不用的或丢失的钥匙，这样匹配的钥匙才有智能无钥匙起动功能。出现上述情况，对于宝马3系、5系、7系及X5和X6等车型而言，解决方法非常简单，只要按照下述步骤进行操作即可：

1) 首先用仪器读取原车剩余的钥匙信息，图3-84所示的钥匙信息为第2把钥匙。

2) 将CAS数据打开后的信息如图3-85所示，从图中可看到当前使用的钥匙有4把。NO.1、NO.2和NO.3为原车钥匙，NO.10为刚匹配好的钥匙。

3) 如图3-86所示，将NO.1和NO.3这两把钥匙报废，保留原车的第2把钥匙和刚匹配好的第10把钥匙，然后写钥匙（用46芯片就可以，随便写哪条都行，主要是用来生成CAS数据），写完后就会自动生成CAS另一个新数据BINW文件，如图3-87所示。

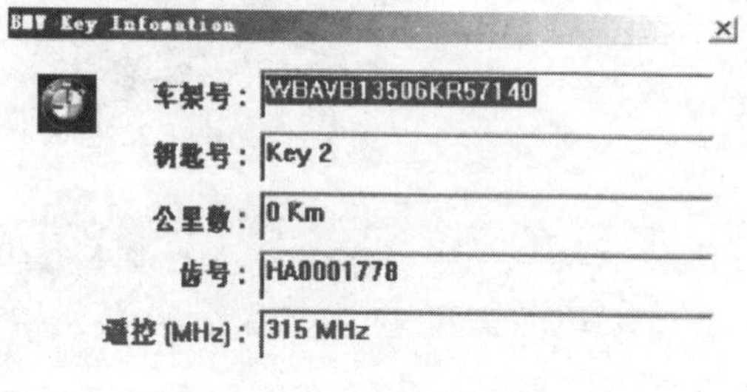

4) 最后将CAS生成数据BINW文件，写回CAS即告完成，保证智能无钥匙起动钥匙各项功能正常。

图3-84 仪器读取的原车剩余的钥匙信息（截屏）

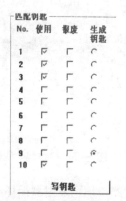

图3-85 CAS数据打开后的信息

图3-86 将NO.1和NO.3这两把钥匙报废（截屏）

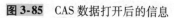

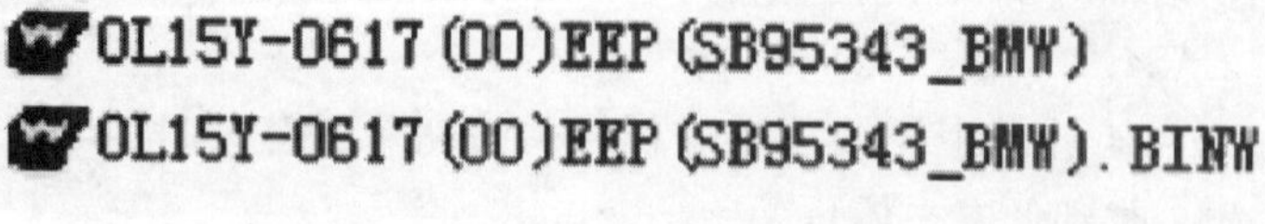

图3-87 自动生成的CAS另一个新数据BINW文件

42 手机遥控起动系统

图 3-88 所示为手机遥控车辆系统实物图。通过手机遥控系统可以实现以下功能。

(1) 手机遥控起动与熄火　北方冬季早上上车时驾驶室内空气寒冷，并且发动机也需要进行一定时间的预热，此时驾驶人坐在车内会感觉很不舒服。同样，夏天车辆放置一段时间后，驾驶室内温度会明显上升，此时驾驶人坐在车内也会感觉很闷热。通过本功能可以使发动机提前起动，对发动机进行预热，在冬天打开空调暖风，在夏天打开空调冷风，使驾驶人在进入车内时车内已经调节到了一个较舒适的温度，提高了乘坐的舒适性。

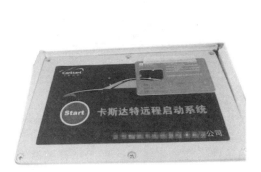

图 3-88　手机遥控车辆系统实物图

(2) 手机遥控开关门锁　当车钥匙不在身边时，通过手机也可以进行开关门锁的操作，这样用户可以方便地打开车门或行李箱盖，取放物品。或者，别人需要到你的车里取东西后，你可以不把车钥匙交给他，而是等他到达车旁边时，你通过手机将车门开锁，等别人取完东西后，再通过手机将车门关锁，很方便。

(3) 手机遥控寻车　通过手机可以使汽车危险警告灯闪烁，或使喇叭鸣响，从而可以达到寻车的目的。特别适合在大的停车场使用。

(4) 车辆报警手机短信提醒　车辆自带的防盗报警系统是在有人非法入侵车辆时，进行声光报警，引起周边人注意，并起到恐吓小偷的作用。但当车主不在车附近，或车附近没有其他人时，防盗报警系统的作用就会打折扣。而本系统可以在有人非法入侵车辆时，通过短信向车主的手机发送报警短信，使车主可以及时知道车辆有被盗的危险，从而及时返回车辆，或通知其他人帮忙检查车辆，从而可以降低被盗的风险。

(5) 车辆定位　当车辆被盗时，可以使用本系统对车辆进行定位，车主通过手机向本系统发送车辆定位请求短信，本系统则会悄无声息地将车辆所在位置发送到车主的手机上，从而帮助车主找回自己的车辆。

(6) 车辆低电量短信提醒　当车辆的蓄电池电压低于设定值时，系统会以短信的方式提示车辆的电量太低，需要充电，避免车辆蓄电池由于过放电导致发动机无法起动而需要救援等麻烦。

(7) 其他　基于本系统的硬件设计，已经建立了车辆与车主手机之间通信的路径。车主可以对车辆发号施令,车辆也能够将自身的信息反馈给车主,实现互动。通过这个路径,用户可以扩展更多自己需要的功能。

系统硬件包括以下几个部分:电源模块、GSM模块、语音合成模块、手机按键识别模块、开关信号采集电路和外部负载驱动电路。图3-89所示为手机遥控车辆系统硬件框图。下文对其中几个主要模块做详细介绍。

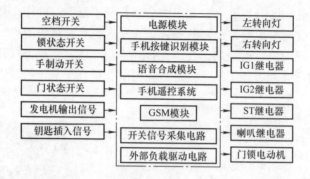

图3-89 手机遥控车辆系统硬件框图

(1)电源模块 系统采用汽车蓄电池12V供电,系统内部工作电压为直流5V。系统内对电源要求最高的部分是GSM模块,由于GSM模块的耗电电流峰值可达3A,故外加稳压器件必须达到足以提供该额定电流的条件。在该系统中,采用了开关电源芯片LM25%完成12V到5V的转换,作为GSM模块的供电电源。须加以注意的是,由LM2596芯片完成开关电源转换需大功率的电感和电容,以提高储能能力,达到GSM模块的耗电需求。

(2)GSM模块 GSM模块选用西门子公司的TC35模块,它可以快速安全可靠地实现系统方案中的数据、语音传输、短消息服务。模块的工作电压为3.3~5.5V,可以工作在900MHz和1800MHz两个频段,所在频段功耗分别为2W和1W。模块有AT命令集接口,支持文本和PDU模式的短消息。此外,该模块还具有电话簿功能、多方通话、漫游检测功能,常用工作模式有省电、IDLE、TALK等模式。通过ZIF插接器,实现电源连接、指令、数据、语音信号及控制信号的双向传输。通过ZIF插接器及50Ω天线插接器,可分别连接SIM卡支架和天线。

TC35模块的启动电路由三极管和上电复位电路组成。系统上电后,为了使TC35进入工作状态,必须给其15脚IGT加一延时大于100ms的低脉冲,电平下降持续时间不可超过1ms。启动后,IGT应保持高电平。驱动IGT时,TC35供电电压不能低于3.3V,否则TC35不能被激活。

TC35模块的SYNC引脚有两种工作模式,可用AT命令AT SYNC进行切换。一种是指示发射状态时的功率增长情况,另一种是指示TC35的工作状态。本模块使用的是后一种功能:当SYNC引脚控制的LED指示灯熄灭时,表明TC35处于关闭或睡眠状态;当LED为600ms亮/600ms灭闪烁时,表明SIM没有插入或TC35正在进行网络登录;当LED为75ms亮/3s灭闪烁时,表明TC35已登录进网络,处于待机状态。

(3)语音合成模块 由于TC35的GSM基带处理器内集成了音频滤波、ADC、DAC、语音合成等部分,所以模块语音接口的外围电路连接相对简单。TC35有两个语音接口,每个接口均有模拟麦克输入和模拟耳机输出。

为了达到通话过程中语音反馈的目的，系统中设置了一个语音合成芯片SYN6288。SYN6288是一款性价比较高、效果很自然的中高端语音合成芯片。SYN6288通过异步串口（UART）通信方式，接收来自MCU待合成的文本数据，实现文本到语音的转换。具有硬件接口简单、功耗低、音色清亮圆润、发音自然等优点。在车载信息终端语音播报、公交报站器、考勤机、排队叫号机、自动售货机等很多领域都有广泛的应用。

（4）手机按键识别模块 系统具有手机按键识别功能，给系统带来了很大的扩展性。当手机处于接通状态时，按车主手机上的不同按键，车辆都可以识别到，从而可以实现不同的功能。这部分功能通过图3-90所示的硬件电路实现，芯片选择的是双音频（DTMF）接收器HT9170。当HT9170Ⅰ芯片接收到来自TC35的有效音频信号时，DV引脚

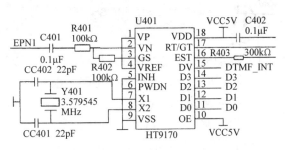

图3-90 DTMF模块电路原理图

会置高，同时会进行解码，解码出来的信号通过D0~D3四个引脚发给MCU，从而使MCU知道此时用户按下的是手机中的哪个按键。

（5）外部负载驱动电路 转向灯的驱动采用高边智能驱动芯片BTS5030，该芯片是英飞凌公司生产的双路高边智能驱动芯片，具有驱动能力强、内阻低（30mΩ）等优点。该器件有着极低的电流消耗，同时具有过载、短路、过热、过电压保护能力，并且具有电流检测能力，可根据电流的大小来判断负载的运行状况。该系列芯片为汽车专用级，外围应用电路简单，图3-91所示为BTS5030的应用电路。该系列芯片的应用要注意其PCB上的封装是否适合散热和焊装。

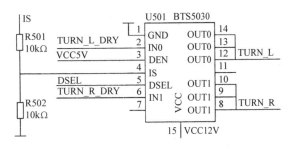

图3-91 BTS5030的应用电路

该手机遥控车辆系统的软件流程如下：系统初始化之后，循环检测是否收到合法的手机来电。如果来电合法，则接通手机。接通手机时系统会自动播放提示音（例如：欢迎连线，起动车辆请按1，熄火请按2，开锁请按3，关锁请按4，寻车请按5等），以提示用户每个按键的功能。提示音播放过程中，用户可以随时按下手机按键来中断提示音并执行相应功能。

如果检测手机按键被按下，则根据不同的按键来执行不同的功能模块。在功能模块执行过程中，系统可以通过语音合成模块来合成提示语音，然后通过手机听筒反馈给用户。这样用户可以实时知道车辆的当前真实状态，以帮助用户判断下一步该做出怎样的操作。

如果用户按了"1"键，则系统会控制继电器将点火开关切换到"ON"档，同时接通起动继电器3s后再断开，来起动发动机。然后系统会检测发电机的输出状态，以判断发动机是否已经真实起动，并通过语音提示用户"发动机起动成功"或者"发动机起动失败"。发动机起动成功之后，系统会自动开始5min的计时，当计时结束时，系统会自动控制继电

器将点火开关从"ON"档切换回"OFF"档，将发动机熄火。其他按键的功能实现方式也是同理，从而可以实现遥控开关门锁、遥控寻车、防盗报警、车辆定位、低电量提醒等很多功能。

当一个功能模块执行完之后，系统会自动返回到初始状态，等待用户通过手机按键进行下一个功能模块的选择。

43 起动机检修

(1) 起动机电枢绝缘和导通检查　用万用表执行下列检查：

1) 检查换向器是否对搭铁短路。电枢铁心和电枢线圈之间的状态为绝缘，换向器与电枢线圈相连。如果零部件正常，换向器和电枢铁心之间的状态为绝缘，如图 3-92 所示。标准电阻：10kΩ 或更大。如果不符合标准，更换起动机电枢总成。

2) 检查换向器是否断路。每个换向器片通过电枢线圈连接。如果零部件正常，换向器片之间的状态为导通，如图 3-93 所示。标准电阻：小于 1Ω。如果不符合标准，更换起动机电枢总成。

3) 检查外观。如果表面脏污或烧坏，用砂纸（400 号）或在车床上修复表面。

(2) 换向器径向圆跳动和直径检查

1) 检查换向器径向圆跳动。如图 3-94 所示，将换向器放在 V 形块上，用百分表测量径向圆跳动。标准径向圆跳动：0.02mm；最大径向圆跳动：0.05mm。如果径向圆跳动大于最大值，则更换电枢总成。

提示：如果换向器的径向圆跳动量变大，则换向器与电刷的接触将减弱。因此，可能会出现故障，如起动机无法运转。

2) 换向器直径的检查。如图 3-95 所示，用游标卡尺测量换向器直径。标准直径：29.0mm；最小直径：28.0mm。如果直径小于最小值，则更换电枢总成。

提示：由于换向器在转动时要与电刷接触，因此会受到磨损。如果测量值超出规定的磨损范围，则与电刷的接触将变弱，这可能会导致电循环不良。因此，可能会发生起动机无法转动和其他故障。

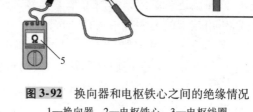

图 3-92　换向器和电枢铁心之间的绝缘情况
1—换向器　2—电枢铁心　3—电枢线圈
4—电枢轴　5—不导通

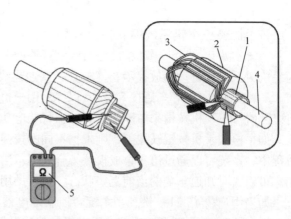

图 3-93　换向器片之间的导通情况
1—换向器　2—电枢铁心　3—电枢线圈　4—电枢轴　5—导通

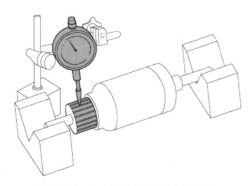
图 3-94　检查换向器的径向圆跳动

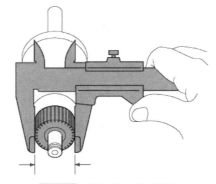
图 3-95　测量换向器的直径

（3）检查起动机单向离合器分总成　检查起动机离合器的操作：用手转动起动机离合器，检查单向离合器是否处于闭锁状态，如图 3-96 所示。

提示：单向离合器仅向一个旋转方向传送转矩。在另一个方向，离合器只是空转，不会传送转矩。

发动机由起动机起动之后，发动机将会带动起动机，而单向离合器可以防止发动机带动起动机。

（4）检查电磁起动机开关总成

1）检查电磁起动机开关的操作：用手指按住柱塞，松开手指之后，检查柱塞是否很顺畅地返回其原来位置，如图 3-97 所示。

提示：①由于开关在柱塞中，如果柱塞无法顺畅地返回其原始位置，开关的接触将变弱，因此无法打开/关闭起动机；②如果柱塞的运行不正常，应更换电磁起动机开关总成。

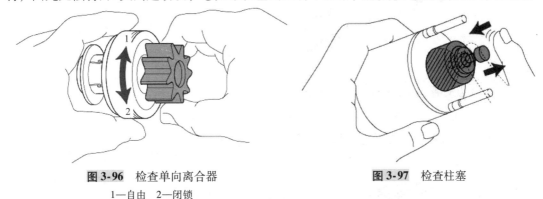

图 3-96　检查单向离合器
1—自由　2—闭锁

图 3-97　检查柱塞

2）检查端子 50 和开关体之间的导通情况（保持线圈中的导通检查）。

提示：①检查保持线圈连接端子 50 和开关体是否断路。如果保持线圈正常，则端子 50 和开关体之间为导通，如图 3-98 所示。标准电阻：小于 2Ω。如果不符合标准，更换电磁开关总成。

② 如果保持线圈断开，可牵引柱塞，但是无法保持，因此小齿轮反复伸出和返回。

3）检查吸引线圈是否断路。如图 3-99 所示，用万用表测量端子 50 和端子 C 间的电阻。标准电阻：小于 1Ω。如果不符合标准，更换电磁开关总成。

（5）检查起动机电刷架总成

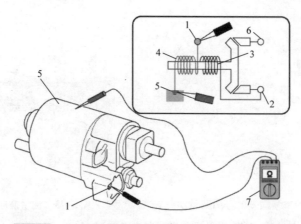

图3-98 检查保持线圈连接端子50和开关体是否断路

1—端子50 2—端子C 3—牵引线圈 4—保持线圈 5—开关体 6—端子30 7—导通

1）拆下弹簧卡爪，然后拆下4个电刷。

2）如图3-100所示，用游标卡尺测量电刷长度。标准长度：14.4mm；最小长度：9.0mm。如果长度小于最小值，更换起动机电刷架总成。

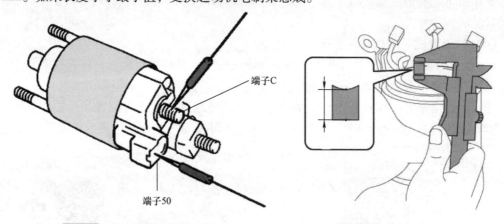

图3-99 检查吸引线圈是否断路　　图3-100 测量电刷长度

3）检查电刷架。用万用表测量电刷间的电阻（图3-101）。标准电阻应符合表3-5中的规定。如果不符合标准，更换起动机电刷架总成。

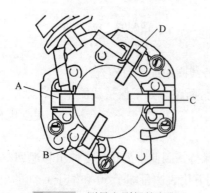

图3-101 测量电刷间的电阻

表3-5 电刷间的标准电阻

检测仪连接	规定状态
A—B	10kΩ 或更大
A—C	10kΩ 或更大
A—D	小于1Ω
B—C	小于1Ω
B—D	10kΩ 或更大
C—D	10kΩ 或更大

(6) 起动机的检查　检查起动机总成。注意：在 3～5s 内执行如下测试：

1) 将起动机固定在台虎钳上。

2) 执行吸引动作测试。如图 3-102 所示，拆下起动机端子 C 上的电缆引线；用带夹子的电缆将起动机端子 C、电磁开关的壳体与蓄电池的负极相连；用带夹子的电缆将起动机端子 50 与蓄电池正极连接，驱动齿轮应向外移动；若不移动，说明电磁开关有故障，应进行修理或更换。

3) 执行保持动作测试。当驱动齿轮保持在伸出位置时，拆下起动机端子 C 上的电缆引线，如图 3-103 所示。此时驱动齿轮应保持在伸出位置不动，若驱动齿轮回位，说明保持线圈断路，应进行维修。

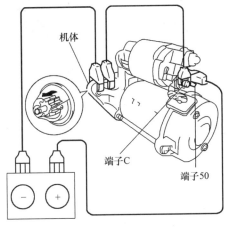

图 3-102　起动机吸引动作测试

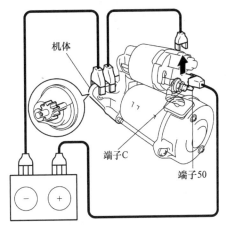

图 3-103　起动机保持动作的测试

4) 驱动小齿轮退回情况的检查。在保持动作的基础上，拆下起动机壳体上的电缆夹，如图 3-104 所示，拆开起动机外壳的搭铁线。若驱动小齿轮未立刻退回，应检查复位弹簧及柱塞等。

5) 执行无负荷操作测试。连接励磁绕组引线至端子 C（拧紧力矩：10N·m），将起动机夹在台虎钳中。如图 3-105 所示，将蓄电池和电流表连接到起动机上。检查并确认电流表指示电流符合规定。蓄电池正极端子分别与端子 30、端子 50 之间的标准电流（电压至少为 11.5V）：小于 90A。如果结果不符合规定，更换起动机总成。

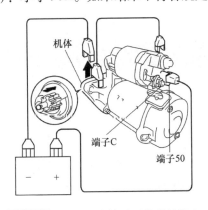

图 3-104　驱动小齿轮退回情况的检查

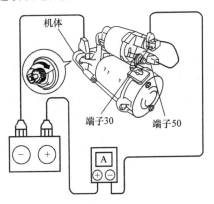

图 3-105　执行无负荷操作测试

(7) 起动机励磁绕组检查

1）检查励磁绕组是否开路，如图3-106所示。用万用表检查引线和励磁绕组电刷引线之间，应导通；否则，更换磁极框架。

2）检查励磁绕组是否搭铁，如图3-107所示。用万用表检查励磁绕组末端与磁极框架之间，应不导通；若导通，修理或更换磁极框架。

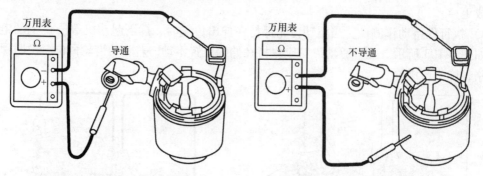

图3-106 检查励磁绕组是否开路　　图3-107 检查励磁绕组是否搭铁

3）检查励磁绕组断路的检查，如图3-108所示。先目测励磁绕组的线头是否脱焊，然后可用试灯进行检查。用两触针依次与励磁绕组的线头接触，如试灯均亮，则说明励磁绕组没有断路；若试灯不亮或暗淡，则说明励磁绕组断路。

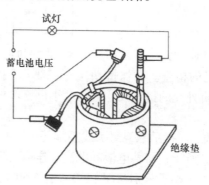

图3-108 用试灯检查励磁绕组断路

44 起动系统故障排除

（1）E415S触点故障导致迈腾车无法起动

1）故障现象：打开点火开关仪表没有任何反应，指示灯不亮，车辆不能起动。

2）故障诊断：车辆抛锚，将车辆救援回服务站后进行检查。因为打开点火开关后仪表没有任何反应，无法连接VAS6150。检查蓄电池电压正常，熔丝SC16、SC14及其他相关熔丝均正常，点火钥匙正常。应急连接端子15的供断电器J329后，VAS6150可正常连接，检查各系统正常，没有故障码。

对车辆进行进一步检查后确认J764损坏，理由是当打开点火开关后，J764的端子

T10K/6 没有正电输出，而当人为给该线供给一个正电的时候仪表显示正常。因为当防盗系统没有识别到正常的点火钥匙，没有解除防盗时，J764 也不会输出正电。询问服务站有否检查过 E415 中的 S 触点的状态，有否确认防盗是否在插入钥匙后正常解除，回答是没有进行该两点检查。用 VAS6150 不能读取 S 触点的状态，询问经销商发现，该经销商的 VAS5051 使用的是 7.0 版本程序，在对 VAS6150 升级后，用引导功能查看 S 触点的状态，结果发现钥匙的进出 S 触点都是断开的，显然是 E415 中的 S 触点出现了故障，更换 E415 故障排除。

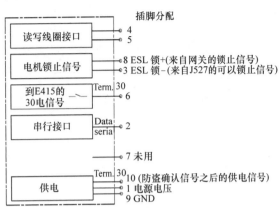

图 3-109　ESL 控制单元 J764 的插脚定义

3）故障分析：首先了解一下迈腾的防盗系统及电路图，如图 3-109 和图 3-110 所示。

防盗器的释放过程：

1）30 正电经 SC16 保险供给 E415 的插脚 3。

2）当钥匙插入时，E415 中的 P 触点断开（T16f/15），S 触点接合（T16f/16）供电给 J527 的 T20d/12。

3）J527 接收到该信号后，判定有钥匙插入，发送舒适总线唤醒信号和 S 触点已接合信号给 J393。

4）J393 通过串行数据总线到 J764 的插脚 2 唤醒 J764。

5）J764 读取 E415 中的读写线圈 D1 的数据并通过串行数据总线传递到 J393 进行钥匙的合法性识别，当判定钥匙为合法钥匙时，J393 输出正电到 J764 的插脚 10，锁止电动机 N376 解锁。

6）J764 从插脚 6 输出正电到 E415 的 T16f/8，然后从 E415 输出到 J519 和 J527 的相应针脚接通 15 正电和 50 正电。防盗解除，车辆正常起动。可以看出，E415 中的 S 触点闭合时防盗解除，这是车辆正常工作的前提，只有当 S 触点闭合时，车辆认为有钥匙插入，才会进行下面的一系列判别过程。当 S 触点不能正常闭合时，车辆认为没有钥匙插入，那么所有的后续动作均不会进行，15 正电和 50 正电不能被接通，当然也就不能正常起动了。

7）故障排除：更换点火开关 E415，故障排除。

（2）一键起动功能失效

1）故障现象：一辆 2013 年产 CC2.0T 型轿车，用户反映该车没有一键起动功能。

2）检查分析：维修人员首先对故障现象进行验证，发现无钥匙进入系统正常，并且可以用点火钥匙机械起动车辆；按压一键起动按钮，组合仪表上所有指示灯不亮，说明 15 正电未接通，如图 3-111 所示。可听见转向柱锁 J764 的解锁声，但车辆却无法起动。

用故障诊断仪 VAS6150B 检查到 09 - 中央电气电子设备内有故障，如图 3-112 所示。检查读取 46 - 舒适系统、25 - 防盗系统、16 - 转向柱控制单元、09 - 中央电气电子设备等控制单元数据流，发现将点火钥匙插入 E415 后，S 触点及 15 正电接通正常；使用一键起动按

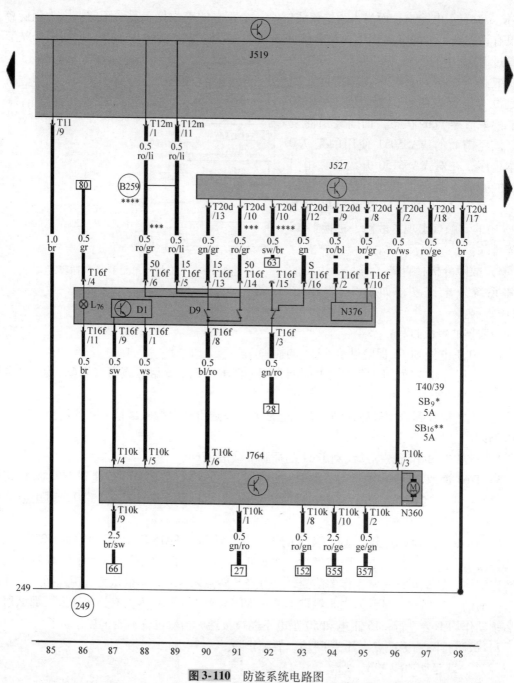

图 3-110 防盗系统电路图

D1—防盗锁止系统读取单元　D9—电子点火开关　J519—车载电网控制单元　J527—转向柱电子装置控制单元
L76—按钮照明灯泡　J764—电子转向助力控制单元　N376—点火钥匙拔出锁止电磁铁

钮时，发现 S 触点显示接通，15 正电显示断开。

根据相关电路图（图 3-113）分析知，用点火钥匙打开点火开关时，15 正电由 E415 提供，而通过一键起动按钮打开点火开关时，15 正电则由 J942 内部提供。检查 J942 控制单元的电源及搭铁，发现 J942 插接器 T32g/7 脚电压为 0.04V，不正常。检查 J764 插接器的

图 3-111　组合仪表上指示灯不亮

T10k/6 脚电压正常，为 12.05V。

维修人员通过以上检测分析，因通过点火钥匙能激活 15 正电且 J764 插接器的 T10W/6 脚电压正常，由此判断 S24 与 J942 插接器 T32g/7 脚之间有断路。

J764 中 T10k/6 端子的功能：只有经防盗系统多重验证后，J764 内部电动机才会动作解锁，然后经 T10k/6 端子输出 12V 电压给点火开关形成 15 正电和 50 正电，经 J942 形成一键起动系统的 15 正电。还需检查 J527 的编码和 J942 的 S 触点信号是否正常。

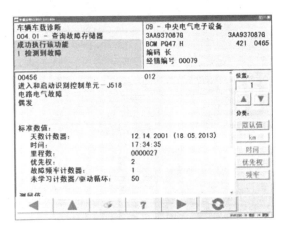

图 3-112　09 - 中央电气电子设备中的故障信息

(3) 新帕萨特无法启动

1) 故障现象：新款帕萨特车（搭载 CEA 发动机和 0AM 双离合变速器），发动机无法起动。

2) 故障诊断：接车后试车，发现起动发动机时，起动机不运转；进一步检查发现，起动发动机时，起动机端子 50 无供电，由此推断可能的故障原因有两种：一种是起动机端子 50 的供电线路断路；另一种是相关控制单元并未发出控制起动机工作的指令，即未满足允许发动机起动的所有条件。

用故障检测仪检查，无故障码存储；读取转向柱控制单元 J527 数据流，发现在起动发动机时，点火开关各端子数据均正常，如图 3-114 所示，说明 J527 能正常接收点火开关信号；读取 J519（车身控制单元）数据流第 63 组（图 3-115），发现在起动发动机时，J519 能接收到来自 J527 的起动信号（接线柱 50 输入状态为接通），但没有对起动继电器输出控制信号（接线柱 50FB 状态为断开）；读取 J519 数据流第 64 组（图 3-116），发现 P/N 位信号未启用，说明 519 未接收到 P/N 位信号；读取双离合变速器机电单元 J743 数据流，发现档位信号为 P 位，如图 3-117 所示，说明档位开关 F189 已将档位信号正确地传递至 J743。

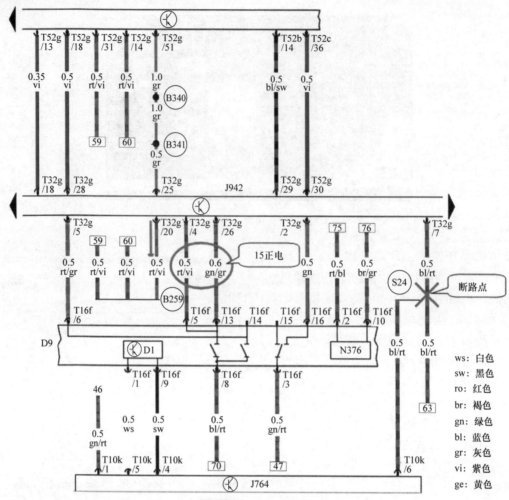

图3-113 相关电路图

16-转向柱电子设备	
名称列	数值
[IDE2588]_端子信号和起动释放	
端子15状态	接通
端子S状态	接通
端子50状态	接通
端子P状态	断开
端子75X状态	断开
通过CAN端子15状态	接通

图3-114 起动发动机时的J527数据流

地址列	ID	测量值	数值
09	63.1	接线柱50输入	端子50接通
09	63.2	接线柱50FB	断开
09	63.3	接线柱50CAN输入	接通
09	63.4	接线柱50CAN输出	断开

图3-115 起动发动机时的J519数据流第63组

地址列	ID	测量值	数值
09	64.1	开放P/N	PN未启用
09	64.3	P/N释放CAN输入	断开
09	64.4	P/N释放CAN输入	断开

图3-116 起动发动机时的J519数据流第64组

02-变速器电控系统	
名称列	数值
4.1	P

图3-117 J743能正常接收P位信号

查看相关电路（图3-118），脱开J743导线插接器T25，用导线将J743导线插接器T25的端子16与搭铁短接，起动发动机，发动机起动着机，说明P/N位信号线正常；检查J743供电及搭铁线路，均正常，由此推断J743损坏。

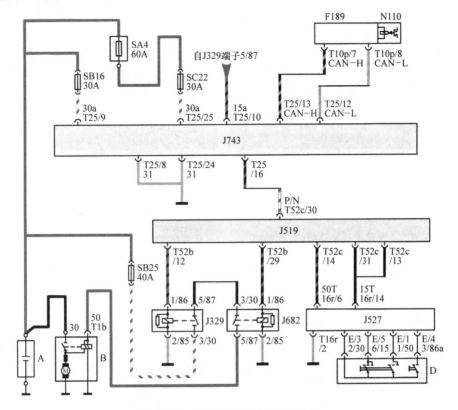

图3-118 帕萨特车起动机控制电路

A—蓄电池 B—起动机 D—点火开关 F189—档位开关 J329—总线端15供电继电器 J519—车身控制单元 J527—转向柱控制单元 J682—起动继电器 J743—双离合变速器机电单元 N110—变速杆锁电磁阀

3）故障排除：更换J743后试车，发动机能正常起动着机，故障排除。

45 起动机拆装

（1）拆卸

1）断开蓄电池负极接线。

2）解锁并脱开插头（接线端50）。

3）解锁固定卡箭头，将护罩2从电磁开关上脱开，如图3-119所示。

4）旋出紧固螺母，从电磁开关的接线柱上取下正极导线，如图3-120所示。

5）脱开变速器上的插头。

6）旋出紧固螺母，并取下导线支架，如图3-121所示。

7）旋出起动机的固定螺栓，如图3-122所示。

图3-119 将护罩从电磁开关上脱开

图3-120 取下正极导线

8) 从车辆中取下起动机。

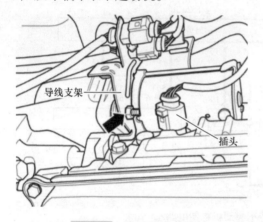

图3-121 取下导线支架

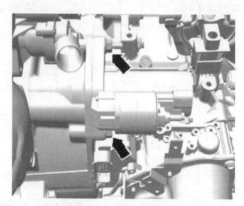

图3-122 旋出起动机的固定螺栓

(2) 安装 安装大体以与安装相反的顺序进行。注:检查拆下的起动机齿数与换上的齿数是否一致。

第 4 章 Chapter 4

点 火 系 统

46 电子点火系统的组成

微机控制点火系统能实现最佳点火提前角的控制，从而提高发动机的动力性，降低燃油消耗量和有害气体的排放量。

微机控制点火系统主要由空气流量传感器、节气门位置传感器、曲轴位置传感器、凸轮轴位置传感器、冷却液温度传感器、进气温度传感器、车速传感器、爆燃传感器、各种控制开关、ECU、点火控制器、点火线圈及火花塞等组成，如图4-1和图4-2所示。

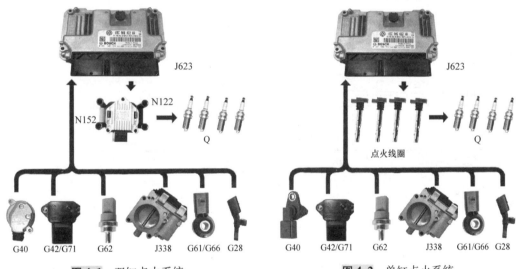

图 4-1 双缸点火系统   图 4-2 单缸点火系统

47 点火锁的结构

（1）点火开关的各档位　点火开关通常设计在锁体尾端（如奇瑞A3、奇瑞QQ），但由于结构的不同，也有将其设计在锁体中部的（如标致206、吉利熊猫）。当然，它们的档位功能基本上是一样的。开关导通结构上一般也就三种状态：①开关座上固定触点，由转动块带动触片，进行开关的通断（如江淮瑞风）；②开关座上固定触片，由转动块带动触片，进行开关的通断（如奇瑞A3、吉利帝豪、奇瑞QQ）；③开关座上固定触片，由转动块带动触点，进行开关的通断（如神龙富康、标致206）。

开关接线柱通常有：B电源、ACC附件、IG点火、ST起动、R起动继电器、IG点火继电器。

（2）点火锁开关的负载　具体车型不同，各档位及触点电流、功率均会有所区别，见表4-1~表4-3。

表4-1　奇瑞A3点火开关

档位 \ 接线柱	AM1	IG1	ACC	AM2	IG2	ST2
功率	240W	120W			120W	120W
LOCK						
ACC	O———————————O					
ON	O———————O———————O			O———————O		
START	O			O———————————O		

表4-2　江淮宾悦点火开关

档位		接线柱 AM1	IG1	ACC	AM2	IG2	ST2	3	4	5	6
		功率 240W	120W	120W	120W	120W				1.5W	2W
LOCK	拔出钥匙										
	插入钥匙									O———O	
ACC		O———————————O						⊗		O———O	
ON		O———O			O———O						
START		O———O				O———O					

表4-3　长安悦翔点火开关

档位 \ 接线柱	B1	ACC	IG1	B2	ST	IG2
电流	50A	20A	30A	40A	20A	40A
功率	600W	240W	360W	480W	240W	480W
LOCK	O					
ACC	O———————O					
ON	O———————O———————O			O———————————————O		
START	O———————O———————O			O———————O		

（3）无钥匙起动，一键起动　近年来该系统已广泛运用。无钥匙起动、一键起动都具有无钥匙进入（PKE）功能。通常，当车主走近车辆约1m以内时，门锁就会自动打开并解除防盗；当离开车辆时，门锁会自动锁上并进入防盗状态。而当车内留有一把钥匙，熄火离开时，遥控闭锁是不能实现的。

1）无钥匙起动。例如长安铃木天语SX4、马自达6、V3菱悦，在钥匙上或车内都没有一键起动按键，而是在转向盘柱右下方有一个旋钮，只要车钥匙在车内，驾驶人踩住制动踏板，旋转该旋钮，发动机即可起动，如图4-3所示。

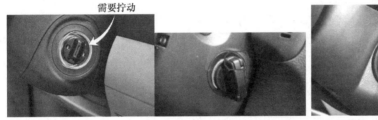

图 4-3　无钥匙起动

2）智能一键起动钥匙。它是集智能钥匙的感应开启车门功能和一键起动发动机功能为一体的钥匙，省去了拿钥匙拧转点火锁起动发动机的功能，传统意义上的点火锁已不复存在，仅剩下方向锁，点火开关功能并入到了电子控制系统中，如荣威 550、卡罗拉 1.8 PRE-MIUM AT、雅力士、凯越、君威等。后两款车型的钥匙具有 RES 远程发动机起动功能，人在车外一定距离，按下钥匙上的发动机起动按钮，发动机将起动，空调系统也会按车主下车前的温度制冷或加热，如图 4-4 所示。

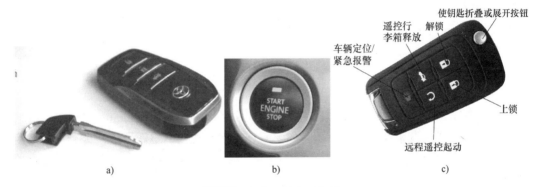

图 4-4　智能一键起动钥匙
a）一键起动钥匙　b）一键起动按钮　c）远程起动遥控器

（4）点火锁的档位功能　点火开关上，常标有 LOCK、OFF、ACC、ON、START、PUSH 或者 OFF、IG、ST、ON 等。这些都是点火锁档位标识。

一般点火锁按档位分有三种：3 档（LOCK、ACC、ON、START）、4 档（LOCK、OFF、ACC、ON、START）、5 档（LOCK、OFF、ACC、ON、PREHEAT、START）。

1）LOCK 档位。为原始位置。锁车后钥匙拔出，点火锁内的转向锁止机构会处于工作状态。转向锁是用来锁止汽车转向轴的。转向锁与点火锁设在一起，安装在转向盘下，是用钥匙来控制的：点火锁切断点火电路使发动机熄火后，将点火钥匙再左旋至极限位置的档位取出钥匙，转向锁止机构的锁舌就会弹出，当转向轴在特定方向时，锁舌会进入转向轴槽内，而将汽车转向轴机械性地锁止。即使有人将车门非法打开，并短接点火线路起动了发动机，由于转向盘被锁止，汽车无法转向，也就无法开走，起到了汽车的防盗作用（现在仍有汽车没有设计转向锁）。

2）ACC（OFF）档位。为附件档。用来接通汽车部分电气设备的电源，如 CD、空调等。仅断开发动机点火电源，其他电气设备（如收录机、点烟器、刮水器、喷水器等）仍可以正常工作。

3) ON（IG）档位。为点火档，行车时钥匙所处的状态。这时全车所有电路都处于工作状态。在发动机未起动前，此档不可长久放置，特别是柴油车，起动前在此位置预热1～2s（预热指示灯熄灭后）即应起动。在START位置时，起动机接合起动，起动后就应松开点火开关（钥匙），让其回到ON档。

在发动机运转时，不要将点火开关（钥匙）再旋至START位置（导致二次起动），否则，易损坏起动机。对于汽油车，每次起动应不超过10s，柴油机应不超过30s。重新起动之前，应将点火开关转至OFF或ACC位置，汽油机至少10s，柴油机至少20s后方可重新起动，否则，易损坏蓄电池并加剧发动机磨损。

4) START（ST）档。为发动机起动档位。起动后会自动恢复正常状态，也就是ON（IG）档。

5) PREHEAT档。为预热档位。

6) PUSH位。为非开关工作档位。当需停车熄火，钥匙要旋回原始档位时，在此位置，须下压钥匙锁芯2mm左右，钥匙才能回位。此功能仅是为了避免钥匙被误拔。

7) 点火锁的使用。点火锁负责点火系统、起动系统、各用电器的开关通断。点火开关主要有三档（顺时针方向旋转）：预热档、工作档、起动档。起动汽车时，顺时针方向旋到底就是起动档，接通起动电路，起动机开始工作，带动发动机旋转。当发动机点火后，松开钥匙，在点火锁芯内扭簧弹力作用下，回到工作档，断开起动电路，这时汽车电路处于正常工作状态。

点火锁每个档位都是递进式的，目的是让电气设备逐个进入工作状态，这样还可以缓解由于瞬间通电造成的汽车蓄电池的负担。如果起动时在其他档位不做停留，从LOCK直接进入START的起动状态，会瞬间增加蓄电池的负荷，同时由于各电气设备还没有完全进入工作状态，防盗钥匙芯片密码识别未完成，ECU（Electronic Control Unit，电控制单元，俗称车载电脑）还来不及正常指挥发动机起动，所以这种操作对蓄电池和发动机都是非常不利的。经常这样操作会缩短蓄电池的使用寿命，造成发动机起动困难，促使积炭产生。

（5）点火锁机械钥匙　从齿槽外形看，目前的汽车钥匙有两大类：一类为外齿形，另一类为内齿形，如图4-5所示。

a)　　　　　　　　　　　　b)

图4-5　汽车钥匙
a) 外齿形　b) 内齿形

点火系统 第4章

各车厂在设计不同车型的钥匙齿形时，会采用不同截面或不同齿距的钥匙，从而尽量避免不同车型的钥匙互开。国家标准规定了编码互开率，汽车钥匙不同齿形数量要大于 1000 种不重复，所以各种车型都会有自己特定的钥匙截面形状尺寸和齿形编码表。钥匙结构及齿形的变化，都是为了提高钥匙的保密性。随着时代的发展，传统机械钥匙（图 4-6）因其在结构上的限制，已不能适应汽车的发展。随着近年来遥控门锁、无钥匙进入、一键起动等先进系统的广泛运用，机械钥匙已逐渐退居二线，成了备用附件。

图 4-6　现代机械钥匙

48　迈腾 B7L 点火开关端子电压的形成

1）系统主要部件：电子点火开关及点火钥匙。迈腾 B7L 的点火开关为滑动式点火开关。通过点火钥匙在电子点火开关中的不同位置，激活不同的端子信号，如图 4-7 所示。

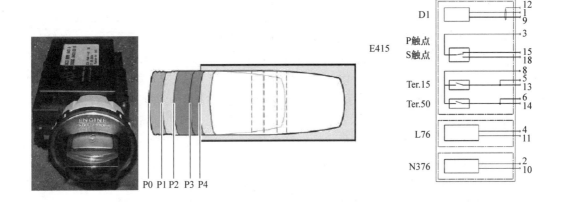

图 4-7　点火开关

P0—点火开关关闭　P1—端子 S 接通　P2—端子 15 打开　P3—端子 15 运行（起动后自动回到该位置）
P4—端子 50 接通　D1—防盗器的读写线圈，12 脚为屏蔽线，9 脚和 1 脚传输的是振幅调频信号
E415—插脚 3 提供的是停车正电 30 信号，被设计成转换开关，P 或 S 接通　P8—插脚 8 为 30 号线，用于转向柱锁
L76—开关照明灯　N376—钥匙拔出锁电磁阀

"起动/停止"按钮：部分高配的迈腾 B7L，除了用电子点火开关激活各个端子电压及起动发动机外，还可通过副仪表台上的"起动/停止"按钮来实现上述功能，如图 4-8 所示。

2）迈腾 B7L 电子点火开关及"起动/停止"按钮电路。迈腾 B7L 电子点火开关及"起动/停止"按钮电路图如图 4-9 所示。

3）迈腾 B7L 电子点火端子电压形成过程。

① 通过电子点火开关 E415 形成端子电压及起动发动机的过程：

当点火钥匙推入电子点火开关中的 P1 位置时，电子点火开关中的 S 触点接通，此时 E415 的 T6f/16 与 T6f/3 接通。SC16 保险提供的 12V 电压通过 J942（接线端子及起动控制单元）的 T32g/2 及 T32g/3 传递到 J527（转向柱电子控制单元）的 T16o/7。J527 收到 E415 的 S 触点接通信号后，将该信号通过舒适系统 CAN 总线传递到网关控制单元以及需要此信号的各控制单元。J393（舒适系统控制单元）收到 S 触点接通信号后，通过 J393 的 T6an/5 与 J764（电子转向柱锁）的 T10k/2 之间的"串行数据总线"，询问点火钥匙的"合法性"。如果 J764 通过 D1（防盗止动系统读取单元）识别到钥匙信息、合法，则防盗止动器控制单元（与舒适系统控制单元制成一体）将电子转向柱解锁。与此同时 9J764 通过 T10K/6 为 E415 的 T16f/8 及 J942 的 T32g/7 提供 12V 信号电压。

图 4-8 "起动/停止"按钮

当点火钥匙移动到 P_2 位置时，E415 的 T16f/5 与 T16f/8 接通，12V 电压经过 J942 的 T32g/4 及 T32g/20 传递到 J519（车载电网控制单元）的 T52C/31 和 T52C/14。至此，J519 收到 15 端子电压激活信号。在 E415 经过 J942 为 J519 提供 15 端子电压激活信号的同时，E415 同时通过 J942 的 T32g/26 及 T32g/31 为 J527 的 T16o/14 提供了 15 端子电压激活信号。为 J527 通过舒适系统 CAN 总线发出 15 端子电压激活信号、J519 在同时收到 E415 及舒适系统 CAN 总线中的 15 端子电压激活信号后，控制 J329（645 号）继电器吸合，为车辆提供点火开关的 15 端子电压。部分舒适系统控制单元（如车门控制单元等）是通过舒适系统 CAN 总线获取 15 端子电压激活信号的。点火钥匙在 P2 位置时，J519 还同时控制 X 触点卸荷继电器吸合，为车辆的空调风机等部件提供卸荷电压。

当点火钥匙移动到 P_4 位置时，E415 电子点火开关中的 50 电触点闭合。E415 的 T16f/6 输出 12V 电压到 J942 的 T32g/5，并通过 J942 的 T32g/22 为 J623（发动机控制单元）提供起动信号。J623 控制两个起动继电器，起动发动机。在此过程中 J519 控制 X 触点卸荷继电器断开，保证蓄电池有足够的电量供发动机启动使用。

发动机起动后，松开点火钥匙，则钥匙退后到 P_3 位置，此时各端子电压的激活情况与钥匙在 P_2 位置时相同。

② 通过 E378"起动/停止"按钮形成端子电压及起动发动机过程驾驶人携带合法钥匙进入车内后，按动"起动/停止"按钮时，车内低频天线扫描钥匙，钥匙被激活并发射高频"钥匙信息"信号。J393 收到合法钥匙信号后为电子转向柱解锁，并为 J942 的 T32g/7 提供 12V 信号电压。在不操作电子点火开关 E415 的情况下 9J942 为 J519 及 J527 提供 15 端子电压激活信号。如果在按下 E378 的同时踩下制动踏板，而且变速杆位于 P/N 位等起动条件都满足，则在激活 15 端子电压同时发动机控制单元通过起动继电器，起动发动机。

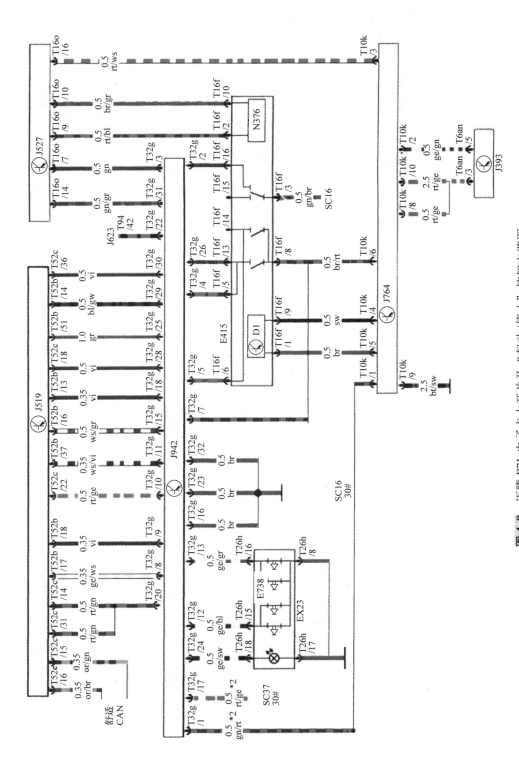

图4-9 迈腾B7L电子点火开关及"起动/停止"按钮电路图

E415—电子点火开关 E378—"起动/停止"按钮 J764—电子转向锁控制单元 J519—车载电网控制单元
J527—转向柱电子装置控制单元 N376—点火钥匙拔出锁止电磁铁 J623—发动机控制单元 D1—防盗止动系统读取单元

49 迈腾点火开关档位及工作过程分析

（1）点火开关档位及操作钥匙　在迈腾发动机故障诊断中，要根据综合分析出来的各系统的作用，找出它们之间的相互作用、相互关联和相互反馈去分析出控制原理。

按照点火开关档位及工作过程进行分析。迈腾轿车点火开关内部档位插脚定义见表4-4，见各档位操作功能见表4-5，点火开关起动过程电路图如图4-10所示。

表4-4　点火开关内部档位插脚定义

档位	插脚					
	3	16	8	5	13	6
P0	○					
P1	○—	—○				
P2			○—	—○—	—○	
P3			○—	—○—	—○—	—○

表4-5　点火开关各档位操作功能

档位	作用	功能
P1	S 触点接通	将3号插脚输入的+B电源电压经过内部触点接通后，由16号插脚输出给J527单元。该电源电压称为"S触点电压"
P2	15号线及15号线驱动同时接通	将由J764输入的+B电源电压通过8号插脚经过内部触点接触后，由5号和13号插脚分别输出给J519和J517单元。该电源电压称为"15电压"
P3	50起动档位信号接通	将J764输入的+B电源电压通过8号插脚经过内部触点接通后，由6号插脚输出给J623单元，该电源电压称为"50电压"

1）P1位置。把钥匙插入P1位置后，30号电源经SC16供给D9上的T16f/3端子，经S触点的T16f/16进入J527的T16/7供电。当J527收到S触点电源信号后，J527通过CAN线（T16o/3和T16o/4）发送舒适总线唤醒信号和S触点闭合信号给J393（T18a/10和T18a/9）。J393得到信号后，通过T6an/5串行数据总线将唤醒指令传到J764的T10k/2，进而唤醒J764。J764得到唤醒信号后给D1读写线圈供电，供电后读取防盗单元D1的钥匙数据信息，读取得到的钥匙信号通过D1导线传递给J764，JT64得到信号后再通过T10k/2串行数据总线传递给J393的T6an/5，随后J393进行防盗钥匙识别，判定钥匙是否合法。当确认钥匙合法后，J393同时通过T6a11/3给J764的T10k/10和T10k/8提供30号电源，用以解除转向柱锁及形成15号、50号的电源。同时，通过CAN线将信息传给发动机控制单元，进行识别正常后防盗解除。

2）P2位置。把钥匙插入P2位置后，由J764的T10k/6输入D9的T16f/8的30号电源，经过15信号触点分别从T16f/13、T16f5，输入到J527的T16o/14和J519的T52c/14。J519得到15驱动接通信号后，由J519的T521b/12端子输出15电源，控制J329供电继电器闭合，J329继电器闭合后，由+B输入的电源分别供给起动机继电器J682和J710电源电压和控制电压。

同时J623由T94/87得到15号驱动电源电压。J623得到15号驱动电源电压后，J623端子T94/69输出低电平，控制J271继电器闭合，J623通过端子T94/5和T94/6得到供电电

点火系统 第4章

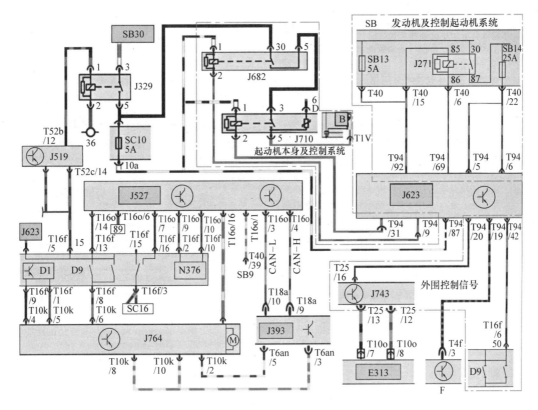

图4-10 迈腾轿车点火开关起动过程电路图

压，J623进入工作状态，为后续的起动状态做好准备。

3）P3位置。把钥匙插入P3位置后，由J764端子T10k/6输入D9的T16f/8端子的30号电源，经过50信号触点内T16f/61输入到J623的T94/42端子上，J623得到50信号后，此时如果J623的P/N位、制动信号正常，J623的T94/6和T94/31将同时输出低电平，控制J682和J710起动继电器闭合，起动机电磁线圈得到起动电流，从而起动机运转。

注：在迈腾发动机系统中，继续分析出各系统的功能，见表4-6。

表4-6 迈腾各系统的功能

序号	系统名称	功　　能
1	电源系统	向蓄电池及汽车用电设备提供低压直流电能，在迈腾诊断中向起动机、继电器及各模块提供电能
2	电子点火开关（D9）	①提供P、S触电信号；②接收电子转向柱锁止装置控制单元J764给D9供电，形成15电和50电；③提供15线接通信号给J527；④提供15驱动接通信号给J519；⑤形成50供电信号给发动机控制单元（J623）起动信号
3	转向柱电子控制单元（J527）	①判断S信号，读取并将S结合信号通过CAN线传给J393；②读取E313换档杆P信号时，给J764一个锁止信号；③接收D9传送的15接通信号，以便控制转向柱电子控制单元内的其他系统工作

(续)

序号	系统名称	功　　能
4	舒适系统中央控制单元（J393）	①通过 CAN 接收 J537 传过来的 S 信号，并通过串行总线发送给 J764 一个唤醒信号；②接收 J764 通过串行行数据总线传过来的钥匙信息信号；③判断钥匙是否合法，如合法给 J764 供 15 电，不合法则不供电
5	电子转向柱锁止装置控制单元（J764）	①通过串行总线接收 J393 传送的 S 唤醒信号后，给防盗锁止系统读取单元 D1 读写线圈供电，并读取钥匙信息信号；②通过串行数据总线将钥匙信息传递给 J393 进行合法判断；③接收 J393 的 2 条 15 供电后分别给转向柱内的转向锁解锁，同时给 D9 供电
6	防盗锁止系统读取单元（D1）	①接收 J764 供电，通过识读线圈将电能输送到钥匙内，钥匙通过脉冲转发器和识读线圈将钥匙识别码发送到开关内，点火开关将信息发送到 J764，产生磁场给钥匙供电并接收钥匙数据信息；②将钥匙信息通过传输线传递给 J764
7	车载电网控制单元（J519）	①接收 D9 提供 15 驱动接通信号，控制 15 供电继电器（J329）；②接收供电继电器 2 传送的起动闭合信号，以便判断起动系统工作状况及控制起动状态下的电源控制；③给 J538 燃油泵控制单元预供油；④检测发电机发电状况；⑤接收制动信号灯开关 F3 制动信号，控制 E313 内的变速杆锁电磁铁 N110
8	变速杆（E313）	①发送变速杆 E313 内的 E319 档位 P 档锁止信号给转向柱电子控制单元（J527），用于控制 N376 点火与钥匙锁止电磁铁；②接收 J519 制动信号，以控制 N110 变速杆电磁铁解锁；③将档位信息通过 CAN 传输给双离合器变速器机电装置单元 J743
9	双离合器变速器机电装置（J743）	①接收 E313 档位信号；②将 P/N 位信号传递给发动机控制单元 J623
10	制动信号灯开关（F）	①为发动机控制单元 J623 提供制动信号；②为车载电网控制单元 J519 通过制动信号
11	CAN 总线系统	将舒适/便捷系统 CAN 驱动系统 CAN 等系统数据进行传输
12	发动机控制单元（J623）	①接收+B 电源电压；②接收端子 15 供电继电器 J329 的 15 供电电压；③控制主继电器 J271；④接收 J271 主继电器供电电压；⑤接收 J743 P/N 位信号；⑥接收 F 制动信号；⑦接收 D9 起动信号；⑧控制起动机两个继电器 J682 和 J710
13	起动机控制系统	①J682/J710 同时接收 J329 端子 15 供电继电器供电，同时受发动机控制单元 J623 控制；②J682 接收 J329 端子 15 供电继电器供电，并控制 J710 的起动供电；③J710 接收 J682 起动工作电压，并给起动机电磁开关；④起动机接收 J710 提供的起动电压

（2）点火开关数据流读取　连接 VAS6150，进入 J527 地址 16，读取数据流，第三组第一区为点火开关 5 个接线柱状态，分别包括有 P 触点、S 触点、接线柱 75、接线柱 15、接线柱 50 的状态，以二进制分别有 1 和 0 两个状态，其中 1 为闭合，0 为断开，而 5 个接线柱对应的 5 个档位分别为：锁止、S 激活、ACC、ON、START。当拔出钥匙后，VAS6150 数据流显示的状态为 10000 表示转向柱锁死接通，其他都为断开；当插入钥匙 S 触点被激活后的状态为 01000 时，收音机电源被接通；拧转钥匙至下一个档位状态 01100，此时 S 触点接

通，大负荷用电器的供电（包括前照灯、空调鼓风机等）被接通；再拧转钥匙至下一个档位则状态为 01110，此时 15 继电器接通工作，为仪表和发动机控制单元提供工作电源，仪表指示灯被点亮，发动机起动需要的所有条件都满足；而再拧转钥匙则为接通起动机，状态变为 01011，此时由于起动机需要大电流，所以暂时切断了大负荷用电器的供电，而当钥匙退到底未拔出时状态为 11000，表示此时转向柱 P 触点处于接通状态，但是 S 触点却依旧通电。

50 点火系统电路分析

（1）新款捷达点火系统电路分析　新款捷达点火系统是单缸独立控制系统。特点是有四个点火末级功率放大器 N70、N127、N291、N292，点火线圈（与点火功率放大器为一体）通过火花塞插头直接安装在火花塞的顶上，取消了点火高压线，可减小无线电干扰和能量损失，如图 4-11 所示。缺点是各缸点火线圈和功率放大器分别共用一个搭铁点，当搭铁点出现不良时，点火能量的损耗等使各缸可能同时出现工作不良或不工作现象。

图 4-11　点火线圈实物图

如图 4-12、图 4-13 所示：打开点火开关，经 J317 主供电继电器中端子 87 经方区位码 58 向再经电路图 4-12 中方框连接线 25 供电，连接线 25 向熔丝 SC41（20A 黄色）在熔丝架 C 上的熔丝供电，方框连接 114 向点火线圈连接线方框 66 提供 12V 电，连接线方框 66 分别与点火模块端子 4 相连接并提供 12V 电压。根据电控单元 J623 的指令控制初级绕组电路通断（控制点火线圈端子 2），从而在次级线圈中感应出高压电动势，击穿火花塞间隙点火，如图 4-14 所示。

（2）卡罗拉直接点火统电路分析　卡罗拉轿车采用了 DIS（直接点火系统），DIS 可提高点火正时的精度，减少高压损耗，并因淘汰了分电器而提高了点火系统的整体稳定性，发动机中的 DIS 为独立的点火系统，每个气缸都有一个带点火器的点火线圈。点火电路原理图如图 4-15 所示。

点火电路如图 4-16 所示，当点火开关打开时，点火电压经 7.5A 2 号 IG2 点火熔丝供电给 2 号点火继电器，此时，2 号点火继电器线圈得电，其触点闭合。电路走向为：蓄电池电压→15A IG2 点火熔丝→2 号点火继电器→分别供给 1 号点火线圈、2 号点火线圈、3 号点火线圈、4 号点火线圈。其中，4 号点火线圈搭铁；2 号点火线圈为 IGF 电压信号（点火反馈

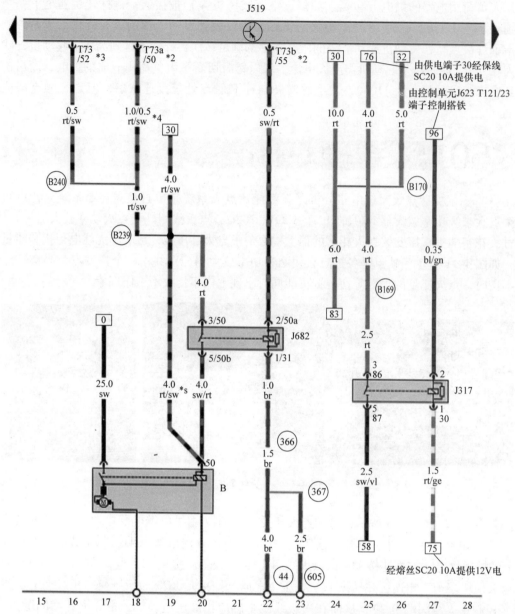

图4-12 起动机、端子30供电继电器、车载电网控制单元、供电继电器、总线端50

B—起动机　J317—端子30供电继电器　J519—车载电网控制单元　J682—供电继电器,总线端50　T73、T73a、T73b—73芯插头连接　44—搭铁点,在左侧A柱下部　366—搭铁连接1,在主导线束中　367—搭铁连接2,在主导线束中　605—搭铁点,在上部转向柱上　B169—正极连接1(30),在车内导线束中　B170—正极连接2(30),在车内导线束中　B239—正极连接1(50),在车内导线束中　B240—正极连接2(50),在车内导线束中　*1—仅适用于带自动变速器的汽车　*2—仅适用于带高端基本装备(AW1)的汽车　*3—仅适用于带低端基本装备(AW0)的汽车　*4—截面积视装备而定　*5—仅适用于带手动变速器的汽车

电压);3号点火线圈为IGT(点火正时信号电压)。

当点火开关置于"ON"时,ECM根据凸轮轴位置信号G2和曲轴位置传感器等信号确

点火系统 第4章

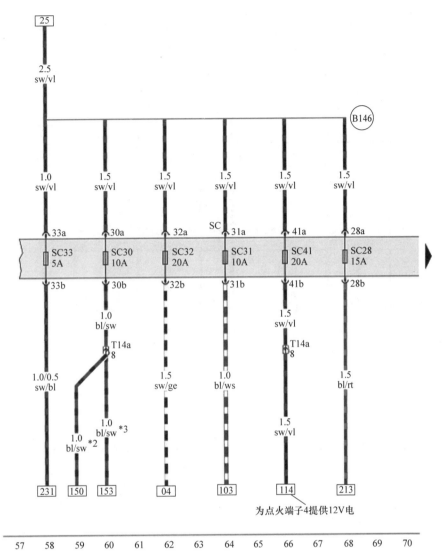

图4-13 熔丝架C、熔丝架C上的熔丝30、熔丝架C上的熔丝32、熔丝架C上的熔丝33
SC—熔丝架C　SC28—熔丝架C上的熔丝28　SC30—熔丝架C上的熔丝30　SC31—熔丝架C上的熔丝31
SC32—熔丝架C上的熔丝32　SC33—熔丝架C上的熔丝33　SC41—熔丝架C上的熔丝41　T14a—14芯插头连接
B146—正极连接1（87），在车内导线束中　*1—截面面积视装备而定　*2—仅用于带1.4L发动机的汽车
*3—仅适用于带1.6L发动机的汽车

定最佳的点火闭合角（通电时间），向点火线圈发送点火正时控制信号IGT，ECM根据IGT信号接通或关闭点火器内功率晶体管的电源。功率晶体管进而接通或断开流向初级线圈的电流。当初级线圈中的电流被切断时，次级线圈中产生高压，此高压被施加到火花塞上并使其在气缸内部产生火花。一旦ECM切断初级线圈电流，点火器会将点火确认IGF信号发送回ECM，ECM根据此信号给出喷油脉冲控制信号。

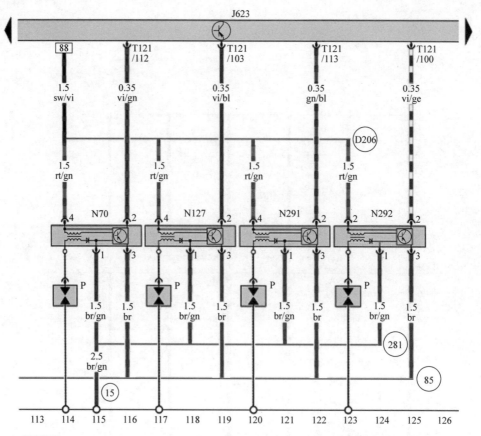

图4-14 发动机控制单元、带功率输出级的点火线圈1、带功率输出级的点火线圈2、带功率输出级的点火线圈3、带功率输出级的点火线圈4、火花塞插头

J623—发动机控制单元　N70—带功率输出级的点火线圈1　N127—带功率输出级的点火线圈2
N291—带功率输出级的点火线圈3　N292—带功率输出级的点火线圈4　P—火花塞插头
T121—121芯插头连接　15—气缸盖上的搭铁点　85—搭铁连接1，在发动机舱导线束中
281—搭铁连接1，在发动机预接线导线束中　D206—接地连接4（87a），在发动机预接线导线束中

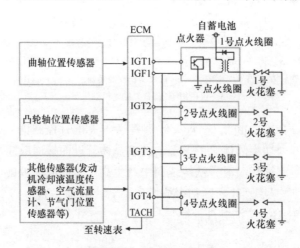

图4-15 点火电路原理图

点火系统 第4章

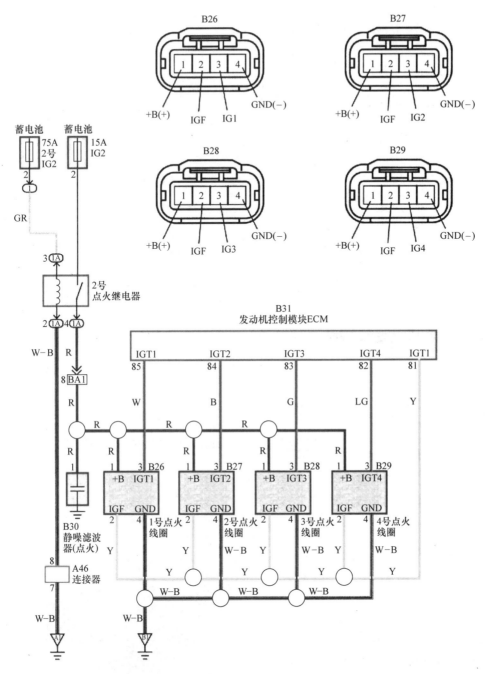

图 4-16 点火电路

51 点火线圈检修

（1）检查点火线圈 点火线圈的检查如图 4-17 所示。

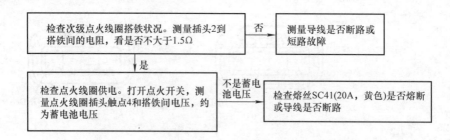

图 4-17 点火线圈的检查

（2）检查点火线圈功率放大器 点火线圈功率放大器的检查如图 4-18 所示。

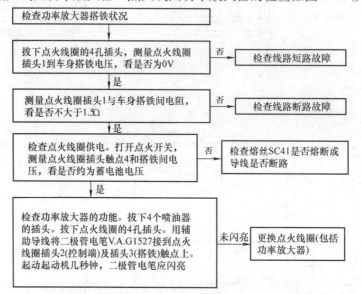

图 4-18 点火线圈功率放大器的检查

注：1）捷达单缸点火模块的测试：将点火模块 3 端子用连线与蓄电池负极相连，4 端子用连线与蓄电池正极相连，然后用连线将端子 1 与蓄电池负极相连接，再将端子 2 用连线与蓄电池正极短促接触，火花塞跳火，说明点火模块没有故障，如图 4-19 所示。

2）捷达双缸点火模块的测试：将点火模块 4 端子与蓄电池负极相连，2 端子用连线与蓄电池正极相连，然后用连线将端子 1 与蓄电池正极短促接触，1、4 缸跳火，再将端子 3 用连线与蓄电池正极短促接触，2、3 缸跳火，说明点火模块没有故障，如图 4-20 所示。检查 A、B、C、D 端子上的次级电阻：1 缸与 4 缸间、2 缸与 3 缸间的电阻值应为 4.0~6.0kΩ；如未达到标准值，则更换点火线圈。

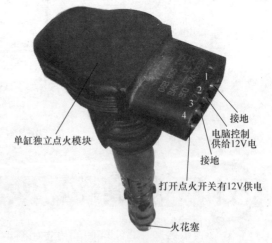

图 4-19 单缸点火模块

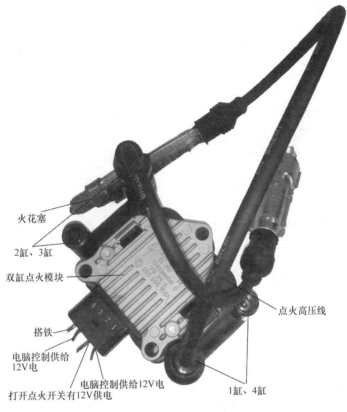

图 4-20 双缸点火模块

52 火花塞的结构

火花塞接受由点火线圈生成的高电压，在火花塞的中心电极和搭铁电极（侧电极）的间隙内产生电火花，点燃气缸内的可燃混合气。

火花塞由中心电极、侧电极、外壳和瓷绝缘体等组成，如图 4-21 所示。火花塞电极间隙为 0.6~0.8mm。

根据电极材质不同，火花塞可分为以下三种：

1）电阻型火花塞（图 4-22a）。由于火花塞的电火花可产生电磁干扰，甚至会使电子设备失灵，所以这一类型的火花塞装有陶瓷电阻器，如图 4-22a 所示。

2）铂电极火花塞（图 4-22b）。这一类

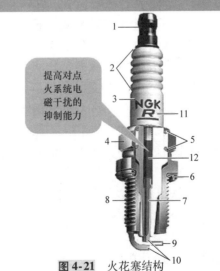

图 4-21 火花塞结构

1—接线螺母 2—高氧化铝陶瓷绝缘体 3—商标 4—钢质壳体（六角形） 5—内垫圈（密封导热） 6—密封垫圈 7—中心电极导电杆 8—火花塞裙部螺纹 9—电极间隙 10—中心电极和侧电极 11—型号 12—去干扰电阻

型的火花塞用铂作为中心电极和搭铁电极，铂焊在中心电极和搭铁电极的顶端。中心电极的直径比常规火花塞的要小。它在耐用性和点火性能上表现优越。

3）铱电极火花塞（图4-22c）。这一类型的火花塞用铱合金作为中心电极，用铂作为搭铁电极。铱（较铂有更高的耐磨能力）焊在中心电极顶端，但焊在搭铁电极上的仍是铂。中心电极的直径比铂电极火花塞的更小。此类火花塞中有些并未在其搭铁电极上焊上铂，而是较厚的镀层。铱电极火花塞具有高耐用性和高性能的双重优点。

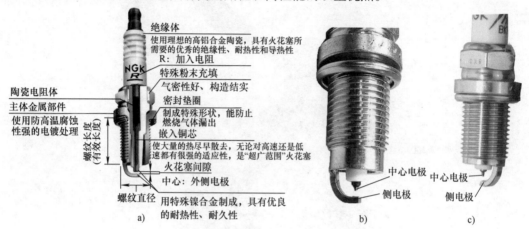

图4-22 不同材质电极的火花塞
a）电阻型火花塞 b）铂电极火花塞 c）铱电极火花塞

普通铜芯火花塞的使用寿命约30000km，而上述采用铂、铱电极的火花塞的使用寿命为100000～240000km，并有较高性能表现。其更换间隔可随车型、发动机规格和使用范围不同而变化。

由于铂和铱都耐磨，所以这些火花塞的中心电极可以制作得很小，仍能具有优良的引燃火花性能。如果发动机运转正常，则两次更换之间不需要调整火花塞间隙和清洗。

注意：为了防止电极遭到意外损坏，不得用金刚砂火花塞清洁器对铂电极火花塞和铱电极火花塞进行清洗。使用这种装置清洗将损坏火花塞电极贵金属层，使火花塞不能发挥正常功能。但是，如果电极积炭或过脏，则可在短时间（最多20s内），在火花塞清洗器中对其清洗。此类火花塞的间隙在使用中也不需要调整。

根据电极形式不同，火花塞可分为以下三种：

1）多电极火花塞（图4-23a）。这种类型的火花塞包括多个搭铁电极，以便经久耐用，有两电极、三电极和四电极三种类型。

2）凹槽火花塞（图4-23b）。这种类型的火花塞包括搭铁电极或者一个带有U形或V形槽的中心电极。这种槽能使电极外部产生火花，这样就推动了火焰的膨胀。增强了发动机空转、低速和高负载条件下的点火性能。

3）发射电极火花塞（图4-23c）。这种类型的火花

图4-23 火花塞的电极形式
a）多电极火花塞 b）凹槽火花塞
c）发射电极火花塞

塞设有伸进燃烧室的电极,以便增强燃烧。它只能用于专门为之设计的发动机中。

53 火花塞、高压线的检修

(1) 火花塞检修 火花塞的正常状态是绝缘体端部颜色为灰白或淡黄。在绝缘体端部及电极上有少量易刮去或刷去的粉状堆积,壳体内呈淡灰色或黄色甚至棕黑色的堆积物。

上述现象表明选用的火花塞正确,发动机燃烧正常。

如发现火花塞绝缘体顶端起疤、破裂或电极熔化、烧蚀(图4-24)都表明火花塞已烧坏,应进行更换。

图4-24 火花塞的异常状态

就车检查火花塞的经验做法是:将火花塞放置在缸体上(使火花塞能与缸体导通),用点火线圈出来的高压线触到火花塞的接线柱上(不能有间隙),如图4-25所示,打开点火开关起动发动机使高压电跳火,让高压电通过火花塞,如果从火花塞间隙处跳火,则说明火花塞是好的;如果不从间隙处跳火,则说明火花塞内部瓷体的绝缘已被击穿,必须更换这只火花塞。

1) 检查、调整火花塞电极间隙。火花塞电极的间隙因车型、车种的不同而异,可以从随车手册中查到。如果找不到适当的依据,火花塞电极间隙一般可按0.7~0.9mm调整。触点间隙过小,触点容易烧蚀;触点间隙过大,火花塞跳火会变弱,甚至断火。

如图4-26所示,可用塞尺测量火花塞电极间隙。如果手边没有塞尺,可用折断的钢锯片或刀片来代替。火花塞电极间隙太大时,可用螺钉旋具柄部轻轻敲打外电极来调整,但不要用力过大,否则外电极可能因过度弯曲而损坏;当间隙过小时,可用一字螺钉旋具插入电极间,扳动一字螺钉旋具把间隙调整到要求为止。

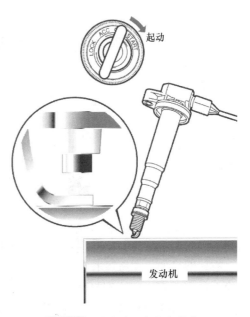

图4-25 就车检查火花塞状态

图 4-26 调整火花塞电极间隙

如果火花塞电极间隙不符合要求,应进行调整。调整间隙时,只能弯动侧电极,不能弯动中心电极,以免损坏绝缘体。

火花塞电极间隙调整好之后,侧电极与中央电极应略成直角,如过度偏曲或电极烧蚀成圆形,则该火花塞不能再使用,应更换新品。

2) 安装火花塞。安装火花塞时,先用手抓住火花塞的尾部,对准火花塞孔,慢慢用手拧上几圈,然后用火花塞套筒拧紧。如果用手拧入感觉有困难或费力,应把火花塞取下来,再试一次,千万不要勉强拧入,以免损坏螺纹孔。为使火花塞安装顺利,可以在火花塞螺纹上涂抹一点机油。

在安装火花塞时,为保证密封性,不能使火花塞槽内有异物。火花塞不能拧得太紧,其拧紧力矩为 20~25N·m,以免损坏密封垫片而影响导热性能。

连接高压线时,要注意各缸高压线的顺序,不要插错。起动发动机,查看有没有严重的抖动或放炮声。如果有抖动或放炮声,说明把各缸高压线插错了,应重新安插高压线。

3) 更换火花塞。火花塞只有保持适当的间隙,电火花才能点燃混合气。而火花塞是汽车的消耗零件之一,火花塞达到使用寿命时,电极的放电部分会烧蚀成圆形,因此必须更换。如果舍不得更换老化的火花塞,仍然勉强使用,不但汽车起动困难,而且汽车还比较费油。

4) 火花塞型号的选择。火花塞有许多类型,不同的汽车发动机使用的型号不尽相同。在更换前,应了解所使用汽车的发动机试验用火花塞的类型,查阅随车手册就可以知道。

在更换新火花塞时,应比较一下新、旧火花塞螺纹部分的长度,如果这部分长了,火花塞会凸进燃烧室中碰撞活塞顶。

使用中如果发现火花塞经常积炭、断火,则表示太冷,应换用热型火花塞;若发现其有炽热点火现象、气缸中发出冲击声,即表示过热,应换用冷型火花塞。火花塞安装的紧度要适当,以防造成漏气、垫圈损坏或绝缘体温度过高等。

有些型号的火花塞设有密封圈,有的则没有。如果拧下的旧火花塞上有密封圈,那么新更换上的火花塞也应装密封圈。

注:按 ISO 的规定,火花塞的电阻应为 $1 \sim 20 \mathrm{k}\Omega$。但一般的火花塞电阻为 $1 \sim 12 \mathrm{k}\Omega$。其中 $1 \sim 3 \mathrm{k}\Omega$ 的火花塞称为小电阻火花塞,$3 \sim 12 \mathrm{k}\Omega$ 的火花塞称为一般电阻火花塞。随温度的上升,电阻值的变化是有限制的。一般情况如下:$150^{\circ}\mathrm{C}$ 时,电阻值变化范围是 $\pm 15\%$;$300^{\circ}\mathrm{C}$ 时,电阻值的变化范围是 $\pm 25\%$。还有,工作时火花塞电阻值的变化曲线趋向于平稳或向下,电阻值为 $1 \sim 12 \mathrm{k}\Omega$。

(2) 检修高压线 高压线的主要作用是传递高压电给火花塞。由于其工作的环境温度变化大，因此易出现绝缘层老化、裂口等现象。它的主要故障模式有高压线漏电、插头接触不良、高压线失效等。高压线的阻值是一个重要的参数一般会达到 5~15kΩ。

电喷发动机点火系统普遍采用电控点火系统，常见故障的现象与排除方法如下：

1) 低压电路常见故障。

现象：蓄电池存电不足、连接线不良或错乱、蓄电池搭铁不良、点火线圈损坏、点火开关损坏或接线不良等。

排除方法：大多采用电流表或电压表逐线检查来排除故障点。

2) 高压电路常见的故障

现象：点火线圈损坏、火花塞电极间隙过大或过小、火花塞积炭过多、火花塞绝缘体损坏、点火线圈损坏或接线脱落。

排除方法：大多采用高压试火法，即将分电器中心高压线或某缸高压线拔下，将线头对准缸体 3~6mm，起动发动机试火。如果有火花且火花强烈，说明点火系统工作正常。

3) 点火系统不工作。

现象：打开点火开关，起动发动机，发动机无反应；高压试火，高压线无火花。

排除方法：检查熔丝、线路、控制单元点火控制端子有无虚焊。

4) 火花塞故障。故障主要表现为：火花塞绝缘体损坏、火花塞积炭、油污和过热等现象。

① 火花塞积炭：绝缘体端部、电极及火花塞壳常覆盖着一层相当厚的灰黑色、粉状、柔软的污垢。

② 火花塞油污：绝缘体端部、电极及火花塞壳覆盖一层机油。

③ 火花塞过热：中心电极熔化，绝缘体顶部疏松、松软，绝缘体端大部分呈灰白色硬皮。

以上故障通过更换同型号火花塞进行排除。

54 点火钥匙、遥控器匹配

（1）上海大众途锐车钥匙匹配方法　使用 VAS6150 和带 CAN-BUS 的故障检测仪都可以进行钥匙匹配，具体方法如下。

1) 连接并接通故障检测仪，进入"25-防盗系统"，然后进入"16-安全访问"进行密码登录，登录成功后，进入"10-匹配功能"进行匹配，将匹配通道号改为21，读取新建值会显示原车的钥匙数。

2) 把新建值改为要匹配的钥匙总数后，单击"测试"按钮，然后保存，接着会出现确认保存的提示，单击"是"后会出现钥匙和英文提示，此时断开点火开关并拔出钥匙，开始学习钥匙，插入第1把钥匙转动30°左右，并等待3s左右，转向锁会自动开锁。

3) 断开点火开关拔出第1把钥匙，然后马上插入第2把钥匙转动30°左右，并等待3s左右，转向锁也会自动开锁，然后断开点火开关并拔出钥匙，接着按照同样的方法完成其他钥匙的匹配。

4) 检验匹配过的钥匙的起动和遥控性能。

注意：进行钥匙匹配的时候，需要输入密码，密码的获取方法有两种：一是免拆读密码，使用支持OBD的直接读密码的设备直接读取密码；二是拆发动机控制单元读取密码，用95040读取发动机控制单元内的5P08C3芯片，密码在30行和40行的2～3位，换位后转十进制即为密码。

(2) 奔腾B70、B90、X80车遥控钥匙匹配方法

1）将车钥匙从点火开关中拔出，打开左前车门，关闭右前车门、左后车门、右后车门、行李箱盖及发动机室盖，且保证4个车门锁均为解锁状态。

2）将车钥匙插入点火开关，重复将点火开关由"ACC"位切换至"ON"位5次，最后保持在"ON"位。

3）重复"关闭→打开"左前车门5次，最后保持在关闭位置，此时4个车门锁及行李箱锁电动机闭锁、解锁各1次，表示车身控制模块（BCM）进入遥控钥匙匹配模式。

4）依次按下遥控钥匙上的"闭锁键→解锁键→闭锁键"，此时4个车门锁及行李箱锁电动机闭锁、解锁各1次，所有转向灯闪烁1次，表示BCM已经成功匹配该遥控钥匙。

5）若需要匹配多个遥控钥匙，则按照步骤4）进行匹配。

注意：上述方法仅适用于匹配非免钥匙进入及起动系统的遥控钥匙；步骤2）、3）应在30s内完成；步骤2）～4）应在2min内完成；若1把遥控钥匙也没有匹配成功，则原来的遥控钥匙有效；若成功匹配了至少1把遥控钥匙，则匹配成功的遥控钥匙有效，原来的遥控钥匙无效；最多可以匹配8把遥控钥匙。

(3) 宝马遥控器的编程方法

1）关闭所有车门。

2）接通点火开关再断开点火开关，并拔出钥匙。

3）按住开锁按键并保持，再连续按锁止按键3次（或按住锁止按键并保持，连续按开锁按键3次）。

4）释放所有按键，若设定成功，门锁应动作1次。

5）重复步骤3）、4），设定其他遥控器（最多4个）。

6）将点火开关接通或打开车门，退出设定，检查遥控器功能。

(4) 奥迪A6L车遥控钥匙激活　奥迪A6L轿车遥控钥匙经常会出现能起动发动机，但不能遥控的现象，主要原因是遥控钥匙亏电，更换了电池后，或遥控钥匙长时间不用，造成遥控接收装置处于"睡眠"状态，此时只要将遥控钥匙的功能激活即可，具体方法如下：

1）把遥控钥匙插进点火开关。

2）将点火开关置于位置2至少30s。

3）拔出遥控钥匙。

4）插入遥控钥匙并起动发动机。

5）让发动机运行至少1min。

6）关掉发动机并拔出遥控钥匙。

7）关闭所有车门。

8）按遥控钥匙上的开锁或闭锁键，车内中控门锁应能开锁或闭锁，则说明遥控钥匙遥控功能激活成功。

说明：如果执行上述操作后依然无法正常工作，则可以执行以下操作：关闭所有车门；等待至少等5min，此时仪表灯会关闭，车辆进入"睡眠"模式；进入车内，起动发动机；

几分钟后再关闭发动机，并断开点火开关；按遥控器上的开锁或闭锁键，车内中控门锁应能开锁或闭锁，说明遥控钥匙遥控功能激活成功。

（5）长安福特蒙迪欧车点火钥匙匹配　当点火钥匙全部丢失，或点火锁被更换，以及需要从被动防盗系统（PATS）记忆中删除钥匙时，对点火钥匙的匹配，需采用本程序。本程序将会自汽车记忆中删除所有已经编程过的点火钥匙，而汽车也将无法起动，直到再有2把点火钥匙编入汽车为止。执行本程序时，必须有2把具备正确齿形的PATS密码钥匙。编程方法如下：

1) 将点火开关由"OFF"位转到"RUN"位。

2) 使用WDS/FDS 2000，并从菜单中选择"动力控制模块"（PCM），再进入"安全性访问"。

3) 使用WDS/FDS 2000菜单，并选取"点火钥匙密码删除"。

4) 将点火开关转到"OFF"位后，将WDS/FDS2000拆下。

5) 将第1把需要编程的点火钥匙插入点火开关中，并将点火开关转到"RUN"位约3s。

6) 将第1把点火钥匙从点火开关中拔出。

7) 将第2把点火钥匙插入点火开关中，并将点火开关转到"RUN"位约3s。

8) 将第2把点火钥匙从点火开关中拔出，此时汽车应可由这2把点火钥匙激活。

（6）起亚车遥控器设定

1) 利用点火钥匙打开驾驶人侧车门。

2) 插入点火钥匙到点火开关，接通点火开关后再断开，取出点火钥匙。

3) 重复步骤2) 3次，或开、关驾驶人侧车门3次，或按、放驾驶人侧车门开关3次。

4) 当喇叭响1声后，按遥控器上任一按键2次后，喇叭会再响1声。

5) 等待15s后，喇叭会再响4声，即完成遥控器重设。

6) 在15s内可再设定第2只遥控器，步骤如下：按新遥控器上任一按键2次，喇叭会响1声，等待15s后，喇叭会再响4声。

7) 在第2只遥控器设定完成后的15s内可再设定第3只遥控器，步骤如下：按新的遥控器上的任一按键2次，然后喇叭会响2声，设定完成。

（7）迈腾1.8T轿车智能遥控钥匙设定

1) 适配遥控钥匙的方法：

① 接通点火开关，进入地址码46。

② 选择功能10，选择00通道，删除适配记忆。

③ 选择功能10，选择01通道，输入适配钥匙数00001~00004（最多为4个）。

④ 依次按需适配的遥控钥匙上的遥控键1s以上，但所有钥匙要在15s内完成。

⑤ 用未失效遥控钥匙接通点火开关。

2) 新增遥控钥匙的方法：

① 用新遥控钥匙锁车门。

② 用遥控键开或关车门。

③ 持续按遥控键至少1s后松开，然后按遥控键，如设定成功，则会出现喇叭提示声。

（8）大众速腾轿车遥控器匹配

1) 遥控钥匙匹配方法：

① 打开驾驶人侧车门，用遥控钥匙将点火开关接通、断开 3 次，最后不要拔出遥控钥匙。

② 关、开驾驶人侧车门 3 次，此时门锁动作，表明系统进入学习状态。

③ 按遥控钥匙任意按键 2 次，此时门锁动作。

④ 拔出遥控钥匙，门锁再次动作，则遥控器匹配成功。

2）遥控控制器编程方法：

① 打开驾驶人侧车门。

② 用门上的开锁键锁门和开锁各一次。

③ 把遥控钥匙插进锁孔。

④ 将遥控钥匙插入点火开关，并接通点火开关到"ON"位，然后转回到"LOCK"位，10s 内执行该动作 3 次，最后停在"LOCK"位。

⑤ 关、开驾驶人侧车门 3 次，最后把该车门打开，此时遥控器会有反应，表现为自动锁门和开锁各 1 次。

⑥ 按住每个遥控钥匙上任意一个钮按 2 次，遥控器将会锁门、开锁各 1 次。

⑦ 拔下遥控钥匙，遥控器会最后做一次反应，大约是 4 次连续的锁门和开锁。

(9) 部分丰田轿车遥控钥匙手工设定

1）适用车型：部分佳美、霸道、锐志、皇冠和凯美瑞车型。

2）匹配步骤：

① 将所有车门关闭，将遥控钥匙插入点火开关，打开驾驶人侧车门，拔出遥控钥匙。

② 将遥控钥匙插入点火开关并拔出 2 次。

③ 关闭并打开驾驶人侧车门 2 次。

④ 将遥控钥匙插入点火开关并拔出一次。

⑤ 关闭并打开驾驶人侧车门 2 次，最后将该车门打开。

⑥ 将遥控钥匙插入点火开关，然后将车门关闭。

⑦ 将点火开关"置 ON→置 OFF" 1 次为添加模式，"置 ON→置 OFF" 2 次为重设模式。

⑧ 从点火开关里拔出遥控钥匙，此时门锁应该动作 2 次。

⑨ 同时压下遥控钥匙上的"LOCK"和"UNLOCK"键 1s，然后松开，接着再重复 1 次，此时中控锁会有自动开锁和闭锁动作，动作 1 次则表示匹配成功，动作 2 次则表明匹配失败，需要重复上述步骤。

⑩ 设定其他遥控器，重复上述步骤。

(10) 北京现代悦动防盗钥匙匹配　对北京现代悦动 1.6L 车防盗钥匙进行匹配的操作方法。

1）将设备连接到车辆的诊断接口，插入待匹配的钥匙，接通点火开关至"ON"位置。

2）选择版本"北京现代 V21.21"。

3）选择"扫描 VIN 码"菜单，X-4311PRO 会自动识别车型。

4）车型识别完成后，会有图 4-27 所示的提示信息。

5）单击"确定"，然后选择"控制单元"。

6）选择"防盗控制系统"。

7）选择"读取数据流"，结果如图 4-28 所示。学习钥匙的数量显示为"0"，ECU 状态显示为"空"，说明该车还没有匹配正常起动的钥匙。

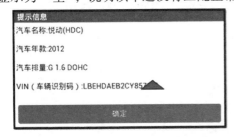

图 4-27　车型信息　　　　　　　　　　　图 4-28　防盗控制系统的数据

8）退出"读取数据流"的界面，选择"特殊功能"，如图 4-29 所示。
9）选择"学习"，出现图 4-30 所示的帮助信息，要求输入 6 位 VIN 代码提供给服务站进行查询。

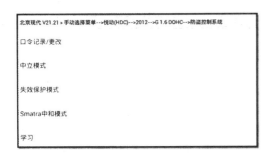 

图 4-29　防盗控制系统的"特殊功能"界面　　图 4-30　选择"学习"后出现的帮助信息

10）输入密码后，单击"确定"，系统会相继提示"学习第一把钥匙"和"第一把钥匙注册完成！"，如图 4-31 所示。如果只需要注册 1 把钥匙，单击"取消"即可退出。

11）如需匹配第二把钥匙，则先将匹配好的钥匙拔出，插入需要匹配的第二把钥匙，接通点火开关至"ON"位置，然后单击"确定"即可完成匹配。

12）钥匙匹配完成后，重新读取数据流，结果如图 4-32 所示。此时，学习钥匙的数量显示为"2"，ECU 状态显示为"学习"，说明此前的 2 把钥匙已经匹配成功。

 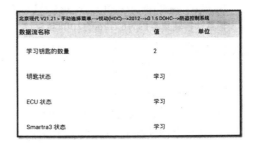

图 4-31　第一把钥匙匹配成功后的提示信息　　图 4-32　钥匙匹配完成后，重新读取数据流

55 大众点火锁拆装

转向柱开关模块装配图如图4-33所示。

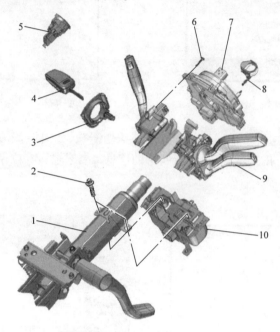

图4-33 转向柱开关模块装配图

1—转向柱 2—螺栓 3—锁芯 4—点火钥匙 5—螺栓 6—转向柱电子装置控制器J527 7—运输保护 8—定位件 9—转向锁壳体 10—点火起动开关D

(1) 拆卸和安装锁芯 按如下说明用一个钢丝钩制作辅助工具：将一根直径为1.5mm的焊丝的一端弯成一个环，然后切断焊丝，并将铁丝钩的一端锉尖，如图4-34所示。

1) 拆卸：

① 拆卸转向柱开关模块的饰板。

② 将点火钥匙插入锁芯并旋至点火开关"接通"位置，此时标记4和点火开关内的孔箭头必须对齐。

③ 如图4-35所示，折起点火钥匙并保持在这个位置上。

④ 将焊丝推到孔中，直至极限位置，此时将锁芯连同读取线圈一起从转向锁壳体拉出，如图4-36所示。

⑤ 脱开读取线圈上的电插头。

提示：转向锁卡住时必须更换。

2) 安装：安装以与拆卸相反的顺序进行，同时要注意如下事项。

① 将点火钥匙插入锁芯，并旋至点火开关"接通"位置。

② 将焊丝重新推入正面的孔中，直至极限位置，此时必须将锁止杆向锁芯方向推。焊丝必须露出在锁止杆内的孔箭头外。

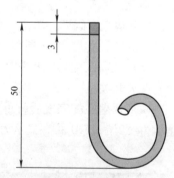

图4-34 制作钢丝钩

③ 连接发动机防盗锁止系统读取线圈上的电插头。
④ 将锁芯与读取线圈一起推入转向锁壳体中。
⑤ 拉出焊丝，将锁芯紧紧压入，直至听到锁止杆卡入的声音。

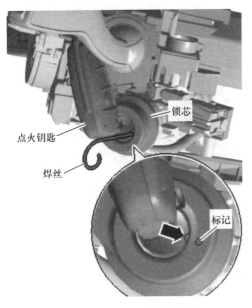

图 4-35　标记和点火开关内的孔箭头对齐

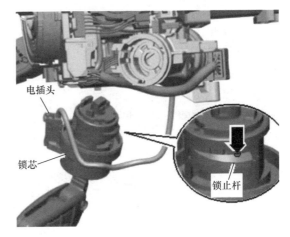

图 4-36　将锁芯拉出

（2）拆卸和安装转向柱电子装置控制器 J527（带电子点火开关）　在转向柱电子装置控制器 J527 中集成了安全气囊螺旋弹簧和带集电环的复位环 F138 以及转向角传感器 G85。

1）拆卸［提示：带集电环的复位环的拆卸和安装必须在中间位置（车轮在正前打直位置）进行］：

① 使用转向柱调整装置的整个调整范围，尽量把转向盘向后放低。

② 拆卸驾驶人安全气囊。

③ 拆卸转向盘。

④ 拆卸转向柱开关模块的饰板。

⑤ 脱开电插头，拉出防松件，将开锁机构向下压，如图 4-37 所示。

⑥ 将防松件 1 拉出并下压，脱开电插头 2。

⑦ 松开电插头 1、3、4、5，为此将螺钉旋具 7 放到卡钩 6 上，如图 4-38 所示，小心地松开插头连接。

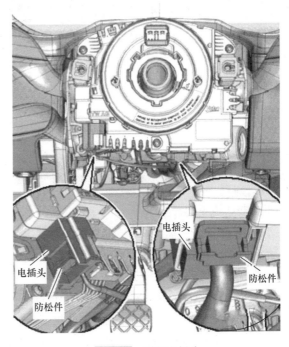

图 4-37　脱开电插头

⑧ 拧出螺栓箭头。

⑨ 将转向柱电子装置控制器 J527 从转向柱开关模块上取下。

2）安装：安装以与拆卸相反的顺序进行，同时要注意确保所有插头连接都牢固卡住。

(3) 拆卸和安装点火钥匙防拔出锁电磁铁 N376

1）拆卸：

① 拆卸转向柱开关模块饰板。

② 松开固定夹箭头 A，并将点火钥匙防拔出锁电磁铁 N376 从转向锁止器壳体中拔下箭头 B，如图 4-39 所示。

2）安装：安装以与拆卸相反的顺序进行。

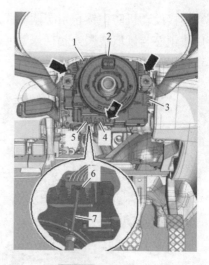

图 4-38　松开电插头

1、3、4、5—电插头　2—转向柱电子装置控制器 J527　6—卡钩　7—螺钉旋具

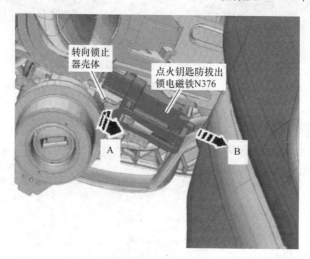

图 4-39　松开固定夹

56　点火系统故障案例分析

(1) 发动机无法起动

1）故障现象：一辆 2012 年产 POLO 劲情 1.4 手动变速器轿车，搭载 CDD 发动机与 5 速手动变速器，行驶里程 10 万 km。用户反映该车发动机无法起动。

2）检查分析：维修人员试车发现，该车起动机转速正常，但发动机没有着车征兆。连接 VAS6150 故障诊断仪查询发动机控制单元 J220 的故障存储器，内存没有识别到故障。检查 1 缸独立点火线圈 N70，在曲轴旋转过程中不跳火，确定不能起动的原因是点火系统的问题。发动机点火系统电路图如图 4-40 所示，确定点火线圈的连接正常。测量点火线圈 T4bi/3 端子（黑/紫1.5）的供电。点火开关接通时，12V 试灯点亮，表明电源到位。将发光二极管试灯接入 T4bi/4 端子（绿/棕 0.35），起动机运转时，发光二极管没有闪烁，表明控制单元没有输出点火信号。

在控制单元插接器 T80153 曲轴位置与转速传感器信号端子处接入发光二极管试灯，随着曲轴转动，发光二极管闪烁，表明转速信号已经输入到发动机控制单元。POLO 轿车的曲轴位置与转速传感器属于有源传感器，可以产生转速信号表明控制单元已向传感器输出了 5V 的电源。由于存在传感器的 5V 电源，诊断仪又可以进入发动机控制单元访问，由此推论控制单元的供电没有问题，于是可以确定控制单元有故障。

3）故障排除：更换发动机控制单元，故障排除。

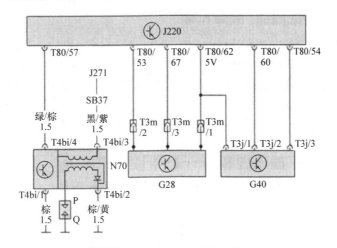

图 4-40 发动机点火系统电路图

J271—主继电器　J220—发动机控制单元　G28—曲轴位置与转速传感器　G40—凸轮轴位置传感器　PQ—火花塞

（2）发动机抖动故障

1）故障现象：一辆 2013 年产上海通用雪佛兰赛欧轿车，行驶里程 8 万 km。用户反映该车发动机抖动。

2）检查分析：维修人员根据经验检查喷油器，发现 3 缸喷油量过大。更换 3 缸喷油器后，怠速状态下，发动机偶尔抖动。缓慢提升转速，会感到类似间歇性缺火的现象。检测发动机控制单元，有 4 缸缺火的故障码。从数据能够看到 4 缸缺火计数不断累加。

尝试通过拔掉高压线的方法进行断缸试验，4 缸并没有发现异常。而拔掉 2 缸高压线时，转速波动没有其他缸明显。断开 2 缸高压线的同时，查看缺火数据，发现诊断仪数据上 2 缸不但没有缺火的数据显示，4 缸的缺火数据反而明显增多。看来数据中反应的缺火气缸是个误导，显示的缺火气缸次序与实际不符。

检查火花塞，除发现 2 缸火花塞有些黑以外，没有其他异常。火花塞无开裂、漏电，电阻为 5.4kΩ，正常。分别用各缸的火化塞进行跳火实验，均能正常跳火。于是尝试更换点火线圈和高压线，但故障依旧。

从现象上看，故障与间歇性缺火非常类似。既然点火线圈和高压线都替换过。那么只剩下火花塞了。火花塞虽然看上去很好。但还是决定成套替换了 4 只火花塞。这时，抖动消失。重新检火花塞时，将怀疑重点放在了外观熏黑的 2 缸火花塞上，该火花塞的中心电极下的陶瓷体裙部明显呈黑色，如图 4-41 所示，而正常的应为棕色或浅黄色。

图 4-41 火花塞上的缺陷

不良点火的火花塞陶瓷体温度低,不能达到自洁,所以会积炭变黑。将该火花塞重新安装在 2 缸上,缺火导致的抖动再次出现,数据中再次出现 4 缸缺火的数据。重新对该火花塞进行连续的跳火测试,发现会有间歇性不跳火。仔细观察,发现在火花塞中心电极的陶瓷体裙部出现漏电的火花。看来裙部绝缘体漏电,是火花塞故障的原因。通过这辆车,发现一些容易产生诊断误导的地方:

① 用诊断仪控制点火线圈做跳火实验时,某些缸的点火线圈不能被驱动,如该车 2、3 缸就不能被驱动跳火,而 1、4 缸可以驱动跳火,这很容易误判为点火线圈故障。所以还是用发动机运行或起动的方式进行跳火测试为好。

② 发动机运行时,点火线圈外壳与搭铁之间会出现电火花,类似漏电。同车型比较,现象相同,不要误判为点火线圈漏电。

③ 不点火数据的缸序,与实际不符,所以诊断缺火时,要首先通过实际测试,找到正确缸序,避免误判。

④ 检查火花塞的方法是看颜色,裙部颜色能够反映点火的好坏或从气缸工作情况看连续跳火的情况,判断是否有间歇性断火;看火花塞内裙部是否漏电;检查火花塞电阻。

⑤ 长期油淹、积炭的火花塞,会出现裙部漏电的现象,这也是火花塞寿命降低的一个原因。

3) 故障排除:更换喷油器及火花塞,故障排除。

(3) 东风日产骊威智能钥匙不能锁止故障排除

1) 故障现象:一辆 2012 年产东风日产骊威轿车,搭载 1.6L 发动机和手动变速器,行驶里程 18 万 km,该车型配备有智能钥匙系统。用户反映该车点火开关只能关到 OFF 位置,无论如何都不能关到 LOCK 位置,使得转向盘无法锁止。无法使用智能钥匙将车门闭锁,只有使用机械钥匙才可以锁门。

2) 故障分析:首先对用户所描述的现象进行确认,发现该车的故障现象与用户描述的没有差别。当点火开关关到 OFF 位置后,要按下钥匙孔旁边的按钮才能将点火开关关到 LOCK 位置,如图 4-42 所示。而故障车辆钥匙孔旁边的按钮无法按下,因此就不能关到 LOCK 位置。

首先了解点火开关关到 LOCK 位置的工作原理。维修人员通过查找该车型的维修手册后得知,该车型钥匙互锁的操作条件(SEC-9)是钥匙互锁功能禁止在车辆行驶时点火开关转至 LOCK 位置,并阻止转向盘被无意间锁止。之后维修人员又根据维修手册中的安全控制系统电路图,对相关的控制元件进行了解,如图 4-43 所示。

图 4-42 点火开关样式

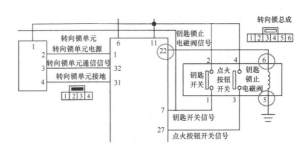

图 4-43 点火开关相关电路图

查阅智能钥匙系统电路图（SEC-10）后，测量转向柱锁总成（6 针插接器）的线束信号，未发现异常。尝试更换同型号车型的转向柱锁总成后，故障依旧，如图 4-44 所示。而钥匙孔旁边的按钮是由钥匙锁止电磁阀控制的，当该电磁阀通电时，这个按钮才能按下去，之后点火开关才能关到 LOCK 位置。维修人员通过测量发现了问题，钥匙锁止电磁阀并没有通电，通过观察电路图发现，该钥匙锁止电磁阀由智能钥匙控制单元的 22 号脚提供 12V 电源，而测量钥匙锁止电磁阀到智能钥匙控制单元的线路均未发现异常，不存在断路、短路的现象。是智能钥匙控制单元存在问题？将其拆下后揭开外壳仔细观察，发现在智能钥匙控制单元的 22 号脚附近有水迹，所以故障正是由于 22 号脚泡水后无法对钥匙锁止电磁阀供电所引起的，故障现象如图 4-45 所示。

图 4-44 更换转向柱锁总成

图 4-45 22 号脚附近有水迹

正常情况下，此时就应当对智能钥匙控制单元进行更换，而用户觉得更换成本太高，让维修人员尝试其他的方法进行解决。无奈之下，维修人员将故障车辆的点火开关拆下，发现钥匙锁止电磁阀实际上控制的是一个卡销，而如果去掉这个卡销，钥匙孔旁边的按钮就能被按下，点火开关就可以关到 LOCK 位置，如图 4-46 所示。

3) 故障排除：去除钥匙锁止电磁阀控制的卡销后试车，故障彻底排除。智能钥匙控制单元安装位置上方有一条空调风管，如果空调风管的冷凝水过多，可能会流到智能

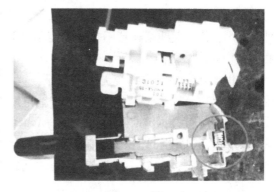

图 4-46 卡销的位置

钥匙控制单元内,维修人员在检查此类故障时应当多加留意。

(4) 雪佛兰景程加速时有强烈的顿挫感

1) 故障现象:一辆2013年产上汽通用雪佛兰景程1.8轿车,行驶里程13万km。该车加速时有强烈的顿挫感。

2) 检查分析:发现该车在急加速时,发动机出现失火。出现这种现象是由于发动机提高输出转矩时,工质密度增大,如果火花塞的点火能量不足,就无法击穿电极间的工质。拆检火花塞检查,发现其陶瓷材料上有烧灼的痕迹。对照高压线的相应位置,确认这是绝缘套被击穿后,导致高压电被旁路的结果,如图4-47所示。由于点火能量的损失,使火花塞电极的击穿能力下降,导致发动机失火。而且由于火花塞无法释放点火能量,所以高压电全部从绝缘套的击穿点卸掉。由于该车型的高压线与点火线圈是一体的,如图4-48所示,所以必须进行总成更换。

3) 故障排除:更换点火线圈及火花塞,故障排除。

图4-47 高压电被旁路的痕迹

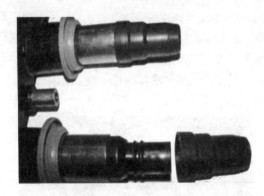

图4-48 点火线圈的结构

(5) 速腾遥控钥匙失效

1) 故障现象:一辆速腾,行驶里程5000km,底盘号为LFV2A21K873008768,发动机型号为BPL。遥控钥匙有时失效,车辆熄火10s后才能使用遥控钥匙,拔出点火钥匙10s后收音机才能关闭。

2) 故障诊断与排除:从故障现象分析,该车可能是点火开关上S触点信号传输延时。点火开关S触点信号传输延时可能的原因有以下几点:①点火开关故障;②点火开关座机械回位困难;③相关线束连接不良;④控制单元(转向柱电子控制单元J527、车载电网控制单元J519)有故障。

使用VAS6150检测系统无故障记录,读取数据流16-08-003-P、S、75X、15、50,后5个数字块分别对应点火开关的5个输出端子的状态。例如:第1个数字块对应于点火开关的P端子,读数据流时,第1个框的位置如果显示"1",则表示P端子有信号输出;如果显示"0",则表示P端子无信号输出。当点火钥匙拔出后,第2个数字块位置显示"1",即S触点信号没有中断,则应该是S触点问题。使用万用表测量S触点电阻为64Ω,正常值应为45Ω。更换点火开关,故障排除。

3) 总结:在检修带车载电网型电源电路时,要清楚各个负载与控制单元之间的控制关系。一个控制单元控制下的某个负载出现对搭铁短路、内部局部短路、消耗电流超越上限等情况时，控制单元会进入自我保护状态，致使本控制单元控制之下的其余负载也不能工作。当与控制单元相关的总线、某个传感器、开关、负载（执行器）或导线出现问题时，同在一个网线上的控制单元便会进入休眠状态，造成汽车的静态电流过大，蓄电池易亏电。总之，维修中不断总结经验和知识，把握好车辆的"神经网络"分布规律，使自己从一名汽车维修"医生"升级为汽车维修"神经内、外科医生"，更多借助于仪器和仪器反映的波形、数据，提高自己的免拆诊断能力，适应汽车控制智能化的现况。

第 5 章 Chapter 5

灯光、信号系统

57 照明系统的组成

汽车灯具按其安装位置可分为外部灯具和内部灯具。

新款大众外部灯具有前照灯、雾灯、转向灯、示宽灯、倒车灯等。

卤素前照灯如图 5-1 所示。

双氙气前照灯具有一个 42V、35W 的 D3S 氙气燃烧器，集成前照灯中具有静态弯道灯以及 P21W/5W 的组合日间行车灯和驻车灯，如图 5-2 所示。氙气燃烧器周围的 U 形镶边和日间行车灯/驻车灯组合灯具均已镀铬。

卤素前照灯配置中，静态弯道照明功能由前雾灯（图 5-3）完成。

后车灯（图 5-4）采用传统白炽灯或 LED 技术。高位制动灯采用 LED 技术，由 16 个 LED 组成。打开行李箱时，行李箱上的灯光将关闭，而高位制动灯继续工作。

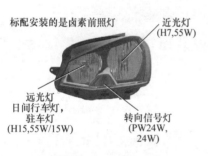

图 5-1 卤素前照灯

图 5-2 双氙气前照灯

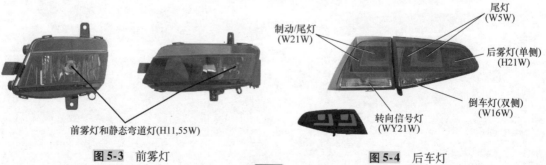

图 5-3 前雾灯　　　　图 5-4 后车灯

常见的内部灯具有仪表灯、阅读灯、行李舱灯、驾驶人脚部照明灯和迎宾灯等。宝马E70内部灯具网络如图5-5所示。

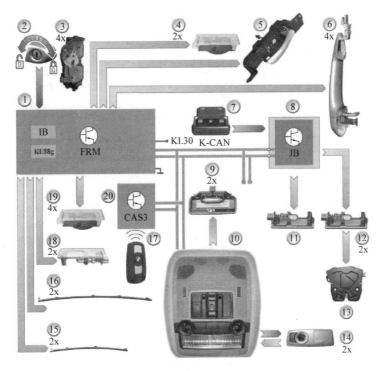

图5-5 宝马E70内部灯具网络

1—脚部空间模块FRM 2—驾驶人车门锁芯 3—带有车门触点的车门锁 4—前部脚部空间照明灯（2个） 5—车门内侧拉手外壳照明装置 6—车门外侧拉手进出车门照明装置（4个） 7—杂物箱按钮 8—接线盒控制单元JB 9—化妆镜照明灯（2个） 10—车顶功能中心 11—杂物箱照明灯 12—行李箱照明装置 13—行李箱盖中控锁 14—后部车内照明灯/阅读灯（2个） 15—后部车门杂物箱照明装置 16—前部车门杂物箱照明装置 17—识别发射器 18—脚部空间照明灯（2个） 19—下车照明灯（4个） 20—便捷登车及起动系统3CAS3 K-CAN—车身CAN Kl.30—总线端30 Kl.58g—总线端58g IB—车内照明控制

58 氙气灯的结构

氙气灯由氙气灯泡、电子增压器（即镇流器或稳压器等）、线束等组成，如图5-6所示。

（1）氙气灯泡 氙气灯泡无灯丝，靠两个电极产生的火花使气体电离发光，不存在灯泡钨丝烧断的问题，其结构如图5-7所示。

（2）电子增压器 电子增压器将12V的直流电压，经过一系列的转换、控制、保护、升压、变频等动作后，产生一个瞬间20kV的点火高压对氙气灯泡进行点亮，当灯泡点亮后

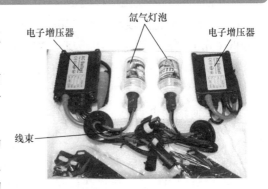

图5-6 氙气灯组件

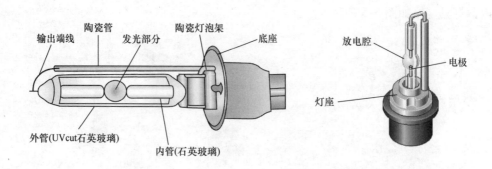

图 5-7 氙气灯泡

再维持其 85V 的交流电压状态，如图 5-8 所示。

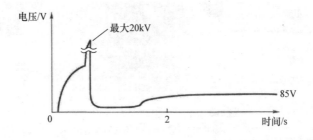

图 5-8 氙气灯电子增压器的工作电压

59 LED 前照灯的结构

LED 前照灯利用发光二极管的发光特性实现照明，其优点是明亮、节能、可靠，如图 5-9 所示。而且点亮速度快，约 130ms，而普通灯泡的点亮速度是 200ms。LED 的寿命达 20000h（几乎与汽车同寿命）。因此，LED 照明技术是照明领域的一场革命，现已在各行各业得到普遍认可，同时也是汽车照明的发展方向，如汽车的转向灯、制动灯和尾灯及前照灯等。

新款奥迪矩阵式 LED 前照灯具有 25 颗 LED 单体，64 级调光水平，9.6 亿种不同的光线变化，如图 5-10 和图 5-11 所示。凭借安装在车头的摄像头的光线检测功能，当车辆时速达到 30km/h 时，感应式自动头灯与矩阵式 LED 头灯便会自行起动，此时，由 25 颗 LED 单体组成的车灯灯组可以让驾驶人在夜间拥有如同白昼般清晰的行车视野。

第 5 章 灯光、信号系统

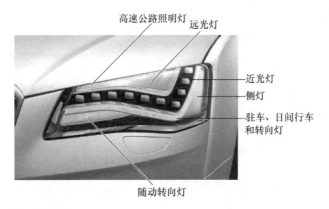
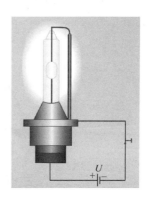

图 5-9　LED 前照灯

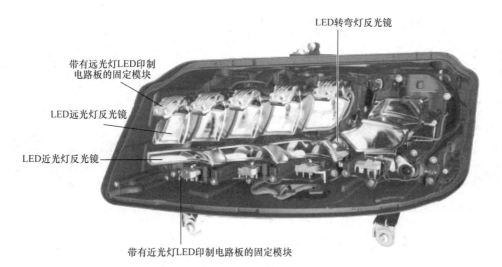

图 5-10　新款奥迪矩阵式 LED 前照灯的结构

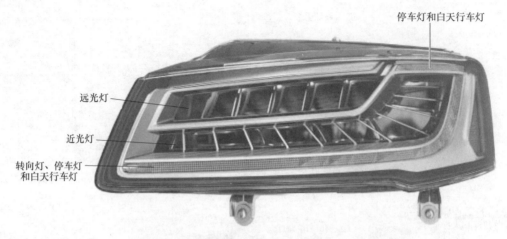

图 5-11 新款奥迪矩阵式 LED 前照灯正面视图

60 奥迪矩阵式 LED 前照灯部件及工作原理

带有新款夜视辅助系统的新奥迪 A8 探测到前方道路上有行人占道时，除了夜视辅助系统本身发出的图形和声音提示外，矩阵式 LED 远光灯还会向该行人所在的位置精确地"发射"一道光束，并快速连闪三下提醒行人，如图 5-12 所示。不过，当夜视辅助系统判断道路前方有动物时，矩阵式 LED 前照灯就不会"发射"光束，以避免惊吓动物造成无法预料的后果。在夜间行车时，矩阵式 LED 灯会全程使用远光灯照明，一旦系统光源传感器侦测到前方有行驶车辆时，便会自动调整或关闭灯组内的数个 LED 单体，让前方车辆不会受到强光的干扰，如图 5-13 所示。

图 5-12 快速连闪三下提醒行人

图 5-13 让开有车的区域

奥迪 A8L 的转向灯由 18 个 LED 灯组组成，它们可以依次亮起（点亮间隔在 0.15s 内），营造一种引人注目的动态效果。动态灯组的顺序以预期转弯的方向从内侧向外侧延伸，在点亮方式上非常独特。传统转向灯的一亮一熄式的转向预警方式被奥迪 A8L 转向灯逐级点亮的转向预警方式所替代。

奥迪矩阵式 LED 前照灯上首次使用了所谓的"动态移动式"转向闪光。所谓的"动态移动式"转向闪光，是指转向灯 LED 从内向外依次接通（时间上错开），但是所有转向灯 LED 是一下子就全关闭的，如图 5-14 所示。

在装备有奥迪矩阵式 LED 前照灯的车上，LED 尾灯上也有"动态移动式"转向闪光这个功能。LED 尾灯上的"动态移动式"转向闪光功能，首次用在了 2012 年的奥迪 R8 上，用于升级产品档次。

用于激活转向灯的请求，是由转向灯主控制器（舒适控制单元 J393）发送的。供电控制单元 J519 接收到这个请求，随后通过一根单独的导线将转向闪光信号送给前照灯中的功率模块 2 使用。

由于不是所有情况下都需要采用"动态移动式"转向闪光，因此舒适控制单元 J393 会通过一根单独的导线通知 LED 前照灯中的两个功率模块 3 是采用"动态移动式"转向闪光，还是采用普通的转向闪光。普通的转向闪光用于撞车后闪光、紧急情况闪光和进行了强力制动后的警告闪光；而"动态移动式"转向闪光用于转向闪光、手动激活警告闪光、中央门锁确认闪光和成功完成自适应过程后的闪光。

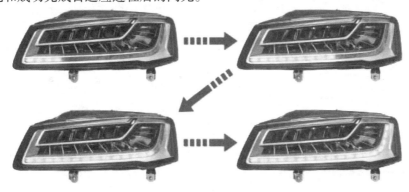

图 5-14　动态转向灯

远光灯 LED 印制电路板：

每个奥迪矩阵式 LED 前照灯的远光灯，由 5 个单独的印制电路板构成，其上各有 5 个串联的 LED，如图 5-15 所示。因此，每个前照灯上的共计 25 个远光灯 LED 就可以单独操控了，它们与另一个前照灯的远光灯模块一起形成远光灯光束（光锥）。

每个 LED 负责照亮远光灯的一个区段，每个单独的区段是有重叠的。奥迪矩阵式 LED 前照灯在售后服务中有 5 个部件可以单独更换，如图 5-16 所示。这些部件具体为：LED 前

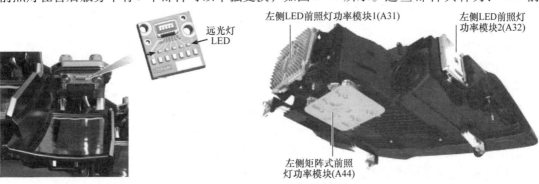

图 5-15　LED 印制电路板　　　　图 5-16　单独可更换的部件

照灯功率模块1（右A27/左A31）、LED前照灯功率模块2（右A28/左A32）、LED前照灯功率模块3（右A29/左A33，电子装置A29和A33在奥迪矩阵式LED前照灯内，取下前照灯的后盖即可更换）、矩阵式前照灯功率模块（左A44/右A45）、前照灯风扇（左V407/右V408）。

LED前照灯工作原理：

奥迪矩阵式LED前照灯工作原理图如图5-17所示。

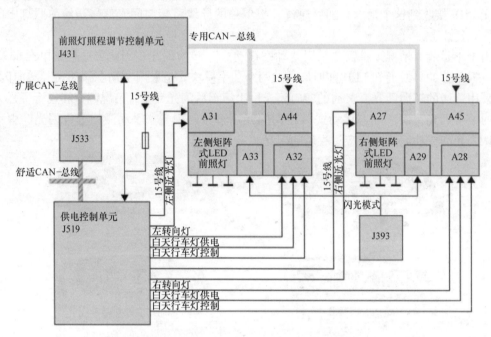

图5-17 奥迪矩阵式LED前照灯工作原理图

A27—右侧LED前照灯功率模块1　A28—右侧LED前照灯功率模块2　A29—右侧LED前照灯功率模块3
A31—左侧LED前照灯功率模块1　A32—左侧LED前照灯功率模块2　A33—左侧LED前照灯功率模块3
A44—左侧矩阵式前照灯功率模块　A45—右侧矩阵式前照灯功率模块　J393—舒适控制单元　J533—数据总线诊断接口

奥迪矩阵式LED前照灯上的功率模块：

1）LED前照灯上的功率模块1（右A27/左A31）。负责近光灯和转向灯LED的供电和操控以及前照灯内风扇的操控。在LED前照灯上的功率模块1上连接有下面这些导线：

① 一根"15号线"，从供电控制单元J519过来，用于给转弯灯、风扇和功率模块运算器供电。

② 专用的"近光灯"导线，从供电控制单元J519过来，该导线用于给近光灯供电。

③ 两根CAN总线（专用CAN总线），接前照灯照程调节控制单元J431。通过这两根总线告知功率模块现在要求哪个灯工作，功率模块通过这些信息，就知道了哪些近光灯LED需要以多强的亮度来工作。同样，接通和关闭转向灯也需要这两根导线。

2）LED前照灯上的功率模块2（右A28/左A32）。负责停车灯（驻车灯）、白天行车灯和转向灯LED的供电和操控。在LED前照灯上的功率模块2上连接有下面这些导线：

① 一根"白天行车灯供电线"，从供电控制单元J519过来，用于给白天行车灯或者停车灯（驻车灯）的LED供电。

② 专用的"白天行车灯控制"导线，从供电控制单元 J519 过来的。一个 PWM 信号会通过该导线传输，用于使灯光变暗。白天行车灯不能变暗，停车灯会按照这个 PWM 信号来变暗。

③ 专用的"左/右转向灯"导线，从供电控制单元 J519 过来的，用于给转向灯 LED 供电。同时，该导线也是转向信号的信号线。

3) LED 前照灯上的功率模块 3（右 A29/左 A33）。负责转换为要求的转向闪光模式，在 LED 前照灯上的功率模块 3 上连接有下面的导线：

专用的"转向闪光模式"导线，来自舒适控制单元 J393，它是一根数字式信号线，表示转向灯闪光是普通模式的还是快速移动式的。

4) 矩阵式 LED 前照灯功率模块（左 A44/右 A45）。负责按前照灯照程调节控制单元 J431 的规定来操控单独的远光灯 LED 的亮度。在矩阵式 LED 前照灯功率模块上连接有下面这些导线：

① 一根"15 号线"，用于给功率模块和远光灯 LED 供电。

② 两根 CAN 总线（专用 CAN 总线），接前照灯照程调节控制单元 J431。通过这两根总线告知功率模块哪些远光灯 LED 以多大亮度去工作。

5) 矩阵光柱（Matrix Bean）控制单元。矩阵光柱控制单元在维修手册中称作前照灯照程调节控制单元 J431，如图 5-18 所示。之所以用这个名称，是因为所用的硬件在其他车型上用于前照灯照程调节了。

2014 款奥迪 A8 车上的前照灯照程调节控制单元 J431 的软件，仅有矩阵光柱这个功能，它不能执行前照灯照程调节功能。

在 2014 款奥迪 A8 车上，空气悬架是属于标配的。正因为如此，在装备有 LED 前照灯时就不需要有前照灯照程调节控制功能了。

前照灯照程调节控制单元 J431 有六根连接线。其中两根是用于供电的，另外还有两套 CAN 总线，每套 CAN 总线有两根导线，如图 5-19 所示。

图 5-18　前照灯照程调节控制单元 J431

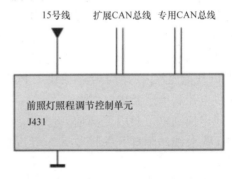

图 5-19　前照灯照程调节控制单元 J431 的导线连接

控制单元的安装位置与作用：

在奥迪 A8（D4）上，前照灯照程调节控制单元 J431 安装在后座椅背面，充电装置的左下方。

前照灯照程调节控制单元 J431 是矩阵光柱功能的主控制器。另外，它还负责其他车灯功能，如弯道灯、转弯灯、全天候灯和夜视辅助系统的标识灯。

矩阵光柱功能的实现：

前照灯照程调节控制单元J431从摄像头控制单天J852接收到数据，这些数据是由摄像头图像处理软件识别出来的。这些数据包含别的车与本车之间相对角度以及别的车与本车之间的距离。

前照灯照程调节控制单元J431就从这些数据中计算出，哪些远光灯LED应以多大亮度去工作。计算是按这个程度来进行的：道路被照亮到一个比较理想的程度，但又不使得人有炫目感。在计算远光灯LED的亮度过程中，也顺便考虑了弯道灯。如果车辆行驶在弯道处，那么远光灯光束（光锥）的最大亮度点会偏移，以便更好地将弯道照亮。如果高速公路模式被激活，对于这个计算也是有影响的，远光灯光束（光锥）外缘区的LED就很暗或者干脆不亮了。

其他车灯功能的转换：

前照灯照程调节控制单元J431会通知功率模块1，哪些近光灯LED应激活亮起。这些数值通过专用CAN总线被传至奥迪矩阵式LED前照灯内的两个功率模块1上，并被转换成所需要的控制动作。

同样，控制单元J431也负责全天候灯的操控。如果全天候灯已被驾驶人接通了且也满足所有其他条件了，那么近光灯LED相应的亮度会按照恶劣天气条件进行匹配。所需要的亮度要求随后被送至LED前照灯内的功率模块1上并进行相应的转换。

计算出的各个远光灯LED亮度，不断地经专用CAN总线被传送到矩阵式LED前照灯两个功率模块上（左A44、右A45），模块会操控相应的LED来工作。但是，只有当满足使用矩阵光柱远光灯辅助系统的所有条件时，才能对LED实施操控。这些条件包括：车灯旋钮开关位于AUTO、MMI上的远光灯辅助菜单项处于"接通"、驾驶人已将该功能激活、车速处于正确值范围内、车辆当前位置周围足够暗。

前照灯照程调节控制单元J431根据接收到的车辆数据，也会计算是应该接通一个转弯灯还是两个（弯道灯）。如果有这个需要的话，信号是通过专用CAN总线通知相应的功率模块1的。功率模块1会来操控LED转弯灯的。在旅行灯激活时，也是这样的功能流程。这个请求是通过扩展CAN总线传至前照灯照程调节控制单元J431的。该控制单元随后会相应降低LED的亮度（就是形成近光灯中非对称成分的那些LED），并把这个信号传至奥迪矩阵式LED前照灯内的两个功率模块1上。

供电控制单元J519：

供电控制单元J519是奥迪A8外部照明的主控制器，如图5-20所示。控制单元J519是通过LIN总线从车灯开关接收到车灯旋钮开关当前的位置以及全天候灯是否激活这些信息的。

车灯旋钮开关当前的位置对车外灯具有重要意义，因为矩阵光柱远光灯辅助功能以及其他的灯功能，只有在车灯旋钮开关处在AUTO位置时才能工作。

供电控制单元J519是通过舒适CAN总线从转向柱电子控制单元J527处获知远光灯拨杆是否被拨动这个信息的。于是J519就知道了矩阵光柱远光灯辅助功能的激活状态了，此信息又被放到了CAN总线上。

供电控制单元J519将左、右LED前照灯内的功率模块1的15号接线柱接通。另外，两个功率模块1还各有一根用于近光灯的供电/信号组合线。LED前照灯内的功率模块2只通过控制单元 J519 来操控。这是通过一根单独的供电线（停车灯和白天行车灯的）和一根 PWM 信号线来实现的。PWM 信号决定 LED 的亮度。这些 LED 既用于停车灯也用于白天行车灯。还有一根单独导线（第三根了），是用于操控两个奥迪矩阵式 LED 前照灯内的转向灯 LED 的。

矩阵式 LED 前照灯的开关如图 5-21 所示。

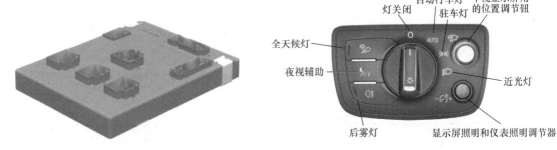

图 5-20　供电控制单元 J519　　　　图 5-21　矩阵式 LED 前照灯的开关

61　车灯开关的使用

不同类型的车灯开关如图 5-22 所示。各档位的功能见表 5-1。

图 5-22　不同类型的车灯开关

表 5-1　各档位的功能

档位	点火开关处于关闭状态	点火开关处于打开状态
0	前雾灯，近光前照灯和侧边灯均为关闭状态	车灯开关关闭
AUTO	定向照明灯可能处于打开状态	前照灯自动控制功能处于打开状态
∋O∈	侧边灯处于打开状态	侧边灯处于打开状态
≡D	近光前照灯处于关闭状态。侧灯仍可能点亮一会儿	近光前照灯处于打开状态

（1）前雾灯　车灯开关里的指示灯 或 点亮时表示前雾灯或后雾灯已打开。

1) 打开前雾灯：将车灯开关拧至位置 或 ，然后将车灯开关拉出至一档即可打开前雾灯。

2) 打开后雾灯：将车灯开关拧至位置 或 ，然后将车灯开关拉到头。

3) 按压车灯开关或将车灯开关拧至位置 0 即可关闭雾灯。

(2) 两侧持久驻车灯　关闭点火开关，将车灯开关拧至位置 ，并且已在车外闭锁轿车时，两侧前照灯和尾灯同时点亮。

(3) 前照灯自动控制功能　前照灯自动控制功能仅是一个辅助功能，不可能顾及轿车所有行驶环境。

车灯开关位于位置 AUTO 时，如轿车处于表 5-2 所列的情况，该功能自动打开或关闭。如表 5-2 所示。

表 5-2　前照灯自动打开或关闭

自动打开	自动关闭
车灯传感器探知轿车所处环境光线，很暗时，如在隧道里行驶时	车灯传感器探知轿车所处环境光线足够明亮时
轿车以高于 140km/h 的车速行驶数秒钟时	轿车以低于 65km/h 的车速行驶数秒钟时
雨水传感器探测到车外正在下雨，并打开风窗刮水器时	已数分钟未用刮水器时

(4) "回家"和"离家"功能（定向照明功能）　"回家"功能必须手动打开，而"离家"功能则由光敏传感器自动控制，"回家"和"离家"功能操作见表 5-3。

表 5-3　"回家"和"离家"功能操作

"回家"功能	操作方法
打开	- 关闭点火开关 - 操作一下前照灯闪光器 打开驾驶人侧车门时"回家"功能照明灯自动打开。关闭最后一扇车门或行李箱盖时照明灯开始延迟关闭
关闭	- 一旦过了设定的照明灯延迟关闭时间，照明灯立即自动关闭 - 如 30s 内打开另一扇车门或行李箱盖，照明灯自动关闭 - 将车灯开关拧至位置 0 - 打开点火开关

"离家"功能	操作方法
打开	- 车灯开关位于位置 AUTO 时开启轿车，并且车灯传感器感知周围光线很暗时
关闭	- 一旦过了设定的照明灯延迟关闭时间，照明灯立即自动关闭 - 闭锁轿车时 - 将车灯开关拧至位置 0 - 打开点火开关

(5) 仪表/开关照明灯　打开前照灯后可按需要用旋钮 1 调节仪表/开关照明灯的亮度，如图 5-23 所示。

(6) 前照灯照明范围调整旋钮　使用前照灯照明范围调节旋钮 2，根据汽车负载将前照灯光束调整到合适范围，如图 5-23 所示。驾驶人可获得最佳视野且不会对迎面的道路使用者造成眩目。

照明距离调节仅在近光灯已接通时才能进行。

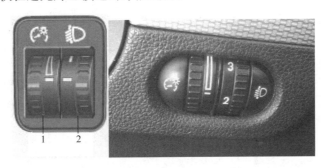

图 5-23 仪表/开关照明灯和前照灯照明范围调整旋钮

（7）LED 日间行车灯 集成在前照灯内的 LED 日间行车灯（约 10W），在提高车辆豪华品质的同时，有效地增加了车辆在日间行车的安全。汽车发动机一起动，日间行车灯就自动开启，以引起路上其他机动车、非机动车以及行人的注意。

当夜晚降临，驾驶人手动打开近光灯后，日间行车灯则自动熄灭。日间行车被识别度大大提高，间接提高了行车安全性。日间行车灯无法手动打开或关闭。

62 奥迪自动控制前照灯的结构与工作原理

（1）前照灯的自动变光 夜间行驶时，为防止造成对面车辆驾驶人眩目，驾驶人必须频繁变光，但这样会分散驾驶人的注意力，影响安全。自动变光装置可使车辆根据对面来车灯光的强度自动变换前照灯的远近光。

自动变光系统由透镜、光敏传感器、放大器、灯光继电器和前照灯组成。其中透镜起聚光作用。光敏传感器是感光元件，其阻值与光的强度成反比，即光越强，阻值越小；光越弱，阻值越大。放大器的作用是将光敏传感器信号放大。

整个自动变光系统的工作原理如下：

当迎面车辆的灯光照到前照灯上时，透镜将光线聚焦在光敏传感器上，阻值的变化信号通过放大器放大后，输送到前照灯继电器，继电器将远光变为近光。当车辆驶过后，光线变暗，放大器无信号输出，灯光由近光变回远光。

（2）自动开灯系统 自动开灯是指当车辆行驶中前方的光线降低到一定程度时，如驶入隧道、天空突然光线变暗等，前照灯电路自动接通，以确保安全。

在奥迪 A6 车上使用了雨水和光强度识别组合传感器。该传感器具有一个辅助控制功能，这样可免除驾驶人手动接通行车灯的麻烦，还可以根据前风窗玻璃的湿度情况来控制刮水器。这个传感器装在前风窗玻璃上车内后视镜的安装底座内，如图 5-24 所示。

1）光强度识别传感器的任务：自动接通及关闭行车灯；激活回家、离家功能；雨水传感器的白天/夜晚识别等。

2）光强度识别传感器的功能：为了能识别出诸如树林内的道路以及穿行隧道等环境状况，光强度识别传感器接收来自两个区域内的光强度信号。全区表示紧靠车附近的亮度，而

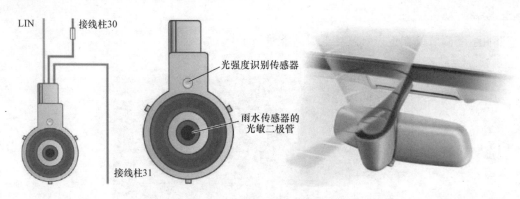

图 5-24 奥迪 A6 车型的雨水和光强度识别传感器

前区表示车辆前部区域的光线情况,如图 5-25 所示。可以通过旋转式灯开关上的 Auto 位置来激活该功能。

在拂晓、黄昏、黑暗中、穿行隧道和在树林里行驶等情况下,光强度识别传感器会将一个信息发送到供电控制单元上,以便接通行车灯。自动开灯原理如图 5-26 所示。

图 5-25 光强度传感器的工作示意图

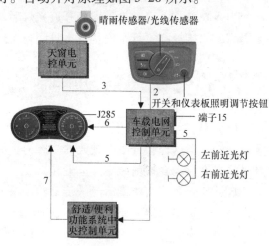

图 5-26 自动开灯原理

(3)自动行车灯工作过程
当自动灯光控制传感器检测环境的照明水平时,它向灯光控制装置的端子 A 输出一个脉冲信号,当灯光控制装置判断出环境照明下降时,它触发尾灯和前照灯继电器,打开尾灯和前照灯。当灯光控制装置判断环境照明提高时,尾灯和前照灯关掉,如图 5-27 所示。

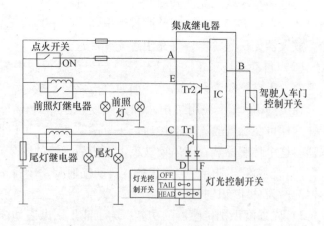

图 5-27 自动照明控制系统

63 自适应前照灯系统 AFS 的结构与工作原理

在有些汽车上已装备能自动适应汽车行驶工况和环境变化的智能型前照灯，这种自适应前照灯系统（AFS，Adaptive Front-lighting System）具有两种以上的自动调节功能，可在汽车行驶工况和环境改变时，自动调整前照灯的照射角度和范围，极大地改善了车辆在夜间弯道、城区交叉路口、高速公路行驶时对道路的辨识度，减小会车时对迎面车辆的眩光影响，从而提高了夜间行车的安全性。AFS 是目前在车灯照明领域最新的技术之一，是一个和行车安全息息相关的主动式安全系统，在汽车上应用将会逐渐增多。装有自适应随动转向照明 AFS 的车辆在进入弯道时，其产生旋转的照明效果，给弯道以足够的照明，如图 5-28 所示。

传统普通前照灯

AFS 弯道照明

图 5-28　AFS 系统弯道随动照明效果

汽车在城市中无路灯照明、道路复杂且狭窄的区域行驶时，传统前照灯近光灯光形较狭长，对交叉路口的照明存在暗区（图 5-29a），给行车安全带来隐患。AFS 控制器根据行驶的速度、周围道路环境等情况控制前角灯或前雾灯点亮，使前照灯产生图 5-29b 所示的光形，可使驾驶人看清岔路中突然出现的行人和车辆，以避免发生交通事故。

a)

b)

图 5-29　市区 AFS 道路照明控制的作用
a）传统前照灯对交叉路口照明存在暗区　b）AFS 控制器对交叉路口照明

在乡村道路上高速行驶的车辆，需要前照灯照得既远又宽，与此同时，还不能产生使会车驾驶人眩目的光线。AFS 控制器需要对前照灯照射光束进行控制，同时将前角灯或前雾灯点亮，以满足汽车在乡村道路上高速行驶的照明需要。

车辆在高速公路上行驶时，由于车速极高，所以需要前照灯比在乡村道路上照得更远，照得更宽。传统的前照灯往往存在着高速公路上照明不足的问题，AFS 控制器根据车速传感器的信号对前照灯进行控制，使之产生图 5-30 所示的光形，以满足汽车在高速公路上高速行驶照明的需要。

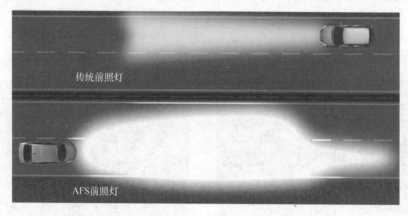

图 5-30　AFS 控制器控制前照灯在高速公路上的照明

在雨天行驶时，地面的积水会将行驶车辆照射到地面上的光线反射至对面会车驾驶人的眼睛中，使其目眩而容易引发交通事故。AFS 控制器根据湿度传感器的信号对天气和路面情况进行模糊分析，并输出控制信号，使前照灯发出一种特殊的光形，使会车驾驶人产生眩目的地面的光强减弱，如图 5-31 所示。

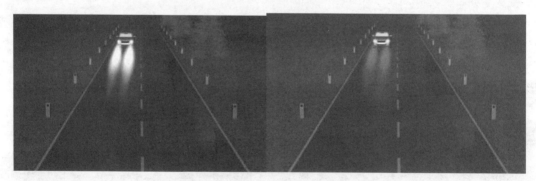

图 5-31　雨天前照灯照明自动控制照明

（1）AFS 的结构　AFS 由传感器组、传输通路、处理器和执行机构组成。

AFS 的执行机构是由一系列的电动机和光学机构组成的，一般有投射式前照灯、对前照灯垂直角度进行调整的调高电动机、对前照灯水平角度进行调整的旋转电动机、对基本光型进行调整的可移动光栅等。

AFS 前照灯的随动转向功能可使前照灯向上、下、左、右四个方向运动，具有水平动态调节和转弯动态调节功能。水平调节是在后排载重较大导致车头上扬时，根据前桥和后桥的两个水平传感器信号控制电动机自动调节水平;转弯调节是根据车身回转模块传感器信号控制电动机来调节水平方向的照射范围,如图 5-32 所示。

(2) AFS 的工作原理 要实现 AFS 自适应随动转向的照明功能,AFS 必须从不同的传感器取得车辆的不同行驶信息。例如:为了实现弯道旋转照明的功能,要从车速传感器、转向盘角度传感器、车身高度传感器分别获取车速、转向盘转角、车身倾角信息。在通常情况下,AFS 所需获得部分信息也被其他控制系统采用,即 AFS 实际上要和其他系统共用一些传感器,所以,必须通过总线通信才能实现这些传感器信息的共享,如图 5-33 所示。

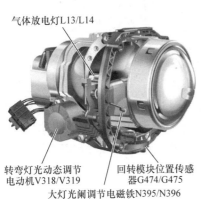

图 5-32 AFS 前照灯结构

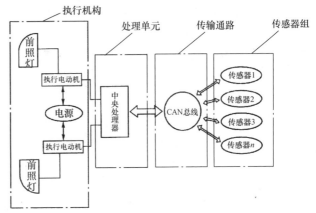

图 5-33 AFS 模块简图

前照灯可以在转弯时对灯光进行动态调节,这种前照灯的投射模块内装有一个电动机,该电动机可在车辆转弯时在水平方向上改变灯光照射方向。前照灯的透镜和支架并不转动。灯光转动的角度在转弯方向的内侧可达 15°,外侧可达 7.5°,使内侧视线宽阔,外侧较暗,防止迎面驾驶人眩目,如图 5-34 所示。这个角度变化可使车辆在转弯时得到更好的照明效果。这时灯光转弯内模块的转动角是外模块的 2 倍。这样就可在相同的灯光强度下,得到最大的照亮范围。

当车速低于 6km/h 时,前照灯内的投射模块不会回转;当车速超过 10km/h 时,灯光回转的角度主要取决于转向盘转动的角度。这样就可以满足在车辆静止时不得摆动前照灯灯光的法律规定。同时,当车在这种低速状态下进行加速时,在转向角度不变的情况下,可以使前照灯的偏转均匀过渡。

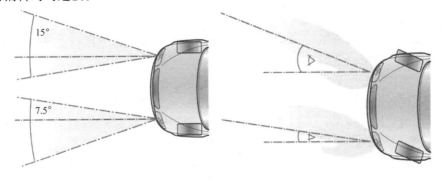

图 5-34 前照灯转弯调节角度

激活随动转向灯和 AFS（自适应）的条件：

1）将灯的开关切换到 AUTO 位置。

2）近/远光灯开启（根据从光亮识别传感器接收到的车外光亮信息，判断是否需要开启 AFS）。

3）车速高于 15km/h。

4）关闭旅行者照明模式。

自动接通条件：光敏传感器识别到黑暗，如在隧道行驶时；在以高于 140km/h 的车速行驶超过数秒钟时；雨量传感器识别到降雨并接通车窗玻璃刮水器时。

自动关闭条件：在识别到足够的亮度时；在以低于 65km/h 的车速行驶 2min 时；当车窗玻璃刮水器数分钟未刮水时。

水平调节与转弯调节装置的传感器、执行器（电动机）、控制模块之间的数据交换电路如图 5-35 所示。

使用的水平传感器与双氙前照灯动态调节用的传感器是相同的，该传感器将一个脉冲宽度调制信号发送到前照灯照程调节控制单元上。前照灯照程控制单元 J431 与前照灯左、右功率模块 J667 和 J668 之间的数据交换通过一根 500kBaud（波特）的 CAN 总线来完成。

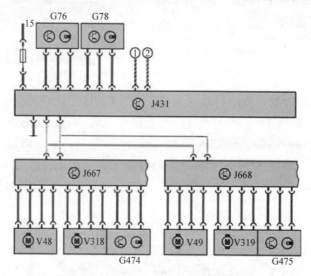

图 5-35 前照灯光束调整数据交换电路

前照灯照程控制单元根据车辆的负载情况自动调节前照灯的垂直照程。控制单元根据安装于前、后轴水平位置传感器的信号来确定车辆的负载情况，然后输出指令使电动机动作，使前照灯垂直照程始终处于最佳状态。

后悬架上的精确传感器，可以根据前照灯与路面之间的角度变化，自动调整水平照射高度，其中向上偏转最多可达 2°，向下偏转最多可达 4°，使前照灯的照射范围和照射宽度保持不变，确保清晰的行驶视野，充分保证夜间的行车安全，如图 5-36 所示。

(3) 前照灯调节模块的工作原理

1) CAN 网络信息共享。如图 5-37 所示，前照灯照程控制单元 J431 接收本模块 G76 后轴水平传感器和 G78 前轴水平传感器的信号，转化为 CAN 信息发送到 CAN 总线上，供 CAN

图 5-36　负载情况自动调节

总线所有节点共享。J431 在 CAN 总线上获得 E1 前照灯开关信息（经 J519 发送）和 E4 变光开关信息（经 J527 发送），根据信息处理灯光变化。

CAN 总线中，其他对照程调节控制有用的传感器信息和控制信息，均可经动力 CAN 总线供 J431 共享，如图 5-38 所示。

J431 通过 CAN 总线发送信息给组合仪表控制单元 J285，通过组合仪表控制单元 J285 控制照程调节指示灯。

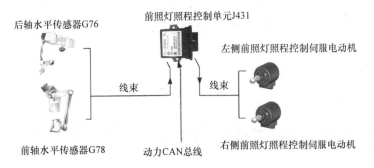

图 5-37　大众轿车前照灯照程调节模块总线设备

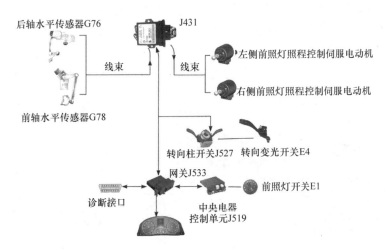

图 5-38　前照灯照程控制系统

2）前照灯照程控制原理。车身水平传感器有两个，一个位于车身底盘的左前方，另一个位于底盘的左后方，均为线性电阻式。当车身高度变化时，传感器即电阻变化，电压也随之变化。此信号送给前照灯照程控制单元 J431，然后由 J431 控制左、右前照灯的调节电动机动作，完成前照灯的自动调整。

（4）车辆高度传感器　传感器的工作原理为霍尔效应原理，霍尔传感器集成在转子 5 上，如图 5-39 所示。转子处在均匀的磁场中，磁场在霍尔传感器中产生霍尔电压。该电压与磁通密度成正比，当环行磁铁 6 随轴 2 转动时，通过霍尔传感器的磁通密度发生变化，传动杆将车轴跳动传给传感器，传感器将其转换成与转角成比例的电信号。控制单元采集来自轴传感器的电信号，并得到前、后轴间的电压差。大众、奥迪轿车后轴高度传感器安装位置如图 5-40 所示。

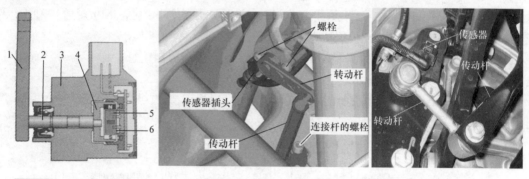

图 5-39　传感器结构图
1—车体　2—轴　3—转动杆
4—传动杆　5—转子　6—环形磁铁

图 5-40　大众、奥迪轿车后轴高度传感器安装位置

64 大众灯光控制系统

大众灯光控制系统如图 5-41 所示，灯光控制过程中，中央电器控制单元 J519 接收本模块制动灯开关、倒档开关、前照灯开关信号，转化为 CAN 信息发送到 CAN 总线上，供 CAN 总线所有节点共享。其他对灯光控制有用的传感器信息和控制信息，也可经 CAN 总线供中央电器控制单元 J519 共享。

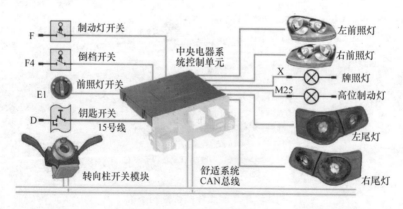

图 5-41　大众灯光控制系统

车辆转向时，转向开关动作信息发出后，中央电器控制单元 J519 可以在 CAN 总线上获

得转向灯开关信息（经 J527 转向柱开关模块发送）。

由于通过 J519 进行控制，因此灯光控制系统会采用一些特殊的智能控制策略：

1）灯光应急控制：在点火开关打开状态下，如果 J519 检测到一个错误的信号，则灯光控制进入应急状态，此时驻车灯和近光灯自动点亮。

2）后尾灯光强控制：如图 5-42 所示，后尾灯光强控制系统采用占空比控制法以提高制动灯亮度，与传统的双灯丝法不同。

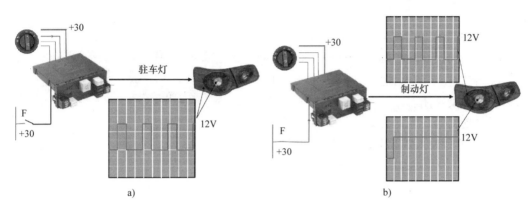

图 5-42 后尾灯光强控制
a）弱光 b）强光

3）车灯故障监控：

冷态监控：在 15 线接通后（车灯开关没有打开），各个灯泡都会接通数次极微小电流，J519 通过测试电流来识别电路故障。灯光控制系统每 500ms 进行 4 次检测，如图 5-43 所示。

热态监控：车灯开关打开后，灯光控制系统将一直对使用中的灯泡进行监控，J519 检测是否有过载、短路或断路现象发生，如图 5-44 所示。一旦识别到故障，仪表会点亮故障灯 K170 报警，同时中央显示屏列出文本信息提示。

在以上两种检测模式下，一旦检测到故障，控制单元会存储故障记忆，同时组合仪表上会出现故障警告灯，并且会有相应的故障提示信息。

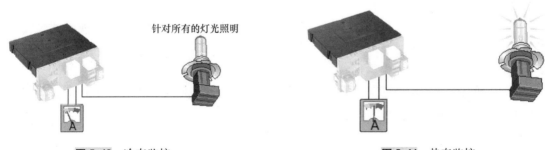

图 5-43 冷态监控　　　图 5-44 热态监控

4）舒适灯光控制：

黄昏功能：如果将前照灯开关 E1 设定在"自动档"，雨量和光强传感器会自动检测外界光强信号。例如：当车辆经过隧道时，传感器会将信号传递给 J519，J519 点亮行车灯，如图 5-45 所示。

高速路功能：如果将前照灯开关 E1 设定在"自动档"，当车速超过 140km/h 的时间达 10s 以上时，高速路功能会激活行车灯。当车速降到 65km/h 的时间超过 150s 以上时，行车灯会自动关闭。

下雨功能：如果将前照灯开关 E1 设定在"自动档"，当前刮水器被激活时间超过 5s 时，下雨功能会点亮行车灯。当刮水器停止工作时间超过 255s 时，行车灯自动关闭。

回家功能：当灯光开关处于"AUTO"或"前照灯"档时，驾驶人拔出钥匙，离开汽车后，汽车照明（近光灯和驻车灯）在设置的时间内保持照明功能。

离家功能：当驾驶人开锁后，离家功能在设定的时间内将被激活，但是当打开点火开关后，离家功能将被取消。

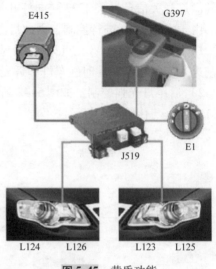

图 5-45 黄昏功能

65 信号灯的操作与使用

（1）迈腾 BL7 开关转向信号灯/前照灯远光操纵杆　用转向信号灯/前照灯远光操纵杆上的按钮即可打开和关闭驾驶辅助系统（Assistant），如图 5-46 所示。

1）按一下箭头所示按钮即可调出驾驶辅助系统菜单。

2）选择驾驶辅助系统菜单项，打开或关闭选定的驾驶辅助系统。打开驾驶辅助系统后该菜单项旁显示"√"。

3）然后按压"OK"按钮加以确认。打开或关闭所有智能驾驶辅助系统。

4）按压箭头所示按钮 1s 以上即可同时关闭在驾驶辅助系统菜单里选定的所有驾驶辅助系统。

5）若驾驶辅助系统菜单里的所有智能驾驶辅助系统均未激活，则将打开所有驾驶辅助系统。

（2）转向信号灯/远光操纵杆

1）打开右侧转向信号灯。关闭点火开关后将操纵杆从中间位置上拨即可打开右侧驻车灯，如图 5-47 所示。

2）打开左侧转向信号灯。关闭点火开关后将操纵杆从中间位置下拨即可打开左侧驻车灯。

3）打开和关闭前照灯远光。打开前照灯远光时组合仪表里的 ⊨⃝ 随即点亮。

4）操作前照灯闪光器。只要在该位置拉住操纵杆，前照灯闪光器就一直闪亮，同时，⊨⃝ 点亮。

变道转向灯：将操纵杆上拨或下拨到阻力点，然后松开操纵杆，转向信号灯闪烁三次。

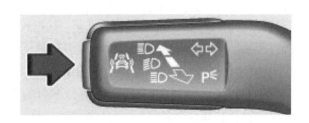

图 5-46　迈腾 BL7 开关转向信号灯/前照灯远光操纵杆

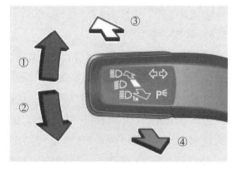

图 5-47　转向信号灯/远光操纵杆

（3）危险警告灯　遇紧急情况时为确保驾驶人与车内所有人员的安全，务必按下列顺序进行操作：

1）将轿车停在远离主车道的合适地面上。

2）按压开关，打开危险警告灯。

3）将三角警示牌设立在相应位置，以引起过往车辆驾驶人的注意。图 5-48 所示为危险警告灯开关。

图 5-48　危险警告灯开关

66　大众内部和外部车灯控制分析

大众车 J519 控制内部和外部车灯的特点：①可以分别控制单个灯泡的开启和关闭；②使用占空比 PWM 控制灯泡的最大功率；③通过 PWM 控制尾灯亮度；④诊断灯泡和线束是否存在对正极短路、回路短路和断路的情况。在短路或断路的情况下，将自动断开电源（起到熔断丝的保护功能），这种诊断是通过对灯泡执行冷态监控与热态监控来实现的。

外部灯光照明控制示意图如图 5-49 所示。由图 5-49 可知，J519 直接对车灯开关 E1、危险警告灯开关 E3、制动灯开关 F 与倒车灯 F4（手动档车）的信号进行分析，而驻车灯、转向信号灯、接通远光灯或超车灯的变光功能等请求则通过舒适系统数据总线获知。

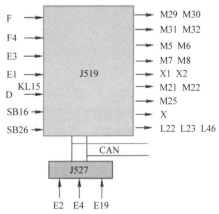

图 5-49　外部灯光照明控制示意图
D—点火开关　E1—车灯开关　F2—转向开关
E3—危机闪光灯开关　E4—变光开关　E19—驻车灯开关
F—制动灯开关　F4—倒车灯开关（手动档车型）
J519—BCM 车身控制单元　J527—转向柱电子控制单元
L22—左前雾灯　L23—右前雾灯　L46—左后雾灯
M5—左前转向灯　M6—右前转向灯　M7—左后转向灯
M8—右后转向灯　M21—左制动灯　M22—右制动灯
M25—高位制动灯　M29—左近光灯　M30—左远光灯
M31—右近光灯　M32—右远光灯　SB16、SB26—熔丝
X—牌照灯　X1、X2—倒车灯

车灯开关与仪表照明调节器如图 5-50 所示。车灯开关端子如图 5-51 所示。车灯开关信号输入电路图如图 5-52 所示。车灯开关 E1 由 KL30 常电源供电,共有 4 个旋转档位。由图 5-51 可知,J519 的 T52a/18 端子感知车灯开关 0 位信号,T52a/19 端子接收小灯 58 位置信号,T52a/20 端子感知 Auto 灯光位置信号,T52a/22 端子接收前照灯 56 位置信号。前雾灯开关 E7 与后雾灯开关 E18 集成在 E1 内,旋钮后拉一档 T52a/21 端子认定是前雾灯 NL 位置信号的输入,旋钮后拉第 2 档 T52a/17 端子则认定为后雾灯 NSL 位置信号的输入,根据车灯开关不同的位置,从相应端子上可以获得 12V 电压信号。J519 通过监控 E1 每一个位置发送的信号,依据控制逻辑确定可信度。当识别到点火开关已接通,E1 的开关信号不可信时(如熔断丝 SC23 断开),起动应急控制,自动点亮近光灯和停车灯。

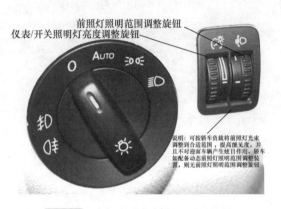

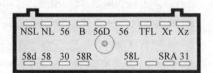

T17/1(XZ)——点火开关75号线电源输入
T17/2(Xr)——卸荷继电器75x线电源输入
T17/4(56)——近光输出
T17/8(NL)——前雾灯输出
T17/9(NSL)——后雾灯输出
T17/10(31)——车灯开关E1接地
T17/13(58L)——左侧小灯输出
T17/14(58R)——右侧小灯输出
T17/15(30)——30号线电源输入
T17/16(58)——小灯输出,去仪表与开关照明调节器E20
T17/17(58d)——E20的58d电源输入

图 5-50 车灯开关与仪表照明调节器   图 5-51 车灯开关端子

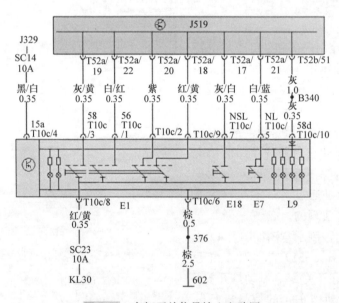

图 5-52 车灯开关信号输入电路图
E1—车灯开关 E7—前雾灯开关 602—接地点在左前门槛板中间 E18—后雾灯开关
J519—BCM 车身控制单元 L9—车灯开关照明灯泡

灯光、信号系统 第5章

67 灯光电路分析

（1）新款大众车外部照明灯光电路 J519通过监测E1每一个位置发出的信号，依据控制逻辑确定可信度。当识别点火开关已接通，E1的开关信号不可信时（SC23熔丝断开），将起动应急控制，自动点亮近光灯和停车灯。

E1开关旋钮位置在J519数据块51组1区的测量值里显示，以1、2、4、8等数值表示旋钮所处的位置。49组测量值的含义依次是灯光关闭信号、驻车灯开关信号、近光灯开关信号与AFL（即AUTO）开关信号。50组1区的测量值为前雾灯开关信号，2区为后雾灯开关信号。

给E1加上KL15电源的目的，是独立于58d电源对车灯开关照明灯泡L9供电，点火开关接通时，L9即可点亮。KLn5与58d两个电源之间，用一个二极管予以隔离。

左前侧外部灯光及仪表照明调节器电路图如图5-53所示。当E1处于小灯档时，J519的T52a/19端子得电，控制相应端子向左右前后各小灯、牌照灯供电。以左前小灯为例，T52c/26端子输出12V电压→左前小灯M1→搭铁点640，M1点亮。后部灯光电路如图5-54所示。J519对左侧尾灯/制动灯M21与M58、右侧尾灯/制动灯M22与M59的输出采用PWM控制，此时T52c/4、T52c/3、T52a/26与T52a/27端子以27%的占空比及尾灯规格的亮度点亮M21与M58、M22与M59。

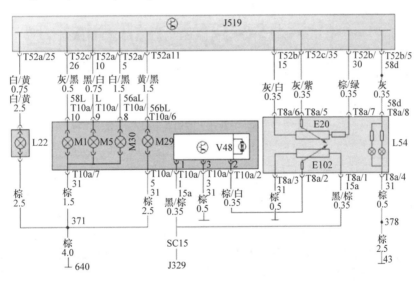

图5-53 左前侧外部灯光及仪表照明调节器电路图

E20—组合仪表背景照明光亮度调节器 E102—前照灯光束位置传感器 J329—总线端KL15继电器 J519—车身控制单元
L22—左前雾灯 L54—背景照明灯 M1—左转转向灯 M5—左前转向灯 M29—左侧近光灯 M30—左远光灯
V48—左侧前照灯光束位置调节电动机 43—接地点（在右侧A柱下部） 640—搭铁点（在左侧前轮罩前部）

由图5-53可知，组合仪表背景照明光亮度调节器E20实质上是一个手动电位计，J519检测到E1接通小灯，T52b/15端子给E20供电，T52b/30端子搭铁，J519的T52c/35端子能够感知E20调制出连续可变的电压信号，J519据此信号通过其T52b/51端子对外输出，

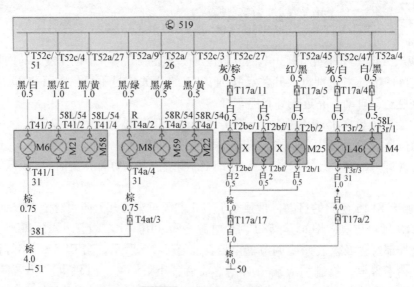

图 5-54　后部灯光电路图

形成亮度可调的 KL58d（58d 在主导线束中）电源，向组合仪表及车上所有的开关、按钮内的背景照明灯供电。

KL58d 电源的测量值在 J519 数据块 53 组中的表达见表 5-4。

表 5-4　KL58d 电源的测量值在 J519 数据块 53 组中的表达

53 组测量值区域	1 区	2 区	3 区	4 区
测量值定义	仪表照明	PWM 输出	要求	空

当 E1 处于前照灯档时，T52a/22 端子有电，J519 控制相应端子输出给左、右近光灯供电，以左侧为例，其 T52a/11 端子→左近光灯 M29→搭铁点 640，从而点亮 M20。

配置前照灯光束位置调节电动机，有自动与手动两种选择，本文以手动配置加以说明。以左侧为例，熔丝 SC15 为左侧前照灯光束位置调节电动机 V48 及前照灯光束位置传感器 E102 供电，E102 为手动调整的电位计，代表驾驶人调节意愿的电信号输入 V48，电动机动作，将前照灯光束调整到适当的位置。右侧前照灯的调节与左侧相同。

当 E1 置于前雾灯档时，T52a/17 端子有电，J519 给前雾灯供电，以左侧为例，T52a/25 端子输出→左前雾灯 L22→搭铁点 640，前雾灯点亮。

近光灯与前雾灯工作状态在 J519 数据块 42 组中的表达见表 5-5。

表 5-5　近光灯与前雾灯工作状态在 J519 数据块 42 组中的表达

42 组测量值区域	1 区	2 区	3 区	4 区
测量值定义	左近光灯	右近光灯	左前雾灯	右前雾灯

当 E1 置于后雾灯档时，前雾灯继续点亮，J519 的 T52a/21 端子得电获知后雾灯开启请求，J519 给后雾灯供电，电路走向是 T52c/47→插接器 T17a/4→L46→插接器 T17a/2→搭铁

点50，仪表开启后雾灯指示灯K13。

（2）大众倒车灯电路 倒车灯电路如图5-55所示。当J519通过数据总线识别到自动变速器当前档位置于R位时，或手动变速器车型倒车灯开关F41闭合，T52a/16端子处于高电位时，其T52a/28端子输出→左侧倒车灯X1→插接器T4at/3→搭铁点51，点亮左、右倒车灯。

倒车灯工作状态在J519数据块46组中的表达见表5-6。

（3）大众转向灯与危险警告灯及前照灯变光电路 转向灯、变光开关与危险警告灯信号输入电路如图5-56所示。J527投入工作后，其C/10端子搭铁，C/9端子上形成的电位高低，随E2处于左右侧位置接入

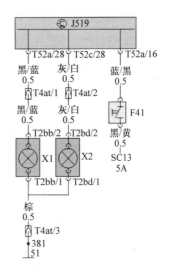

图5-55 倒车灯电路图

表5-6 倒车灯工作状态在J519数据块46组中的表达

46组测量值区域	1区	2区	3区	4区
测量值定义	左侧倒车灯	右侧倒车灯	左侧尾灯	右侧尾灯

的电阻不同而改变，据此J527可以识别出左/右转向灯的请求信息，信号经数据总线传输而被J519获得，输出控制指令以点亮转向灯。以左侧转向灯控制为例，其路径是J519的T52a/10端子→左前转向灯M5→搭铁点640，T52c/51端子→左后转向灯M6→搭铁点51。与此同时，根据数据总线上的信息，J386的T16f/13端子输出→左侧后视镜上的转向灯L131→J386的T16f/11端子→J386内部搭铁，组合仪表J2285则开启左侧转向指示灯K65。

L131与右侧后视镜转向灯L132的工作状态在J386与J387数据块8组1区的测量值中可以检查。

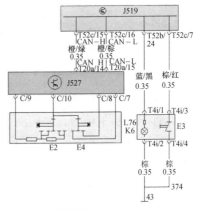

图5-56 转向灯电路

转向灯开关、变光开关与危险警告灯开关信号输入电路中，E2的开关设计在左右方向上均具有点动和定位的两个位置，将点动定义成高速公路转向灯闪烁，在该模式下，转向灯将闪烁3~5次（闪烁的具体次数可在J519匹配功能选项31通道内进行个性化设置）。

转向灯开关信号在J519数据块1组1区的测量值中显示，转向灯开关、变光开关单体电气检测数据见表5-7所示。转向灯状态在J519数据块43组中的表达，见表5-8。

表5-7 转向灯开关、变光开关单体电气检测数据

端子	未操作	转向向左	转向向右
C/9 – C/10	∞	2.310kΩ	0.783kΩ
C/7 – C/10	超车灯位置		5.4Ω
C/8 – C/10		近光档4.1Ω	近光档∞

表 5-8 转向灯状态在 J519 数据块 43 组中的表达

43 组的测量值区域	1 区	2 区	3 区	4 区
测量值定义	左前转向灯	右前转向灯	左后转向灯	右后转向灯

危险警告灯开关 E3 闭合，J519 的 T52c/7 端子感知到搭铁信号输入，向各转向灯输出控制电流（T52a/9 端子→右后转向灯 M8，T52a/10 端子→左前转向灯 M5，T52c/50 端子→右前转向灯 M7，T52c/51 端子→左后转向灯 M6），全部转向灯闪烁，T52b/22 端子同步点亮 E3 开关内的危险警告灯 K6，与此同时，J285 从数据总线得到该信息，开启左侧转向指示灯 K65 与右侧转向指示灯 K94，J386 的 T16f/13 端子与 J387 的 T16g/13 端子输出，点亮各自管辖的后视镜上转向灯 L131 与 L132。

危险警告灯开关信号可读取 J519 数据块 48 组 3 区的测量值进行检查。

J527 的 C/7 与 C/8 端子接收变光开关 E4 开关闭合后的搭铁信号，形成超车灯和近光灯的请求信息，E4 开关处于中间位置，C/8 端子为高电位，默认为远光灯档。J519 检测到 E4 变光信号，控制相应端子切换输出，点亮左近光灯 M29、右近光灯 M31 或左远光灯 M30、右远光灯 M32，远光灯或超车灯点亮时，J285 开启远光指示灯 K1。

远光灯工作状态在 J519 数据块 40 组中的表达见表 5-9。

表 5-9 远光灯工作状态在 J519 数据块 40 组中的表达

40 组测量值区域	1 区	2 区	3 区	4 区
测量值定义	左远光灯	右远光灯	左侧氙灯（遮门）	右侧氙灯（遮门）

（4）大众制动灯电路 制动灯开关 F 安装在制动总泵壳体的外壁上，属霍尔式行程传感器，如图 5-57 所示。制动灯开关信号输入电路如图 5-58 所示。由熔丝 SC14 供电，搭铁点 640 在左前轮罩前部。踩下制动踏板时，包含磁环的制动总泵活塞前行，使 F 感受到磁力线变化而产生霍尔信号，踏板前半行程的时序信号发送给发动机控制单元 J623 的 T94a/19 端子，后半行程发送给 J519 的 T52c/17 端子。J519 接收到 F 信号后，调节 T52c/4、T52c/3、T52a/26 与 T52a/27 端子的 PWM 占空比输出，使其各自管辖的左后尾灯/制动灯 M21 与 M58、右后尾灯/制动灯 M22 与 M59 的灯泡功率提高到 99%，以满足制动灯的亮度要求；与此同时，T52a/45 端子输出电流，令高位制动灯 M25 点亮。

图 5-57 制动灯开关实物图

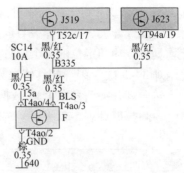

图 5-58 制动灯开关信号输入电路图

J519 与 J623 通过数据总线相互校验制动信号的可靠性，若识别出信号不可靠或无信号，

J519 则令制动灯常亮。

F 信号在 J519 数据块 50 组测量值中体现出来（表 5-10），也可读取发动机控制单元 J623 数据块 66 组 2 区 F 的测量值，45 组显示 J519 输出制动灯控制 PWM 的测量值（表 5-11）。

表 5-10　J519 数据块 50 组制动开关的测量值

50 组测量值区域	1 区	2 区	3 区	4 区
测量值定义	灯光开关 – 前雾灯	灯光开关 – 后雾灯	制动灯开关	制动灯要求 CAN

表 5-11　J519 数据块 45 组制动灯的测量值

45 组测量值区域	1 区	2 区	3 区	4 区
测量值定义	左侧尾灯和制动灯	右侧尾灯和制动灯	中间制动灯	牌照灯

（5）大众喇叭电路分析　喇叭信号输入电路和主电路如图 5-59 所示。J527 的 G/8 为搭铁端子，点火开关置 ON 后，G/10 为 KL15（J329 供电继电器）电源端子多功能转向盘控制单元 J453 经安全气囊螺旋电缆/复位环 F138 得电，J453 进入工作状态后，J453 的 T5f/4 端子呈搭铁状态。G/7 为喇叭按钮 H 信号的输入端，按下 H 时，G/7 端子上的电位降低至 0V，J527 据此确认为喇叭请求信号。当 J519 从舒适系统数据总线接收到 J527 发送的喇叭请求信号时，其 T52c/41 端子输出搭铁信号，双音喇叭继电器 J4（449 号）触点闭合，双音喇叭 H2、H7 有电流流过。

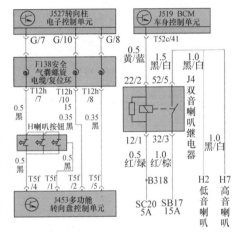

图 5-59　喇叭信号输入电路和主电路

喇叭按钮 H 的开关信息在 J527 数据块 3 组 2 区的测量值显示出来，J519 数据块 71 组 3 区测量值则显示喇叭的工作状态。

（6）内部照明灯光电路　内部照明灯光有集成左前阅读灯 W13 与右前阅读灯 W19 的室内灯 W1、左前脚部照明灯 W9、右前脚部照明灯 W10、后阅读灯 W43、左后脚部照明灯 W45、右后脚部照明灯 W46、行李箱照明灯 W3 与杂物箱照明灯 W6，其中 W3 与 W6 不受门控开关控制。

内部照明灯光电路如图 5-60 所示。内部照明灯开关有门控和非门控两个位置。J519 的 T52b/42 端子经熔丝 SC49 得电后，T52b/43 成为向所有内部照明灯供电的电源端子，T52c/10 是室内灯门控的控制端，室内灯 W1（包括与 W1 成并联关系的 W9、W10、W43、W45 和 W46）与室内灯开关内部的门控触点连接在两者之间。车门开启前，T52c/10 端子处于高电位，W1 因其两端的电位相

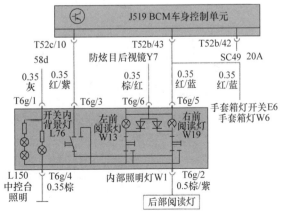

图 5-60　内部照明灯电路图

等，故无电流流过。

当 J519 感知到车门开启后，令 T52c/10 端子搭铁，W1 点亮，其路径是 J519 的 T52b/43 端子→内部照明灯插接器 T6g/5 端子→W1（W9、W10、W43、W45、W46 与 W1 成并联，图中并没有画出）→室内灯开关门控位置触点→室内灯插接器 T6g/3 端子→J519 的 T52c/10 端子→J519 内部搭铁。车门关闭后，T52c/10 端子依旧维持低电位状态，W1 等照明灯继续点亮。延时 10min 后，T52c/10 端子的电位升高，W1 熄灭。如车门未关，则 W1 的延时时间约为 30min。在室内灯延时点亮的过程中，J519 一旦识别到点火开关置 ON 或遥控锁车信号，延时即告结束。

内部照明灯开关处于非门控位置时，点亮 W1 等内部照明灯的路径是 J519 的 T52B/43 端子→内部照明灯插接器 T6g/5 端子→W1→内部照明灯开关非门控位置触点→内部照明灯插接器 T6g/4 端子→搭铁。

（7）罗拉前照灯自动控制电路　带自动控制的前照灯电路如图 5-61 所示。前照灯的近光灯、远光灯是否工作受车身 ECU 和前照灯变光开关 E8 的控制。

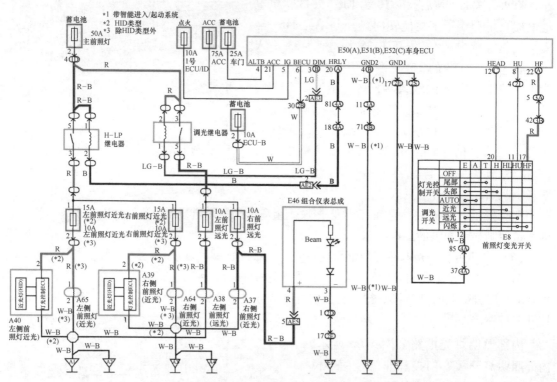

图 5-61　前照灯自动控制电路

当前照灯变光开关 E8 中的灯光控制开关置于头部档时，E8 的 20 脚与 12 脚导通，车身 ECU200 的 C12 脚输入搭铁信号；当 E8 中的调光开关置于远光灯档时，前照灯变光开关 E8 的 11 脚与 12 脚导通，车身 ECU E50 的 8 脚输入搭铁信号；当 E8 中的调光开关置于闪烁档时，前照灯变光开关 E8 的 11 脚、17 脚与 12 脚导通，车身 ECU E50 的 8 脚和 A22 脚同时输入搭铁信号。

近光灯电路：当车身 ECU 的 A20 脚输出搭铁信号时，H-LP 继电器得电，其触点闭合。

蓄电池电流经 50A 主前照灯熔丝、H‐LP 继电器触点后分两路：一路经左前照灯近光灯熔丝→左侧前照灯近光灯 A65（或 A40）→A1（或 A2）搭铁；另一路经右前照灯近光灯熔丝→右侧前照灯近光灯 A64（或 A39）→A3（或 A4）搭铁。此时，左前照灯近光灯、右前照灯近光灯均亮。

远光灯电路：车身 ECU 的 B3 脚输出搭铁信号，调光继电器线圈得电，此时，调光继电器触点闭合。蓄电池电压流经 20A 主前照灯熔丝、调光继电器触点后分两路：一路经 10A 左前照灯远光灯熔丝→左侧前照灯远光灯 A38→ A1 或 A2 搭铁；另一路经 10A 右前照灯远光灯熔丝后又分两路：一路到右侧前照灯远光灯 A37→ A3 或 A4 搭铁，另一路到组合仪表 E46 的 4 脚→组合仪表内部远光灯指示灯→E1 搭铁。此时，左侧前照灯远光灯、右侧前照灯远光灯及组合仪表内的远光指示灯均亮。

68 灯光故障分析

（1）速腾灯光警告灯常亮故障

1）故障现象：检查时发现，灯光警告灯常亮且倒车灯不亮。

2）故障诊断：

① 灯光警告灯常亮，如图 5-62 所示。

② 通过 VAS6150 检查，如图 5-63 所示。

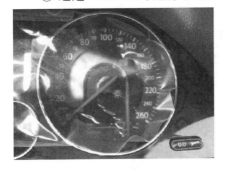

图 5-62　灯光警告灯常亮

图 5-63　读取故障码

3）故障分析：根据灯光报警的工作原理（图 5-64）及当前的故障现象分析如下：

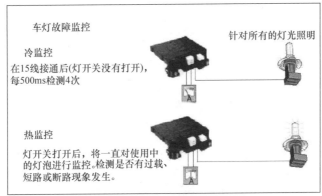

图 5-64　灯光报警的工作原理

在冷热两种检测模式下，一旦检测到故障，控制单元就会存储故障记忆，同时组合仪表上会出现故障警告灯，并且会有相应的故障提示信息。因此可以断定倒车灯的相关线路故障。

4）故障检查：

① 检查倒车灯开关到 J519 灯光控制模块的线路，通过 VAS6150 检测数据流，如图 5-65 所示。挂倒档和退出倒档，开关状态数据正常。

② 检查右倒车灯监控状况，如图 5-66 所示。

数据流状态是 0%—100%—0%，该数据不正常。说明倒车灯回路有短路、断路或过载。J519 单元收到倒车灯开关信号并执行点亮倒车灯，则数据状态从 0% 变化为 100%，但是马上

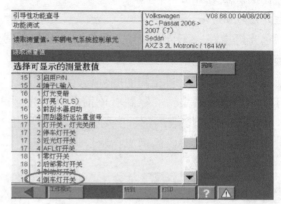

图 5-65　检测数据流

监测到线路故障，为了安全并保护线路及元件，控制单元停止执行灯光点亮动作，数据从 100% 变为 0%，因此可以说明从控制单元 J519 到右倒车灯的相关线路有问题。

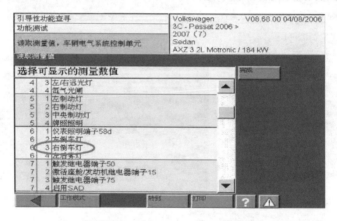

图 5-66　检查右倒车灯监控情况

③ 根据电路图（图 5-67）进一步检查。断开右倒车灯灯座插头，分别测量两端子对搭铁电阻，结果为两端子均对搭铁，在供电侧有短路；断开 J519 B 插头，测量结果一致，因此排除 J519 本身故障，故障在线路本身。进一步检查发现倒车灯线路中有一段被行李箱锁固定螺栓压住，如图 5-68 所示。

④ 取出相关线路，如图 5-69 所示。

⑤ 拨开保护层，发现内部线路裸露造成短路，如图 5-70 所示。

5）故障排除：重新缠绕绝缘层，恢复线路状态，故障排除。

（2）福特蒙迪欧自适应前照灯故障

1）故障现象：一辆 2016 款长安福特新蒙迪欧车，搭载 2.0T 涡轮增压发动机，行驶里程约为 5000km，因自适应前照灯故障而进厂检修。

2）故障分析：接车后，试车验证故障，故障现象确实存在。经询问驾驶人得知，故障是在车辆正常行驶过程中自适应前照灯自动开启后发生的，仪表盘上提示"请检修自适应前照灯"的警告信息，左侧前照灯的照射范围很近而右侧前照灯照射正常。

连接 IDS，调取故障码，得到两个与前照灯相关的故障码，分别是"B103C：13-8A-HCM 左前照灯控制器"（图5-71）及"B1D64：01-8A-HCM 左前照灯回转电动机电路"（图5-72）。记录并尝试清除故障码，故障码不能被清除。

该车配备的 LED 自适应前照灯属于主动安全配置，具有随动转向功能，用于改善夜间弯曲路面等路况下行驶时的照明情况。

随动转向功能由前照灯控制模块 HCM 通过前照灯总成内的模块控制前照灯总成内的步进电动机驱动透射式前照灯的旋转来实现。前照灯可以上下左右转动，HCM 与前照灯总成之间通过 LIN 线交换信息。

根据故障现象结合故障码进行分析，认为故障原因可能为左侧前照灯内部故障、左侧前照灯相关控制线路故障、HCM 故障等。

首先找来与该车相同的左侧前照灯进行替换试验，结果故障依旧。由此可以排除左侧前照灯内部故障的可能。决定重点对相关线路进行检查。

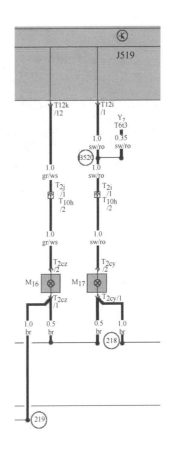

图 5-67　灯光系统电路图
M16—左倒车灯灯泡　M17—右倒车灯灯泡
J519—车载电网控制单元　T12i—12 芯黑色插头连接
T12k—12 芯棕色插头连接　219—搭铁连接2，
在后行李箱盖线束中

图 5-68　线路被行李箱锁固定螺栓压住

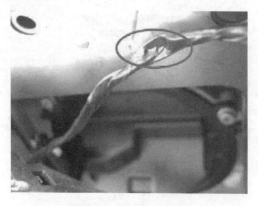

图 5-69　取出相关线路

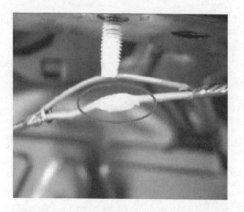

图 5-70　拨开保护层发现内部线路短路

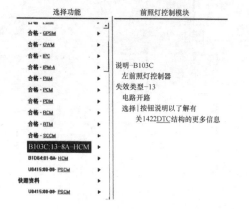

图 5-71　故障码 B103C

图 5-72　故障码 B1D64

前照灯电路如图 5-73 所示，断开左侧前照灯总成的导线插接器 C1509A 和 HCM 的导线插接器 C2129，用万用表测量导线插接器 C1509A 的端子 13 与导线插接器 C2129 的端子 10 之间的导通情况，发现线路不导通，电阻为∞。由此可知，HCM 与前照灯总成之间的通信线路确实有问题。接着断开左侧前照灯总成与 HCM 之间线路的转接插接器 C219，测量转接插接器 C219 的端子 4 与导线插接器 C1509A 的端子 13 之间的电阻，为 0.2Ω；测量转接插接器 C219 的端子 4 与导线插接器 C2120 的端子 10 之间的电阻，为 0.1Ω。由测量结果可知，两侧线路均导通良好，且在将转接插接器 C219 装复后试车，故障消失。

由于之前已经确定线路有问题，为了重现故障，维修人员尝试晃动线束，果然故障重现。重新断开转接插接器 C219 仔细检查，发现 C219 的端子 4 的插孔较大，判断故障是端子 4 虚接造成的。

3）故障排除：对转接插接器 C219 的端子 4 进行修复，并清除故障码后试车，故障消失，反复晃动线束，故障未再出现，故障彻底排除。

(3) 转向灯开关故障

1）故障现象：一辆途安 2.0 自动变速器车，搭载 BJZ 发动机和 09G 型手自一体变速器，行驶里程 13 万 km。用户反映该车将转向灯开关拨至右转位置时，会触发左侧转向灯闪烁 3 下，即车辆直行变道转向灯模式。转向灯开关复位时，也存在同样的问题。

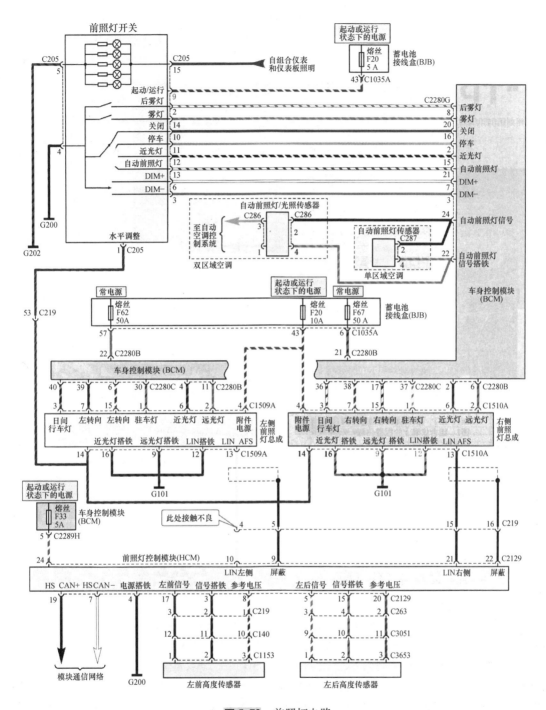

图 5-73 前照灯电路

2) 故障分析：根据现象分析，认为是转向灯开关内部磨损，需要更换转向灯开关。由于用户要求只做简单处理，于是决定关闭直行变道转向灯功能。

用 VAS6150B 故障诊断仪（图 5-74）检查发现，转向灯开关置于右转向位置时，左转向灯闪烁 1 次，说明上述处理不成功。与用户协商后，决定拆卸转向灯开关彻底检查。

3)故障排除:拆开转向灯开关,发现其内部有大量由于触点摩擦所磨下的铜末。清理转向灯开关的内部,装复后试车,转向灯开关的功能恢复正常。用 VAS6150B 故障诊断仪重新激活高速公路转向灯功能后交车。

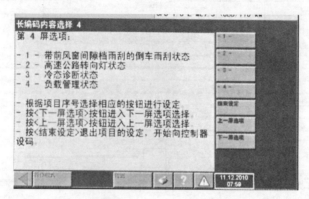

图 5-74　参数设定界面

(4)喇叭开关故障

1)故障现象:一辆 2012 年产途安 1.8T 自动档车,搭载 09G 型手自一体变速器,行驶里程为 12 万 km。用户反映该车喇叭长鸣。

2)故障分析:试车发现,该车在打开点火开关后,喇叭立即开始鸣响,持续 3s 后自动停止。鸣响停止后,再按喇叭按钮,喇叭无任何反应。如果在喇叭鸣响期间起动发动机,鸣响会立刻停止。

用 VAS6150B 故障诊断仪进入网关列表,见转向柱控制单元显示故障。查询故障信息,存在故障码"O0889 - 喇叭启用开关 H 对搭铁短路,静态"。读取转向柱控制单元 3 组 2 区测量值,显示喇叭启用开关 H 已操作,而正常时未按喇叭按钮,应显示未操作。拆下主气囊,检查喇叭按钮的触点,发现其呈闭合状态。分开触点后,故障消失。分析认为,喇叭触点始终接通,导致喇叭长鸣。而车身控制单元具有对异常现象做出特殊处理的功能,当喇叭鸣响时间过长时,会自动切断喇叭信号的输出。

3)故障排除:修复喇叭开关,故障排除。

(5)日间行车灯、驻车灯和牌照灯常亮故障

1)故障现象:一辆大众车,搭载型号为 CED 的 1.8TSI 发动机和 7 速双离合 DSG 变速器,行驶里程约为 3 万 km。因日间行车灯、驻车灯和牌照灯常亮而检修。

2)故障分析:试车验证故障,接通点火开关,车的日间行车灯、驻车灯和牌照灯均已点亮,但此时并未接通前照灯开关。连接 VAS6150A 调取故障码,无故障码存储。用 VAS6150B 调取 J519 车载电网控制单元的数据流,前照灯开关处于关闭状态时的相关数据如图 5-75 所示;将前照灯开关置于"AUTO"位置时的相关数据如图 5-76 所示;将前照灯开关置于驻车灯位置时的数据如图 5-77 所示;接通近光灯开关时的数据如图 5-78 所示。

分析上述数据可知,在将前照灯开关置于不同档位时,均能在 J519 车载电网控制单元的数据流中读取正确的开关位置信息,说明前照灯开关 E1 及其与 BCM 之间的线路均是正常的。牌照灯、驻主灯和日间行车灯常亮,可以判断其灯泡是正常的。综上所述,判断故障原因可能是 BCM 及其相关线路存在故障。

读取测量值					
地址列	ID		测量值	数值	单位	目标值
09	41	1	左前停车灯	99	%	0<=x<=100
09	41	2	右前停车灯	99	%	0<=x<=100
09	42	1	左侧近光灯	0	%	0<=x<=100
09	42	2	右侧近光灯	0	%	0<=x<=100
09	45	4	牌照灯-X	83	%	0<=x<=100
09	49	1	灯开关,灯光关闭	接通		
09	49	2	停车灯开关	断开		
09	49	3	近光灯开关	断开		
09	51	1	旋转灯开关位置	1		

图 5-75 前照灯开关处于关闭状态时的相关数据

读取测量值					
地址列	ID		测量值	数值	单位	目标值
09	41	1	左前停车灯	99	%	0<=x<=100
09	41	2	右前停车灯	99	%	0<=x<=100
09	42	1	左侧近光灯	99	%	0<=x<=100
09	42	2	右侧近光灯	99	%	0<=x<=100
09	45	4	牌照灯-X	83	%	0<=x<=100
09	49	1	灯开关,灯光关闭	断开		
09	49	2	停车灯开关	断开		
09	49	3	近光灯开关	断开		
09	51	1	旋转灯开关位置	2		

图 5-76 前照灯开关位于 AUTO 位置时的相关数据

读取测量值					
地址列	ID		测量值	数值	单位	目标值
09	41	1	左前停车灯	99	%	0<=x<=100
09	41	2	右前停车灯	99	%	0<=x<=100
09	42	1	左侧近光灯	0	%	0<=x<=100
09	42	2	右侧近光灯	0	%	0<=x<=100
09	45	4	牌照灯-X	82	%	0<=x<=100
09	49	1	灯开关,灯头关闭	断开		
09	49	2	停车灯开关	接通		
09	49	3	近光灯开关	断开		
09	51	1	旋转灯开关位置	4		

图 5-77 前照灯开关置于驻车灯位置时的相关数据

读取测量值					
地址列	ID		测量值	数值	单位	目标值
09	41	1	左前停车灯	99	%	0<=x<=100
09	41	2	右前停车灯	99	%	0<=x<=100
09	42	1	左侧近光灯	99	%	0<=x<=100
09	42	2	右侧近光灯	99	%	0<=x<=100
09	45	4	牌照灯-X	84	%	0<=x<=100
09	49	1	灯开关,灯光关闭	断开		
09	49	2	停车灯开关	断开		
09	49	3	近光灯开关	接通		
09	51	1	旋转灯开关位置	8		

图 5-78 接通近光灯开关时的相关数据

查阅相关电路图（图5-79）可知，日间行车灯和驻车灯分别由左右日间行车灯与驻车灯控制单元 J860 和 J861 进行控制。分析认为 J519 到 J860 和 J861 的线路同时损坏的可能性不大，因此判断故障原因为 J519 或其编码存在问题。调取 J519 的编码，确认编码是正常的，由此确定是 J519 故障。

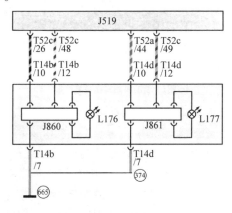

图 5-79 日间行车灯和驻车灯控制电路图

J519—车载电网控制单元　J860—左侧日间行车灯和驻车灯控制单元　J861—右侧日间行车灯和驻车灯控制单元
L176—左侧日间行车灯和驻车灯　L177—右侧日间行车灯和驻车灯

3）故障排除：更换 J519 后试车，故障排除。

（6）激活喇叭故障

1）故障现象：一辆 15 年产朗逸 1.6 轿车，搭载 CFN 发动机，行驶里程为 6 万 km。该车事故修复后，试车时发现喇叭不响。

2）故障分析：维修人员检查车身控制单元 J519 中喇叭供电的熔丝 SC50，发现熔丝熔断。更换后按动按钮，喇叭依旧不工作。进入车身控制单元查询，报出故障码"03591——喇叭激活装置断路，静态"。清除故障码后故障依旧。

读取 31 组 3 区喇叭按钮信号输入的测量值，发现按动喇叭按钮时，屏幕显示已操作，表明开关、F138 及线路正常。利用终端元件执行功能测试，喇叭发响，表明车身控制单元的输出、线路及喇叭均正常。

3）故障排除：测试结束后发现喇叭已经恢复工作。联想到故障码"03591"，推断是控制单元具有短路保护功能，而测试是重新激活喇叭的一种方法。

（7）喇叭完全不响故障

1）故障现象：一辆朗逸 1.6 自动档轿车，搭载 CDE 发动机，行驶里程为 10 万 km。客户反映该车前段时间在转动转向盘时喇叭间歇鸣响，而现在喇叭完全不响了。

2）检查分析：维修人员试车，连接 VAS6150 故障诊断仪，进入车身控制单元 J519 访问，发现存在喇叭 30 号端子供电的间歇性故障。读取 40 组、41 组车身控制单元数据，各个 30 号线供电端子均显示正常，表明喇叭供电端子的上游熔丝没有问题。

使用元件终端执行功能测试，喇叭鸣响了一声，表明车身控制单元至喇叭的线路及喇叭均正常。在引导性功能中选择 31 组 3 区喇叭按键信号输入的测量值，显示为未操作。按动喇叭按键，仍显示未操作，表明喇叭按键信号未输入车身控制单元。

喇叭信号是将按键的搭铁信号，通过安全气囊螺旋电缆 F138 输入到 J519 的，如图 5-80 所示。由于 2 个喇叭按键同时出问题的可能性较小，问题应在 F138 上。脱开安全气囊，在 F138 的插接器 T8h/5 端子接入搭铁线。间歇接搭铁，模拟喇叭按键信号，喇叭不响。在 F138 另一侧，组合开关 T41/10 端子引出搭铁线。间歇接搭铁，模拟喇叭信号，喇叭鸣响。

这个试验结果表明，故障确实在 FH38 上。

3）故障排除：更换集成在 F138 上的组合开关，故障排除。

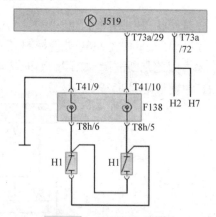

图 5-80 喇叭按钮电路图

（8）制动灯常亮故障

1）故障现象：一辆 2015 年产上汽大众新帕萨特轿车，装配 2.0 TSI 发动机，搭载 6 档双离合自动变速器，行驶里程为 8 万 km。用户反映该车制动灯常亮。

2）故障分析：维修人员接车后，首先验证故障现象。接通点火开关，发现制动灯常亮，故障与用户描述一致。反复踩制动踏板，发现制动灯还是常亮。接下来使用 VAS6150B 故障诊断仪检查网关安装列表的故障，发现制动器电子设备存在故障。检查制动器电子设备的故障码及其含义，发现存在 2 个故障码：00526——制动灯开关不可信信号，01325——轮胎压力监控器控制单元无信号/通信，如图 5-81 所示。

通过检查发动机控制单元的数据，可以检查制动踏板的状态。正常状态下，在未踩下制动踏板时，显示组 66 的显示区 2（制动灯开关的数据）应为 00001000；踩下制动踏板时，显示组 66 的显示区 2 的数据应变为 00001011。于是维修人员使用读取测量值功能检查该车

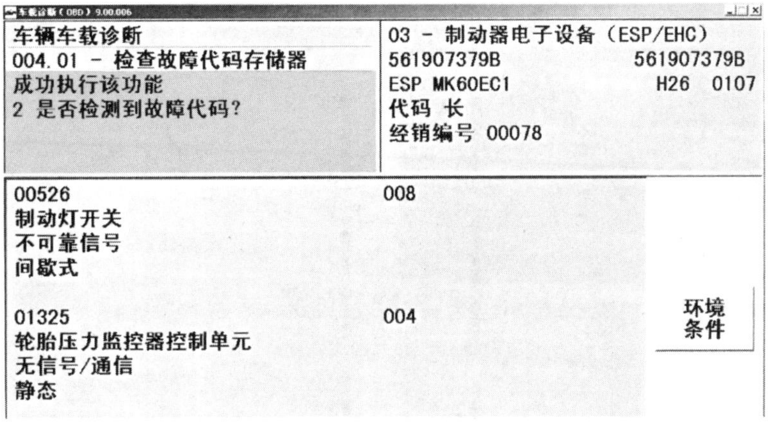

灯光、信号系统 第5章

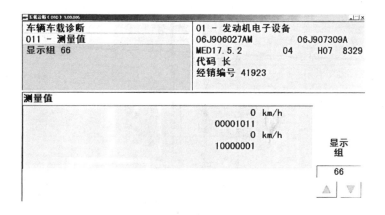

图 5-81　制动器电子设备的故障码及其含义

制动灯开关的数据,发现在未踩下制动踏板时,该数据为 00001011,如图 5-82 所示。这表明控制单元认为制动踏板已踩下,所以控制制动灯亮起,而实际情况是制动踏板未踩下。

图 5-82　未踩下制动踏板时显示组 66 的数据

制动灯开关有 4 根线,4 号端子是供电端子,由供电继电器 J317 端子 30 经熔丝盒 SC33 5A 熔丝到制动灯开关的 4 号端子;2 号端子是搭铁端子(在发动机舱内左侧),搭铁点在转向柱中部;1 号端子至控制单元 J623;3 号端子连接至 J519 控制单元,如图 5-83 所示。拔下制动灯开关的插接器,测量 2 号端子与 4 号端子的电压,发现电压约为 12V,这表明电压正常。测量 1 号及 3 号端子对正极的电压,发现电压约为 12V,表明信号电压正常。考虑到霍尔电压是由制动总泵内部的永久磁铁的移动产生的。拆下制动灯开关,将磁铁放在制动灯开关上,发现制动灯熄灭。这表明传感器、线束及控制单元正常,故障原因在制动总泵。

3)故障排除:更换制动总泵,故障排除。

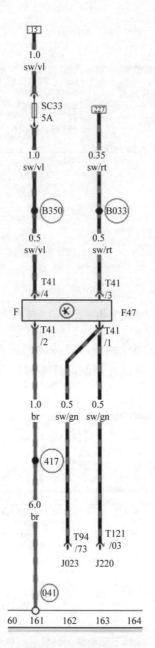

图 5-83 制动开关电路图

69 前照灯调整方法

(1) 调整气体放电前照灯　检查和调整条件：轮胎气压正常、前照灯玻璃必须干净且处于干燥状态、前照灯玻璃不允许损坏、前照灯反射器和灯泡正常。

对于带钢制弹簧减振的车辆：必须处于加载状态。在无载荷的车辆上，在驾驶人座椅上加载负荷至空车重量。空车重量是指汽车处于准备运行时的重量，油箱加满并带有运行时使用的所有装备部件。油箱：至少加注至 90%。装备部件：如备用轮、工具、千斤顶、灭火器等。如果油箱内不足 90%，那么必须按以下方法加载：读出组合仪表中燃油存量表上的油箱加注液位，将其同表 5-12 比较，必要时在行李箱中加上附加重量。

表 5-12 燃油储备显示

燃油储备显示	附加重量/kg	
	65L 油箱	75L 油箱
1/4	49	57
1/2	33	38
3/4	16	19
满	0	0

举例：如果燃油箱只加注到了容积的一半，必须在行李箱内放置 38kg 的附加重量。

提示：请使用加满水的燃油加油罐作为附加载重。

对于带空气弹簧减振的车辆：充填压缩空气储存器，必要时此时起动发动机并怠速运转 2min。

以下适用于所有汽车：必须松开电控机械式驻车制动器，使汽车不会绷紧。汽车与前照灯调整装置必须位于一个平面上。前照灯调整装置必须对准汽车。前照灯调整装置在前照灯前面必须保持 a（30~70cm）的间距，与光线射出面中心点的偏离不应超过尺寸 b（3cm），如图 5-84 所示。

调整好前照灯调整装置的倾斜度。倾斜度箭头刻印在前照灯上边 1.0 处，其单位为"%"，如图 5-85 所示。

提示：必须按前照灯上的公称尺寸数据调整前照灯。百分数是以 10m 投影距离为基准。

举例：当倾斜度为 1.0% 时，其换算值为 10cm。

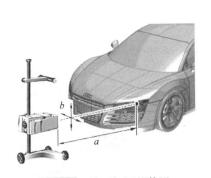

图 5-84 前照灯调整装置

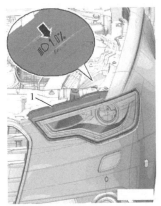

图 5-85 前照灯调整尺寸数据

准备工作：

1）将汽车置于一个平面上。
2）将前照灯开关旋转到"近光灯"位置而非"自动"位置。
3）关上所有车门和后舱盖，并在整个检测和设置过程中都保持关闭。

4）在运行模式"引导功能"中选择功能"基本设置"，打开车辆诊断测试器。

提示：通过此程序，前照灯已完成基本设置。有空气悬架的车辆通过此程序同时可以将底盘调整到空气弹簧正常高度。

选择功能或者路径如图5-86所示。

调节前照灯的步骤：

1）前照灯调整装置上的水平明暗界线必须与检测面的分隔线1接触。

明暗界线的左侧水平部分与右侧增高部分之间的转折点2必须在垂直线上穿过中心标记3。光束明亮的核心部分必须在垂直线的右侧，如图5-87所示。

图5-86 诊断测试仪显示

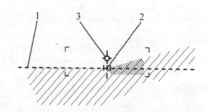

图5-87 前照灯调整装置上的水平明暗界线

2）为便于确定转折点2，将前照灯左半部分（从行驶方向看）交替盖住几次，然后放开。随后再次检查近光灯。

3）根据规定调整了近光灯后，远光灯的光束中心必须在中心标记3上。

4）对于原来的带15°调整线的检查屏，调整方法同样适用于不带15°调整线的检查屏。为了避免调整错误，不需理会15°调整线箭头。

5）操作前舱盖开锁机构时，明暗界线会自动高出正常的近光灯位置，然后从上方重新回到标准位置，如图5-88所示。此过程最多持续5s。

6）如有，撬出调节螺栓的盖罩以便进行高度调整。

7）为了调整前照灯的高度，先用调节螺栓将明暗界线调节到高过分隔线。

8）然后将明暗界线从上方调节到分隔线上。

9）调节侧面时转动调节螺栓1，如图5-89所示。

提示：右侧前照灯的布置镜面对称。成功调节前照灯后，重新遵循车辆诊断测试仪显示屏上的说明，以便退出空气弹簧正常高度。

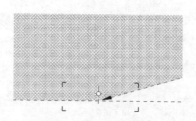

图5-88 明暗界线会自动高出正常的近光灯位置

图5-89 调节侧面时转动调节螺栓

说明：LED 前照灯调整步骤与气体放电前照灯一样。前照灯调整装置必须对准最上方的 LED 灯镜头 1 的中心，如图 5-90 所示。

为了调整前照灯的高度，先用调节螺栓 2 将明暗界线调节到高过分隔线；然后将明暗界线从上方调节到分隔线上；调节侧面时转动调节螺栓 1，如图 5-91 所示。

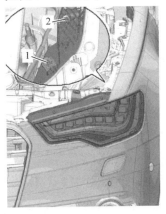

图 5-90　前照灯调整装置必须对准最上方的 LED 灯镜头 1　　图 5-91　调整前照灯的高度

（2）奔腾 B70 动态前照灯调平 DHL 系统零点标定方法　在更换动态前照灯调平（Dynamic Headlamp Leveling，简称 DHL）控制器后，需要对 DHL 系统进行零点标定，具体方法如下：

1）将车辆水平放置，保证车上无人及其他载重物品。

2）将点火开关置于"ON"位置，将灯光开关置于近光档。

3）将灯光开关置于超车灯档（PASS 位），并保持该档位直至零点标定完成。

4）在 3s 内按照"ON 位→OFF 位"顺序切换点火开关 2 次，最后保持在"ON"位，此时零点标定开始，组合仪表上的 DHL 系统故障灯点亮。

5）若零点标定成功，DHL 系统故障灯亮 2s 后熄灭；若零点标定失败，DHL 系统故障灯保持常亮。

（3）大众轿车日间行车灯开启及关闭的方法　装备氙气前照灯的全新轿车，配备有日间行车灯功能。但部分车辆出厂时并未设置该功能，以下就对该车型日间行车灯功能开启及关闭的方法进行介绍。

1）通过更改车载网络控制单元 J519 的编码，激活仪表多功能显示屏中的"日间行车灯"菜单。连接 VAS6150B 故障诊断仪，选择车辆诊断功能，进入地址码"09"；选择"008 编码"功能，将第 9 字节由 9C 更改为 1C，第 15 字节由 34 更改为 F40，如图 5-92 所示。

2）通过仪表多功能显示屏中被激活的"日间行车灯"菜单，开启和关闭该功能。更改编码后，仪表多功能显示屏"车灯与视野"菜单中会增加一条新的菜单选项"日间行车灯"。通过选择和取消"日间行车灯"选项，开启和关闭该功能，如图 5-93 所示。

（4）广汽丰田凯美瑞轿车 AFS 手工初始化设定程序　丰田凯美瑞轿车，当断开蓄电池电缆后，需要对该系统进行初始化设定。对该系统的设定，可以使用专用仪器，也可以使用手工的方法。利用手工的方法进行设定前，车辆必须满足以下条件：

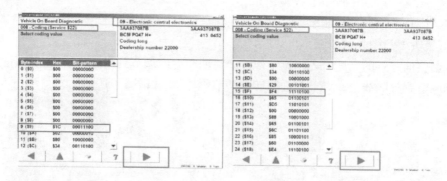

图 5-92 更改编码详情

1) 车辆以 20km/h 的速度直行至少 100m 以上，以进行转向角度零储存。

2) 自动变速器处于 P 位或 N 位运转发动机。

3) 前轮必须处于直行的位置。

手工设定方法：

1) 按"AFS OFF"开关 8 次，然后等待 2s。

2) 将转向盘向左或向右转动到底，然后按"AFS OFF"开关 2 次（最后处于 AFS OFF 状态），此时 AFS 指示灯大概亮 2s 后再闪烁。

图 5-93 选择和取消"日间行车灯"选项

3) 将转向盘向另一方向转动到底，然后按"AFS OFF"开关 2 次（最后处于 AFS OFF 状态），AFS 指示灯大概亮 2s 后再闪烁。

4) 回正转向盘，然后按"AFS OFF"开关 2 次，AFS 指示灯大概 2s 后熄灭，设定完成。

第 6 章 Chapter 6

电子组合仪表

70 仪表结构及信息识读

多功能仪表显示屏像组合仪表一样用两个夹子卡止在仪表板内。多功能仪表显示屏像组合仪表一样使用一个黑色仪表板，因此处于关闭状态时显示屏显示为黑色。圆形仪表的装饰环位于显示屏上方，带有可通过不同颜色照亮装饰环的光导纤维，如图6-1所示。

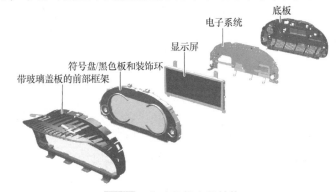

图6-1 多功能仪表的结构

车用组合仪表由仪表、警告灯、指示灯和行车电脑信息显示屏组成，它会显示提醒驾驶人安全驾驶所需的信息，如图6-2所示。

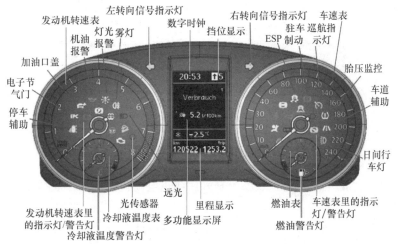

图6-2 仪表主要的警告灯和指示灯显示的信息

71 电子仪表系统工作原理

汽车电子仪表系统以微处理器为核心,利用来自不同传感器的模拟信号或数字信号通过中央处理器的运算处理,最后电子仪表显示器显示所有信息。汽车电子仪表系统能准确、迅速地处理各种复杂信息,并能以数字、文字或图形的形式显示出来,并能向驾驶人发出汽车各种工作状态的信号和故障信息。电子仪表系统的基本组成有传感器与开关、电子控制器及显示装置,其工作原理如图6-3所示。

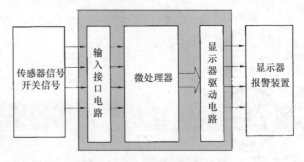

图6-3 电子仪表系统工作原理

(1) 传感器与开关 在电子仪表系统中,传感器的作用是将发动机的转速、发动机温度、车速及机油压力等参数转变为电信号并输送给电控单元。常见的有发动机水温传感器、发动机转速传感器、机油压力传感器、燃油传感器及车速传感器等。

(2) 电控单元 电控单元主要由微处理器、输入接口电路和显示器驱动电路等组成。微处理器对信号进行分析与计算后,输出控制信号,控制相关的显示器或报警装置工作。

(3) 显示装置 显示装置用于显示发动机转速、水温、燃油量、车速等信息,同时具有发动机温度过高报警、机油压力过低报警、制动液液面过低报警等功能。报警方式有警告灯亮起或闪烁、蜂鸣器响等。

仪表中转速表、车速表、水温表和燃油表都是由步进电动机驱动的,由仪表的微控制器(MCU)控制步进电动机,如图6-4所示。

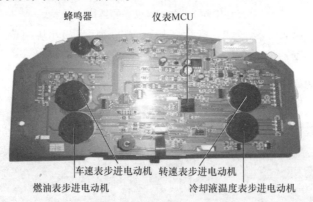

图6-4 电子仪表内部结构

配合单片机使用的电子组合仪表系统是采用步进电动机驱动的仪表指针显示,这种步进电动机式电子组合仪表由ECU完成各种被测物理量的采集,经过换算后直接控制步进电动机,再由步进电动机驱动指针,在刻度盘上指示被测物理量,同时辅以被测物理量LCD数字显示。

如图 6-5 所示，电子组合仪表系统采用精度极高的步进电动机机心，步进电动机驱动模拟显示表，集成化芯片驱动所有步进电动机。更为创新的是采用精度极高的步进机心，它通过两只激励线圈 Coil 和 3D 结构上金属磁轭和定子上的一块永久性两极磁铁来接收电信号，并通过步进电动机内部的传动机构驱动指针，此步进电动机转矩大，精度高，可实现电子仪表的稳定、平滑指示，如图 6-6 所示。

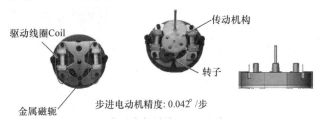

图 6-5　步进电动机机心

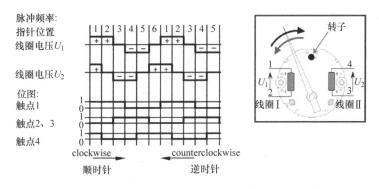

图 6-6　步进电动机驱动的仪表指针显示原理

1）电子式发动机转速表。电子式发动机转速表具有较高的精度、灵敏度，并能自动报警，能在高低温、潮湿、振动等各种恶劣条件下可靠工作，因此得到较多应用。很多发动机转速表还采用真空荧光显示、液晶显示等以图形显示发动机速度。其工作原理如图 6-7 所示，正对着飞轮齿圈的转速传感器通过电磁感应将齿圈的转速转化成正弦电压信号。ECU 接收到正弦电压信号，并将其转化成规整的矩形波传给仪表。仪表接收到脉冲信号，驱动步进电动机，指针偏转。

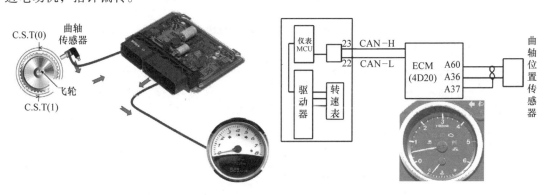

图 6-7　电子式发动机转速表工作原理

2）电子式车速里程表。图6-8所示为车速传感器的工作原理。车速信号取自ABS/ESP的CAN通信信号，以此累计里程，如图6-9所示。

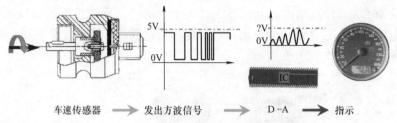

图6-8 工作原理图

① 变速器迈速轮将转矩传递给车速传感器。

② 传感器内部的霍尔元件将转速转化成脉冲信号给仪表。

③ 仪表电路将脉冲信号转化成执行器能够识别的正弦波驱动执行器动作。

3）冷却液温度表。冷却液温度传感器通过ECM发送过滤后的CAN通信信号给仪表，经过仪表MCU的处理，由仪表进行水温指示，如图6-10所示。水温表的量程为50~120℃，红区起始线对应温度108℃，水温报警点为108℃，解报点为103℃。水温表参数见表6-1。

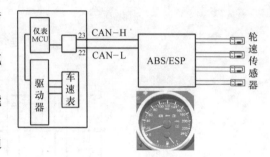

图6-9 电子式车速里程表电路

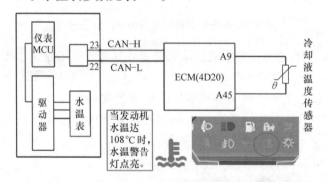

图6-10 冷却液温度表电路

表6-1 水温表参数

冷却液温度/℃	输入电阻/Ω	指针偏转角度/(°)	指示误差/(°)	水温表指示
50	304	0	±3	C
80	114.6	50	±3	1/2
105	52.8	50	±3	1/2
108	39	90	±3	报警起始

冷却液温度传感器一般采用热敏电阻式，其工作原理为负温度系数R-T关系，即冷却

液温度越低,电阻值越高;冷却液温度越高,电阻值越低。冷却液温度传感器一般安装在缸体上,向发动机控制单元提供冷却液温度信息,供发动机管理系统作为燃油修正的依据,同时经由 CAN 总线送到组合仪表 MCU 微控制器处理,经冷却液温度表向驾驶人传递冷却液温度信息或报警,以防因冷却液温度过高而使发动机过热。

4)燃油表。燃油指示除液位指示外,还有燃油报警功能。燃油警告灯的控制方式为:由仪表内的 MCU 接收到燃油液位传感器的报警电阻值时,控制燃油警告灯点亮,如图 6-11 所示。

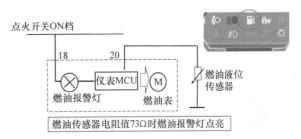

图 6-11 燃油表电路

低燃油报警开点(报警点):对应阻值 73Ω(8L);低燃油报警关点(解报点):对应阻值 68Ω,见表 6-2。

表 6-2 燃油表参数

油位	输入电阻/Ω	指针偏转角度/(°)	指示误差/(°)
E	95	0	±3
1/9	73	10(报警)	±2
	68	(解除报警)	
1/2	32.5	50	±3
F	7	100	±3

72 平视显示系统

HUD 是英文 Head Up Display 的缩写,意为"抬头显示"或者"平视显示屏"。同许多在战争中发展出来的技术一样,HUD 最初的应用就是在战斗机上,最早装备 HUD 的飞机是法国的幻影战斗机。这种由电子组件、显示组件、控制器以及高压电源等组成的综合电子显示设备,能将飞行参数、瞄准攻击、自检测等信息,以图像、字符的形式,通过光学部件投射到座舱正前方组合玻璃或者头盔上的显示装置上。

HUD 将一个虚拟图像投射到驾驶人的视野范围内。在风窗玻璃上反射出定速巡航控制数据或箭头导航数据等重要信息,便于驾驶人随时了解,就像喷气式飞机的飞行员一样,如图 6-12 所示。

(1) HUD 的功能 新宝马 7 系 HUD 的电路如图 6-13 所示,HUD 控制单元上的 K - CAN 信号功能见表 6-3。

图 6-12 HUD

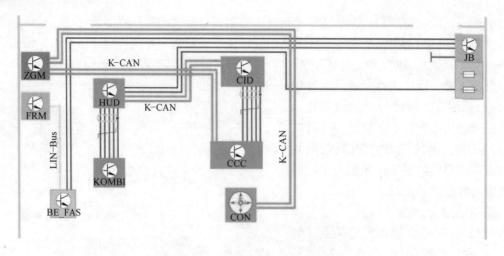

图6-13 宝马新7系HUD的电路

ZGM—中央网关模块　HUD—平视显示屏　CID—中央信息显示屏　JB—接线盒
CCC—车辆信息计算机　KOMBI—组合仪表　BE_FAS—驾驶人辅助系统操作单元
FRM—脚部空间模块　K-CAN—车身控制器区域网络　LIN-Bus—局域互联网总线

表6-3　HUD控制单元上的K-CAN信号

输入/输出	信息	来源/汇集点	功能
输入	车速	组合仪表	HUD显示
输入	检查控制信息	组合仪表	HUD显示
输入	调光/亮度	晴雨传感器RLS信号通过车顶功能中心FZD传输	调节亮度
输入	调节高度	CIC	校准高度
输入	亮度偏差	CIC	调节亮度
输入	DCC	EHB3	HUD显示
输入	功能选择	CIC	HUD显示内容
输入	打开/关闭按钮	BAFAS	打开/关闭HUD
输入	导航	CIC	HUD显示

(2) HUD的工作原理　平视显示屏HUD相当于一个投影装置，其工作原理如图6-14所示。需要一个光源来投射HUD信息，使用红色和绿色2个LED灯组作为光源，通过TFT投影显示屏产生图像内容。TFT投影显示屏相当于一个滤波器，允许或阻止光线通过。由一个图像光学元件确定HUD显示图像的形状、距离和尺寸，图像看起来就好像自由漂浮在道路上方，挡风玻璃的作用相当于偏光镜。HUD投射图像内容距离观察

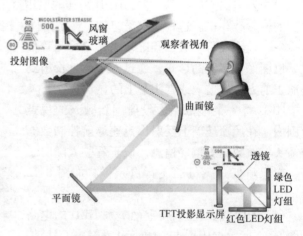

图6-14　HUD的工作原理示意

者的眼睛大约 2.7m，如图 6-15 所示。

（3）HUD 的接通条件 当 HUD 的总线端 15 接通，并且按压驾驶人辅助系统操作单元 BEFAS 上的打开/关闭按钮（图 6-16）后，HUD 才会接通，允许有光线通过。

1）接通状态：HUD 通过 K-CAN 接收总线端 30 接通状态信号。总线端 R 接通后，HUD 在一定程度上处于准备就绪状态，即 HUD 可通过 K-CAN 与车载网络的其他连接设备进行通信；TFT 投影显示屏进行初始化并变为黑屏；LED 熄灭。

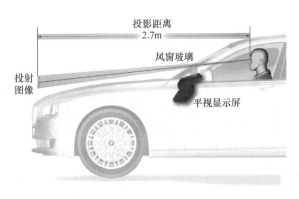

图 6-15 投影距离

HUD 通过 K-CAN 接收总线端 15 接通状态信号后，HUD 进入准备就绪状态，此时可以通过 BEFASF 上的打开/关闭按钮接通背景照明装置，调节 HUD 高度和亮度，通过 HUD 显示信息。

车辆起动时处于总线端 50 状态。在总线端 50 状态期间，即车灯关闭时，HUD 进入保持状态，这种保持状态会一直延续到总线端 50 状态结束后。

2）关闭条件：当总线端 R 关闭时，按压 BEFAS 上的打开/关闭按钮就会关闭 HUD。

3）亮度偏差：亮度偏差是一项个性化配置功能。驾驶人可通过亮度偏差功能自行调节并存储 HUD 亮度设置，如图 6-17 所示。每次接通 HUD 时都会执行 HUD 亮度偏差设置。通过控制器在 CID 内进行亮度设置，可选择 -10 ~ +10 之间的设置值，中间值为 0，设置值通过 K-CAN 发送至 HUD。

图 6-16 打开/关闭按钮

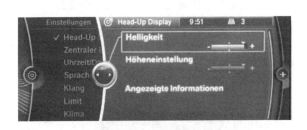

图 6-17 HUD 的亮度设置

为了针对不同光线效果进行补偿，根据晴雨传感器的信号自动进行亮度调节。自动调节亮度时不会出现 HUD 亮度跃变情况。HUD 产生不同光线效果的原因为：①环境条件，如白天、夜晚、阳光、乌云、雨、雪、雾等；②建筑情况，如隧道、地下车库等；③驾驶人可通过滚花轮调节仪表照明的亮度；④自总线端 58g 车灯亮起后，根据仪表照明亮度设置确定 HUD 亮度。

HUD 的亮度取决于调光轮设置、亮度偏差以及晴雨传感器 RLS。HUD 内集成了一个用于 HUD 和 LED 灯组的运行计时器。

4）显示范围：HUD 尺寸大约为 200mm×100mm，显示屏分辨率为 480×240 像素。HUD 分为 2 个显示区域，如图 6-18 所示。上部区域以符号、显示条和文字形式显示导航信息和 CC 信息，下部区域以单位、当前车速和定速巡航控制形式显示与车速有关的内容。

5）颜色选择：由不同的控制单元规定相应的显示符号。组合仪表针对 HUD 显示内容执行相关颜色规定。为了达到最佳的符号可视效果，使用二维"平面符号"，橙色为标准色，红色或黄色用于报警信息，绿色用于定速巡航控制系统，HUD 背景为透明色。

（4）HUD 部件安装位置及结构　HUD 安装在转向柱上方，紧靠在组合仪表后部。通过 3 个六角螺栓将其固定在前围板支承结构上，如图 6-19 所示。HUD 由玻璃盖板、反射镜、2 个 LED 灯组、主印制电路板及壳体等部件构成，还包括风窗玻璃、车灯模块和 BEFAS、晴雨传感器、Tr 投影显示屏、车顶功能中心和接线盒、HUD 挡板等附属部件。HUD 系统通过 BEFAS 上的打开/关闭按钮、车灯开关中心内的车灯开关、仪表照明调光器以及控制器等部件进行操作。HUD 的主要组成部件如下：

图 6-18　平视显示屏的显示区域

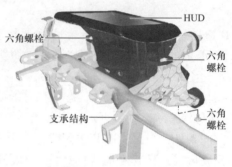

图 6-19　HUD 的安装位置

① 玻璃盖板：玻璃盖板由防划涂层聚碳酸酯（PC）材料制成，如图 6-20 所示，它是 HUD 的上部盖板。玻璃盖板可防止灰尘和无意放到显示屏上的物体进入 HUD 内部。玻璃盖板和 HUD 挡板都采用曲面设计，以免无法将射入的光线反射给驾驶人。此外还通过散光效果等方式，确保顺利将显示屏上的信息投射到风窗玻璃上。

② 反射镜：HUD 内装有 2 个反射镜，如图 6-21 所示。反射镜将显示屏上的信息反射到风窗玻璃上。曲面镜负责对风窗玻璃上的图像进行补偿调节，即调节图像尺寸和距离。平面镜是负责确保光线在特定空间内传输的偏光镜。曲面镜由塑料制成，平面镜由玻璃制成。

图 6-20　HUD 玻璃盖板

图 6-21　HUD 内的反光镜

③ LED 灯组：HUD 使用 2 个 LED 灯组。LED 灯组在一个平面内布置了 8 个 LED。LED 灯组为 TFT 投影显示屏提供背景照明，负责产生达到 HUD 亮度所需的灯光。LED 灯组内安

装红色和绿色 LED，根据主印制电路板的控制情况达到所需的 HUD 亮度。

④ 主印制电路板：主印制电路板（图 6-22）上安装了 K – CAN 接口、处理器 CPU、LVDS 控制器、EEPROM 存储器及供电装置等组件。组合仪表通过 LVDS 导线将图像信号发送到显示屏上。

⑤ 壳体：壳体（图 6-23）由铝合金制成，包括下端部件和塑料盖板。散热装置（铝合金散热片）和供电装置固定在下端部件上，玻璃盖板集成在盖板内。

图 6-22　主印制电路板

图 6-23　壳体

（5）风窗玻璃　所用风窗玻璃是一种特殊玻璃，如图 6-24 所示，它是反射显示内容的重要部件。与批量生产风窗玻璃一样，外层和内层玻璃也粘有一层塑料膜。但与批量生产的风窗玻璃不同的是，该塑料膜并非以平行分布方式而是以楔形分布方式覆盖在整个风窗玻璃上。这种楔形分布方式可防止 HUD 显示内容重影。楔形尖端向下，从距离风窗玻璃下边缘大约 10cm 处开始向上加厚。楔形末端大约位于风窗玻璃高度 2/3 处。在风窗玻璃上部 1/3 区域内，外层和内层玻璃间的塑料膜平行分布。楔形尖端的厚度为 0.8mm，末端的厚度为 1mm。风窗玻璃下边缘的总厚度为 4.5mm，上边缘的总厚度为 4.7mm。

1）未安装正确风窗玻璃。正常风窗玻璃的成像反射到 HUD 风窗玻璃上的 2 个图像会在楔角作用下相互重叠，因此驾驶人只会看到一个图像，其机理如图 6-25 所示。HUD 图像始终反射到风窗玻璃的内侧和外侧。由于批量生产风窗玻璃存在倾斜角度，因此 2 个反射图像会彼此错开而形成重影的图像，如图 6-26 所示。

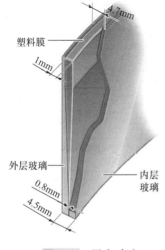
图 6-24　风窗玻璃

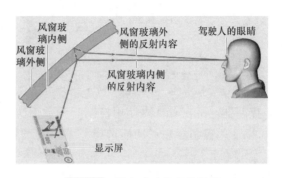
图 6-25　风窗玻璃的成像机理

2）有效视线范围。有效视线范围是指驾驶人可以自由移动而且不会影响HUD图像可视效果的移动空间。在有效视线范围内的自由移动空间大致为：水平移动距离130mm（图6-27），垂直移动距离±70mm调节范围30mm，如图6-28所示。超出有效视线范围时将无法看到完整的HUD显示内容。

图6-26 HUD显示重影

(6) 组合仪表 为了选择车速进行显示，分为加速、制动和滑行阶段。车辆处于滑行阶段时，取3个连续数值的平均值并更新车速读数。所有CC信息也都显示在HUD内。组合仪表针对这些信息执行主控功能。符号和相关文字由组合仪表传输。CC信息先于其他显示内容显示，如导航信息等。一条CC信息显示8s。同时显示多条CC信息时，每条CC信息显示3s。

1）操作元件。驾驶人辅助系统操作单元BEFAS HUD打开/关按钮位于BEFAS内。该按钮以电阻方式设码。直接按该按钮即连接至HUD。HUD可根据电阻设码识别出按钮信号或按钮故障。

2）仪表照明调光。启用行车灯时会针对HUD执行调光器设置，由车灯模块发出调光器信号，如图6-29所示。

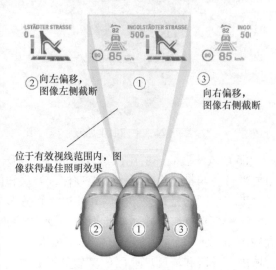

图6-27 HUD的有效视线范围（向左/向右偏移）

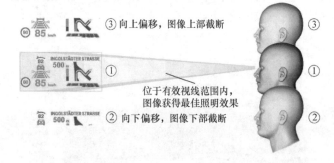

图6-28 有效视线范围向下/向上偏移

图6-29 仪表照明调光器

3）控制器。可在CID内使用控制器调节HUD的亮度和高度，亮度调节又称为亮度偏差，也可以使用控制器在"功能选择"菜单内设置导航等功能。因此这些设置会间接影响到HUD显示效果。

(7) 维修信息

1）调节HUD亮度。可单独调节HUD的亮度。CID是亮度调节的显示仪表，控制器是亮度调节的操作元件。调节的步骤如下：①通过按压菜单按钮调出主菜单；②按压控制器，调出"设置"菜单选项；③转动控制器直至选中菜单栏内的"平视显示屏"，随后按压控制器进行确认；④转动控制器直至选中"亮度"，随即进行确认；⑤通过转动控制器设置所需亮度，并按压控制器进行确认。

2) 调节 HUD 水平高度。新宝马 7 系 F01/F02 的驾驶人可根据需要，使用 iDriVe 控制器调节图像位置和有效视线范围。有效视线范围最多可上下偏移 30mm。其步骤如下：①通过按压菜单按钮调出主菜单；②按压控制器，调出"设置"菜单选项；③转动控制器直至选中"平视显示屏"，随后按压控制器进行确认；④转动控制器直至选中"调节高度"，随后按压控制器进行确认；⑤转动控制器设置所需亮度，并按压控制器进行确认。

3) 使 HUD 垂直旋转。HUD 出厂时使用规定的基本设置。在进行更换风窗玻璃等工作时，维修人员可通过垂直旋转功能使 HUD 图像水平转动，通过电动机在 -3°~+3° 范围内调节显示屏。

4) 调出/退出测试功能。某些测试功能可直接通过 HUD 调出，无须使用 BMW 诊断系统，步骤如下：①按住 BEFAS 上的打开/关闭按钮约 20s 再放开；②通过再次按压按钮调出其他测试功能；③需要结束这项功能时，按住 BEFAS 上的打开/关闭按钮 20s 以上。

(8) HUD 的更换　如果未按规定安装 HUD 或风窗玻璃，可能就会投射出有问题的 HUD 图像。图 6-30 列出了一些可能会在更换 HUD 或风窗玻璃时出现的问题。在不利光线条件下，光线照射到风窗玻璃或 HUD 上会造成图像反白，HUD 过热时也会造成图像反白，如图 6-31 所示。如果更换风窗玻璃后图像扭曲变形，可通过校正扭曲变形功能改善图像显示情况。

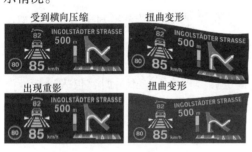

图 6-30　HUD 的图像问题

图 6-31　HUD 过热时也会造成图像反白

73 仪表电路分析

(1) 仪表电源电路

蓄电池正极→SA3110A→SC135A→内部连接线 A167→仪表控制单元 J285 的 T32/4。

点火开关 15→SC210A→内部连接线 A20→仪表控制单元 J285 的 T32/23。

油泵电路：来自油泵继电器 87 端子→SC4515A→地址码 55→燃油泵 G6→搭铁。

远光灯电路：手动变光开关 E4（即超车灯开关、扳动开关、车灯开关的电源经过手动变光开关触点到手动变光开关 T12/12 脚）→SC1815A→内部连接线 A95，分三路：

第一路：左侧远光灯泡 M30。

第二路：右侧远光灯泡 M31。

第三路：仪表控制单元 12.85 的 T32/25（去控制仪表远光指示灯 K1 点亮），如图 6-32 所示。

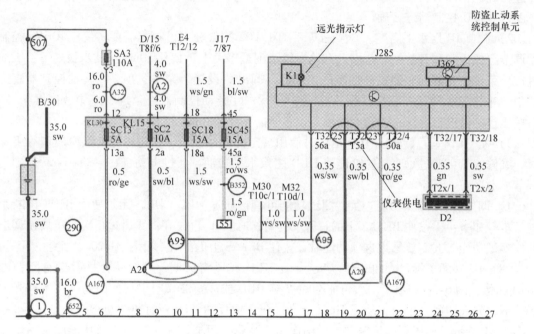

图 6-32　组合仪表供电电路图

（2）组合仪表温度、燃油指示电路　仪表 J285 为传感器通用仪表控制单元搭铁；G17 是车外温度传感器，检测车外温度，仪表控制单元接收此信号并控制多功能显示器显示车外温度值。

G32 为冷却液液位传感器，用于检测冷却液是否足够。当冷却液不足时，仪表冷却液温度和冷却液不足显示的指示灯 K28 会点亮。冷却液温度表 G3 受发动机冷却液温度传感器 G62 控制，G62 将信号传给发动机控制单元，发动机控制单元通过 CAN 到仪表控制单元去控制 G3，当冷却液温度过高时也会点亮 K28 指示灯。

燃油存油量显示传感器 G1 用于检测燃油箱油量；当油量不足时会提醒驾驶人尽快加油，提醒方式不但有显示器警告，还会有声音警报，如图 6-33 所示。

（3）组合仪表指示灯电路　E18 为后雾灯开关。当打开后雾灯开关时 E18 的 T17/9 通电→左侧后雾灯灯泡 L16→搭铁→仪表控制单元 J285 的 T32/1（去控制后雾灯指示灯 K13 点亮）。

G34 左前制动摩擦片磨损传感器安装于左前轮制动片内，当制动片磨损到更换极限时，会点亮仪表制动摩擦片指示灯 K32，从而提醒驾驶人更换制动片。

F34 制动液液位警告信号触点用于检测制动液是否足够，当制动液不足时制动液面过低，F34 触点闭合，制动系统指示灯 K118 点亮，提醒驾驶人检查制动系统，补充制动液，如图 6-34 所示。

第 6 章 电子组合仪表

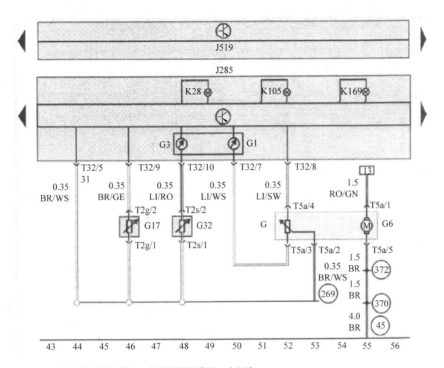

仪表板中控制单元，车外温度传感器，冷却液不足显示传感器，燃油存量显示传感器，燃油泵，冷却液温度和冷却液不足显示的指示灯，燃油储备指示灯，选档锁指示灯，燃油存量显示，冷却液温度表

G   燃油存量显示传感器
G1 燃油存量显示
G3 冷却液温度表
G6 燃油泵
G17 车外温度传感器
G32 冷却液不足显示传感器
J285 仪表板中控制单元
J519 车身控制模块，在仪表板左侧下方
K28 冷却液温度和冷却液不足显示的指示灯
K105 燃油储备指示灯
K169 变速杆锁指示灯
T2g 2芯黑色插头连接
T2s 2芯黑色插头连接
T5a 5芯黑色插头连接
T32 32芯蓝色插头连接

(45) 搭铁点，在仪表板中部空调器右侧支架上
(269) 仪表板线束中的搭铁连接(传感器搭铁)1
(370) 主线束中的搭铁连接5
(372) 主线束中的搭铁连接7

图 6-33 组合仪表电路

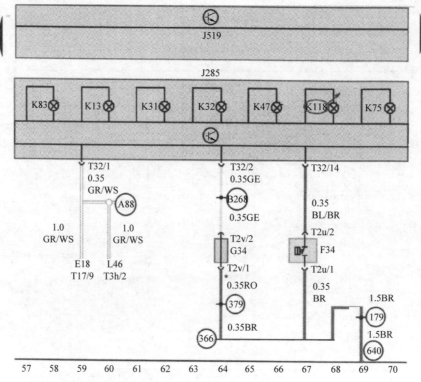

仪表板中控制单元，制动液位警告信号触点，
左前制动摩擦片磨损传感器，GRA指示灯，制动摩擦片指示灯，
ABS指示灯，安全气囊指示灯，排气警示灯，
后雾灯指示灯，制动系统指示灯

E18 后雾灯开关
F34 制动液位警告信号触点
G34 左前制动摩擦片磨损传感器，在左前车轮内
J285 仪表板中控制单元
J519 车身控制模块，在仪表板左侧下方
K13 后雾灯指示灯
K31 GRA指示灯
K32 制动摩擦片指示灯
K47 ABS指示灯
K75 安全气囊指示灯
K83 排气警示灯
K118 制动系统指示灯
L46 左侧后雾灯灯泡
T2u 2芯黑色插头连接
T2v 2芯黑色插头连接
T3h 3芯黑色插头连接
T17 17芯黑色插头连接
T32 32芯蓝色插头连接

(179) 左前照灯线束中的搭铁连接
(366) 主线束中的搭铁连接1
(379) 主线束中的搭铁连接14
(640) 搭铁点，在左前纵梁顶部中间
(A88) 仪表板线束中的连接(NSL)
(B268) 车内线束中拉连接1(制动摩擦片磨损显示)
* 仅限装备制动片磨损报警的汽车

图6-34 后雾灯电路

74 新款捷达仪表拆装

提示：不需要拆卸转向盘。

1) 调整转向盘至合适位置并锁止。
2) 拉出转向柱饰板上部件的槽形盖板，如图6-35所示。
3) 旋出紧固螺钉，如图6-36所示。拧紧力矩为1.5N·m。
4) 根据导线长度，从仪表板中拉出组合仪表。

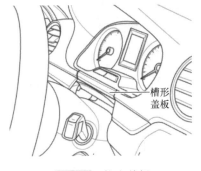

图6-35 拉出盖板

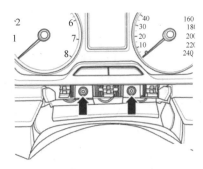

图6-36 旋出紧固螺钉

5) 沿箭头方向转动防松箍，并拔下插头，如图6-37和图6-38所示。
6) 从车内取出组合仪表。

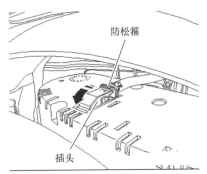

图6-37 沿箭头方向转动防松箍

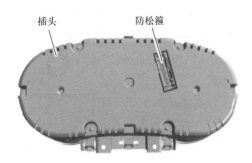

图6-38 组合仪表背面
1—32芯插头 2—报警蜂鸣器

安装：安装大体以与拆卸相反的顺序进行。

75 仪表的匹配

匹配前先做好以下工作：

1) 连接好VAS5053诊断仪。
2) 查询7位数密码，并索取查询密码和服务站代码，牢记查询密码的日期。例如：查询到的7位密码是1234567，服务站代码是7430918。

3）对 VAS5053 诊断仪进行设置并打开软件，按图 6-39 和图 6-40 所示进行操作。

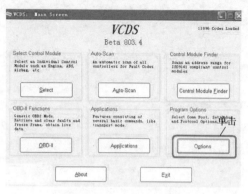

图 6-39　选择系统配置选项

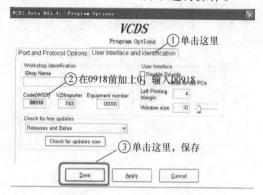

图 6-40　输入服务站代码并保存

4）打开点火开关后会看见仪表上各种图标闪烁，打开软件选择 25 单元（防盗）→进入 16（安全访问），输入新仪表上的黑胶覆盖的四位数字，例如：5678，就输入 05678→10（匹配调整），输入 50，单击"读取"，这时会看见软件对话框上方的几个框中出现咖啡色的字样，等待 5min 左右会出现一个新的对话框，单击"7 位输入"，按照图 6-42 输入 7 位密码→单击"OK"，再单击"保存"，然后单击"确定"。

5）选择 25 单元（防盗）→进入 16（安全访问），单击"7 位码"，输入查询到的密码"1234567"，选择正确的密码查询日期（图6-41），

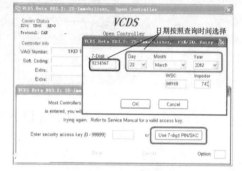

图 6-41　输入密码和时间

单击"OK"→10（匹配调整）→输入 01，单击"读取"，在新建值中输入随身携带的钥匙数量（如果只带了一把钥匙，就输入 1），单击"保存"，在弹出的对话框中选择"是"，这时仪表上会出现防盗激活字样，接着拔出点火开关上的钥匙，插入第二把钥匙，打开点火开关，等待 3s，钥匙匹配全部完成。

6）仪表调整。这时仪表上会出现几个故障灯，其中有一个蓝色远光灯标志在闪，这是仪表的工厂模式。

① 关闭工厂模式。步骤：选择 17（仪表）→10（匹配调整）→输入 22，单击"读取"，在新建值中输入 0，单击"保存"，在弹出的对话框中选择"OK"。

② 更改仪表编码。步骤：选择 17（仪表）→07（重新编码）→输入 0019103，单击"OK"。

76 大众/奥迪仪表自适应

（1）数据读取　在拆卸组合仪表之前，必须读出数据。

说明：如果不能读出数据（有故障的组合仪表），则必须从用于车辆维护的计划和里程显示中输入数据。

连接 VAS6150B,打开点火开关;选择"17-仪表",在控制单元、识别代码和防盗装置的识别号码显示之后,选择"10"功能进行自适应。

在 VAS6150B 上显示所选择的通道和适用于下一个维护事项的计数器读数。

说明:

① 要求值的输入只能以 1000km 间隔的方式进行,因此,在显示器中同样以 1000km 间隔的方式显示。

② 匹配值必须以 5 位数输入,如匹配值 9 为 00009 表示从现在开始到下次维修服务还有 9000km 的里程。

③ 在使用带有里程显示的组合仪表时,匹配同样必须以公里方式出现。因此,必须把英里数值转换为公里数值（1mile≈1.609km）。

示例:该车辆已行驶了 6000km,用户所用的时间为 170 天。在新的组合仪表中必须对所有的保养种类进行匹配,以致产生如下的匹配值:

通道 10:15000km-6000km=9000km（匹配值 9）

通道 11:30000km-6000km=24000km（匹配值 24）

通道 12:370 日(天)-170 日(匹配值 20)

说明:因为时间计数器的输入精度为 10 天,所以当取整数时一年可能有 370 天。

(2) 一汽大众/奥迪的自适应操作方法　说明:一汽大众/奥迪的自适应操作方法与大众保养周期复位方法是一样的,但是检修保养里程数与时间的设置方法是不一样的。

通道号说明:02—保养周期显示复位、03—燃油消耗显示自适应（用百分数表示）、04—信息语言种类选择（德、英、法等）、09—行驶里程输入、30—校正燃油表显示、40—上次保养后行驶的里程、41—上次保养后行驶的时间、42—下次保养前里程下限值、49—下次保养前时间下限值。

下面将保养周期复位为 7500km 和 90 天加以说明,诊断仪器为 VAS6150B。

1) 40 通道号设置:

①连接 VAS6150B,打开点火开关;②选择"17-仪表";③选择"10 功能进行自适应";④输入通道号"40",将值设置为"75"(步长为 100km)。

通过该匹配功能,已经将该车在一个保养周期内的最少行驶公里数设置为 7500km。

2) 42 通道号设置:

①连接 VAS6150B,打开点火开关;②选择"17-仪表"③选择"10 功能进行自适应";④输入通道号"42",将值设置为"00075"(步长为 100km)。

通过该匹配功能,已经将该车在一个保养周期内的最大行驶公里数设置为 7500km。

3) 43 通道号设置:

①连接 VAS6150B,打开点火开关;②选择"17-仪表";③选择"10 功能进行自适应";④输入通道号"43",将值设置为"00150"(步长为 100km)。

通过该匹配功能,已经将该车在一个保养周期内的总行驶公里数设置为 15000km。

4) 49 通道号设置:

①连接 VAS6150B,打开点火开关;②选择"17-仪表";③选择"10 功能进行自适应";④输入通道号"49",将值设置为"365"(步长为 1 天)。

通过该匹配功能,已经将该车在一个保养周期内的总行驶天数设置为 365 天。

5）燃油表传感器特性曲线自适应。用 VAG1433A 抽空油箱，然后加注油（速腾 7L、奥迪 10L）。

① 使用解码器 VAS6150B 进入地址 17 仪表系统。

② 选择"10 功能进行自适应"。

③ 选择 30 通道。

④ 显示值范围：大众速腾为 108～148、奥迪为 120～136，步长可调（速腾为 1、宝来为 2、奥迪为 8）。

⑤ 通过上/下键或修改数值，将指针调到中间红刻度线处。

⑥ 用"Q"键确认，06 功能退出。

注：速腾燃油箱容量为 55L。指针到达备用区，则显示屏上的警告灯点亮，组合仪表显示屏上可能同时显示文字信息："请添加燃油"，并发出一声警报响，提示添加燃油，此时，燃油箱内尚有 7L 燃油。

6）设置组合仪表语言显示：

① 组合仪表多功能显示器可设置几种不同的语言显示（通过组合仪表自适应来实现）。

② 使用仪器 VAS6150B。

③ 操作方法：连接 VAS6150B，选择地址码 17，选择自适应功能 10，选择自适应通道 04，根据表 6-4 通过输入相应代码选择所需要的语言。

表 6-4　通过输入相应代码选择需要的语言

语言	德语	英语	法语	意大利语	西班牙语	葡萄牙语	空白	汉语
代码	00001	00002	00003	00004	00005	00006	*00007	*00008

7）对行驶里程显示进行匹配：

① 车辆所走过的总里程可以从有故障的组合仪表读出，或者根据保养计划加以测定。

② 新组合仪表所显示的总里程在匹配之前不许超过 100km。

③ 新组合仪表所输入的总里程必须大于 100km。

④ 总里程的匹配只是一次性的，并且只能以递增方式进行。

⑤ 使用 VAS6150B 的取消键，可以中断匹配。

⑥ 在确认输入后再进行修改是不可能的。在这种情况下，仪表板部件必须用一个新的部件加以代替。

⑦ 即使在使用英里的国家，匹配也必须以公里（km）方式出现。至此，把英里的匹配值换算成公里。示例：

有故障的仪表有一个 89627km 的公里数位置，这个位置的公里数可以按如下步骤被传输到新的组合仪表上：①连接 VAS6150B；②进入地址 17；③选择 11 功能，输入 13861；④如果这时输入三次错误的代码或防盗密码，那么在显示屏上就出现"EALL"（失效）。在这种情况下，必须断开点火开关，再重新接通点火开关，并且使用正确的代码或防盗密码重返注册过程。⑤选择 10 功能；⑥选择 09 通道，输入以十为单位取整后的里程数；⑦选择 06 功能，退出。

例如：实际行驶里程为 89627km，输入值应为"08963"，即实际行驶里程值＝输入值×10，匹配值见表 6-5。

表6-5 匹配值

0	8	9	6	3	位数
×					十万位数：100000~90000km
	×				一万位数：10000~90000km
		×			千位数：1000~9000km
			×		百位数：100~900km
				×	十位数：10~90km
					个位数：四舍五入到紧接着的十位数

8) 转速限制自适应：

① 连接 VAS6150B。

② 进入地址17。

③ 输入通道号35，输入自适应值为"00250"。

9) 机油等级匹配：

① 连接 VAS6150B，打开点火开关。

② 选择"17－仪表"。

③ 选择"10 功能进行自适应"。

④ 输入通道号"45"，将值设置为"1"。

机油等级匹配可选"1"和"2"。

机油等级匹配1用于不带长效功能的车辆，保养周期最长不能超过最大行驶公里数15000km，最长时间间隔为365天（适用于波兰、土耳其、新西兰、澳大利亚、中国等）。

机油等级匹配2用于带长效功能的车辆，保养周期最长不能超过最大行驶公里数30000km，最长时间间隔为730天（适用于德国、比利时等）。

10) 限速警告设置：

① 奥迪组合仪表设置限速警告打开和关闭：

a. 按压"CHECK"功能键。

b. 在汽车菜单中选择"systems"（系统）。

c. 选择"Instmment cluster"（组合仪表），"Instmment cluster"菜单出现。

d. 选择超速警告"on"（打开）或"off"（关闭），打开或关闭警告限值。

② 多功能显示设置：

a. 按压 CAR 功能键。

b. 在汽车菜单中选择"systems"（系统）。

c. 选择"Instmment cluster"（组合仪表），"Instmment clusterr"菜单出现。

d. 选择菜单"speed waring"（超速警告）中的第二项，子菜单"speed waring"（速度域值）出现。

e. 设定所需要的警告限值。可在30~200km/h的速度范围内设定警告限值2，设置时的步长为每次10km/h。

③ 大众组合仪表设置限速警告打开和关闭：

a. 不配备多功能转向盘的轿车：按压风窗刮水器操纵杆上的翘板开关上下端。

b. 配备多功能转向盘的轿车：按压△或▽按钮。

c. 选择"Speed warning–km/h"（车速报警 km/h）显示项。

d. 按压"OK"按钮即可将当前车速作为报警车速存储在系统里并激活警报系统。

e. 必要时可用风窗刮水器上的翘板开关或多功能转向盘上的△或▽按钮在 5s 内设定所需报警车速。然后再次按压"OK"按钮或等数秒钟，报警车速即被存储在系统里并激活警报。

f. 如欲关闭车速警报，按压"OK"按钮即可，同时删除存储的报警车速。

77 各车型手工保养归零

（1）奔驰 S350 车保养灯归零方法　将点火开关置于 I 档，同时按住转向盘上的"OK"键和拨电话键，仪表板上会出现 3 行字，选最下边的"ASSYSTPLUS"保养代号，接着按照下列顺序选择："service completed"（保养完成）→"services due"（已到保养日期）→"full services"（整套保养）→"oil quality"（机油质量），保养完成。

（2）大众车保养灯归零方法　使用故障检测仪归零方法：

1）进入 17 "仪表系统"，选择"匹配"项目。

2）将通道 02 改为"00000"。

3）将通道 42 改为"00150"。

4）将通道 43 改为"00150"。

5）将通道 40 改为"00075"，即为 7500km 维护间隔里程。

（3）宝马新 7 系轿车机油保养灯复位方法　对于宝马新 7 系轿车，可以通过仪表中的里程表复位按钮复位保养项目，但在下列情况之下才能在车辆中进行复位：不存在检查控制信息、保养范围可用率低于 90%、车载信息必须已经正确调整。

保养范围的复位必须总是在执行完保养措施后执行，复位过程会由于超时或总线端切换而被取消。如果同时需要复位机油保养灯和车辆检查灯，则总是先复位机油保养灯。复位机油保养灯的具体方法如下：

1）关闭车门，接通点火开关，按压仪表中里程表复位按钮约 10s，直到仪表中显示第一个保养复位项目，如发动机油、前部和后部制动器、制动液、微尘滤清器、车辆检查、火花塞及根据国家规定要求执行的法定检查，各项目的复位方法相同。

2）重新短按此按钮可显示下一个保养项目，选择需要复位的保养项目，以发动机机油保养灯为例，如果可以进行，则在组合仪表中显示"可进行复位"。

3）通过重新按压按钮 3s 起动复位，仪表显示"是否进行复位？"文字确认信息。

4）按住按钮不动，仪表上通过一个进度条和文本信息"复位正在进行"指示复位状态。

5）复位成功会显示"成功复位"，并且仪表中会显示下次的保养时间和里程数。

（4）05～09 款路虎保养归零方法

1）断开点火开关。

2）按下并按住仪表盘上的按键"A"。

3）接通点火开关至"ON"位。

4）仪表板上的"SERVICE"指示灯闪烁5s，然后持续显示（如该车的保养功能没有设定，则仪表仅显示里程表和行程表信息）。

5）在10s内松开按键A，仪表板上显示"OIL"信息。

6）若要重新设定"OIL"保养灯，则在10s内按下按键"A"至少6s，仪表板上显示"RESET"信息5s后变为显示"INSPECV"信息。

7）若要跳过"OIL"保养灯归零，则在10s内按下按键"A"不超过5s，仪表板上显示"INSPECT"信息。

8）若要退出设定，则在10s内不按按键"A"则可。

9）若要重新设定"INSPECT"保养灯，则在10s内按下按键"A"至少6s，仪表板上显示"RESET"信息5s后变为显示"DATE"信息。

10）若要跳过"INSPECT"保养灯归零操作，则在10s内按下按键"A"不超过5s，仪表板上将显示"DATE"信息。

11）若要退出设定，则在10s内不按按键"A"则可。

12）若要重新设定"DATE"保养灯，则在10s内按下按键"A"至少6s，仪表板上显示"RESET"5s后变为显示"END"信息。

13）若要跳过"DATE"保养灯归零，则在10s内按下按键"A"不超过5s，仪表板将显示"END"。

14）若要退出设定，则在10s内按下按键"A"不超过5s即可。

15）10s后显示下次保养的保养类型和时间/距离。

16）断开点火开关，归零结束。

（5）2014款路虎车保养灯手动归零方法　对于2014款路虎车，可以用专用故障检测仪SDD执行保养灯归零，部分车型也可以用手工方法归零。

1）接通点火开关。

2）打开发动机室盖。

3）打开驾驶人侧车门，此时维修重置信息将会显示在组合仪表上。

4）完全踩下加速踏板和制动踏板并保持60s。

5）断开点火开关。

6）再次接通点火开关，然后检查保养灯归零操作是否成功，若未成功，重复上述步骤。

（6）雷克萨斯LS600轿车保养灯归零方法　对于采用油电混合或缸内直喷发动机的雷克萨斯LS600轿车，多功能仪表板上出现需要保养喷油器的提示时，可按照下述操作方法消除保养灯。

1）采用缸内直喷发动机车型保养灯归零方法。

①起动发动机；②开启示廓灯；③在20s内踩下并松开制动踏板4次；④关闭示廓灯；⑤在20s内踩下并松开制动踏板4次；⑥重复步骤②~⑤的操作1次；⑦检查保养灯是否熄灭，如未熄灭则需要再次执行上述操作。

2）采用油电混合发动机车型保养灯归零方法。

①在不踩制动踏板的情况下，接通点火开关2次（提示：按一键起动按钮2次，才接通

点火开关,也就是说需要按一键起动开关 4 次,此时点火开关应该处于接通状态,仪表指示灯应处于正常点亮状态);②踩下制动踏板,将变速杆从 P 位移动至 N 位 4 次,然后移回至 P 位;③踩下制动踏板,起动发动机;④踩下加速踏板并保持 5s 以上;⑤检查保养灯是否熄灭,如依旧点亮则重复以上各步骤的操作。

(7) 奔驰 smart 车保养灯归零方法

1) 接通点火开关(不起动发动机),快速按下仪表左侧的按钮 3 次。
2) 按转向盘左侧上面的确认键,组合仪表会出现"保养服务"(SERVICE)的提示。
3) 按转向盘右边的" + "" – "键逐一对各选项进行归零操作。
4) 按转向盘左侧上面的确认键进行确认,组合仪表会显示所有归零操作已成功。
5) 断开点火开关,退出保养灯归零操作。

(8) 宝马 5 系车更换发动机机油、制动摩擦片等保养灯重置方法

1) 接通点火开关,但不起动发动机。
2) 长按仪表左下方的复位按钮(图 6-42),约 8s 后仪表信息中心显示机油复位信息(图 6-43)。

图 6-42　复位按钮位置　　　　图 6-43　仪表信息中心显示机油复位信息

3) 松开复位按钮,每短按 1 次复位按钮,仪表信息中心切换至下一个复位信息,包括车辆检查、前制动摩擦片、后制动摩擦片、制动液等复位信息。

4) 通过短按复位按钮选择需要复位的项目后,再长按复位按钮,此时会提示"是否进行复位?",如图 6-44 所示。

5) 松开复位按钮再长按直到仪表信息中心提示"复位完成"即可。

图 6-44　仪表信息中心提示"是否进行复位?"

(9) 奔腾 B90 保养灯归零方法　该车维护里程间隔为 5000km,从上次维护里程复位开始,若车辆行驶里程超过 4500km,则仪表左侧显示屏上的保养灯闪烁,此时可以通过短按组合开关灯光控制手柄端部的"INFO"键查看剩余维护里程,如图 6-45 所示。若保养灯不闪烁,即行驶里程不超过 4500km,则无法查看剩余维护里程。当车辆经过维护后,需要对维护里程进行复位(即将维护里程设置为 5000km),具体步骤如下:

1) 将点火开关置于"OFF"位,按住刮水器控制手柄端部的"MENU"键不放。

2)将点火开关置于"ON"位,保持按住"MENU"键超过 10s 后松开,此时保养灯熄灭,维护里程复位完成。

(10)迈腾仪表时钟调整及保养归零

1)时钟调整。组合仪表里的时钟调整按钮适用于收音机、导航系统和指针式时钟。

① 按压按钮 ⏰,进入小时或分钟显示模式。

② 按压按钮 [0.0 / SET] 调整时间。按住该按钮可快速滚动分钟数。

③ 再按一下按钮 ⏰,结束时钟调整,如图 6-46 所示。

图 6-45 仪表显示的保养灯和剩余维护里程

图 6-46 迈腾 BL7 仪表

1—时钟调整按钮 2—发动机转速表 3—发动机冷却液温度表 4—组合仪表显示屏 5—燃油表
6—车速表 7—单程里程计数器回零按钮

2)手工保养归零:

① 用车窗玻璃刮水器操纵杆上的翘板开关选择"设置"菜单,如图 6-47 所示。

② 用多功能转向盘上的按键选择"设置"菜单,如图 6-48 所示。

③ 在"保养"子菜单中选定"重置"选项,然后按下车窗玻璃刮水器操纵杆或多功能转向盘上的"OK"键和菜单向上键来复位保养周期显示。

④ 接下来弹出安全询问时,再次按"OK"键确认。

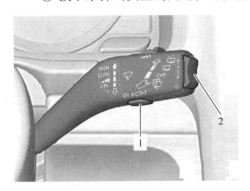

图 6-47 玻璃刮水器操纵杆
1—确认菜单项 2—切换菜单

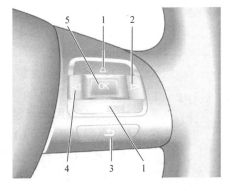

图 6-48 多功能转向盘按键
1—菜单向上 2—主菜单前调 3—返回
4—主菜单后调 5—确认

(11)新款捷达保养灯归零

1)点火开关关闭时按住按键 3。

2）打开点火开关。

3）松开按键3，短按一次时间设置键1如图6-49所示。

4）保养周期显示处于复位模式状态（若干秒后恢复正常视图）。

（12）新天籁轿车保养灯归零

□开关和●开关在设置模式中的使用（位于仪表边右）：□开关—确认菜单，●开关—选择菜单。

1）机油保养灯归零：

① 接通点火开关或起动发动机。

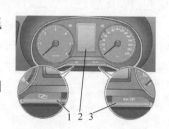

图6-49　新款捷达仪表

② 按□开关直至显示警告检查模式。

③ 按●开关直至显示选择其他项。

④ 按●开关直至MAINTENANCE（保养）。

⑤ 按□开关进入MAINTENANCE（保养）。

⑥ 按●开关直至ENGINE OIL（发动机机油）。

⑦ 按□开关进入ENGINE OIL（发动机机油），选择此菜单可以设置或更换机油行驶里程。

⑧ 按●开关直至＊＊＊＊（＊＊＊＊/5000），为行驶里程数（如果不想里程达5000km时保养灯亮，可以另行设定）。

⑨ 按□开关，等待＊＊＊＊变成0时发动机油保养灯归零完成。

⑩ 如果想更改下次机油保养的里程数，按●开关直至5000（＊＊＊＊5000），按●开关增或减，按一下加500或减500（0～30000）。

2）机油滤清器归零：

① 重复1）中步骤①～④或按□开关返回到MAINTENANCE（保养）。

② 按●开关直至OIL FILTER（机油滤清器）。

③ 按□开关入OIL FILTER（机油滤清器），选择此菜单可以设置或更换机油滤清器行驶里程。

④ 按●开关直至＊＊＊＊（＊＊＊＊/5000）行驶的里程数。

⑤ 按□开关直至＊＊＊＊变成0时，机油滤清器保养灯归零完成。

⑥ 如果想更改下次保养里程数，按●开关直至5000（＊＊＊＊/5000），按●开关增加或减，按一下加500或减500（0～30000）。

（13）新君威轿车机油保养灯复位

① 在驾驶人信息中心显示"OIL LIFE RESET"（重置机油寿命）。

② 按住"ENTER"按钮持续至少1s，"ACKNOWLEDGED"（确认）显示信息会出现3s或直至按下下一个按钮，由此告知系统已经被复位。

③ 将点火开关转至"OFF"位。

④ 起动车辆时，如果"CHANGE ENGINE OIL"（更换发动机机油）灯再次点亮并保持点亮，则发动机机油寿命系统没有被复位，应重复上述复位程序。

特别提醒：雪佛兰克鲁兹轿车机油灯复位的方法和新君威轿车机油灯复位的方法相同。

（14）别克英朗轿车保养灯手工归零　由于别克英朗轿车是全盘套用欧宝雅特轿车，它们的行车控制单元、复位键都一样,所以欧宝雅特轿车的保养灯手工复位方法一样适用于英朗轿车。

1)压下并保持归零按键"A",同时踩下制动踏板。

2)将点火开关置于"ON"位,不要起动车辆。

3)字符"INSP"将闪现或显示屏闪烁。

4)继续保持压下归零按键"A",直到"…"出现在显示屏上。

5)释放归零按键"A",松开制动踏板。

6)将点火开关转回"OFF"状态,归零工作结束。

还有一种原始的归零方式:拔掉蓄电池线,保持断电状态达 5min 以上,即可将行车控制单元大多临时数据归零,含保养灯归零在内。

(15)东风标致 307 轿车保养灯归零

1)断开点火开关。

2)按下组合仪表上的单次计程表归零按钮,并保持按下的状态。

3)接通点火开关。

4)里程表显示屏开始倒计数,当显示屏显示"00000"时,松开按钮,此时组合仪表上显示屏中表示保养操作的扳手指示灯应熄灭。

注意:此操作完成后,如要断开蓄电池,必须将车辆上锁并至少等待 5min,否则归零不会被发动机控制单元记录下来。

(16)带有导航系统的上海通用凯迪拉克 CTS 轿车保养灯归零

1)接通点火开关,按下显示器右上角"OK"提示符旁的多功能按钮,确认更换发动机机油信息,这将从显示器上清除相关信息并复位。

2)按一次位于驾驶人信息中心 DIC 显示器左下方的"PWR/VOL"按钮,接通系统。

3)按显示器左侧的"INFO"按钮,进入"VEHICLE INFORMATION"(车辆信息)菜单。

4)转动显示器右下方的"TUNE/SEL"旋钮,直到"ENGINE OIL LIFE"(发动机机油寿命)指示灯点亮,然后按一下旋钮选定。

5)当显示器显示"100% ENGINE0IL LIFE"(100%发动机机油寿命)时,按下显示器右上角"RESET"提示符旁边的多功能按钮,百分比将变为100%,机油寿命指示器即被归零。如果百分比没有变为100%,则重复以上步骤;

6)断开点火开关。

7)如果起动发动机时更换发动机机油信息在仪表信息中心再次出现,则说明发动机机油寿命系统未被归零,需要重复上述归零程序。

(17)路虎极光车保养灯手动归零方法 对于路虎极光车,可以使用转向盘上右侧的 5 个键(即 4 个方向键和 1 个"OK"键)和转向灯开关上尾部的"i"键进行保养灯归零操作,具体方法如下。

1)接通点火开关,用转向盘右侧的 5 个键调出服务功能菜单中的 VIN 码和报警状态。

2)选择报警状态并按住转向盘右侧 5 个键中的"↓"键和转向灯开关上尾部的"i"键,保持 5s 以上。

3)起动发动机,保养灯手动归零结束,若清零操作不成功,则重复上述操作。

(18) 新款宝马745轿车保养灯手工归零方法

1) 按住仪表板上左侧按钮,直到仪表左下方出现相关信息。

2) 按一下仪表板左上按钮,使左下方的信息滚动,直至出现"return"信息时,再次按住该按钮,此时仪表板左上方信息区会出现各种归零项目,如"Brake Oil"等。

3) 翻动选择要归零的项目,再次按仪表板上左侧按钮,则该项目手工归零完成。

(19) 奥迪A6L、A4L、Q5、Q7车保养灯归零　用VCDS或VAS6150B进17-仪表系统匹配功能:通道02-输入0,保存;通道55-输入0,保存;通道54-输入90,保存;通道53-输入0,保存;通道52-4缸发动机输入50,6缸发动机输入70,保存;通道51-输入90,保存;通道50-输入50,保存;通道49-输入90,保存;通道45-输入1,保存;通道44-输入90,保存;通道43-输入150,保存;通道42-输入50-150,一般选择150,保存;通道41-输入0,保存;通道40-输入0,保存;通道39-输入90(只有6缸发动机高配车辆才输入),保存。

(20) 奥迪Q7车机油保养归零　如果装备了定期保养型仪表板,则可用手动方法重新设定。

1) 压下里程表右下侧3个键中中间的保养灯归零按键。

2) 接通点火开关(置于"ON"位)。

3) "SERVICE"或"SERVICE IN XXXXMI"将出现在液晶显示器上。

4) 释放归零按键。

5) 压下右下侧3个键中右边的保养灯设置按键,重新设置显示,并且"SERVICE IN 10000MI"字符将出现在液晶显示器上。

6) 断开点火开关(置于"OFF"位)即可。

78 仪表常见故障排除

(1) 大众保养提示无法消除

1) 故障现象:一辆新款大众汽车仪表板上出现小扳手图案并提示"立即进行车况检查"(图6-50),经过对仪表板进行保养复位,仪表板上的保养提示无法消除。用故障检测仪进入仪表,手动将行驶里程及行驶时间归零,仪表板上的保养提示仍然无法消除。

2) 故障诊断:接车后,确认故障属实,用故障检测仪VAS6105B读取故障码,无故障码存储;出现这样的故障现象应该是仪表匹配设置的问题,提示出现该故障时必须重新下载并安装"大众品牌光盘V19.27"系统升级程序,然后进行仪表匹配设置才可以解决。

3) 故障排除:根据提示,登陆售后服务网,在"应用系统/系统升级程序"界面重新下载并安装"大众品牌光盘V19.27"系统升级程序(特别提醒:务必重新下载并安装),然后用故障检测仪进入自诊断,选择"17-组合仪表",选择"匹配",然后选择图6-51上的第2个"FiX"和"牢记"选项,将这两项的值都清零即可消除仪表板上的保养提示。特别说明:如果1.4T或1.8T的大众轿车出现上述问题,也可以采用同样的方法对保养提示进行复位。

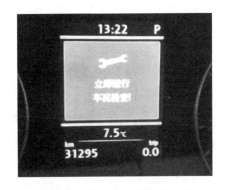

图 6-50 仪表板上的保养提示

图 6-51 选择第 2 个 "Fix" 和 "牢记" 选项

（2）大众仪表保养提示错误　打开点火开关后，仪表板上的保养提示出现错误，部分情况下，中央信息屏及自检灯闪烁。检测车辆没有故障码。该问题解决方案如下：

1）将保养里程及时间复位为 0。

2）将保养里程及时间间隔恢复为出厂设置（默认的出厂设置为 10000km/372 天）。

3）使用 ODIS 诊断仪，更改仪表匹配值，方法如下：

① 进入主界面，选择"自诊断"，单击"开始自诊断"，如图 6-52 所示。

② 选择"17 – 仪表板"，再选择匹配，如图 6-53 所示。

图 6-52 选择自诊断工具

③ 将车况提示里程值和时间都改为 0，如图 6-54 所示。更改后的结果如图 6-55 所示。

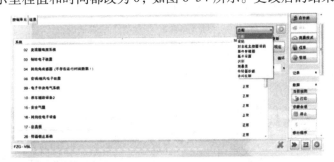

图 6-53 选择匹配

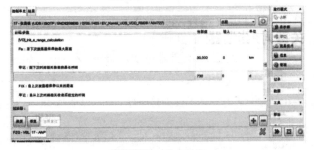

图 6-54 更改数值

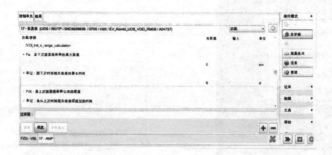

图 6-55 更改后的结果

(3) 新款君威仪表黑屏

1) 故障现象：一辆新款新君越轿车，搭载 2.4L LAF 发动机和 6 速手自一体变速器，累计行驶里程约为 8000km。该车在正常行驶过程中，仪表和多功能显示屏突然黑屏且收音机也无法正常使用。重新起动后恢复正常，但行驶约 30min 后故障会再次出现。

2) 故障诊断：接车后试车验证故障，路试一段时间后仪表和多功能显示屏黑屏。连接 GDS2 读取故障码，得到 3 个故障码，如图 6-56 所示，分别是 V150F 的 "LIN 总线 15"、U0028 的 "MOST 总线" 和 U0029 的 "MOST 总线性能"。根据故障现象和故障码的提示，决定重点对使用了 MOST 网络的娱乐系统进行检查。

图 6-56 用 GDS2 读得的故障码

查阅相关资料得知，新君越轿车的娱乐系统与以往车型有很大不同，新的娱乐系统采用了 MOST 网络，其网络及相关模块如图 6-57 所示。在进行故障诊断时用 GDS2 读取收音机数据流中替代 MOST 主节点上行位置的数据，可帮助诊断 MOST 网络故障点的具体位置。当 MOST 网络正常时，替代 MOST 主节点上行位置的数据将不会显示出来。当 MOST 网络中断时，断点的下一个模块将替代主控模块，且地址码将变为 0，下一个模块的地址码会变为 1，各模块的地址码可依此类

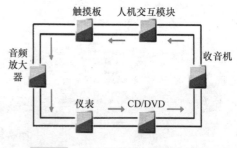

图 6-57 新君越车 MOST 网络结构

推，此时收音机模块就会产生一个不正常的地址码，通过这个地址码即可推断出存在问题的故障点。例如：如果读得收音机模块的数据流中替代 MOST 主节点上行位置的数据为 3，则可以推断出收音机模块上游的模块和下游的模块所对应的地址码（上游的模块中 CD/DVD 的地址码为 2，仪表的地址码为 1，音频放大器的地址码为 0；下游的模块中人机交互模块的地址码为 4，触摸板的地址码为 5），由此可以判断 MOST 网络的故障点位于音频放大器与

触摸板之间。

用 GDSD 读得收音机模块的数据流中替代 MOST 主节点上行位置的数据为 1，由此可以推断出收音机模块上一个模块 CD/DVD 的地址码为 0，判断故障点位于仪表与 CD/DVD 之间，如图 6-58 所示。检查仪表与 CD/DVD 之间的导线及插接器的情况，均正常。推测问题应出在仪表上。

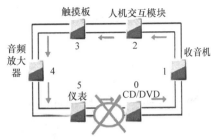

图 6-58　MOST 网络故障点位置示意图

3）故障排除：尝试更换仪表并进行编程后试车，故障未再出现。

(4) 仪表板上的机油液位灯报警

1）故障现象：一辆大众 CC 轿车，配备 1.8T 发动机和 7 档双离合变速器。用户反映该车仪表板上的机油液位灯报警，同时机油温度显示为 152℃，如图 6-59 所示。

2）检查分析：连接专用诊断仪 VAS6150B 检测，发现有故障码 P0196——机油温度传感器信号不可信，静态，如图 6-60 所示。正常情况下，机油温度一般在 120℃ 以内，但该车仪表却显示机油温度高达 152℃，再加上检测出了明确的静态故障码，于是维修人员就直接更换了机油液位及温度传感器 G266，但故障却并没有排除。于是，维修人员把情况反映到内部技术攻关小组。

图 6-59　仪表板上的机油温度显示

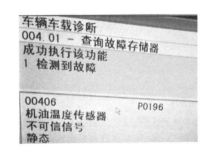

图 6-60　故障码

G266 的电路图如图 6-61 所示，其插接器有 3 个引脚，1 号脚是电源线，2 号脚是搭铁线，3 号脚是连接到仪表控制单元 J285 的信号线，向 J285 提供机油液位及机油温度信号。打开点火开关，用万用表测量 G266 的 1 号脚有 12V 电压，2 号脚的搭铁也正常。G266 已经更换，电源和搭铁也都正常，那么剩下的可能原因，要么是 G266 到 J285 的信号线断路，要么就是 J285 本身存在故障。本着先简后繁的维修原则，首先检查线路，发现传感器的信号线已老化断路，造成 J285 无法接收到信号，所以指示灯报警，同时机油温度以最高温度提示。

3）故障排除：修复传感器信号线束，试车故障排除。

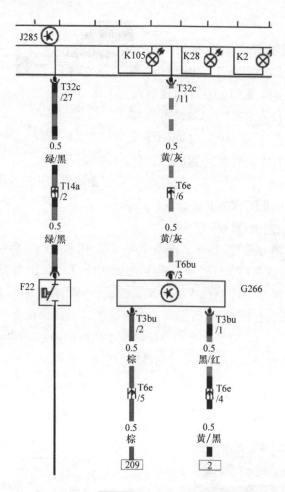

图 6-61 电路图

第 7 章 汽车辅助电器

79 电动刮水器的组成

电动刮水器主要由直流电动机、减速机构、拉杆、摆杆、刮水器臂、刮水器片等组成，如图 7-1 所示。一般电动机和减速机构结合成一体组成刮水器电动机总成。

刮水器电动机的结构：刮水器电动机有电磁式和永磁式两种（现在都采用永磁式）。电磁式刮水器电动机的磁极绕有励磁绕组，通电流时产生磁场，而永磁式刮水器电动机的磁极用永久磁铁制成。

永磁式刮水器电动机体积小、重量轻、结构简单，使用广泛。永磁式刮水器电动机的结构如图 7-2 和图 7-3 所示，主要由壳体、永久磁铁、电枢、电刷、蜗轮、蜗杆等组成。

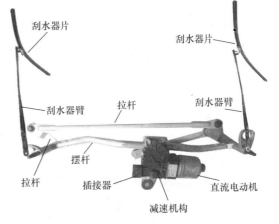

图 7-1 电动刮水器的组成

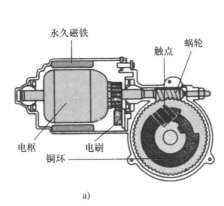

a)

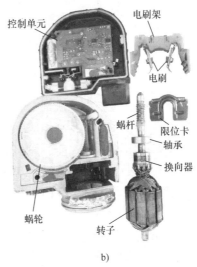

b)

图 7-2 刮水器电动机总成结构图
a) 不带控制单元的刮水器电动机 b) 带控制单元的刮水器电动机

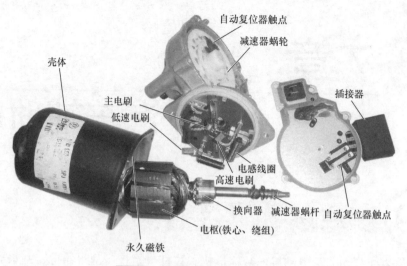

图 7-3 永磁式直流电动机分解图

80 风窗洗涤器的组成

风窗洗涤器主要由储液罐、洗涤泵、水管与喷嘴等组成，如图 7-4 所示。储液罐由塑料制成，内装有洗涤液。洗涤泵由直流电动机和离心泵组成，其作用是将清洗液加压，通过输水管和喷嘴喷洒到风窗玻璃表面。当风窗玻璃上有灰尘或污物时，先开动洗涤泵，将洗涤液喷到刮水器片的上部，湿润玻璃。然后开动刮水器，将玻璃上的灰尘或污物刮掉。

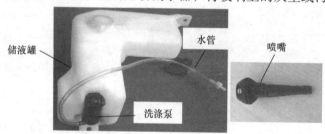

图 7-4 风窗玻璃洗涤器组成

洗涤泵是洗涤系统的核心组成部分，是由永磁直流电动机和离心式叶片泵构成一个小总成，一般安装在储液罐上，前后风窗的洗涤泵可以共用，通过电动机的正反转来实现切换。泵的喷射压力为 70~88kPa，其连续工作时间一般不超过 1min。

风窗洗涤器的工作原理如图 7-5 所示，当点火开关和喷水开关都闭合时，洗涤泵通电开始转动，将储水罐中的清洗液加压后通过水管由喷嘴喷出。

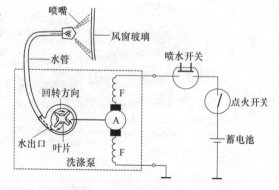

图 7-5 风窗洗涤器的工作原理

81 刮水器操纵开关的操作与使用

大众刮水器操作开关如图 7-6 所示。各档位功能见表 7-1。

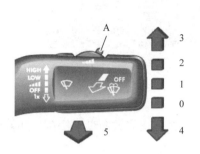

图 7-6 大众刮水器操纵开关

表 7-1 各档位功能

档位	标识	功能
0	OFF	前风窗玻璃刮水器已关闭
1	····|	对挡风玻璃进行间歇刮水 左/右拨开关Ⓐ调节刮水周期（不带雨量传感器的汽车）或调节雨量传感器的灵敏度
2	LOW	慢速刮水
3	HIGH	快速刮水
4	1x	点动刮水，即短促刮水，将操纵杆向下长时间按住，以快速刮水
5		拉住操纵杆时起动刮水和清洗自动功能，清洁挡风玻璃

前风窗玻璃刮水器的功能：

1）汽车静止时：打开刮水器时刮水器暂时被调低到下一档。

2）在自动刮水清洗过程中：全自动空调系统切换到车内空气循环运行模式约 30s，以免风窗玻璃清洗液的气味进入车内。

3）在间歇刮水时：根据车速控制刮水周期。车速越高，刮水周期就越短。

雨量传感器的功能：

1）雨量传感器处于激活状态时，可根据雨量自动调节刮水周期。

2）在关闭再重新打开点火开关时雨量传感器保持激活状态，如风窗玻璃刮水器操纵杆在位置 1 且车速高于 16km/h 时重新工作。

雨量传感器的安装位置如图 7-7 所示。

不带多功能转向盘与带多功能转向盘菜单调出：

不带多功能方向盘与带多功能方向盘菜单调出如图 7-8 和图 7-9 所示。

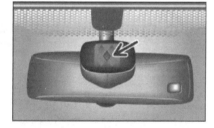

图 7-7 雨量传感器的安装位置

说明：对于不带多功能转向盘的车辆（图 7-8），风窗玻璃刮水器操纵杆内的按钮 A 用于确认菜单项，翘板开关 B 用于切换菜单。

调出主菜单：

1）打开点火开关。

2）如果显示一条信息或车辆示意图，则按压"OK"按钮（图 7-9，或图 7-8 中按钮 A）。

3）用风窗玻璃刮水器操纵杆操作时：列出主菜单。

4）用多功能转向盘操作时：不显示主菜单。要浏览各主菜单项，多次按压按钮 或 。

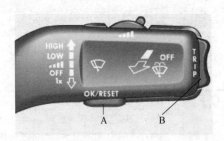
图7-8 不带多功能转向盘的车辆

图7-9 带多功能转向盘的车辆

调出子菜单：

1）按压翘板开关（图7-8中按钮B）的上部或下部，或在多功能转向盘上按压按钮△或▽，直到选中所需的菜单项为止。

2）已选定的菜单项在两条水平线之间。此外，在右侧有一个三角形◀。

3）要调出该菜单项，可按压"OK"按钮。

在菜单内进行设置：

1）用风窗玻璃刮水器操纵杆上的翘板开关或多功能转向盘上的箭头按钮进行所需的更改。必要时按住按钮，即可快速增加或减小数值。

2）用按钮 OK 选中或确认选择。

返回主菜单：

1）利用菜单：在子菜单中选择菜单项"Back"（返回），退出子菜单。

2）用风窗玻璃刮水器操纵杆进行操作时：按住翘板开关。

3）用多功能转向盘进行操作时：按压按钮↩。

82 速腾刮水器工作原理

由于大众系列车辆近年来在PQ35（包括PQ46）平台所制造的车型上大量运用了总线技术，使得很多车辆维修人员对一些系统的结构、原理的学习难度有所增加，本文针对速腾车刮水器控制系统的结构原理做详细介绍，希望对大家能有帮助。

（1）速腾刮水器控制系统的组成及功能　速腾刮水器控制系统由刮水器电动机控制单元J400、中央电器控制单元J519、刮水开关E、点火开关D、发动机室盖接触开关F266、网关J533、LIN总线、ABS控制单元轮速传感器J104等组成，如图7-10所示。

速腾刮水器控制系统除了正常的刮水清洗作用之外还有下列一些特殊功能。

1）APS功能。APS功能就是刮水片可变停留位置功能。为了防止刮水片在刮水器控制系统关闭后复位时的停留位置一直不变会引起刮水片的橡胶部分变形，每两次关闭刮水器控制系统或每5次关闭点火开关后，刮水片的停留位置会被重新设定，就是刮水片在停止位置之前的运动方向有时是从上向下的，有时是从下向上的，以防刮水片提前变形失效。APS功能是可以关闭的，拆装更换刮水臂时APS必须关闭，只有这样才能确定刮水臂的最低位置。可用VAS6150的引导功能进车辆中央电器控制单元内关闭APS功能，如图7-11所示。关闭

APS 功能后不能马上激活，在 100 个刮水循环后 APS 功能将自动激活。

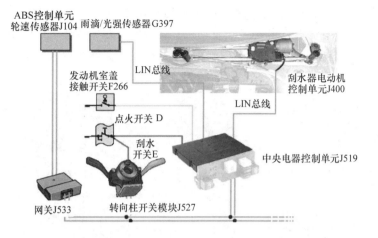

图 7-10　速腾刮水控制器系统的组成

2）刮水防阻控制功能。当刮水器在摆动过程中遇到障碍物或冻结在风窗玻璃上时，刮水器电动机控制单元会进行 5 次尝试推动，如果失败，刮水器停在此位置不动以保护刮水器电动机及刮水联动杆不被损坏。排除障碍后，需再次拨动刮水器操纵开关，刮水器控制系统才会继续工作。

3）发动机室盖控制。在车辆停止时，打开发动机室盖后，刮水器控制系统的功能将被禁止，接触开关 F266 如图 7-12 所示。当打开发动机室盖，且车速在 2~16km/h 时，刮水器控制系统的功能同样被禁止，但当再次拨动刮水器操纵开关后，刮水器控制系统的功能将被激活。当车速大于 16km/h 时，尽管发动机室盖被打开，刮水器控制系统的功能会保持工作状态不受影响，直至车速低于 2km/h 后，刮水器控制系统的功能重新被禁止。车辆中央电器控制单元是在接收到发动机室盖接触开关的信号及 ABS 控制单元轮速传感器的车速信号后控制刮水器电动机控制单元的。

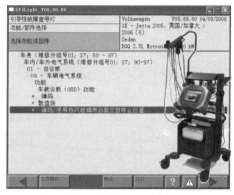

图 7-11　关闭 APS 功能的步骤

图 7-12　发动机室盖接触开关 F266

4）工作或冬季位置。断开点火开关20s内,将刮水器操纵开关打到点动档Tip位置,这时刮水器将运动到最顶端位置并保持停止不动,如图7-13所示,此刻可以更换刮水片。刮水片在正常停止位置是有部分隐藏在发动机室盖内的,在冬季还可以将刮水臂抬起,防止结冰。重新接通点火开关后,如果再次拨动刮水器操纵开关或车速大于2km/h,刮水片将自动回位。当打开发动机室盖后,此项功能将被禁止。

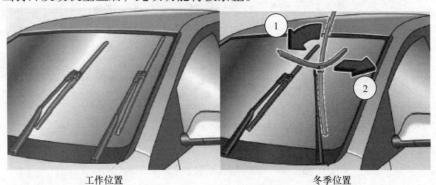

工作位置　　　　　　　　　　　　　　冬季位置

图7-13　刮水器运动到最顶端位置并保持停止不动

5）雨量传感器可以控制刮水器的刮水速度。雨量传感器装于后视镜底部,由发光二极管、光敏二极管组成。雨量传感器收到雨点大小信号,自动调节刮水器间隙挡速度。雨量传感器通过发光二极管发射出一束光,若前风窗玻璃干的话全部反射出来,光量反射到光敏二极管上,说明该雨量小;若前风窗玻璃湿的话,则反射到光敏二极管上的光弱,说明此刻雨量大。雨量传感器把此信号传递到刮水器电动机控制单元,雨量越大刮水器的刮水速度越快。

6）刮水器的刮水速度随车速变化控制。在刮水器操纵开关置于间歇档上时,刮水器的频率、速度是与车辆的行驶速度成正比的。

(2) 刮水控制系统的检测　如果遇到刮水器控制系统的功能缺失或工作不正常,可分为以下几个步骤检测:

1）用故障诊断仪读取故障码,如有故障码先按故障码检测。

2）检查供电及搭铁是否正常。

3）可用VAS6150的功能引导进车辆电器控制单元的刮水器控制系统,以确定是J519的前面还是后面的故障。

4）如果刮水器控制系统能工作,可排除刮水器电动机控制单元及J519到J400的通信部分。重点检查信号输入部分,可在读取测量数据块内读取每个输入信号(包括刮水器操纵开关的档位、发动机室盖接触开关等),如信号都正常则更换J519。

5）如果进行功能自诊断时刮水器控制系统不能工作,则要重点检查J519以后的部分,包括J400及J519到J400的通信部分,检查时如果J400的供电及搭铁和至J519的LIN总线都正常,可以用示波器检查LIN总线上的波形,如波形正常就换J400,如波形不正常就换J519。

现在很多车辆的某个功能都会用到一些附加信号,这点千万不可忽视,要引起重视。比如如果遇到速腾刮水器控制系统在车辆静止时不工作,就要检查发动机室盖接触开关;如果遇到新宝来刮水器控制系统有时或一直没有间隙档就要检查发动机室盖接触开关的信号；又比如老宝来在拔了钥匙打开车门后，还能用升降开关控制玻璃升降，就要检查车门闭锁开关等。

83 常见车型刮水器与洗涤电路分析

（1）上海大众途观前后刮水器及风窗清洗电路分析　刮水器操纵开关 E 信号输入电路图如图 7-14 所示。间歇式刮水器运行开关 E22、后风窗刮水器开关 E34 与风窗清洗泵开关 E44 集成为一体，J527 投入正常工作后，其 E/2 端子搭铁。随着 E22 各个档位接入的不同电阻，E/1 端子形成高低不等的电位，J527 据此识别出随动、间歇、低速与高速档开关信息，同理，E/3 端子的电位变化也取决于后风窗刮水器、风窗与前照灯清洗开关位置。

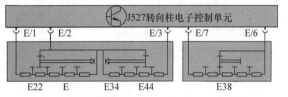

图 7-14　刮水器操纵开关信号输入电路图
E—刮水器开关　E22—间歇式刮水器运行开关
E34—后风窗刮水器开关　E38—间歇刮水调节器
E44—风窗清洗泵开关（清洗刮水器自动装置与前照灯清洗装置）

与 E 类似，J527 的 E/6 端子搭铁，E/7 端子根据间歇刮水调节器 E38 接入电阻的不同形成的电位，将其定义为 4 个间歇刮水的时间等级，以此来调节刮水间隔时间。

E 位置信号可以在 J527 数据块 1 组 4 区的测量值（定义为前风窗刮水）和 2 组的测量值中读取，见表 7-2。刮水器操纵开关单体电气检测数据见表 7-3。

表 7-2　J527 数据块 2 组的测量值定义

2 组测量值区域	1 区	2 区	3 区	4 区
测量值定义	间歇等级	前面的清洗	后风窗刮水	后面的清洗

表 7-3　正常刮水器开关单体电气检测数据

被检测端子	开关档位	测得的电阻值
E1 – E2	随动档	270Ω
	间歇档	637Ω
	低速档	1.934kΩ
	高速档	2.887kΩ
E3 – E2	前清洗档	344Ω
	后刮水档	1.022kΩ
	后清洗档	2.530kΩ
E6 – E7	间歇 1 级	246Ω
	间歇 2 级	636Ω
	间歇 3 级	1.385kΩ
	间歇 4 级	2.811kΩ

前后刮水器及风窗清洗泵执行电路如图 7-15 所示。由图可知，刮水器电动机集成在前

刮水器控制单元 J400 内，J400 从熔丝 SB19（30A）取得电源，搭铁点 640 在左前轮罩前部。

需要刮水时，J519 识别到当前刮水器操纵开关 E 的位置与 E38 的间歇调节等级，T52b/33 端子把控制指令与相关数据置于 LIN 总线上，J400 接收并实施相应的刮水动作。当 E 置于间歇档时，J400 将由 LIN 总线传输的 G397 实时的雨量信号和当前的车辆速度决定刮水周期。一个刮水循环终了，J400 根据内置在刮水电动机中复位开关的信息，使刮水杆恰好停在风窗下沿。

J519 数据块 16 组有关刮水器操纵开关的测量值含义见表 7-4。

正常状态下，刮水器操纵开关 E 复位时 1 区的测量值为 0，随动档为 1，间歇档为 2，低速档为 3，高速档为 4，前风窗清洗档为 5，后刮水器操纵开关位置没有测量值。后刮水器电动机 V12 取电于熔丝 SC29，搭铁点 50 在左后轮罩上部

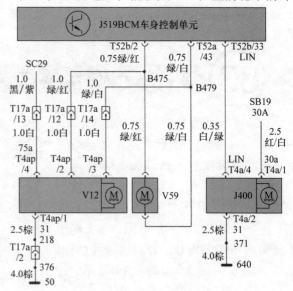

图 7-15 前后刮水器及风窗清洗泵执行电路
J400—前刮水器控制单元 V12—后刮水器
V59—风窗清洗电动机 50—搭铁点，在左后轮罩上部侧围板上 640—搭铁点，在左前轮罩前部

侧围板上。决定后风窗刮水时，J519 的 T52a/43 与 T52b/2 端子的电位同时变化，V12 投入工作。当行李厢开启时，V12 将被禁用。风窗清洗泵电动机 V59 可以正反旋转，V59 向一个方向旋转时的喷水负责清洗前风窗，而另一个方向则负责后风窗，这是 J519 通过转换控制端 T52b/2 与 T52a/43 的正负极性来实现的。V12 感知 T4ap/2 与 T4ap/3 端子的电位，能够察觉出这个变化，从而使喷水清洗后风窗一次时，满足 V12 刮水 3 次的要求。

J519 控制端的电位对应后风窗刮水，风窗清洗泵的工作状态见表 7-5。

表 7-4 J519 数据块 16 组有关刮水器操纵开关的测量值含义

16 组测量值区域	1 区	2 区	3 区	4 区
测量值定义	转向柱开关 - 信息 - LIN	前刮水开启	刮水折返位置信号	刮水周期计数

表 7-5 风窗清洗泵的工作状态

工作状态	T52a/43 端子上的电位	T52b/2 端子上的电位
常态	高	高
V12 执行后风窗刮水	低	低
V59 执行前风窗清洗	高	低
V59 执行前风窗清洗，V12 刮水 3 次	低	高

图 7-16 所示为前照灯清洗泵电路，常电 KL30→SC53→前照灯清洗泵继电器 J39 线圈→J519 的 T52b/40 端子，常态下 T52b/40 端子处于高电位，继电器线圈无电流流过，继电器触点打开。当 J519 检测到 E44 处于前照灯清洗档位置时，控制其 T52b/40 端子搭铁，继电

器线圈得电，常开触点闭合，从而向前照灯清洗泵电动机 V11 供电。

说明：LIN 数据总线系统的 LIN 控制单元与 CAN 总线之间起"翻译"作用，它是 LIN 总线系统中唯一与 CAN 数据总线相连的控制单元。LIN 主控制单元通过集成的传感器来获知执行元件的实际状态，然后就可以进行规定状态和实际状态的对比。LIN 执行元件都是智能型的电子或机电部件，这些部件通过 LIN 主控制单元的 LIN 数字信号接受任务。

LIN 主控制单元通过集成的传感器来获知执行元件的实际状态，然后就可以进行规定状态和实际状态的对比。传感器内集成有一个电子装置，该装置对测量值进行分析。数值是作为数字信号通过 LIN 总线传递的。有些传感器和执行元件只使用 LIN 主控制单元插口上的一个针脚。只有当 LIN 主控制单元发送出标题后，传感器和执行元件才会做出反应。

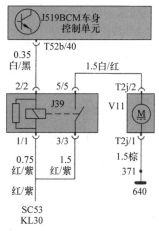

图 7-16　前照灯清洗泵电路
J39—前照灯清洗泵继电器
V11—前照灯清洗泵电动机

（2）凯越轿车刮水器电路分析　凯越轿车配备两种风窗刮水系统，分别是无雨量传感器的风窗刮水系统和有雨量传感器的风窗刮水系统。

1）无雨量传感器的风窗刮水系统及清洗系统。无雨量传感器的风窗刮水系统及清洗系统由刮水器电动机、刮水臂、刮水片、刮水器/清洗器开关、清洗液泵、清洗液箱、喷水嘴、水管等组成。通过刮水器/清洗器开关可以实现刮水器的高速、低速、间歇、关闭和清洗功能，当刮水器/清洗器开关关闭时，刮水片可以实现自动复位，通过间歇开关可以实现刮水器动作时间间隔的调节；当风窗刮水系统处于工作状态，且自动空调系统处于自动控制时，空调系统能够自动切换至除雾模式。无雨量传感器的风窗刮水系统及清洗系统控制电路如图 7-17 所示，分析如下：

① 刮水器的高速控制电路。当刮水器/清洗器开关切换至高速位置时，即可实现刮水器的高速动作。刮水器的高速控制电路为：15号线→导线插接器 C201 的端子 30→熔丝 F9→导线插接器 C201 的

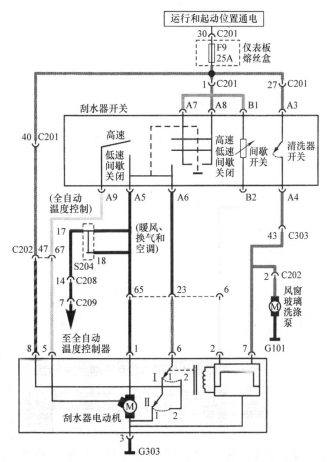

图 7-17　无雨量传感器的风窗刮水系统及清洗系统控制电路

端子1→刮水器/清洗器开关端子A8→刮水器/清洗器开关端子A9→导线插接器C202的端子67→刮水器电动机端子5→刮水器电动机→刮水器电动机端子3→搭铁点G303。

② 刮水器的低速控制电路。当刮水器/清洗器开关切换至低速位置时，即可实现刮水器的低速动作。刮水器的低速控制电路为：15号线→导线连接器C201的端子30→熔丝F9→导线连接器C201的端子1→刮水器/清洗器开关端子A8→刮水器/清洗器开关端子A5→导线连接器C202的端子65→刮水器电动机端子1→刮水器电动机→刮水器电动机端子3→搭铁点G303。

③ 刮水器的间歇控制电路。将刮水器开关拨到间歇档，其A5－A6端和A7—A7端同时接通时，刮水器处于间歇工作状态，供电电源经熔丝F9→刮水器开关A8→刮水器开关端子A7→开关内的调速电阻→刮水器电动机端子2，则电动机总成内部的继电器工作，使电动机总成的6—8端在内部定时接通。刮水器电动机端子2输入电压的大小，决定着刮水器电动机工作的间歇时间，调整刮水器开关上的间歇时间，刮水器电动机端子2的输入电压在7～12V间变化。关闭刮水器开关后，其回位过程与低速运转相同。

④ 刮水器刮片自动复位功能控制电路。当刮水器/清洗器开关切换至关闭位置时，若刮水器刮片没有复位，则刮水器电动机内的开关Ⅱ从位置1切换至位置2，刮水器电动机将继续动作，直至刮水器刮片复位。此时刮水器电动机控制电路为：15号线→导线插接器C201的端子30→熔丝F9→导线插接器C201的端子40→导线插接器C202的端子47→刮水器电动机端子8→开关Ⅱ的端子2→开关Ⅰ的端子1→刮水器电动机端子6→导线插接器C202的端子23→刮水器/清洗器开关端子A6→刮水器/清洗器开关端子A5→导线插接器C202的端子65→刮水器电动机端子1→刮水器电动机→刮水器电动机端子3→搭铁点G303。

⑤ 清洗液泵控制电路。当刮水器/清洗器开关切换至清洗位置时，清洗液泵动作，同时刮水器动作。清洗液泵控制电路为：15号线→导线插接器C201的端子30→熔丝F9→导线插接器C201的端子27→刮水器/清洗器开关端子A3→刮水器/清洗器开关端子A4→导线插接器C202端子43→导线插接器C202的端子2→清洗液泵→搭铁点G101。清洗液泵动作的同时，刮水器电动机内的间歇控制器通电动作，使开关Ⅰ从位置1切换至位置2，刮水器电动机开始动作。此时刮水器电动机的控制电路为：15号线→导线插接器C201的端子30→熔丝F9→导线插接器C201的端子40→导线插接器C202的端子47→刮水器电动机端子8→开关Ⅰ的端子2→刮水器电动机端子6→导线插接器C202的端子23→刮水器清洗器开关端子A6→刮水器/清洗器开关端子A5→导线插接器C202的端子65→刮水器电动机端子1－刮水器电动机→刮水器电动机端子3→搭铁点G303。

⑥ 自动空调控制刮水信号电路。在自动空调系统处于"AUTO"模式，且当自动空调系统控制器接收到刮水信号1min后，自动空调系统控制器便自动切换至除雾模式（空调压缩机工作，空气循环处于外循环状态）。此时刮水信号电路为：15号线→导线插接器C201的端子30→熔丝F9→导线插接器C201的端子40→导线插接器C202的端子47→刮水器电动机端子8→开关Ⅱ的端子2→开关Ⅰ的端子1→刮水器电动机端子6→导线插接器C202的端子23→刮水器/清洗器开关端子A6→刮水器/清洗器开关端子A5→导线插接器C208的端子14→导线插接器C209的端子7→自动空调系统控制器端子B7。由于刮水器的动作，使开关Ⅱ有规律地在位置1与位置2之间切换，刮水信号电压也在0～12V有规律地变化，在刮水器停止动作20s后，自动空调系统恢复到原来状态。

2）带雨量传感器的风窗刮水系统及清洗系统。带雨量传感器的风窗刮水系统及清洗系统如图7-18所示。除常规风窗刮水系统的组成和功能外，还有以下特点：刮水器电动机内的间歇控制器由原来的一个增加为两个，刮水器/清洗器开关的间歇位置由自动位置取代，刮水器/清洗器开关内的间歇开关改为雨量传感器开关，并配置了雨量传感器。雨量传感器安装在前风窗玻璃内侧，紧靠后视镜位置。雨量传感器安装在前风窗玻璃内侧，紧靠后视镜位置。雨量传感器能产生红外线，并以45°角照射到前风窗玻璃上。若前风窗玻璃干燥，则被反射回的红外线较多；若前风窗玻璃上有水，则被反射回的红外线较少。被前风窗玻璃反射回的红外线随前风窗玻璃上水的多少相应变化，雨量传感器根据反射回的红外线多少来感知雨量大小。当刮水器/清洗器开关置于"AUTO"位置时，刮水器能根据雨量传感器感知的雨量大小自动改变动作快慢。

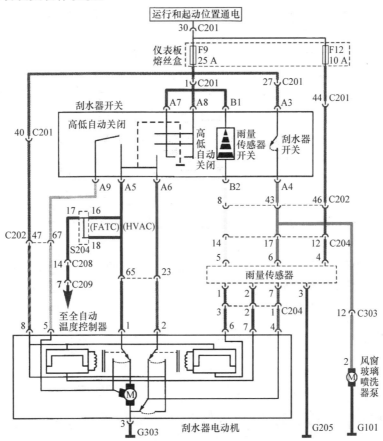

图7-18 带雨量传感器的风窗刮水系统及清洗系统控制电路

在刮水器电动机内有两个控制器，左侧的控制雨刷的高/低速，受雨量传感器2脚的控制；右侧的是低速/间歇继电器，受雨量传感器1脚的控制，雨量传感器通过1、2脚控制刮水器电动机总成内部继电器的搭铁。雨量传感器可自动控制间歇时间长短和刮水时是高速还是低速。雨量传感器7脚用于检测回位脉冲，以正确进行间歇控制。

① 刮水器低速/间歇工作：当雨量传感器控制刮水器电动机低速工作时，其端子1搭铁，刮水器电动机总成内部的右侧继电器工作，触点吸合，则有如下电流通路：15号线→

导线插接器 C201 的端子 30→熔丝 F9→导线插接器 C201 的端子 40→导线插接器 C202 的端子 47→刮水器电动机端子 8→刮水器电动机内部右侧闭合的继电器触点→刮水器电动机端子 2→刮水器开关端子 A6→刮水器开关端子 A5→刮水器电动机端子 1→刮水器电动机总成内部左侧常闭触点→刮水器电动机低速端→搭铁 G303，此时电动机低速运转。雨量传感器端子 1 的工作波形如图 7-19 所示。由图可知，雨量传感器给出一个低电平的触发脉后，保持高电平，触发脉冲控制右侧的继电器工作，电动机开始运转，然后断电器断开，电动机靠回位通路维持低速旋转；当刮水器电动机旋转一周后，至下一个触发脉冲到来之前是间歇时间，调节敏感度旋钮时，雨量传感器控制刮水器电动机间歇时间的长短。低速工作时，雨量传感器端子 1 的电压在 5.1~10.8V 间变化，雨量传感器端子 1 电压为 5.1V 时，间歇时间最长；为 10.8V 时，间歇时间最短。当间歇时间调至最短时，刮水器电动机起动高速档。

② 刮水器高速工作：当雨量传感器感应到雨量足够大，需控制刮水器高速工作时，其 2 端输出低电平，刮水器电动机总成内部左侧继电器工作，内部触点吸合到高速端；与此同时，刮水器电动机总成内部右侧的继电器仍工作，则刮水器工作在高速状态，其电流路径是：5 号线→导线插接器 C201 的端子 30→熔丝 F9→导线插接器 C201 的端子 40→导线插接器 C202 的端子 47→刮水器电动机端子 8→刮水器电动机内部右侧继电器闭合的触点→刮水器电动机端子 2→刮水开关端子 A6→刮水开关端子 A5→刮水器电动机端子 1→刮水器电动机总成内部左侧闭合的继电器触点→刮水器电机高速端→搭铁 G303。

③ 回位脉冲检测：雨量传感器只有收到刮水器电动机的回位信息后，才能正确控制间歇时间。刮水器电动机端子 7 是回位脉冲输出端，将回位信号送到雨量传感器的端子 2。回位脉冲信号波形如图 7-20 所示。图中脉冲的下降沿是回位开始，雨量传感器间歇控制波形图中触发脉冲前沿是电动机开始旋转，至收到回位脉冲是旋转一周时间。回位脉冲至下一个触发脉冲是间歇时间。

④ 自动空调控制：刮水器开关端子 A5 向自动空调控制器 B7 端输出刮水器工作信号，当刮水器电机工作约 60s 时，如果自动空调处于 AUTO 状态，则自动启动除湿功能。

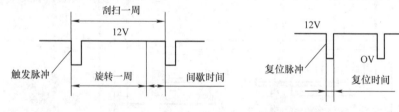

图 7-19　雨量传感器端子 1 的工作波形　　图 7-20　回位脉冲信号波形

(3) 迈腾轿车刮水器电路分析　由图 7-21 可知，迈腾轿车刮水器开关 E22 的档位请求信号直接传送至转向柱控制模块 J527，然后经过 CAN 线传送至车身控制模块 J519，最后 J519 通过 LIN 线向刮水器电动机控制模块 J400 发出相应的指令，控制刮水器电动机做出相应的动作。J519 接收到洗涤档请求信号后，控制洗涤器电动机继电器（J729）动作，使洗涤器电动机（V5）工作。

该车还装备了雨量和光照识别传感器（G397，安装在车内后视镜底座上），用于自动刮水器和自动前照灯的控制。图 7-22 所示该车刮水器控制系统通信网络，其中 ABS 控制模块 J104 向 J519 提供车速信号，作为调节刮水器电动机转速的参考信号；J519 是 LIN 线的主节点，J400 和 G397 均为从节点。

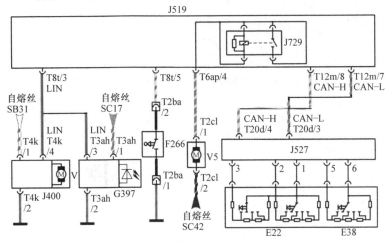

图 7-21 迈腾轿车刮水器控制系统电路

E22—刮水器开关　E38—刮水器间歇运行调节器　F266—发动机室盖接触开关　G397—雨量和光照识别传感器　J400—刮水器电动机控制模块　J519—车身控制模块　J527—转向柱控制模块　J729—洗涤器电动机继电器　V—刮水器电动机　V5—洗涤器电动机

（4）丰田卡罗拉轿车雨刮电路分析 当点火开关处于 IG1 时，电源通过风窗玻璃刮水器开关控制清洗器电动机及前刮水器电动机的动作。组合开关 HI 为高速档，LO 为低速档，INT 为间歇档，OFF 为关闭，MIST 为喷洗档。刮水器和清洗器电路，如图 7-23 所示。

1）当风窗玻璃刮水器开关打在 HI 档时，前刮水器开关的端子 +B 和端子 +1 导通，经点火开关后的蓄电池电压→25A 刮水器熔丝→风窗玻璃刮水器开关端子 B2→前刮水器开关→风窗玻璃刮水器开关端子 B4→风窗玻璃刮水器电动机端子 3→刮水器电动机→风窗玻璃刮水器电动机端子 4→搭铁 A3→蓄电池负极。此时，刮水器电动机高速运转。

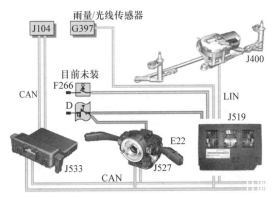

图 7-22 迈腾轿车刮水器控制系统通信网络

D—点火开关　E22—刮水器开关　F266—发动机室盖接触开关　G397—雨量和光照识别传感器　J104—ABS 控制模块　J400—刮水器电动机控制模块　J519—车身控制模块　J527—转向柱控制模块　J533—网关

2）当风窗玻璃刮水器开关打在 LO 档时，前刮水器开关的端子 +B 和端子 +1 导通，经点火开关后的蓄电池电压→25A 刮水器熔丝→风窗玻璃刮水器开关端子 B2→前刮水器开关→风窗玻璃刮水器开关端子 B3→风窗玻璃刮水器电动机端子 5→刮水器电动机→风窗玻璃刮水器电动机端子 4→搭铁 A3→蓄电池负极。此时，刮水器电动机低速运转。

3）当风窗玻璃刮水器开关打在 INT 档时，前刮水器开关的端子 +S 和端子 +1 导通，端子 INT1 和端子 INT2 导通，刮水器继电器内部线圈得电，其常开触点闭合，常闭触点断

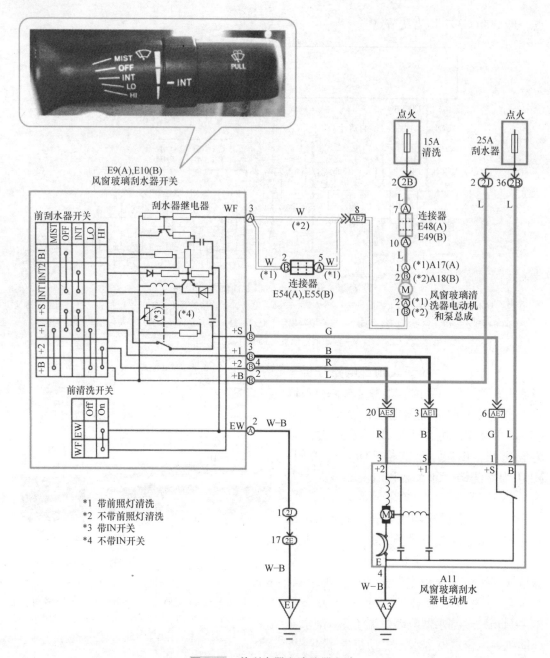

图 7-23 前刮水器和清洗器电路

开,蓄电池电压→5A 刮水器熔丝→风窗玻璃刮水器开关端子 B2→刮水器继电器常开触点→前刮水器开关端子 +S→前刮水器开关端子 +1→风窗玻璃刮水器开关端子 B3→风窗玻璃刮水器电动机端子 5→刮水器电动机→风窗玻璃刮水器电动机端子 4→搭铁 A3→蓄电池负极。此时,刮水器电动机低速运转。几秒钟后,刮水器继电器线圈失电,其常开触点断开,常闭触点闭合,刮水器电动机停止运行,等待下一个循环的开始。

当刮水器电动机未停在停止位置时,电动机凸轮盘开关动作,风窗玻璃刮水器电动机 2 号端子与 1 号端子导通,此时,蓄电池电压→25A 刮水器熔丝→风窗玻璃刮水器 2 号端子→

电动机内部凸轮盘开关→风窗玻璃刮水器1号端子→风窗玻璃刮水器开关B1端子→刮水器继电器常闭触点→前刮水器开关+S→前刮水器开关端子+1→风窗玻璃刮水器开关端子B3→风窗玻璃刮水器电动机5号端子→刮水器电动机→风窗玻璃刮水器电动机4号端子→A3搭铁→蓄电池负极。此时,刮水器电动机低速运转到停止位置后,电动机凸轮盘开关动作,前刮水器电动机2号端子与1号端子断开,电动机停止,等待下一个循环的开始。

4)当风窗玻璃刮水器开关打在MIST档时,前刮水器开关的端子+B和端子+1导通,经点火开关后的蓄电池电压→25A刮水器熔丝→风窗玻璃刮水器开关端子B2→风窗玻璃刮水器开关→风窗玻璃刮水器端子B3→风窗玻璃刮水器5号端子→刮水器电动机→风窗玻璃刮水器4号端子→A3搭铁→蓄电池负极。此时,刮水器电动机低速运转。

当前清洗开关在ON档时,风窗玻璃刮水器开关的端子A3与端子A2导通,经点火开关后的蓄电池电压→10A清洗熔丝→风窗玻璃清洗器电动机和泵总成→风窗玻璃刮水器开关的端子A3→前清洗开关→风窗玻璃刮水器开关的端子A2→E1搭铁→蓄电池负极。此时,清洗器电动机得电运转。

当前清洗开关在OFF档时,风窗玻璃刮水器开关的端子A3与端子A2断开,清洗器电动机停止运转。

5)当风窗玻璃刮水器开关打在OFF档时,前刮水器电动机不运转。

84 刮水器系统故障分析

1)故障现象:打开刮水器开关(自动档、低速档、高速档),刮水器不工作,但前风窗玻璃洗涤电动机工作正常。

2)故障分析:根据故障现象,判断故障的可能原因为刮水器电动机故障;熔丝、继电器故障;BCM故障;组合开关故障;线路、插接件故障。读BCM故障,有一个故障码,如图7-24所示,并且故障码无法清除。

读BCM数据流(图7-25~7-27所示),同时拧动刮水器开关。

图7-24 故障码

图7-25 数据流1

图7-26 读据流2

图7-27 读据流3

通过以上数据说明BCM接收到了刮水器开关给的信号,排除了组合开关故障。

动作测试前刮水器电源继电器熔丝盒内有继电器工作声音，但刮水器电动机还是不工作。继续动作测试前刮水器速度继电器，同样也只有继电器工作声音，电动机还是不动作。通过测试，排除了 BCM 故障。

断开刮水器电动机插头，打开刮水器开关低速档，用试灯测量插头，只有红色线上有电源，而低速档的绿色线上没有电源，此时虽然无法排除电动机故障，但检测方向重点在电动机供电上面，如图 7-28 所示。观察刮水器控制电路（图 7-29），前洗涤继电器与前刮水器共用一个 20A 的熔丝，而此车前喷水电动机工作正常，所以通过喷水电动机的工作排除了熔丝的故障。

只要刮水器开关接通，不管哪个档位，BCM 都会控制刮水器电源断电器接通；只有 BCM 收到开关的高速档信号后才控制高低速转换继电器工作。

当高低速转换继电器线圈不工作时，20 号电源触点与低速档接通；当高低速转换继电器线圈工作时，30 号电源触点与高速档接通。

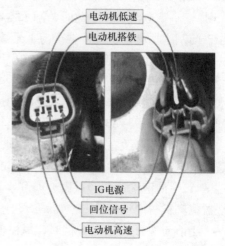

图 7-28　测量刮水器开关接头

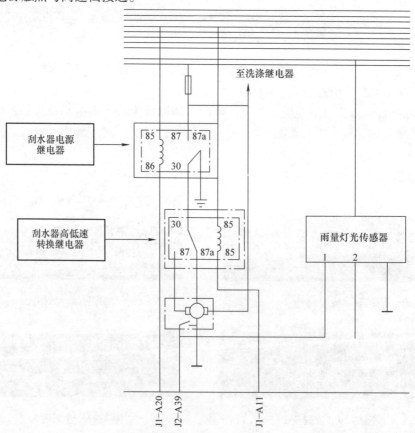

图 7-29　刮水器控制电路

在一号熔丝盒上面找到刮水器电动机供电的绿色线，当刮水器电源继电器工作时，用试灯测试无电源输出。继电器线圈工作正常，触点供电正常，但触点无电源输出，说明故障在继电器触点上面。而继电器与熔丝盒是一体的，不能单独更换，所以此故障得更换一号熔丝盒总成。

虽然现在找到了一个故障点，但刮水器电动机和电动机线路是否有故障还没有排除。为了一次性把故障判断准确，检测还得继续。

断开电动机线路与熔盒连接的插头，直接用导线连接电源后供电给电动机的绿色线上，此时刮水器电动机工作正常。通过供电测试，现在可以排除刮水器电动机和电动机线路的故障。

3）故障排除：更换一号熔丝盒总成，故障排除。

4）注意事项：数据流检测时，在数据流里面没有发现前刮水器高速档的数据流。刮水器开关内部电路如图 7-30 所示。通过数据流判断前刮水器高速档是否接通步骤如下：

① 当刮水器开关上的 2 号脚与 8 号脚导通时是自动档。
② 当刮水器开关上的 2、4 号脚与 8 号脚导通时是低速档。
③ 当刮水器开关上的 4 号脚与 8 号脚导通时是高速档。
④ 开关上 2、4 号与 8 号脚没有导通时是高电位，有 12V 电压。

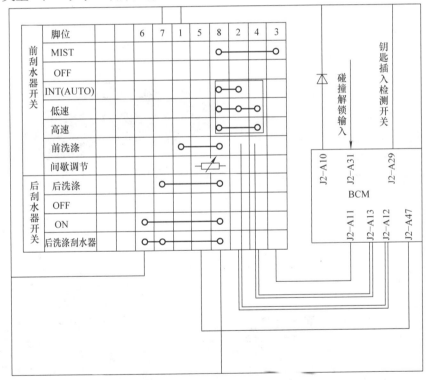

图 7-30　刮水器开关内部电路

85　刮水器拆卸与安装

风窗玻璃刮水器的安装位置如图 7-31 所示。

(1) 拆卸和安装刮水片

1) 拆卸。

① 将风窗玻璃刮水器置于维护位置。

② 将风窗玻璃刮水器摆臂从风窗玻璃上取下。

③ 按压固定夹箭头 A 并将刮水片 1 按箭头 B 的方向从刮水器摆臂 2 中推出，如图 7-32 所示。

④ 取下风窗玻璃刮水片。

2) 安装。安装以与拆卸相反的顺序进行，同时要注意下列事项：

① 将刮水片 1 平行插入刮水器摆臂 2 中，如图 7-33 所示。需要注意，将刮水片移入刮水器摆臂，直至听到固定夹的嵌入声。

② 操纵风窗玻璃刮水器开关或车速超过 6km/h 可退出"维护位置"。

(2) 拆卸和安装刮水器摆臂

1) 拆卸。

① 将风窗玻璃刮水器置于维护位置。

② 用螺钉旋具将盖罩箭头从刮水器摆臂 1 中撬下（图 7-35）。

③ 将螺母 2 松开几圈，如图 7-34 所示。

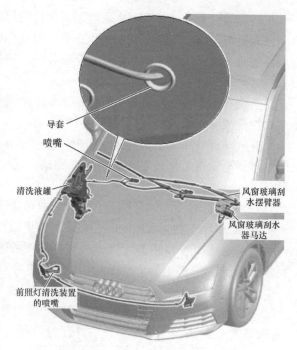

图 7-31 风窗玻璃刮水器的安装位置

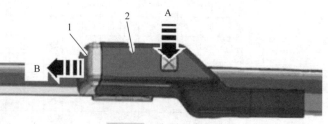

图 7-32 取下刮水片
1—刮水片 2—刮水器摆臂

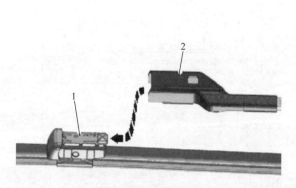

图 7-33 安装刮水片
1—刮水片 2—刮水器摆臂

图 7-34 将螺母松开
1—刮水器摆臂 2—螺母

④ 将拔出器 T10369/1 安装在刮水器摆臂 1 上（图 7-35）。

⑤ 将压件 2 装到风窗玻璃刮水器轴上。

⑥ 顺时针方向转动螺栓 3，直到可以将刮水器摆臂从风窗玻璃刮水器轴上拔下。

⑦ 完全拧出螺母并取下刮水器摆臂。

2）安装。安装以与拆卸相反的顺序进行，同时要注意调整刮水器摆臂。

（3）调整刮水器摆臂

1）拆卸刮水器摆臂。

2）打开点火开关。

3）点动操纵刮水器摆臂，将其运行至极限位置。

4）关闭点火开关。

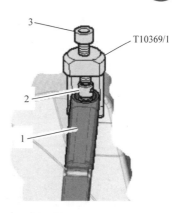

图 7-35　安装拔出器

5）将刮水器摆臂和安装的刮水片插在风窗玻璃刮水器轴上。

6）将风窗玻璃下边沿 3 上的刮水片尖角 2 与排水槽盖板 1 对齐，如图 7-36 所示。调整尺寸 a：驾驶人侧 25mm；副驾驶人侧：21mm。

7）拧紧刮水器摆臂 1 的螺母 2（图 7-38）。

8）打开点火开关。

9）点动操纵刮水器摆臂，将其运行至极限位置。

10）关闭点火开关。

11）再次检查刮水器摆臂的设置，必要时进行校正。

12）将盖罩按压到刮水器摆臂上，如图 7-37 所示。

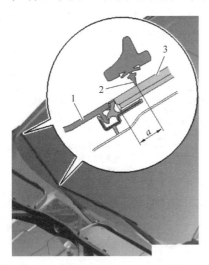

图 7-36　将刮水片尖角 2 与排水槽盖板 1 对齐
1—排水槽盖板　2—刮水片尖角　3—风窗玻璃下边沿

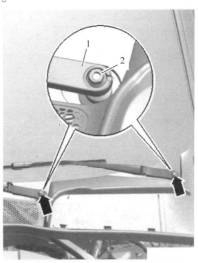

图 7-37　将盖罩按压到刮水器摆臂上

86 电动车窗机械结构

电动车窗系统是由电动车窗机械结构、电动车窗开关、电动车窗电动机、位置传感器、电动车窗儿童保护开关、电动车窗模块等组成的，如图7-38所示。

电动车窗的机械结构主要是由升降装置、固定器和电动机组成。

（1）升降装置　升降装置（图7-39）由螺栓连接到固定器上，升降装置的关键零件是滑块，滑块连接玻璃，同时在滑道上滑动；滑块的变形和磨损将会导致玻璃滑动阻力增大。

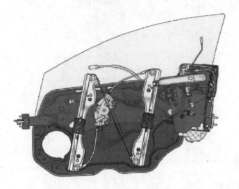

图7-38　电动车窗系统的组成

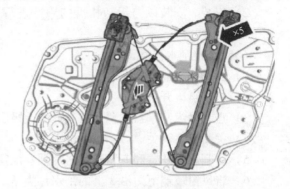

图7-39　升降装置

（2）固定器　固定器（图7-40）由螺栓固定在车门上。部分车辆的固定器采用了非金属材料，故重量较轻，但其刚性不亚于采用金属材料的固定器。

（3）电动机　电动机是永磁式直流电动机。该直流电动机的转子有正极和负极两条线路。电动车窗控制模块通过改变两条线路的极性来实现电动机的正转和反转，从而实现电动车窗的上升和下降。电动机安装位置如图7-41所示。

如图7-42所示，电动机与控制模块是一体安装的。电动机由直流电动机、减速装置、控制模块组成，电动机轴上装有一磁轮，磁轮是位置传感器的信号发生轮，位置传感器给控制模块提供电动机的转速和位置信号。

图7-40　固定器

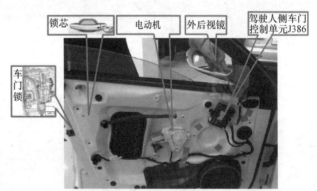

图7-41　电动机安装位置

电动机中配有位置传感器。位置传感器是用来判断电动机的运转位置和转速的，通常称之为电动车窗电动机位置传感器。

电动车窗电动机单位置传感器如图7-43所示，它安装在控制模块的电路板上，带有磁性的信号发生轮安装在电动车窗电动机转子轴上。电动机转动就会在位置传感器中产生方形波的脉冲信号，电动玻璃控制模块根据位置传感器的信号判断电动机的位置与转速。

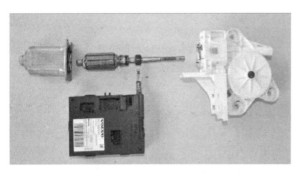 

图 7-42　电动机的组成　　　　　图 7-43　电动车窗电动机单位置传感器

电动车窗电动机双位置传感器如图 7-44 所示，电动机内部有两个位置传感器。电动车窗电动机与控制模块分体安装时，位置传感器安装在电动机一侧。

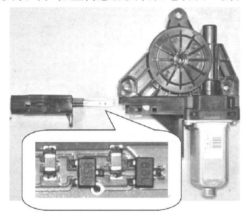

图 7-44　电动车窗电动机双位置传感器

87 电动车窗升降控制

1）工作原理：由电动车窗模块根据输入的信号驱动电动车窗电动机的正转与反转，从而实现电动车窗的上升和下降，如图 7-45 所示。

电动车窗控制模块的输入信号有电动车窗开关信号、儿童保护开关信号和遥控器信号；控制模块根据输入信号控制电动玻璃的升降。

2）电动车窗防夹功能：即释放被夹住的人或物，从而保护人或物安全，特别是儿童的安全。

电动车窗控制模块通过电动机位置传感器判断是否夹到人或物；如判断出夹到人或物则

图 7-45　电动车窗升降控制工作原理

驱动电动车窗电动机向相反方向转动，使电动车窗回到最低位置后使电动机停止运转，如图7-46所示。

3）电动车窗舒适功能：在车辆门锁处于关闭或开启状态下，可以通过遥控器发射的信号实现电动车窗的开启或关闭。工作原理（图7-47）如下：

① 遥控器发出一个开启或关闭信号，遥控接收器接收。
② 遥控接收器通过LIN网络将信号传递给免钥匙车辆模块。
③ 免钥匙车辆模块通过CAN网络传递给中央电子模块。
④ 中央电子模块通过CAN网络将信号传递给两前门电动车窗控制模块。
⑤ 前门控制模块通过LIN网络将信号传给后门控制模块。
⑥ 电动车窗模块接收到信号后开启或关闭所有电动车窗。

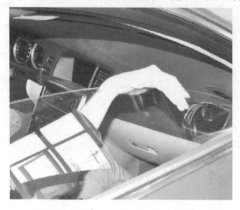

图7-46　电动车窗防夹功能

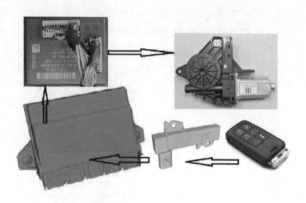

图7-47　电动车窗舒适功能

88　电动车窗开关结构

电动车窗开关根据集成方式可分为：开关与控制模块一体式、开关与控制模块分体式。

开关与控制模块之间的通信方式有：一个功能一条线的通信方式、LIN网络通信方式。电动车窗开关与控制模块是LIN网络通信方式，其开关的针脚只有3个（图7-48），分别是电源、搭铁、LIN网络，简化了结构，降低了成本。

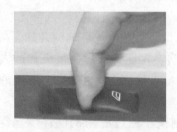

图7-48　驾驶人侧电动车窗开关插头

电动车窗开关手动操作步骤:

1) 轻轻扳起电动车窗开关(或将其轻轻按下),电动车窗手动关闭(或者开启)。只要电动车窗开关处于轻按动作状态,电动车窗就为手动打开或关闭;放开开关,则电动车窗将立即停止打开或停止关闭,如图7-49所示。

2) 将电动车窗开关短暂完全提起(或完全按下),然后放开,该侧电动车窗会自动关闭或自动开启。若电动车窗受到物体阻碍,则电动车窗会停止动作并回落到其最低位置,如图7-50所示。

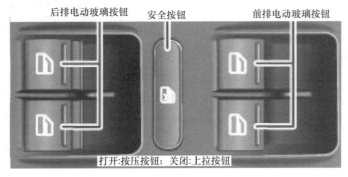

图7-49 电动车窗开关手动操作

3) 电动车窗儿童保护开关用来锁定后部电动车窗,如图7-51所示。当按下电动车窗儿童保护开关,黄色指示灯亮时,表示功能启用。此时,后门的电动车窗开关将无法开启或关闭该侧电动车窗。

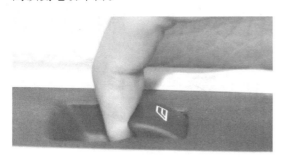

图7-50 电动车窗开关自动操作

图7-51 电动车窗儿童保护开关

89 电动车窗电路分析

(1) 沃尔沃轿车左前门电动车窗检测

1) 左前门电动玻璃开关。开关的1号针脚电压由CEM提供,是电动车窗系统激活的信号线,当打开点火开关时,此线的电压为蓄电池电压。图7-52中5号针脚是开关的搭铁线,该线通过DDM与搭铁线相连,3号针脚是LIN网络线,是DDM的开关信号线,用万用表测量其电压通常是7.5V。

2) 位置传感器的测量。独立的位置传感器应该有三个针脚,分别是电源线、搭铁线和信号线。

① 如图 7-53 所示，电动车窗电动机有两个位置传感器，只有四根线，分别是 3~6 号针脚。

② 两个传感器共用电源线和搭铁线，还有两个是信号线。

③ 3 号针脚灰黑线是传感器共用电源线，在打开点火开关时，为蓄电池电压 12V；5 号针脚淡紫绿线是传感器共用搭铁线，电压为 0V。

④ 4 号针脚黄蓝线和 6 号针脚蓝白线为信号线；信号线电压在电动车窗电动机工作时为 6V 左右。电动车窗电动机停止工作时，信号线电压根据信号发生轮停止的位置而定，应为 0V 或者 12V。

3）遥控器信号输入。遥控器开启或关闭的信号由电动车窗控制模块通过 CAN 网络获取。这里只诊断电动车窗控制模块 CAN 线是否正常。

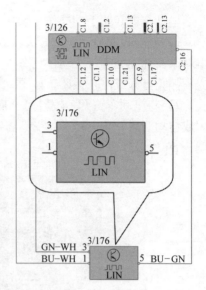

图 7-52　开关信号的输入

① 电动车窗控制模块 CAN 网络是 C2 插头。

② 用万用表测量 1 号针脚灰橘色线 CAN-H 电压为 2.80V 左右。

③ 用万用表测量 13 号针脚淡紫橘色线 CAN-L 电压为 2.30V 左右，如图 7-54 所示。

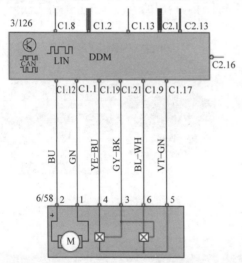

图 7-53　万用表诊断位置传感器

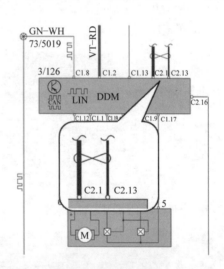

图 7-54　遥控器信号输入

（2）大众中车门控制单元的电源电路　全部电动车窗均能实现自动、点动升降，并具备防夹及热保护功能，其构成有 4 个集成升降电动机的车门控制单元、左前车门上的若干个电动车窗主控开关、其余车门上的电动车窗开关及舒适系统数据总线和 LIN 总线。左前车门电动车窗的电路图如图 7-55 所示。

左前车门电动车窗开关板上 4 个车门主控开关 E40、E81、E53 与 E55 的开关信息由 J386 接收。从图 7-55 可知，4 个主控开关内部结构一致。虽然每个开关与 J386 的连接只有

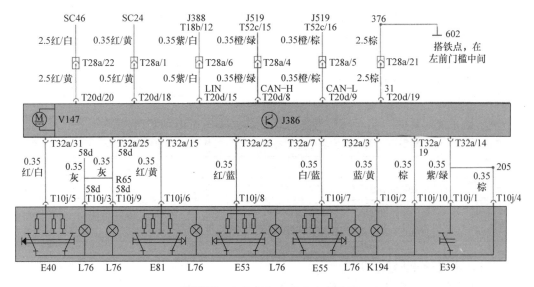

图 7-55 左前车门电动车窗电路图

E39—后排车门电动车窗禁用开关 E40—左前车门电动车窗开关 E53—左后车门电动车窗开关
E55—右后车门电动车窗开关 E81—右前车门电动车窗开关 J386—左前车门控制单元
J388—左后车门控制单元 J519—BCM 车身控制单元 K194—后排车门电动车窗禁用指示灯
L76—电动车窗开关板背景灯 V147—左前车门电动车窗升降电动机

一条导线,但开关内部触点并联了 4 个阻值各不相同的电阻。以 E40 为例,在 J386 的 T32a/31 端子预置 12V 电位的前提下,通过开关接入不同阻值的电阻,可以形成 4 个幅值不等的电位信号,J386 将其定义为自动升/降与点动升/降 4 种请求信息,如图 7-56 所示。除 E40 信号由 J386 直接交集成在控制单元内的升降电动机 V147 执行外,其他车门主控开关的升降请求,则由 J386 处理后,通过舒适系统数据总线或 LIN 总线向相应的车门控制单元传输,相应的车门控制单元负责执行。当按下 E39 时,J386 的 T32a/14 端子确认了搭铁信号的输入,其 T32a/3 端子输出点亮后排车门电动车窗禁用指示灯 K194,用来提示后排车门上的电动车窗开关处于禁用状态。

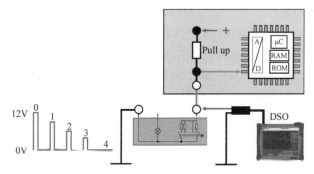

图 7-56 电动车窗开关在位置不同的触点上接通时形成的 4 个信号

其余车门的电动车窗开关结构与主控开关相同,开关信号输入的对象为本车门控制单元,控制过程与 J386 类似。

点火开关置"OFF"后,电动车窗的操作仍可继续 10min,条件是车门没有开启。遥控锁车（解锁）过程中，若电动车窗未关闭（未开启），J519 识别到长按遥控器锁车（解锁）键的无线电信号，令各车门控制单元实现舒适关闭（开启）功能。

E40 信号在 J386 数据块 1 组 1 区的测量值中显示，其他主控开关 E81、E53 与 E55 在 10 组显示（表 7-6），其余车门控制单元接收本车门电动车窗开关信息的测量值组别及区位分布与 J386 相同。

车辆防盗系统起动时，出于安全考虑，J519 将禁用所有电动车窗。

表 7-6　J386 数据块中电动车窗主控开关信息的测量值定义

1 组测量值区域	1 区	2 区	3 区	4 区
测量值定义	左前电动车窗开关 E40	左前车窗升降	左前门上的车窗开关	左前车窗升降器热保护
10 组测量值区域	1 区	2 区	3 区	4 区
测量值定义	左前电动车窗开关 E40	右前电动车窗开关 E81	左后电动车窗开关 E53	右后电动车窗开关 E55

(3) 车门控制单元故障

1) 故障现象：一辆朗逸 1.6 轿车，搭载 CPS 发动机和 09G 型手自一体变速器，行驶里程 6 万 km。该车前排乘客侧车门电动车窗不能由驾驶人控制。

2) 检查分析：维修人员试车发现，使用前排乘客侧车门开关 E107 可正常操作，这说明前排乘客侧车门控制单元 J387 尚能工作。但随着检查时间的推移，出现了全部车门电动车窗均不能工作的现象。

此时发现 2 个后车门电动车窗开关上的按钮指示灯均未点亮。后车门电动车窗控制单元的电源由驾驶人侧电动车窗开关板内的继电器控制，而继电器又由驾驶人侧 J386 控制（图 7-57）。检查上述开关板插接器 T8a/3 端子（黄/蓝线）的输出电压，12V 试灯没有点亮，表明 S37 电源异常。测量开关板 T16c 插接器 T16c/14 端子（绿线），试灯没有点亮，表明 J386 没有输出对继电器线圈的控制信号。

脱开 J386 上的插接器，然后重新连接，使其断电复位。这时后车门电动车窗控制单元的电源恢复了正常，但前排乘客侧车门车窗的升降还是无法由驾驶人侧的控制开关 E81 来控制。

连接 VAS5052 故障诊断仪查询车身控制单元 J519 故障内存，识别到 2 个静态故障记忆：01332——乘客侧车门控制单元 J387 无通信；03020——本地数据总线 2 电路故障。该车没有雨量与光线传感器，查阅朗逸轿车的电路图可知，J519 的 LiN 总线只有 1 条，本地数据总线 2 指的就是前排乘客侧电动车窗控制单元 LIN 总线。

单击"测量值功能"选项，读取 12 组 1 区驾驶人侧车门电动窗开关 E40 的信号输入。在操作开关 E40 时，车窗电动机虽然工作，但测量值却始终显示未操作。这个情况表明，虽然 J386 已经接收到了 E40 的请求信号，而且执行了电动车窗的升降指令，但 J519 并没有得到 E40 开关的状态数据。4 组 3 区的前排乘客侧电动车窗开关 E81 的测量值也是如此。如此看来，LiN 总线数据交换没有在 J386 与 J519 之间进行，报出的 03020 故障码属真实。

拆下前排乘客侧的车门饰板，脱开 J387 的 T6d 插接器。再次读取 12 组测量值，在操作开关 E40 与 E81 时，测量值显示为操作。用万用表测量 J386 上的 LIN 总线电压，发现 J387 连接时为 1.025V，脱开时为 8.65V。

这说明 LIN 总线的电压因 J387 而被拉低，这直观地表明 J387 内置的 LIN 数据总线收发

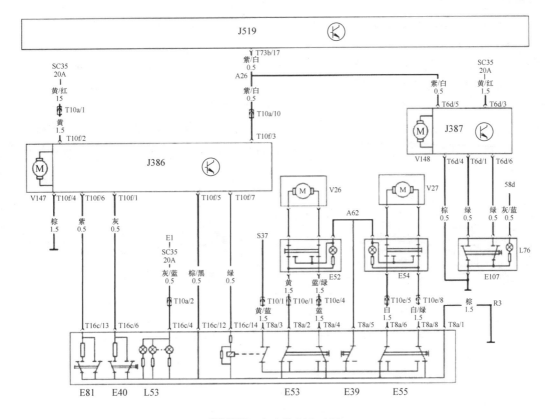

图 7-57 车窗控制电路图

器存在故障，所以 J387 接上后，总线不工作，J519 得不到电动车窗开关状态数据。

3）故障排除：更换前排乘客侧车门控制单元，故障排除。

（4）右后车窗升降器不工作故障

1）故障现象：一辆款速腾 1.6L 轿车，搭载 BWH 型发动机，行驶里程约为 5 万 km。据驾驶人反映，该车出现用驾驶人侧右后车窗升降器开关无法控制右后车窗玻璃升降的故障，而驾驶人侧另外 3 个车窗升降器开关可正常工作。

2）故障诊断：经试车发现故障确实如驾驶人所述，但是通过右后车窗升降器开关能够控制右后车窗玻璃升降。根据故障现象，确定右后车窗升降器电动机正常，推断可能的故障原因有：驾驶人侧开关总成故障、右后车门控制单元故障、相关线路故障。

根据由简到繁的诊断原则，首先更换了驾驶人侧开关总成，但故障依旧。接着连接 VAS6150B，发现"72 - 右后车门电子设备无法达到（图 7-58），进入 52 - 乘客侧车门电子设备和 09 - 电子中央电子装置，均读得了故障码 01344（图 7-59、图 7-60），其含义为右后车门控制单元无信号和通信。推断可能的故障原因有：右后车门控制单元供电线或搭铁线有故障；右后车门控制单元损坏。

图 7-58 右后车门电子设备无法达到

用万用表测量右后车门控制单元的供电线和搭铁线，均正常。更换右后车门控制单元后用 VAS6150B 检测，右后车门电子设备还是无法到达。查看相关电路图，理清驾驶人侧右后车窗升降器开关控制右后车窗玻璃升降的工作原理。由图 7-61～图 7-63 得知用驾驶人侧右后车窗升降器开关控制右后车窗玻璃升降的过程为：接通驾驶人侧右后车窗升降器开关 E55→驾驶人侧车门控制单元 J386 接收 E55 升降信号→E55 升降信号被 J386 发送到 CAN 总线上→副驾驶人侧车门控制单元 J387 从 CAN 总线上接收 E55 升降信号→J387 通过 LIN 线将 E55 升降信号发送至右后车门控制单元 J389→J389 控制右后车窗升降器电动机 V27 驱动车窗玻璃升降。用万用表测量 J387 与 J389 之间 LIN 线的电阻，为∞，这说明该 LIN 线断路。拆下中柱内饰板，发现 J389 端子 T18c/12 中的 LIN 线腐蚀断路。

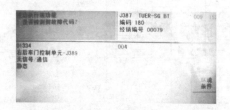

图 7-59　乘客侧车门电子设备的故障码

图 7-60　电子中央电子装置的故障码

3) 故障排除：修复腐蚀断路的 LIN 线后试车故障排除。

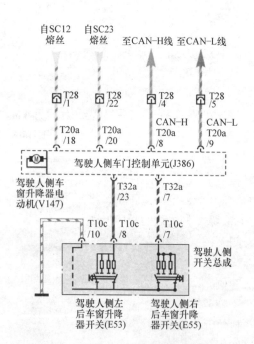

图 7-61　驾驶人侧车门控制单元的电路图

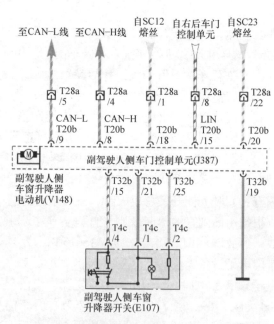

图 7-62　副驾驶人侧车门控制单元的电路图

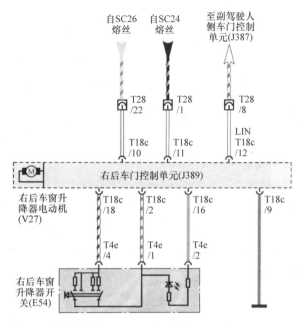

图 7-63 右后车门控制单元的电路图

90 大众电动车窗拆卸与安装

（1）拆卸和安装车门饰板

1）拆卸：

① 关闭点火开关。

② 将开关定位件 1 先在前面区域用拆卸楔 3409 从卡止装置中松开，然后取出车门饰板，如图 7-64 所示。

③ 脱开存在的线束。

④ 将把手外壳 2 先在前面区域用拆卸楔 3409 从卡止装置中松开，然后取出车门饰板。

⑤ 拧出螺栓 3 和 4（力矩为 4.5N·m）。

⑥ 拧出螺栓（力矩为 1.7N·m），如图 7-65 所示。

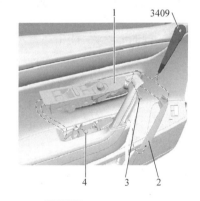

图 7-64 拆卸车门饰板
1—开关定位件 2—把手外壳 3、4—螺栓

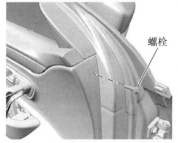
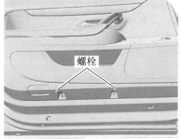

图 7-65 拧出螺栓

⑦ 将车门饰板按规定顺序从卡子连接件中松开，为此可以使用楔子 T10383，如图 7-66 所示。

⑧ 将车门饰板垂直向上从窗槽中拔出。

⑨ 在车门饰板内侧将防护接片向外拔。

⑩ 向后将拉索从导向件中拔出。

⑪ 将拉索从车门内部操作装置上脱开。

⑫ 根据车辆装备，脱开车门饰板线束。

2) 安装：以与拆卸相反的顺序进行。

安装车门饰板前确保所有卡子连接件的锁止机构都位于位置 A，如图 7-67 所示。在位置 2 无法正常安装车门饰板！

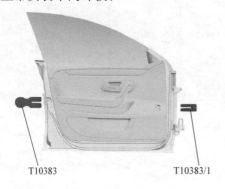

图 7-66　将车门饰板按规定顺序松开

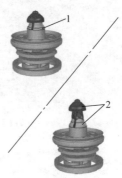

图 7-67　确保所有卡子位置

(2) 拆卸和安装前部车窗升降器

1) 拆卸：

① 拆卸车门饰板及副车架。

② 拆卸车门玻璃。

③ 松开螺母 2，但不要拧出。

④ 拧出螺母 4。

⑤ 向上从定位件中取出车窗升降器。

⑥ 将后部车窗升降器 3 向下翻转，并让其在车门中倾斜静止，如图 7-68 所示。

⑦ 将前部车窗升降器 2 稍微向上（箭头 a）从托架推出如图 7-69 所示。

⑧ 将前部车窗升降器 2 翻转经过后部车窗升降器 3。

⑨ 将前部车窗升降器从车门 1 中取出箭头 c，如图 7-70 所示。

⑩ 将后部车窗升降器 2 横着箭头 b 并往车门中心转动（箭头 a）。

⑪ 将后部车窗升降器 2 从车门中取出（箭头 c）。

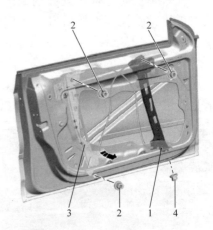

图 7-68　将前部车窗升降器倾斜静止
1—前部车窗升降器
2、4—螺母　3—后部车窗升降器

2) 安装:

① 将后部车窗升降器1倾斜地向后放入车门4中,如图7-71所示。

② 让前部车窗升降器2横着移入车门4中,并按箭头a翻转经过后部车窗升降器。将前部车窗升降器推入其安装位置(箭头b)。

③ 转动后部车窗升降器1并推入其安装位置(箭头c)。

④ 拧紧螺母3和5,拧紧力矩:12N·m。

(3) 拆卸和安装前部车窗升降器电动机

1) 拆卸:

① 拆卸前车门饰板。

② 用胶带固定车窗玻璃,使其不下滑。

③ 脱开存在的插头连接3。

④ 拧出螺栓2。

⑤ 从副车架上取下车窗升降器电动机和控制单元1,如图7-72所示。

2) 安装:

① 装上车窗升降器电动机,同时上下略微拉动车窗玻璃,使得电动机和电缆盘之间的啮合更到位。车窗升降器电动机螺栓2的拧紧力矩:3.5N·m。

② 用汽车诊断、测量和信息系统VAS6150B对新的车窗玻璃升降器电动机进行编码。

③ 编码后,使车窗玻璃升降器自动向上运动到限位位置,然后再拉住开关2s。这样,车窗玻璃升降器电动机就完成了上部极限位置的识别。接下来的安装按照与拆卸相反的顺序进行。

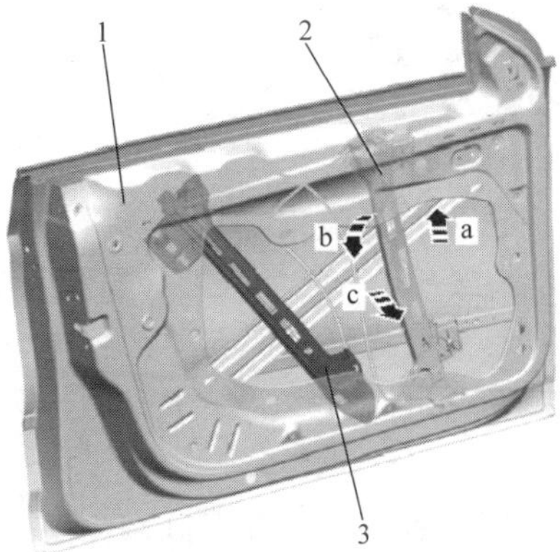

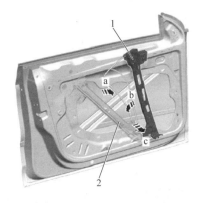

图7-69 将前部车窗升降器从托架上推出
1—车门 2—前部车窗升降器
3—后部车窗升降器

图7-70 将前部车窗升降器从车门中取出
1—车门 2—后部车窗升降器

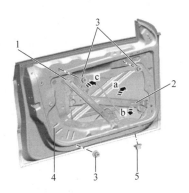

图7-71 安装前部车窗升降器
1—后部车窗升降器 2—前部车窗升降器
3、5—螺母 4—车门

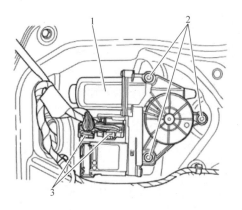

图7-72 取下车窗升降器电动机
1—控制单元 2—螺栓 3—插头连接

91 电动天窗系统组成

电动天窗由电动天窗机械机构、电动天窗开关、电动天窗位置传感器、电动天窗控制模块、电动天窗电动机等组成。电动天窗结构如图 7-73 所示。

（1）电动天窗机械机构　电动天窗机械机构的工作原理：天窗电动机驱动两条螺旋钢丝轴，两个螺旋钢丝轴驱动天窗左右滑块，滑块推动天窗在滑道中前后运动。

其主要结构包括：电动机驱动齿轮、螺旋钢丝轴、滑道等，如图 7-74 所示。

（2）电动天窗通风位置开启与关闭的驱动滑道　如图 7-75 所示，电动天窗通风位置开启与关闭驱动滑道能够实现：通风位置的开启与关闭，以及通风位置和滑动位置关闭时的上下摆动。电动天窗关闭时上下摆动，有利于天窗的密封。

图 7-73　电动天窗结构
1—框架　2—可开启玻璃窗　3—固定玻璃窗
4—遮阳卷帘　5—电动机（遮阳卷帘）
6—缆线的管子　7—电动机（可开启的玻璃窗）

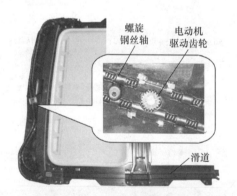

图 7-74　电动天窗机械结构

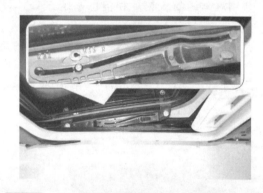

图 7-75　电动天窗通风位置开启与关闭的驱动滑道

（3）电动天窗位置传感器　在电动天窗电动机中安装有两个位置传感器，两个位置传感器可以感知电动天窗电动机的速度和转动方向，同时还可以在电动天窗滑动开启过程中实现防夹功能，如图 7-76 所示。

1）双位置传感器安装在控制模块的电路板上；2）带有磁性的信号发生轮安装在电动天窗电动机转子轴上；3）电动机转动就会在位置传感器中产生方形波的脉冲信号；4）两个位置传感器的信号有相位差，能够判别电动天窗电动机的速度和方向；5）电动天窗控制模块根据位置传感器的信号判断电动机的工作情况，从而采取不同的控制方式。

（4）电动天窗控制模块　电动天窗控制模块与电动机集成在一起，电动天窗系统的位置传感器直接集成在控制模块电路板上。电动天窗控制模块通过8个针脚与整车线束相连，如图7-77所示。

（5）电动天窗电动机　电动天窗电动机为永磁式直流电动机，电动机有两个电刷，控制模块是通过改变两个电刷的正负极来使电动天窗打开和关闭的。

电动天窗电动机与模块为一体，其中包括：永磁式直流电动机、减速机构、控制模块，如图7-78所示。

图7-76　电动天窗位置传感器

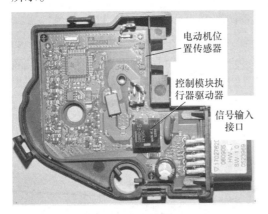

图7-77　电动天窗控制模块

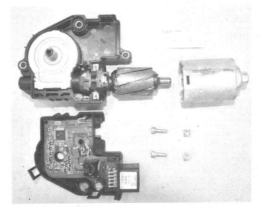

图7-78　电动天窗电动机

92 电动天窗控制原理

电动天窗控制模块根据输入信号判断操作者意图和车辆的需求，根据模块内部的程序输出控制信号，完成对电动天窗电动机的驱动，实现电动天窗的上翘和下落，以及手动和自动的开启和关闭等功能。

电动天窗的输出是指电动天窗的电动机动作。电动天窗电动机是直流电动机，电动天窗控制模块通过集成电路板上的继电器控制电动机转动和停止、正转和反转，如图7-79所示。

图7-79　电动天窗输出控制
1—电刷　2—插接触点

1）电动天窗电动机有两个电刷，控制模块通过改变两个电刷的正负极来改变电动机转动的方向。

2）电动机电刷正负极与集成电路板是插接触点连接，保证线路连接的可靠性，同时方便组装。

93 电动天窗控制电路分析

（1）大众电动天窗控制电路分析　电动天窗电路由控制单元J245、集成顶棚百叶窗电动机V260的控制单元J394及遮阳卷帘/滑动天窗开关E437及LIN总线组成。E437包含了令天窗滑动的电位计（旋转开关）、倾斜上翻开关、强制关闭开关及遮阳帘开启/关闭按钮。全景天窗控制电路图如图7-81所示。

由图7-80可知，KL30→熔丝SC43（5A）→插接器T6d/1→J245的T16i/1端子，为J245供电，T16i/2端子→插接器T6d/3→搭铁点602。KL30→熔丝SC57（25A）→插接器T6d/2→J394的T16j/1端子，为J394供电，T16j/2端子→插接器T6d/3→搭铁点602。两者之间除LIN总线通信外，还存在一个操作接口连接（T16i→T16j的白色导线）。

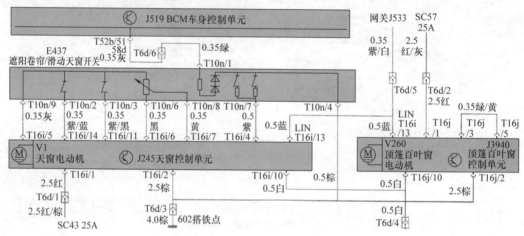

图7-80　全景天窗控制电路图

当点火开关置"ON"时，J245与J394通过LIN总线经网关J533从J519获得KL15电源接通的信息，J245的T16i/6端子输出5V电源，加在E437内置的电位器上，T16i/5端子内部搭铁，此时天窗满足工作条件。电位器随旋转开关调制出0~5V连续变化的电压信号，每一个电压值对应天窗滑动行程的某一个位置。需要开启天窗时，J245根据电位器所处的位置信号，控制天窗电动机V1工作。点火开关置"OFF"后，在前排车门没有开启的情况下，天窗约有10min的延时。一旦车门开启，LIN总线上KL15电源关闭信息送达，天窗操作将不再继续。

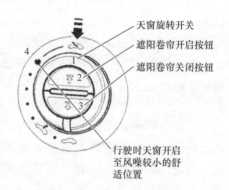

图7-81　J245与J394基本设定的操作示意图

获取 KL15 电源接通的信息在 J245 数据块 13 组 1 区，LIN 总线状态在 14 组 1 区，LIN 信号在 12 组 2 区中体现。

J394 与 J245 基本设定的操作示意图如图 7-82 所示。车辆行驶时，若天窗开启处于图中"4"的位置，J245 可以根据车速的高低，将天窗开度自动调节到风噪较小的舒适位置上，车速信息的传输途径是 J104→动力系统 CAN 数据总线→J533→LIN 总线→J245。J245 接收到的车速信号在数据块 12 组 3 区中读取。

遮阳卷帘开关控制搭铁，通过接入阻值不同的电阻，在 J245 的 T16i/4 端子上形成两个幅值不等的电位信号，可以体现开启/关闭的请求信息。J394 经操作接口接收由 J245 发出的请求信息，控制顶棚百叶窗电动机 V260 工作。

遥控锁车时，若天窗尚未关闭，长按遥控器锁车键，J245 从 LIN 总线接收到锁车命令，V1 将执行舒适关闭功能。

当 J519 识别到车辆防盗功能起动时，出于安全考虑，J519 取消向 LIN 总线发送 KL15 电源已接通的信息，天窗将被禁用。

J245 诊断地址为 4F（中央电子装置系统 2），采用 4 个字节的长编码，长编码为 50B0500。

更换新的 J245 或 J394 后，应进行基本设定方可正常使用。设定前，旋转开关必须位于天窗关闭位置，具体方法是：点火开关置 ON，向下拉动天窗旋转开关（图 7-81）并保持，设定过程中天窗向后移动大约 200mm 开始恢复，在天窗被再次关闭后设定完成，松开旋转开关。基本设定状态在 1 组 4 区的测量值中可以读到。

J394 基本设定前，遮阳卷帘也应呈关闭状态。接通点火开关，按下遮阳卷帘关闭按钮并保持，遮阳板向后移动约 200mm。当遮阳卷帘被再次关闭后完成设定，松开按钮。

J519 的诊断地址为 09（中央电子装置），采用 30 个字节的长编码，编码值随车辆配置的不同而改变。在实际维修中，由于有了上述系统电路图的帮助，利用数据块读取信号的输入，还可以利用 DTM 终端元件测试功能，令 BCM 车身控制单元所属的某个执行器动作来检查验证，这样诊断将变得简明和直观。

（2）全新宝来天窗控制电路分析　天窗控制电路如图 7-82 所示。

1）天窗旋钮 E139 对天窗电动机的控制。图 7-83 所示为天窗控制单元及控制单元插头，由图 7-84 可见，天窗电动机与天窗控制单元制成一体。

天窗控制单元 J245 收到旋钮 E139 的位置信号后，控制电动机 V1 转动，使天窗向后滑动或向上翻开至规定位置。

旋钮 E139 对电机动作的控制是有一定限制条件的。在点火开关打开后，旋钮 E139 可以控制电动机动作。关点火开关后，10min 内左前车门和右前车门一直处于关闭状态，则旋钮 E139 仍然可以控制电动机动作。如果两前车门中任意一个车门打开，就无法再通过旋钮 E139 控制电动机的动作了。

控制单元 J245 是如何实现根据点火开关及车门状态，对旋钮 E139 进行功能限制呢？

车载电网控制单元 J519 通过 T73/48 脚输出信号来实现上述控制功能。点火开关打开信号被 J519 识别到以后，J519 在 T73/48 脚输出 12V 高电位（图 7-85），通过 0.35ge（黄色）线将信号传递给天窗控制单元 J245 的 T6e/2 脚。

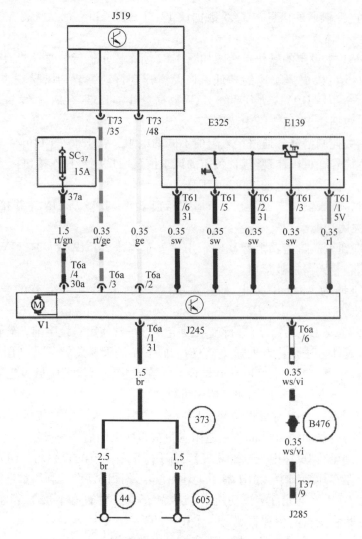

图 7-82 天窗控制电路

E139—滑动天窗调节器　E325—滑动天窗按钮　J245—滑动天窗控制单元　J285—仪表板中的控制单元
J519—车载电网控制单元　T6e、T6t—6 针插头连接　T32—32 针插头连　T73—73 针插头连接
V1—滑动天窗电动机　B476—连接 12，在主导线束中　44—搭铁点，左侧 A 柱下部
373—搭铁连接 8，在主导线束中　605—搭铁点，在上部转向柱上

图 7-83 控制单元插头

图 7-84 天窗电动机与天窗控制单元

天窗控制单元 J245 收到此 12V 高电位信号后，才允许旋钮 E139 控制电动机动作。车载电网控制单元 J519 输出的这个 12V 高电位信号，在关闭点火开关后会持续 10min。但如果此期间两前门中的任意一个车门打开，J519 将此信号变为 0V 的低电位，天窗控制单元 J245 则停止旋钮 E139 对电动机 V1 的控制。

由此可知，在实际维修天窗控制电路故障时，如果天窗旋钮开关工作失灵，除天窗旋钮本身有故障外，控制单元 J245 是否收到了车载电网控制单元 J519 的"天窗允许工作"控制信号，也是我们需要重点考虑的故障原因之一。

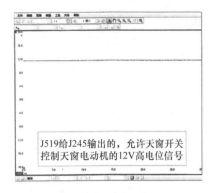

图 7-85　高电位信号

2) 方便关闭天窗功能。全新宝来轿车的天窗具有"方便关闭"功能，也称"舒适关闭"功能，即在未关闭天窗的情况下，锁车时按住遥控器上的锁车按钮，天窗会自动关闭。我们要考虑的问题是方便关闭功能的控制原理。

天窗控制单元 J245 的 T6e/3 脚输出 12V 高电位。此信号经 0.35ro/ge（黄红色）线传递到车载电网控制单元 J519 的 T73/35 脚。当 J519 收到持续的遥控锁车信号时，会将它收到的 12V 高电位信号搭铁，使之变为 0V 低电位信号。

天窗控制单天 J245 的 T6e/3 脚 12V 高电位被搭铁变成 0V 低电位后，J245 控制天窗电动机 V1 转动，将天窗关闭。

在我们实际维修过程中，天窗处于打开状态，如果将 J245 的 T6e/3 脚搭铁，天窗将会自动关闭。通过这种方法，可以在处理"天窗方便关闭功能失效"故障时，判断故障点在 J519 还是在 J245。

3) 天窗的随速控制功能。如果将旋钮开关旋转至 B 位置，天窗控制单元 J245 会根据车速的大小，将天窗打开至风噪最小的位置。车辆在行驶过程中，组合仪表控制单元 J285 通过 T32/9 脚，车速信号通过 0.35ws/vi（紫白色）线传递给天窗控制单元 T6e/6 脚。

车速波形信号为 12V 脉冲方波信号，该信号的频率随车速的升高而升高。驾驶人将天窗开关旋钮转至 B 位置时，天窗控制单元 J245 在行车过程中根据信号频率的大小控制天窗滑动量，避免车辆高速时天窗打开量过大，在车内产生较大风噪，对车辆舒适性造成影响。

94 电动天窗故障案例分析

(1) 天窗开关至关闭位置，天窗玻璃关不到位

1) 故障现象：一辆斯柯达搭载 CEA 型发动机和 6 档 02E 双离合器变速器，行驶里程 50000km。该车因天窗漏水，钣金工在更换天窗骨架后，操纵天窗开关至关闭位置，天窗玻璃关不到位。

2) 故障分析：该车装备了全景天窗，维修人员慢慢转动天窗开关，天窗玻璃也随之做相应的动作。当把开关转到"关闭位置"时，天窗玻璃向前运行将要合拢时立即反方向运行，到中间位置停下。首先进行天窗电动机的基础设定：

① 打开点火开关至"ON"位置。

② 旋转天窗开关到"天窗关闭"位置，如图7-86所示。

③ 沿箭头向下按动开关，且在整个过程中保持在该位置大约20s。

④ 设定时，天窗玻璃向后移动大约200mm。

⑤ 在玻璃盖板被再次关闭后，完成设定。必须松开旋转开关。

图7-86 天窗开关

但是经过基础设定后故障仍存在，初步判断玻璃与车顶框配合阻力过大。拆下天窗玻璃，按照上述方法做基础设定时，可以发现固定玻璃的右侧架能回到原位，而固定玻璃的左侧架却回不到原位，看来故障原因在此。

(2) 天窗开关失灵

1) 故障现象：一辆大众斯柯达新明锐1.6L轿车，搭载CPJ型发动机和KPH型手自一体6档变速器，行驶里程6000km。客户反映该车近几天天窗后部向上翘起，操控天窗开关失灵。

2) 故障分析：维修人员操控天窗开关（图7-87），将其转至平移位置以及后部翘起位置，天窗均无反应。按动强制开关，天窗后部向下移动一下，然后向上翘起。与天窗控制单元于集成一体的天窗电动机驱动天窗骨架运行，当遇到较大阻力时，就会起动防夹功能，电动机反向驱动天窗骨架。当遇到阻力次数较多时，则会引起天窗控制单元失去记忆，导致操纵天窗开关无反应，需要重新对天窗控

图7-87 天窗开关

制单元做基础设定。另外，此车电动机能收到动作指令，可以暂不考虑电路问题。

经过检查分析后，初步判断是天窗运行骨架发卡，如要替换非常不容易，因此决定先按照以下思路进行维修：将天窗电动机拆下来，对天窗控制单元做基础设定；拆掉天窗玻璃，做天窗基础设定。天窗基础设定方法如下：

① 打开点火开关置于"ON"位置，在关闭位置按住天窗开关，等待25～30s，天窗起翘到最大，玻璃会抖动一下。这时松开并再次按住开关，天窗下落。经开启、关闭一个自动循环后，天窗初始化完成。

② 如因误操作初始化失败，天窗没有动作，先关闭点火开关等待10s，然后重新按上述步骤再操作一次。直接按住开关即可初始化，但等待时间较长，初始化全过程需要70s左右。

按照以上维修思路，先拆下天窗电动机，按上述方法做基础设定，电动机只是顺时针方向转动，设定不成功。装回天窗电动机，拆掉天窗玻璃，做天窗基础设定，一次成功，开关在任何位置都有反应。由此可以确定，是天窗骨架出现问题。经过仔细检查，最后发现故障原因是天窗玻璃四周黑色密封条发胀，导致天窗回位时阻力过大，不断起动防夹功能，从而致使天窗开关失灵。

3) 故障排除：清理玻璃四周密封条并调整玻璃的角度，天窗运转自如。

(3) 天窗控制单元 A 故障

1) 故障现象：一辆 POLO 1.6 自动档轿车，搭载 CPL 发动机和 09G 型自动变速器，行驶里程 50000km。用户反映该车天窗不能开启。

2) 故障分析：维修人员拆下天窗电动机饰板，转动天窗调节器 E139，可以听见天窗控制单元 J245 内有继电器动作的声响，但电动机没有动作。

由天窗控制电路图（图 7-88）及正常车的实际测量结果，来分析天窗的工作原理。集成天窗电动机 V1 的天窗控制单元 J245 的 T6aa 插接器上，外围电路有 5 条导线，依次为常电源正极线（红/黄 1.5，由 30 号线经熔丝 S83 来）、搭铁线（棕 1.5），这是天窗工作的电源条件；来自车身控制单元 J519 的天窗控制信号（黄 0.35）；来自 J519 的天窗舒适关闭信号（红/黄 0.35）；来自仪表 J285 的车速信号（紫/白 0.35）。

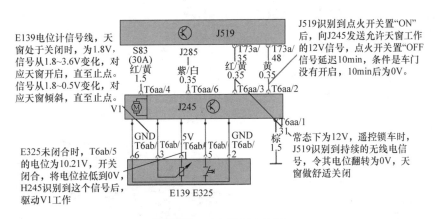

图 7-88　天窗控制电路图

天窗调节器 E139 实质上是一个电位计，和天窗按钮 E325 一体构成天窗开关，有 5 条线与 J245 连接。J245 在点火开关打开时，向 E139 输出 5V 电源，2 条经 J245 内部的搭铁线，一条为天窗位置的电位计信号，另一条为 E325 开关信号线。

J519 识别到点火开关置"ON"后，向 J245 发送允许天窗工作的 12V 电压信号，点火开关置"OFF"后，12V 电压维持，条件是 J519 没有识别到车门开启，10min 后 12V 电压转为 0V，天窗不再动作。这个工作条件由 J519 的长编码确定，车辆进入防盗状态时，天窗不能操作，也是由该信号来实现。

天窗的舒适关闭信号线在常态下为 12V，J519 识别出遥控器接续的无线电信号，令其电位翻转为 0V，开启着的天窗做舒适关闭。车辆行驶时，仪表发送的车速信号，根据车速控制天窗，令其处于噪声最小的舒适位置。

E325 开关未闭合时，T6ab/5 端子上的电位为 10.21V（图 7-89），开关闭合后，将这一点电位拉低，被 J245 检测到，驱动 V1 工作，基本设定时就是一种状态。新的天窗控制单元未基本设定前，天窗不能工作，这是因为控制单元尚未学习到天窗的初始位置与止点位置。

根据以上对天窗工作原理的分析，判断故障点为天窗电动机。

3) 故障排除：更换天窗控制单元，进行基本设定后故障排除。

天窗关闭位置	天窗开启过程	天窗倾斜过程	天窗按钮E325的T6ab/5端子
1.8V	1.8~3.6V	1.8~0.5V	未按10.21V，按下0.2V

点火开关置"ON"	点火开关置"OFF"，车门未开	点火开关置"OFF"，车门开启
12V	12V	0V

点火开关置"ON"	点火开关置"ON"
12V	0V

图7-89　天窗控制数据

95 电动后视镜的组成

电动后视镜主要由位置调整电动机、折合电动机、加热电路、镜片、后视镜罩壳等组成，如图7-90所示。

(1) 位置调整电动机　电动后视镜的镜片与位置调整电动机连接，当点火开关在Ⅰ或Ⅱ位置时，可以操控位置调整电动机工作，以调整后视镜的角度。

电动后视镜内有两个位置调整电动机，分别是上下位置调整电动机和左右位置调整电动机，电动机和位置设定传感器构成一个单元，无法单独更换，如图7-91所示。

图7-90　电动后视镜的组成

图7-91　位置调整电动机

(2) 折合电动机　配置电动折合功能的后视镜，会安装一个折合电动机，以实现后视镜的手动折合功能和自动折合功能。

折合电动机的控制和监测由对应的前车门模块来完成。折合电动机如图7-92所示。

(3) 加热电路　电动后视镜有用于除霜的加热电路，设在后视镜玻璃背面。若加热电路有故障，则需要更换整个后视镜玻璃。

加热电路由前车门模块进行供电和搭铁控制，自动加热功能由恒温控制模块起动，如图7-93所示。

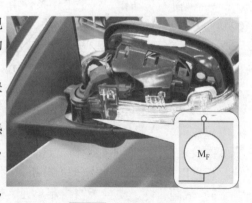

图7-92　折合电动机

第 7 章　汽车辅助电器

图 7-93　加热电路

（4）后视镜位置设定传感器　带有位置记忆功能的电动座椅车型，也具备后视镜位置储存功能。

为了实现这个后视镜的存储功能，在每个电动后视镜内部分别设置两个位置设定传感器，用于测量后视镜的准确位置。

位置设定传感器有两个，分别用于检测后视镜的左右和上下位置，如图 7-94 所示。

（5）后视镜调整开关　后视镜调整开关由 L、R 按键和加热、折回调整控制开关组成，如图 7-95 所示。操作后视镜调整开关，可以执行后视镜的位置调整和折合控制功能，开关上的功能见表 7-7。

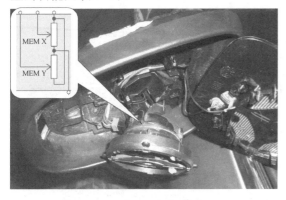

图 7-94　后视镜位置设定传感器

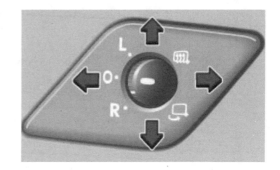

图 7-95　大众电动后视镜调整开关

表 7-7　开关上的功能

符号	功　能
⤴	电动收折车外后视镜
⧚	接通车外后视镜加热装置。只在环境温度低于 20℃时方加热
L	调整左侧车外后视镜，前、后、左、右推旋钮即可将后视镜调整至合适位置
R	调整右侧车外后视镜，前、后、左、右推旋钮即可将后视镜调整至合适位置
O	中间位置。打开车外后视镜，关闭车外后视镜加热器，不能调整车外后视镜

96 电动后视镜控制原理

（1）镜片调整控制　后视镜调整开关集成在驾驶人车门控制面板上，驾驶人通过控制调整开关，通过 LIN 网络或 CAN 网络与驾驶人车门模块或乘客车门模块通信，驱动相应后视镜动作。

后视镜在上下和左右方向的位置由两个电位计传感器进行检测，并反馈给车门模块，以进行存储，如图 7-96 所示。

1）右侧后视镜的上下和左右调整控制

① 按下 R 按键，选择右侧后视镜。

② 操作调整控制开关，进行上下或左右方向的调整。

③ 镜片调整信号通过 LIN 网络传送给 DDM。

④ DDM 将调整信号通过 CAN 网络传送至 PDM。

⑤ PDM 驱动右侧电动后视镜动作，完成上下和左右方向的角度调整。方向的位置由两个电位计传感器进行检测，并反馈给车门模块，以进行存储，如图 7-97 所示。

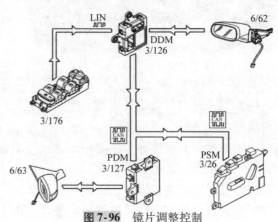

图 7-96　镜片调整控制

DDM—驾驶人车门模块　PDM—乘客车门模块
PSM—电动座椅模块　3/176—控制开关
6/62—左侧电动后视镜　6/63—右侧电动后视镜

2）镜片位置记忆控制

① 后视镜内的电位计传感器检测后视镜的上下和左右位置，并反馈给相应的车门模块。

② 车门模块将后视镜位置信号存储在 PSM 中。

③ 驾驶人使用遥控上锁时，后视镜自动折合。

④ 操作遥控开锁时，PSM 通过 CAN 网络将座椅位置记忆信号发送给两侧的车门模块。

⑤ 车门模块控制相应的后视镜电动机工作，调整后视镜镜片至记忆位置，如图 7-98 所示。

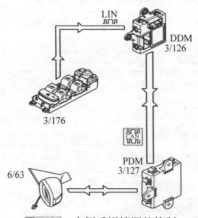

图 7-97　右侧后视镜调整控制

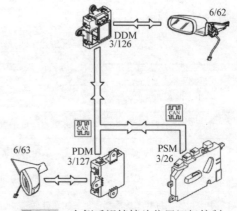

图 7-98　右侧后视镜镜片位置记忆控制

(2) 倒车手动折合功能　配置此功能的车辆,当驾驶人操作倒档时,即可自动完成后视镜的向下折合;退出倒档后电动后视镜约10s后自动复位。

(3) 单片机嵌入技术控制　该控制器要分别控制左右2个折叠电动机,控制器需4个输出端:端子ML+、ML-和MR+、MR-,分别接至2个折叠电动机上。电动机的最大运行电流置$I_t = 0.3A$,最小堵转电流置$I_s = 1.5A$;起动电压为9V,最大工作电压为20V。额定的折叠或伸展时间为2.86s(电压为12V的条件下)。要求控制器有过载、过电流、过热、过压保护。输出端有对搭铁和电源短路的保护。要求让折叠电动机仅在电压允许的范围(9~17V)内运行。

采用单片机嵌入技术实现使用较高性价比的小控制器的控制,如图7-99所示。其把实际的4个限位开关虚拟化到了一个控制器中。拨动折叠开关,控制器依据折叠开关的输出信号起动电动机做出相应方向的转动,转到相应的"止点位置"后自动断电停止。这样简化了外围线路,简化其后视镜总成的结构和控制开关结构,提高了可靠性及可实施性,降低了成本。

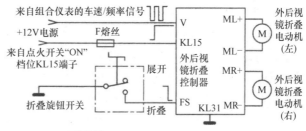

图7-99　单片机嵌入技术控制方式

该控制器需设3个输入端和1个搭铁端。3个输入端分别为:

1) KL15输入端。其是系统控制电路电源的接入端,来自点火开关"ON"档位的KL15端电源,因此需要控制器具有抗发动机起动时电压跌至6V的情况和电源线上瞬态过电压等传导干扰。

2) FS输入端。FS连接至折叠开关(Fold Switch)的输出端。折叠开关是组合在后视镜调节开关上的一个通断形式的旋钮操作开关。折叠开关是小电流触点,负载限于100mA以下,鉴于在小信号电路应用中要避免过小的信号电流在受触点表面膜的影响时出现信号不良情况,要求控制器与开关连通的信号电流应保持在湿性电流范围,即在这里要求信号电流不小于1mA。

3) V输入端。其为车速信号输入端,来自于组合仪表的车速信号输出端,以方波脉冲频率对应于车速,在这里频率的N赫兹就对应着车速每小时N公里。这里引入车速信号是要限制当车速大于5km/h时对外后视镜做折叠操作,这是为了增强系统的抗干扰性和满足防错操作方面的冗余保护要求。

对于后视镜是否已折翻到止点位的判别,可依据电动机堵转电流或电动机通电延时时间来确定。到位后自动关闭电动机运行。外后视镜电动折叠控制器硬件基本架构框图如图7-100所示。

控制器控制策略:

1) 控制器通过查询FS端的信号,确定后视镜应处在伸展还是折叠状态。搭铁低电平为折叠信号,悬空高电平为伸展状态信号。当后视镜所处位置状态与开关信号要求相符时,折叠电动机保持不动;当后视镜所处位置状态与开关信号要求不相符时,起动折叠电动机使其转向与折叠开关要求相符的位置,到位后自动关闭折叠电动机的运行。

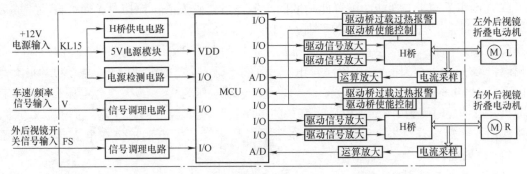

图 7-100　外后视镜电动折叠控制器硬件基本架构框图

2）当车速大于 5km/h 时，控制器不接受处理此时的折叠开关发来的信号请求，仍保持或处理此前在车速小于或等于 5km/h 时最近一次折叠开关发来的信号请求（折叠或伸展），继续完成已响应的执行任务，直至完成。然后关闭和封锁折叠电动机驱动模块的输出，直到车速恢复到小于或等于 5km/h，重新再接受处理开关此时发来的信号请求。

3）当供电电压为非正常时（小于 9V，大于 17V，持续时间大于 200ms），控制器不再响应此时的折叠开关信号，并关闭和封锁折叠电动机驱动模块的输出，直到供电正常。

4）在接到电动机驱动模块有过热情况时，立即关闭或封锁相应的驱动模块的输出，直到过热情况消除。

5）外后视镜折叠或伸展到了止点位置（折叠止点位或伸展止点位），控制器即行关闭相应电动机的驱动输出。折翻到位其止点位置的判别，是以测得折叠电动机的电流是否达到了堵转定义值［这里堵转定义值 $I \geq 0.8 I_s$（约为 12A），持续时间为 0.3s］或以检测折叠电动机通电延时时间（电动机在某个转向起动后的通电时间）是否达到了设定值（这里设定值取后视镜最长折翻时间，约为 5s）为判据。如果上述两个条件之一满足，即可判为后视镜总成已折叠或伸展到了止点位置。

6）外后视镜折叠或伸展到了止点位置关闭相应的折叠电动机的驱动输出后，立即在程序上"禁止"该驱动口电动机再可做"同向"转动的可能，直到该输出端口有过"反向"转动开启操作响应，该"禁止"才可被解除。

7）当电源电压不正常进入了上述第 3 点的处理过程中，或电动机驱动模块过热进入了上述第 4 点的处理过程中时，如有"堵转持续时间 0.3s"正处计时的，或"电动机通电延时时间（延时 5s）"正处计时的，它们的计时应暂停。直至电压和模块温度恢复正常后，"堵转持续时间计时""电动机通电延时时间（延时 5s）计时"才即刻恢复，并从中断的计时数处连续下去。

8）车上已有后视镜自动折叠器和其他安全装置，在点火开关钥匙打开后起动汽车前后视镜将自动展开。当 ACC 关闭锁车或按下遥控器锁车键时，后视镜会自动折叠；在 ACC 关闭状态下，中控锁落下时，后视镜自动收起。当 ACC 打开时，两侧的后视镜自动展开，只有原车后视镜上面的开关可以控制。注：只有装配电动后视镜的车辆才可加装自动折叠器，如图 7-101 和图 7-102 所示。

图 7-101　自动折叠器

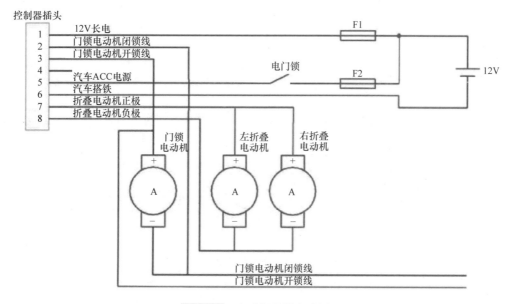

图 7-102　自动折叠器电路图

97　电动后视镜电路分析

（1）大众电动后视镜电路分析
后视镜的左右转换开关 E48、调节开关 E43 与内折开关 E263 位于左前车门，其开关信号的发送对象是 J386，如图 7-103 所示。查 E43、E48 和 E263 线路，均只有一条信号线与 J386 相连接，开关控制搭铁。与电动天窗开关类似，E43 开关内部触点并联了 4 个阻值不同的电阻，在 J386 的 T32a/8 端子预置 12V 电压的条件下，通过开关接入不同的电阻形成相应的电位，J386 可以识别出水平调节（X+，X-）与垂直调节（Y+，Y-）的请求信号。同理，J386 根据 E48 与 E263 两个阻值不同的电阻形成的电位，可以识别出调节左右侧后视镜的请求信号及后视镜折叠/回位信号。

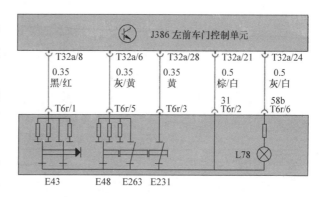

图 7-103　后视镜开关信号电路

E43—调节开关　E48—左右转换开关　E231——加热按钮
E263—内折开关　L78—背景照明灯

左前车门后视镜执行电路如图 7-104 所示。需要调节左侧后视镜时，J386 直接输出指令，执行电流流过左侧垂直或水平调节电动机 V17 或 V149（控制端 T16f/4、T16f/12 与 T16f/5 的正负极性可以互换），与 V17 或 V149 联动的电位计则将电动机当前的设定位置反馈回 J386，供后视镜记忆功能之用。

需要调节右侧后视镜时，J387 接收舒适控制单元 CAN 数据总线上的请求信息后，输出控制指令,右侧垂直或水平调节电动机 V25 与 V150 动作(J387 控制端子号为 T16g/4、T16g/12 与 T16g/5),具体过程与左侧调节类似。

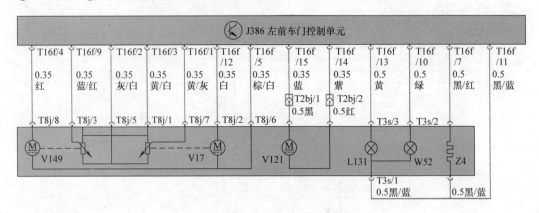

图 7-104　左前车门后视镜执行电路

L131—驾驶人侧车门后视镜转向信号灯　　V17—驾驶人侧车门后视镜调节电动机　　V121—驾驶人侧车门后视镜折叠电动机
V149—驾驶人侧车门后视镜调节电动机　　W52—驾驶人侧车门后视镜内的登车照明灯　　Z4—驾驶人侧可加热后视镜

带有后视镜位置记忆功能的车辆,其右侧后视镜还具有向下翻转功能。变速杆置于 R 位,右侧后视镜镜片自动移动到预先设定的位置,为倒车停位提供更好的后方视野。

这个功能具体的开通方法是,调出组合仪表中央显示屏的舒适功能菜单,选择"后视镜勾选功能"选项后选择 R 档,向下调节右侧后视镜镜片至后方视野最适宜的点,完成后该位置被自动存储。

当后视镜加热按钮 E201 开关接通后,搭铁信号输入 J386 的 T32a/28 端子,J386 控制端 T16f/7 输出 12V 电压,加在左侧可加热后视镜 Z4 上。与此同时,根据数据总线上后视镜加热请求信息,J387 控制端 T16g/7 输出 12V 电压,加在右侧可加热后视镜 Z5 上。

表 7-8 列出了 J386 数据块 6、7 组后视镜测量值定义。注:J387 数据块 6、7 组的测量值定义与 J386 相同。

表 7-8　J386 数据块 6、7 组后视镜测量值含义

6 组测量值区域	1 区	2 区	3 区	4 区
测量值定义	选择开关位置	加热	内折	要求
7 组测量值区域	1 区	2 区	3 区	4 区
测量值定义	调整开关位置	状态位置(X)以%显示	状态位置(Y)以%显示	电位计

(2)丰田卡罗拉电动后视镜电路分析　当点火开关处于 ACC 档时,蓄电池电压经过一系列熔丝,通过外后视镜开关的上/下、左/右的操作,控制后视镜电动机相应动作,从而带动倒车镜上/下或左/右运动。丰田卡罗拉电动后视镜电路图如图 7-105 所示。

1)供电电路。电流方向经过点火开关 ACC 档的蓄电池电压→7.5A ACC 熔丝→2 号车外后视镜开关端子 8。

2)控制电流方向。

① 左后视镜的运动。外后视镜开关中的选择开关选择"左"。当按下车外后视镜开关的操纵开关"上"键时,外后视镜开关端子 8—4 接通,6—7 接通,电流方向:经过熔丝后的

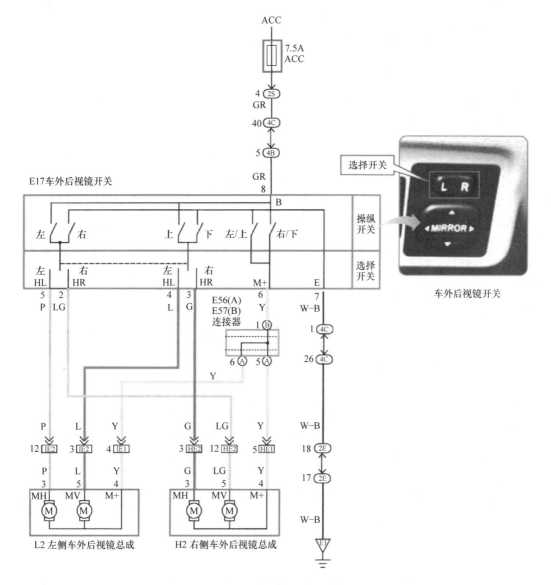

图 7-105 丰田卡罗拉电动后视镜电路图

蓄电池电压→外后视镜开关端子 8→外后视镜开关端子 4→左外后视镜电动机端子 5→左外后视镜电动机端子 4→外后视镜开关端子 6→外后视镜开关端子 7→E1 搭铁→蓄电池负极。左外后视镜电动机控制左外后视镜向上运动。

当按下外后视镜开关的操纵开关"下"键时,外后视镜开关端子 8—6 接通,4—7 接通,电流方向:经过熔丝后的蓄电池电压→外后视镜开关端子 8→外后视镜开关端子 6→左外后视镜电动机端子 4→左外后视镜电动机端子 5→外后视镜开关端子 4→外后视镜开关端子 7→E1 搭铁→蓄电池负极。左外后视镜电动机控制左外后视镜向下运动。

当按下外后视镜开关的操纵开关"左"键时,外后视镜开关端子 8—5 接通,6—7 接通,电流方向:经过熔丝后的蓄电池电压→外后视镜开关端子 8→外后视镜开关端子 5→左外后视镜电动机端子 3→左外后视镜电动机端子 4→外后视镜开关端子 6→外后视镜开关端子7→E1搭铁→蓄电池负极。左外后视镜电动机控制左外后视镜向左运动。

当按下外后视镜开关的操纵开关"右"键时，外后视镜开关端子8—6接通，5—7接通，电流方向：经过熔丝后的蓄电池电压→外后视镜开关端子8→外后视镜开关端子6→左外后视镜电动机端子4→左外后视镜电动机端子3→外后视镜开关端子5→外后视镜开关端子7→E1搭铁→蓄电池负极。左外后视镜电动机控制左外后视镜向右运动。

② 右后视镜的运动。选择外后视镜开关中的选择开关"右"。

当按下外后视镜开关的操纵开关"上"键时，外后视镜开关端子8—3接通，6—7接通，电流方向：经过熔丝后的蓄电池电压→外后视镜开关端子8→外后视镜开关端子3→右外后视镜电动机端子3→右外后视镜电动机端子4→外后视镜开关端子6→外后视镜开关端子7→E1搭铁→蓄电池负极。右外后视镜电动机控制右外后视镜向上运动。

当按下外后视镜开关的操纵开关"下"键时，外后视镜开关端子S—6接通，3—7接通，电流方向：经过熔丝后的蓄电池电压→外后视镜开关端子8→外后视镜开关端子6→右外后视镜电动机端子4→右外后视镜电动机端子3→外后视镜开关端子3→外后视镜开关端子7→E1搭铁→蓄电池负极。右外后视镜电动机控制右外后视镜向下运动。

当按下外后视镜开关的操纵开关"左"键时，外后视镜开关端子8—2接通，6—7接通，电流方向：经过熔丝后的蓄电池电压→外后视镜开关端子8→外后视镜开关端子2→右外后视镜电动机端子5→右外后视镜电动机端子4→外后视镜开关端子6→外后视镜开关端子7→E1搭铁→蓄电池负极。右外后视镜电动机控制右外后视镜向左运动。

当按下外后视镜开关的操纵开关"右"键时，外后视镜开关端子8—6接通，2—7接通，电流方向：经过熔丝后的蓄电池电压→外后视镜开关端子8→外后视镜开关端子6→右外后视镜电动机端子4→右外后视镜电动机端子5→外后视镜开关端子2→外后视镜开关端子7→E1搭铁→蓄电池负极。右外后视镜电动机控制右外后视镜向右运动。

98 电动后视镜故障案例分析

（1）故障现象 该车偶发性电动后视镜无法正常折叠，给后视镜简单润滑处理之后，故障依旧。

（2）故障诊断 首先试车，然后反复打开和关闭后视镜折叠开关，发现两侧后视镜每次都能随着开关状态的变化而做相应的折叠和返回，好似并没有什么问题，但这时后视镜一下子不能动了，不管如何操作折叠开关，两侧后视镜始终纹丝不动。问题既然出现，说明该后视镜折叠控制系统确实存在问题，为了能找出问题的所在，不妨先来看看后视镜控制模块控制图，如图7-106所示。

由于控制模块的控制线路繁多，这里只是针对后视镜的无法正常折叠的检修，并不用去了解其他模块的详细控制图，因此以简单的控制图进行说明。

图中除J386控制单元为整个控制图的核心之外，还包含有五大模块，分别有后视镜调节开关模块、锁止按钮模块、左前门玻璃控制开关模块，这三个模块各自向J386控制单元输入信号，而左后视镜总成模块、左前门锁块模块则为执行模块。下面来说说这些模块的功能和作用。

后视镜调节开关模块包含后视镜上下左右四向调节开关、左右后视镜调节转换开关、后

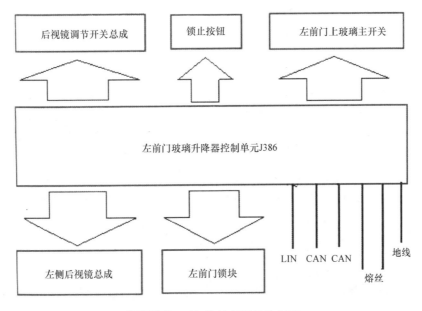

图 7-106 后视镜控制模块控制图

视镜内折开关、后视镜加热开关和开关零位状态。这些开关的作用是调节和控制后视镜,将驾驶人需要的后视镜状态(即驾驶人意愿)通过开关信号传送至 J386,再由 J386 对应地调节后视镜;而锁止按钮模块则很简单,包括锁止和解锁两个开关,往上按一下是要求 J386 锁止车门,往下按一下则要求 J386 来解锁;左前门玻璃控制开关模块则包括左前门、左后门、右前门、右后门四个玻璃升降器开关,在开关的中间位置还有后部车窗升降器联锁开关,当该开关闭合时,J386 就主动切断两后门上的单独玻璃升降器开关的控制。而执行模块中,左侧后视镜模块包括后视镜镜片左右调节电动机、上下调节电动机,还有一个折叠电动机和加热电阻丝,其内部还包括后视镜上的转向灯和环境照明灯;左前门锁模块内部则有两个电动机,一个是中央门锁电动机,另一个是中控锁电动机,当然其内部还集成有车门接触开关和门锁开关,来向 J386 反馈车门状态的信号(包括车门是否锁止和车门是否打开的状态)。另外图 7-116 中右下侧还有几根线,分别是两根至熔丝的常火线和一根搭铁线,这个是 J386 本身工作和控制相关的执行模块工作的基础;而剩下的另外三根线,图中分别标明有 CAN 线和 LIN 线,这个是因为 J386 至全车其他系统的控制单元都是通过 CAN 线来通信的,另外右侧后视镜的工作也是通过该 CAN 线将开关信号传送至右侧前门控制单元 J387,再由 J387 来控制右侧后视镜做对应的工作,以便和左侧后视镜同步工作。而 LIN 线则连接至左后门,因为该车的两个后门都属于从动控制单元,通过 LIN 线和对应的前门连接,再通过两前门来与整车的诊断系统连接。

各个模块的功能和作用已经很清楚了,那么接下来就要思考出现两侧后视镜无法折叠的可能故障原因了。通过模块控制图能明确地看出,当操作后视镜调节开关时,该开关信息首先是进入 J386 控制模块,J386 接收开关信号,再输出指令来控制后视镜工作。而对于右侧后视镜来说,则是 J386 通过 CAN 线将信号指令输出给 J387,由 J387 来控制右侧后视镜的工作,现在两个后视镜同时无法折叠,说明两侧后视镜不工作存在共性问题:①后视镜开关不良或开关至 J386 之间的线路不良，导致无法将信号传给 J386；②J386 本身问题，已经接收了驾驶人要折叠后视镜的命令，但是无法输出工作指令。

根据分析，先检查或更换后视镜开关或 J386，或用诊断仪读取 42（右前门控制单元）是否存在故障码，结果正常；再利用诊断仪的作动器诊断模式驱动后视镜，看后视镜是否随着诊断仪指令而折叠。选择诊断模式，单击"驱动后视镜"，确定左侧后视镜随着指令而折叠，进入 52（右前门控制单元），进入作动器诊断，结果右侧后视镜也能随着指令而折叠。由此确定 J386 本身及 J386 到左右两线路通信正常。故障范围只有后视镜调节开关或者 J386 的线路。再进入 42，读取数据流，输入组号"06"，观察此组第三区，此区显示的内容为反光镜内折，此时显示未起动。当打开折叠开关时，若后视镜能随着正常折叠，则此区显为激活。而当后视镜无法正常折叠时，则此区始终显示为未起动。由此足够说明问题根源在后视镜开关，和后视镜至 J386 的线路无关。

故障排除：更换后视视控制开关，故障排除。

99 大众电动后视镜拆装

后视镜分解图如图 7-107 所示。

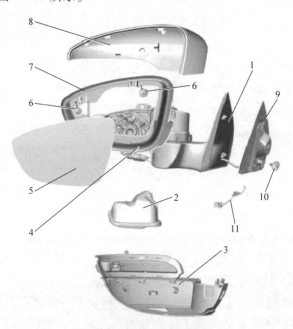

图 7-107　后视镜分解图

1—后视镜基架　2—迎宾灯　3—装配件（带有侧转向信号灯、上车灯、框架和中间件）　4—迎宾灯灯泡
5—后视镜玻璃　6—螺栓　7—挡板　8—后视镜盖罩　9—减振器　10—螺栓　11—连接插头

（1）拆卸和安装后视镜玻璃（图 7-108、图 7-109）

拆卸：

1）将楔子 T10383 之一插入后视镜盖 1 和信号灯 3 之间。

2）将楔子 T10383 沿箭头 a 方向转动，将后视镜盖 1 从挡板 2 下拉出来并解锁卡钩 4。

3）向前（箭头上方向）从后视镜底座上拔下后视镜盖1。

安装：安上后视镜盖1并将其压入卡钩4中。可以听到卡钩卡入的声音。随后进行功能检查。

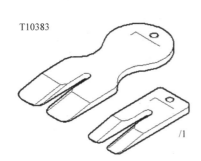

图7-108　楔子T10383

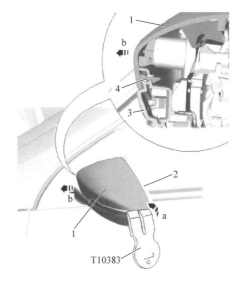

图7-109　将楔子T10383之一插入后视镜盖
1—后视镜盖　2—挡板　3—信号灯　4—卡钩

（2）拆卸和安装挡板（图7-110）

提示：如果转向灯上的卡钩5断裂，则必须安装一个带壳体件的新转向灯。

拆卸：

1）拆卸后视镜玻璃。

2）拧出螺栓2。

3）将挡板1和后视镜底架4沿箭头a方向小心地拆开。小心地将挡板沿箭头b方向通过信号灯的卡钩5抬起。

4）将卡钩3用一把螺钉旋具沿箭头c方向从后视镜底架上松开。

5）拔下挡板2。

安装：以与拆卸相反的顺序进行。

（3）拆卸和安装车外后视镜（图7-111）

拆卸：

1）拆卸驾驶人侧前车门饰板。

2）旋出盖板3的螺栓4并取下盖板。

3）断开外部后视镜的插头连接5。

4）拧出螺栓2。

5）取下车外后视镜1，将导线穿入车门开口。

安装：以与拆卸相反的顺序进行。车外后视镜螺栓2的拧紧力矩为10N·m。在安装车门饰板之前，应进行功能检查。

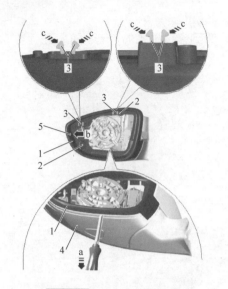

图 7-110 拆卸和安装挡板
1—挡板 2—螺栓 3、5—卡钩 4—后视镜底架

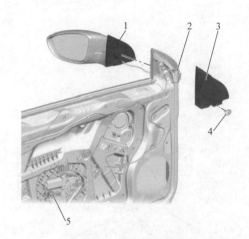

图 7-111 拆卸车外后视镜
1—车外后视镜 2—螺栓 3—盖板 4—螺栓 5—插头连接

100 电动座椅系统组成

电动座椅系统由电动座椅机械结构、电动座椅开关、位置传感器、电动座椅控制模块、电动座椅电动机及座椅组成，其调节部件如图 7-112 所示。

驾驶人座椅系统具有 8 向位置控制调节功能，即座椅坐垫前部高度调节、座椅坐垫后部高度调节、座椅前后调节、座椅靠背倾斜调节。座椅调节电动机布置如图 7-113 所示。

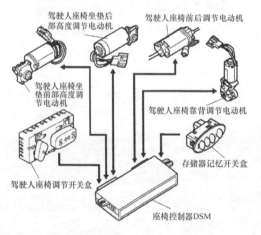

图 7-112 电动座椅系统调节部件

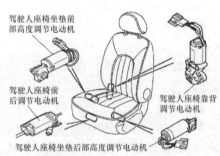

图 7-113 座椅调节电动机布置

（1）电动座椅机械结构　电动座椅机械结构主要是由滑轨、联动装置、座椅支架组成的，如图 7-114 所示。座椅支架由螺栓固定在车辆驾驶室地板上；联动装置由座椅电动机驱动；座椅前后调节时，座椅在滑轨上移动；电动座椅机械结构均有独立的零件编号。

（2）电动座椅调节开关　电动座椅调节开关如图 7-115 所示。

电动座椅的调节开关各个车型基本相同，一般分为两部分：靠背调节钮、整体及椅垫调节钮。

图 7-114　电动座椅机械结构

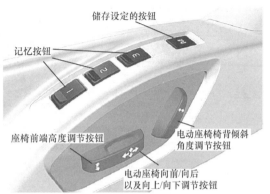

图 7-115　电动座椅调节开关

（3）位置传感器　电动座椅电动机中有位置传感器，用于记录座椅的位置信号。

如图 7-116 所示，电动座椅位置传感器安装在控制模块的电路板上；带有磁性的把轮安装在电动座椅电动机转子轴上；电动机转动就会在位置传感器中产生方形波的脉冲信号，电动座椅控制模块根据位置传感器的信号判断座椅的实际位置。

（4）电动座椅控制模块　通常两个前电动座椅有独立的控制模块，电动座椅控制模块通过 CAN 线进行通信，如图 7-117 所示。

电动座椅控制模块通过 CAN 线与相关控制模块进行通信；可使用 VIDA 和万用表对电动座椅执行器进行诊断；对于产生故障码的电动座椅控制系统，可使用故障追踪功能对相关故障进行诊断。

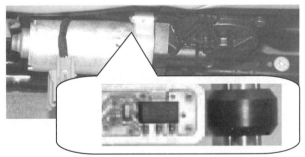

图 7-116　电动座椅电动机位置传感器

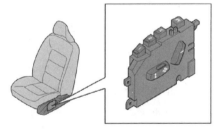

图 7-117　电动座椅控制模块

（5）电动座椅电动机　电动座椅电动机采用永磁式直流电动机，如图 7-118 所示。直流电动机有正极和负极两条线路，控制比较简单。控制模块可以通过改变两条线路的极性实现电极的正转与反转，从而实现电动座椅各个方向的调节。

座椅控制器 DSM 通过内部继电器的吸合释放，能够控制电动机中电流的方向，从而改变电动机的转动方向。电动机转向控制电路如图 7-119 所示。

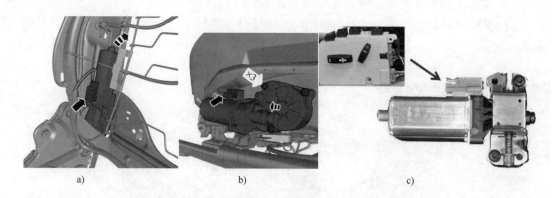

图 7-118 电动座椅电动机

a）椅靠背电动机 b）电动座椅高低调节电动机 c）电动机实物图

在系统不上电的状态下，继电器 1 和继电器 2 的触点为自由释放状态，而且搭铁，以保护电动机；在车辆处于起动状态，起动机运转时，KLR 不接通蓄电池电源，继电器线圈不通电，这个状态同系统不上电状态；在点火状态，KLR 接通蓄电池，两个继电器受单片机 MCU 控制。P0.1 和 P0.0 电平为 00 时，开关三极管 Q_1 和 Q_2 均不导通，继电器不吸合，电动机两端都搭铁，电动机不运转。

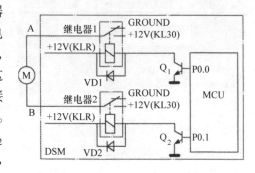

图 7-119 电动机转向控制电路

P0.1 和 P0.0 电平为 10 时，开关二极管 Q_2 导通、Q_1 截止，继电器 2 吸合，继电器 1 释放，继电器 2 触点接 12V，B 点电压为 12V，继电器 1 搭铁，A 点电压为 0V，电流由 B 流向 A，电动机 M 顺时针方向旋转。

类似的情况，P0.1 和 P0.0 电平为 01 时，开关三极管极管 Q_1 导通、Q_2 截止，继电器 1 吸合，继电器 2 释放，继电器 1 触点接 12V，A 点电压为 12V，继电器 2 搭铁，B 点电压为 0V，电流由 A 流向 B，电动机 M 逆时针方向旋转。继电器触点接 KL30 有 12V 电，可以减轻点火开关的负荷，对点火开关起一定的保护作用。继电器线圈接 KLR 12V 电能够保证在不使用车辆时，该部分电路不消耗能源，对降低整车静态电流有贡献；还能在起动机运转（此时 KLR 电源线上电压为 0V）时，座椅不动作以保证安全。当然在软件上，也有控制策略来保证在起动机运转时座椅不动作，这样起到双重保护的作用。

101 电动座椅控制原理

电动座椅控制包括电动座椅位置的调节控制和记忆控制。以下通过两个方面讲解电动座椅控制原理。

（1）座椅位置调节控制 按住某一个座椅开关，座椅控制器接收到电阻信号，通过 A-D 转换，识别驾驶人的意图，控制对应的电动机移动。松开开关，电动机停止移动并锁止。控制系统原理图如图 7-120 所示。图中 MCU 表示单片机，M 表示电动机，S 表示传感器，A – D 表示模数转换。数字 1~24 表示座椅控制器的输入输出引脚。

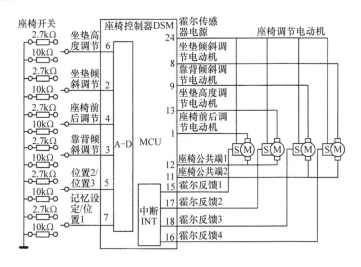

图 7-120　驾驶人座椅控制系统原理图

（2）座椅位置记忆功能　座椅记忆开关如图 7-121 所示。驾驶人 1 按压记忆存储设定按钮，然后按压座椅前后移动/坐垫上下移动/靠背倾斜的座椅开关，发出要求对应的信号，座椅控制器接收到开关发来的信号后，控制对应电动机运转。每个电动机上都有霍尔位置传感器，记录当前电动机的位置。驾驶人 1 把座椅调整到最适合该驾驶人的位置后，按压 M1，座椅控制器记录下驾驶人 1 的座椅电动机位置传感器数据，储存记忆在座椅控制器的 EEPRAM 中。同样驾驶人 2、3 调节好位置后，按压 M2、M3，座椅控制器记录下驾驶人 2、3 的座椅

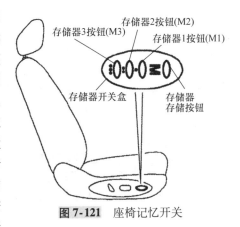

图 7-121　座椅记忆开关

位置。以后，这 3 位驾驶人来开这辆车，按压 M1 或 M2 或 M3，适合该驾驶人的对应位置信号就会被筛选出来，座椅自动运行到适合该驾驶人的位置，恢复到该驾驶人最近的一次设置输入的状态。但座椅记忆位置的恢复优先级别低于座椅的手动调节，即 DSM 优先处理驾驶人座椅调节开关盒送来的信号。

注：①在车辆上锁时，遥控器发出一个上锁信号，上锁信号经过接收器、免钥匙模块、中央电子模块，由电动座椅模块接收到信号后存储驾驶人电动座椅的位置；②在车辆解锁时，同一遥控器如果发出一个解锁的信号，经过信号的传递，电动座椅控制模块调整座椅位置至该遥控器记忆的位置；③每一个遥控器发出的信号对应一个座椅位置。

（3）座椅调节控制的条件　座椅属于舒适系统，为了保证车辆的基本性能和安全，座椅控制器设定了本系统工作的条件：

1）工作电压大于 12V 且小于 16V 时，DSM 模块正常工作。工作电压小于 12V，禁止座

椅电动机工作；工作电压小于9V或大于16V时，禁止座椅控制器工作。这就是高低电压保护。

2) 车辆速度低于7km/h。

3) 车辆不处于起动过程中，即点火开关不在起动档。座椅控制器DSM通过LIN网络从整车得到蓄电池电压和车辆车速等信号，通过座椅控制器内部分析计算来识别是否满足这些条件。

4) 电动座椅前后方向的调节量为100~160mm，上下方向为30~50mm，全程移动所需时间为8~12s。当座椅电动机移动到极限位置时，电动机依然处于运行状态，在0.1s内，霍尔位置传感器的信息没有变化，座椅控制器将停止向电动机供电0.5s，进入停转状态以保护电动机。停转状态结束后，0.1s内霍尔位置传感器的信息依然没有变化，则表明电动机已经运转到极限位置，座椅控制器将会停止向电动机供应电流，使电动机不转。

102 座椅通风系统的组成与工作原理

(1) 组成 座椅通风系统基本组成包括：座椅通风开关、座椅通风电动机、座椅通风控制模块，如图7-122所示。

1) 座椅通风开关。电动座椅开关只有一个按键，通过一个按键不同方向和时间的操作实现了座椅通风不同的效果，如图7-123所示。

电动座椅通风开关与控制模块的连接有两条线，分别为开关电源线和信号线。

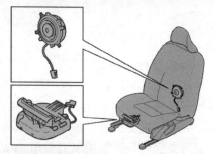

图7-122 座椅通风系统基本组成

图7-123 座椅通风开关

2) 座椅通风控制模块。不同的车型使用的座椅通风控制模块有所不同，但座椅通风开关、控制模块与通风电动机三者之间的关系基本相同。

座椅通风控制模块（图7-124）接收处理信号并驱动电动机工作，一般安装在座椅下方，与座椅加热系统共享模块。

3) 座椅通风电动机。座椅通风电动机是直流电动机。直流电动机带动风机叶轮旋转。风机是根据离心原理工作的，空气从风机叶轮中心进入，从风机外圈流出，如图7-125所示。

汽车辅助电器 第 7 章

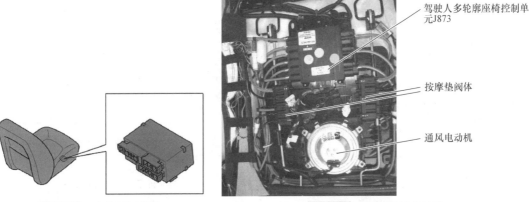

图 7-124 座椅通风模块　　图 7-125 座椅通风电动机

（2）座椅通风控制原理　座椅通风控制模块根据输入信号——开关、发动机运转信号完成对座椅通风电动机的驱动，实现座椅通风的功能，如图 7-126 所示。

电动座椅的输出是指座椅通风电动机的驱动，电动座椅控制模块通过集成电路板上的继电器驱动电动机转动和停止。

座椅通风电动机为直流电动机；风机中心朝向座椅表面，实现座椅通风功能，如图 7-127 所示；座椅表面材料有许多小孔，得以形成空气的流动。如座椅通风电动机正负极线路安装错误，会导致风量减小。

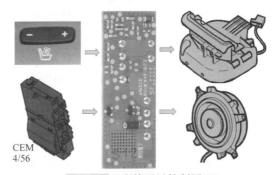

图 7-126 座椅通风控制原理

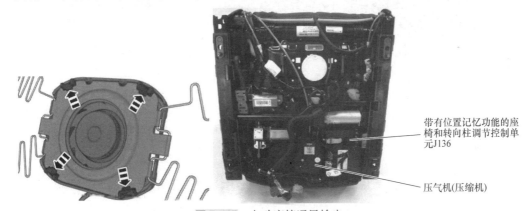

图 7-127 电动座椅通风输出

103 座椅加热系统的组成与工作原理

（1）组成　座椅加热系统由座椅加热开关 1、座椅加热温度传感器 2、座椅加热控制模块3、座椅加热组件4等组成,如图7-128所示。

1)座椅加热开关。座椅加热开关安装在空调面板上,有三个档位,如图7-129所示。

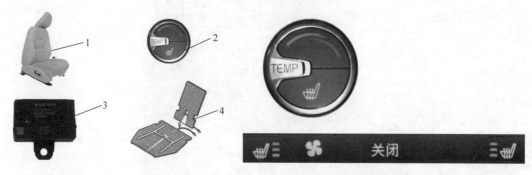

图7-128 座椅加热系统组成　　　　图7-129 座椅加热开关及显示

座椅加热开关在空调控制面板上;座椅加热显示在恒温控制及信息娱乐系统的显示器下方;座椅加热开关有三个档位,开关每按动一次座椅加热改变一次等级;每一个加热档位温度的高低,可以进行调整。

2)座椅加热控制模块。座椅加热有独立的控制模块,每一个座椅配有一个加热控制模块,如图7-130所示。每个座椅加热的温度高低可独立控制。

座椅加热控制模块通常安装在座椅的下方,它通过LIN进行通信;诊断加热座椅时,通过气候控制模块就可以查询座椅加热模块的故障码和"参数",同时可以进行"启动"和"进阶"功能的操作。

图7-130 电动座椅加热控制模块

1—加热组件继电器　2—电源针脚　3—座椅加热组件正极针脚　4—座椅加热组件负极针脚
5—靠背加热组件正极针脚　6—靠背加热组件负极针脚　7—控制单元负极针脚　8—通信LIN针脚　9—温度传感器针脚

3)座椅加热组件与温度传感器。座椅加热组件与温度传感器集成在一起,如图7-131所示。

座椅加热组件粘结在座椅上,椅垫与靠背加热组件是串联的,加热座椅温度传感器集成在椅垫加热组件中。

(2)工作原理　操作集成在气候控制模块上面的座椅加热开关发出信号;气候控制模块通过LIN将信号传递给座椅加热控制模块;座椅控制模块接收到指令后确认可以执行并发出执行指令,使集成在控制模块上的加热组件继电器工作,对座椅进行加热。

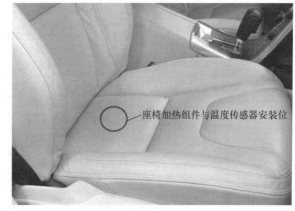

图 7-131 座椅加热组件与温度传感器

1）座椅加热输入信号。座椅加热系统需要的输入信号主要有座椅加热开关和发动机运转的信号，如图 7-132 所示；开关信号是否正常，可通过诊断中的"参数"功能读取；开关信号是通过 LIN 进行传递的。

2）座椅加热温度传感器信号：座椅加热控制模块是根据安装在椅垫后端的温度传感器进行控制的；座椅加热温度传感器是

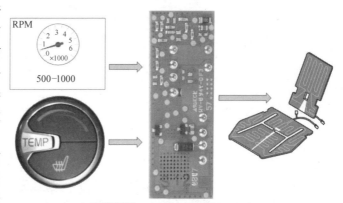

图 7-132 座椅加热控制原理图

负温度系数传感器，温度越高电阻值越低；座椅加热温度传感器可通过万用表测量其电阻及电压的方式进行诊断。

104 电动座椅电路分析

卡罗拉电动座椅有 6 项电动调节功能和 2 项电动调节腰部支承。电动座椅的调节电路如图 7-133 所示。

（1）驾驶人座椅的调节电路分析

1）驾驶人座椅前后的滑动：按下座椅向前滑动键时，驾驶人座椅调节开关 C3 的 1—9 脚和 6—4 脚接通，蓄电池电压→30A 乘客座椅熔丝→驾驶人座椅调节开关 1 脚→驾驶人座椅调节开关 9 脚→左前座椅滑动电动机→驾驶人座椅调节开关 6 脚→驾驶人座椅调节开关 4 脚→连接头 L46（A）[C6（B）] 的 B4 号端子→L2 搭铁→蓄电池负极。此时，驾驶人座椅向前滑动。

按下座椅向后滑动键时，驾驶人座椅调节开关 C3 的 1—6 脚和 9—4 脚接通，蓄电池电压→30A 乘客座椅熔丝→驾驶人座椅调节开关 1 脚→驾驶人座椅调节开关 6 脚→左前座椅滑动电动机→驾驶人座椅调节开关 9 脚→驾驶人座椅调节开关 4 脚→连接头 L46（A）[C6（B）]

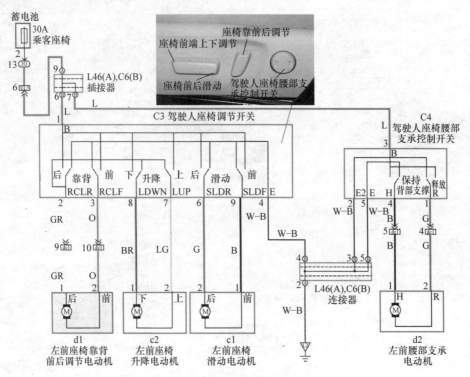

图 7-133 电动座椅的调节电路

的 B4 号端子→L2 搭铁→蓄电池负极。此时，驾驶人座椅向后滑动。

2）驾驶人座椅前端上下调节：按下座椅前端向上调节键时，驾驶人座椅调节开关 C3 的 1—7 脚 8—4 脚接通，到达驾驶人座椅调节开关 1 脚的蓄电池电压→驾驶人座椅调节开关 7 脚→左前座椅升降电动机→驾驶人座椅调节开关 8 脚→驾驶人座椅调节开关 4 脚→连接头 FL46（A）[C6（B）] 的 B4 号端子→L2 搭铁→蓄电池负极。此时，驾驶人座椅前端向上移动。

按下座椅前端向下调节键时，驾驶人座椅调节开关 C3 的 1—8 脚、7—4 脚接通，到达驾驶人座椅调节开关 1 脚的蓄电池电压→驾驶人座椅调节开关 8 脚→左前座椅升降电动机→驾驶人座椅调节开关 7 脚→驾驶人座椅调节开关 4 脚→连接头 L46（A）[C6（B）] 的 B4 号端子→L2 搭铁→蓄电池负极。此时，驾驶人座椅前端向下移动。

3）驾驶人座椅靠背前后调节：按下座椅靠背向前调节键时，驾驶人座椅调节开关 C3 的 1—3 脚、2—4 脚接通，到达驾驶人座椅调节开关 1 脚的蓄电池电压→驾驶人座椅调节开关 3 脚→左前座椅靠背前后调节电动机→驾驶人座椅调节开关 2 脚→驾驶人座椅调节开关 4 脚→连接头 L46（A）[C6（B）] 的 B4 号端子→L2 搭铁→蓄电池负极。此时，驾驶人座椅靠背向前移动。

按下座椅靠背向后调节键时，驾驶人座椅调节开关 C3 的 1—2 脚、3 号脚接通，到达驾驶人座椅调节开关 1 脚的蓄电池电压→驾驶人座椅调节开关 2 脚→左前座椅靠背前后调节电动机→驾驶人座椅调节开关 3 脚→驾驶人座椅调节开关 4 脚→连接头 L46（A）[C6（B）] 的 B4 号端子→L2 搭铁→蓄电池负极。此时，驾驶人座椅靠背向后移动。

（2）电动座椅腰部支承控制电路分析　按下驾驶人座椅腰部支承控制保持调节键时，

驾驶人座椅腰部支承控制开关的3—4脚、1—2脚接通。蓄电池电压→30A乘客座椅熔丝→驾驶人座椅腰部支承控制开关3脚→驾驶人座椅腰部支承控制开关4脚→左前座椅腰部支承控制电动机→驾驶人座椅腰部支承控制开关1脚→驾驶人座椅腰部支承控制开关2脚→连接头L46(A)[C6(B)]的B4号端子→L2搭铁→蓄电池负极。此时，驾驶人座椅腰部支承向前移动。

按下驾驶人座椅腰部支承控制释放调节键，驾驶人座椅腰部支承控制开关的3—1脚、5号脚接通。蓄电池电压→30A乘客座椅熔丝→驾驶人座椅腰部支承控制开关3脚→驾驶人座椅腰部支承控制开关1脚→左前座椅腰部支承控制电动机→驾驶人座椅腰部支承控制开关4脚→驾驶人座椅腰部支承控制开关5脚→连接头L46(A)[C6(B)]的B4号端子→L2搭铁→蓄电池负极。此时，驾驶人座椅腰部支承向后移动。

105 中央门锁系统的组成

中央门锁系统主要由控制开关、门锁控制器和门锁执行机构等组成。中央门锁系统控制元件的安装位置如图7-134所示。

（1）控制开关

1）门锁控制开关安装在前左门和右门的扶手上，为杠杆型开关。按压 🔒 是锁门，而按压 🔓 是开门，如图7-135所示。

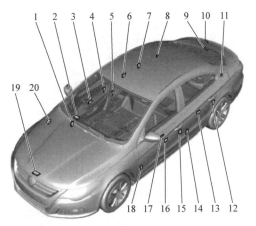

图7-134 中央门锁系统控制元件的安装位置

1、5、14、18—接线板 2—舒适系统中央控制单元J393 3—副驾驶人侧车门控制单元J387 4—副驾驶人侧中控锁锁闭单元F221 6—右后车门控制单元J389 7—右后中控锁闭锁单元F223 8—燃油箱盖锁止电动机V155 9—行李箱盖把手内的解锁键E234 10—尾门闭锁单元F256 11—行李箱盖连接装置 12—左后中控锁闭锁单元F222 13—左后车门控制单元J388 15—驾驶人侧中控锁锁闭单元F220 16—驾驶人侧车门控制单元J386 17—驾驶人侧车门中的车窗升降器中央开关E189 19—发动机舱盖接触开关F266 20—报警喇叭H12

图7-135 门控制锁开关

2）钥匙开锁报警开关。用于探测点火钥匙是否插进钥匙孔内，当钥匙在钥匙孔内时，钥匙开锁报警开关接通电路报警；当钥匙离开钥匙孔时取消报警。

3）钥匙控制开关。当从外面用钥匙开门和关门时，钥匙控制开关便发出开门或锁门的信号给门锁 ECU。

4）门控开关。用于探测车门的开闭情况。车门打开时，门控开关接通；车门关闭时，门控开关断开。

5）门锁开关。用于检测车门的开闭情况。车门关闭时，门锁开关断开；车门打开时，门锁开关接通。

（2）门锁控制器 为门锁执行机构提供闭锁、开锁脉冲电流的装置，称为门锁控制器。

晶体管式门锁控制器：设有开锁继电器和闭锁继电器。继电器由晶体管开关电路控制，它利用电容器的充放电过程，控制一定的脉冲电流持续时间，使执行机构完成闭锁和开锁的动作，如图 7-136 所示。

（3）车速感应式门锁控制器 汽车自动门锁是指门锁带有自动闭锁系统，也就是当车速升至某一规定值（一般轿车为 20km/h）时，自动门锁系统将自动锁死车门，即使按动开锁开关，门锁也打不开；当车速降低至某一规定值，如 10km/h 时，自动闭锁系统将自动解除控制，此时按下开锁开关，门锁便可打开。汽车自动门锁系统控制电路如图 7-137 所示，主要由门锁电磁阀、门锁开关、电子闭锁控制器及车速信号传感器等组成。

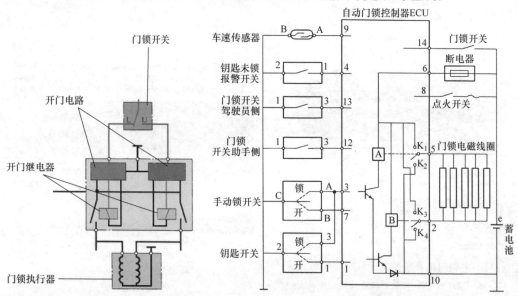

图 7-136 晶体管式门锁控制器　　图 7-137 汽车自动门锁系统控制电路

当门锁处于锁止状态，车速升至规定值时，门锁控制器的端子 12 或 13 检测来自门锁开关的开锁信号，门锁控制器端子 9 检测速度传感器的速度信号，继电器电路运转，触点 K1、K4 闭合，门锁电磁线圈通电，全部门锁自动闭锁。电磁线圈电路是：蓄电池正极→断电保护器→端子 6→触点 K1→端子 5→门锁电磁线圈→触点 K4→端子 10→搭铁→蓄电池负极。

（4）门锁执行机构 门锁执行机构是直流电动机式，是通过改变电流方向达到锁门或开锁动作的。

当防盗系统处于报警状态时，防盗单元控制中央门锁电动机通电，车门锁处于锁定状态；当车辆以一定车速行驶时，门锁电动机通电，车门锁会自动锁止。门锁结构如图 7-138 所示，配置有双锁机构。

每个车门锁内安装有两个用于上锁/解锁和上保险/解除保险的电动机，如图 7-139 所示。

门锁单元的任务：①负责每个车门的机械锁闭；②报告车门控制单元每个车门的关闭状态为此。

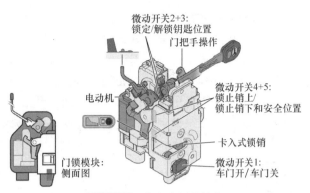

图 7-138　大众车门锁结构

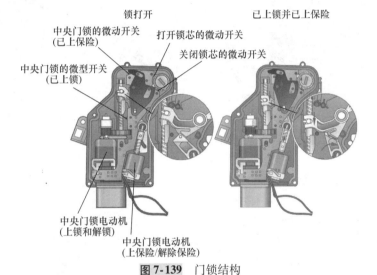

图 7-139　门锁结构

1）车门打开与关闭。当车门打开或预锁止时，微动开关 1 闭合；当车门被关闭时，开关处于打开状态，如图 7-140 所示。

2）车门锁定与解锁。钥匙的旋转运动被传递至门锁。钥匙锁芯有一个塑料凸轮，微动开关 2 和 3 将信号传递至车门控制单元，如图 7-141 所示。

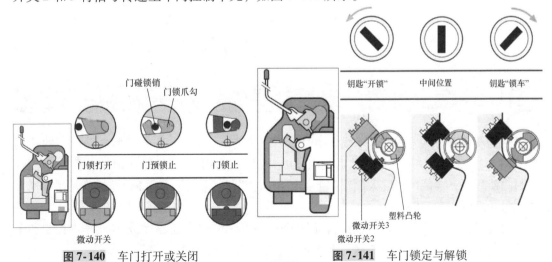

图 7-140　车门打开或关闭　　　　图 7-141　车门锁定与解锁

3）安全功能的激活与关闭。在门锁单元内，有一个由电动机驱动的塑料臂和丝杠。当安全功能被激活时，车门被锁闭和解锁锁定，同时也使开启装置和锁定销脱钩。微动开关告诉系统是否执行了锁定命令。当门锁被解锁时，丝杠移动到它的下部位置。这使微动开关关闭，舒适系统识别到车门解锁，如图7-142所示。

当安全锁止命令发出时，丝杠向上移动，微动开关4打开，微动开关5关闭，且丝杠与锁止销机械脱钩。系统识别到车门锁止，安全功能激活，如图7-143所示。

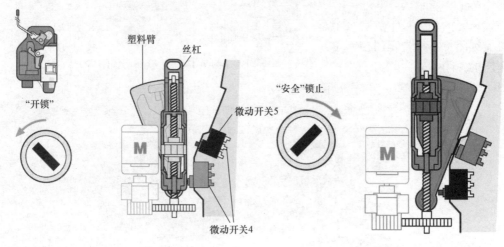

图7-142 安全功能的激活与关闭　　图7-143 安全功能激活

当非安全锁止命令发出时，丝杠从它的上部位置微微向后移动。这会导致塑料臂向后移动，并打开微动开关5，丝杠重新将锁止销与车门锁接合。系统识别到车辆锁定，此时"安全"功能无效如图7-144所示。

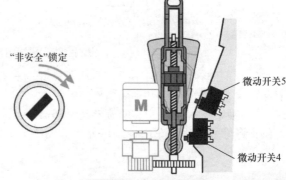

图7-144 安全功能无效

106 大众中控门锁控制原理

（1）迈腾B7L、大众CC等车型电动门锁　迈腾B7L、大众CC等车型电动门锁的控制方式（图7-145）：①使用遥控钥匙遥控门锁的开闭；②使用左前车门（钥匙锁孔）中控开关控制门锁开闭；③使用驾驶人侧车门上的锁按钮控制门锁开闭；④气囊控制单元在车辆发生碰撞时开启所有车门锁。

由此可知，正常情况下，门锁控制可分为车内控制和车外控制两种方式。车内控制和车外控制两种方式分别通过车外控制"遥控器"或"车门锁孔中控开关"来执行。

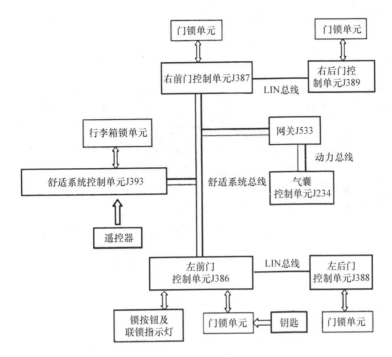

图 7-145 电动门锁的控制方式

迈腾 B7L 车门有两种闭锁状态，即安全锁止和锁止状态。两者的区别是：在安全锁止状态下，从车内及车外均无法打开车门；在锁止状态下，车门无法从车外打开，但可以从车内打开。用户可通过观察车门上指示灯的点亮情况判断门锁的闭锁状态，如图 7-146 所示。

红色 LED 指示灯快速闪亮 2s 左右，然后慢速闪亮，表示处于安全锁止状态，指示灯持续点亮 30s，表示中控门锁系统有故障，应尽快进行维修。在车外可实现上述的两种闭锁状态，即用遥控器或钥匙执行一次上锁，车门就处于安全锁止状态。如果连续进行两次上锁，车

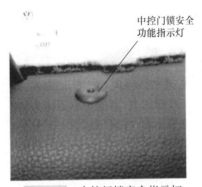

图 7-146 中控门锁安全指示灯

门则处于锁止状态。而如果在车内通过锁按钮锁车，门锁只能处于锁止状态。

对维修人员来说，要想准确判断故障，应该了解"门锁单元"是如何实现两种锁止状态的，以及"车门控制单元"又是如何识别出门锁状态的。

（2）门锁单元工作原理 迈腾 B7L 右前门锁单元如图 7-147 所示，电路如图 7-148 所示。

在车外按遥控器上的上锁键，舒适系统控制单元 J393 通过舒适系统 CAN 总线将"安全锁止"信息发出，右前车门控制单元 J387 检测到该信息后，控制"锁单元"的 1 号脚搭铁，同时给"门锁单元"2 号脚及 3 号脚供 12V 电压，M1 及 M2 转动，使门锁的机械机构处于"安全锁止"状态。F2 开关断开，此时 4 号脚与信号地线之间的电阻为无穷大。

当两次按动上锁键时，在执行安全锁止操作后，左前车门控制单元 J387 使"门锁单元" 1 号脚供给 12V 电压，3 号脚搭铁。M2 转动，使门锁机械机构处于"锁止"状态。F2 通过

4号脚为J387提供179Ω的搭铁电阻。

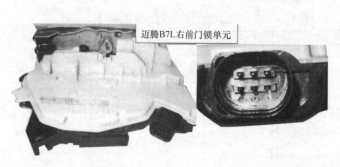

图7-147 右前门锁控制单元

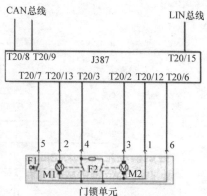

图7-148 右前车门控制单元电路
M1—中控锁电动机 M2—安全锁电动机
F1—车门状态开关 F2—锁状态开关
J387—右前车门控制单元

当J387控制单元收到解锁指令后,给"门锁单元"1号脚供12V电压,2号脚和3号脚搭铁。M1和M2转动,使门锁机械机构处于解锁状态。F2通过4号脚为J387提供0Ω的搭铁电阻。

车门控制单元通过T20/3号脚与T20/6号脚之间的电阻变化,来判断门锁的状态,进而将此信息通过舒适系统CAN总线反馈给舒适系统控制单元J393。门锁控制单元控制说明见表7-9。

表7-9 门锁控制单元控制说明

门锁单元插脚	1	2	3	4	5	6
定义	锁电动机公共线	中控锁电动机	安全锁电动机	锁状态信号	门状态信号	至控制单元的信号地线
安全锁状态	−	+	+	4、6之间断电,电阻值为∞	5、6之间电阻值为∞	0V
非安全锁状态	− +	+	+ −	4、6之间电阻值为179Ω	5、6之间电阻值为∞	0V
非安全锁状态拉动门内抠手后				4、6之间电阻值为0Ω		0V
解锁	+			4、6之间电阻值为0Ω	5、6之间电阻值为∞	0V
车门打开状态				4、6之间电阻值为0Ω	5、6之间电阻值为∞	0V

107 电动尾门(PTG)系统的结构与工作原理

新胜达装备了PTG系统,使用者可以通过操作按钮控制尾门的自动打开、关闭以及扣紧碰锁,使用内部开关或遥控器都可以很容易地进行操作。

(1)结构组成 PTG系统由主轴驱动机构、电动碰锁、PTG控制单元、防夹带蜂鸣器及开关等元件组成,如图7-149所示。

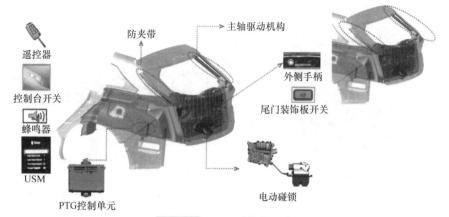

图7-149 PTG系统的组成

1)主轴驱动机构。PTG主轴驱动机构取代了传统的空气举升器,其主要作用是通过电动机转动打开和关闭尾门。因为它是通过电动机打开和关闭尾门的主要部件,其机械系统与以前的类型(推杆类型)相比更简单,从而降低了故障的发生率。

主轴驱动机构由电动机、行星齿轮、主轴、主轴螺母和弹簧组成,其具有重量轻、外观美观、不受温度影响(空气举升器系统正好相反)、使用寿命长(没有气体压力减小这样的缺点)、维修简便及造价低的优点,如图7-150所示。

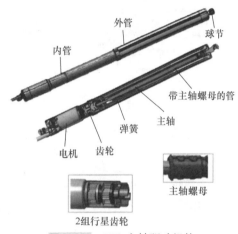

图7-150 PTG主轴驱动机构

2)电动碰锁。电动碰锁的作用是释放闭锁的碰锁,以便打开行李箱门,如图7-151所示。在电动碰锁内安装有多个开关,以检测碰锁的闭锁及开锁状态。另外,配备了应急控制杆,用于在失效保护状态下手动打开行李箱门。

电动碰锁由碰锁开锁电动机和扣紧电动机组成。当打开行李箱门时,开锁电动机开启碰锁;当关闭行李箱门时,扣紧电动机闭锁碰锁。

① 开锁。开锁时,电动碰锁内部的工作流程是:电动机→涡轮→释放齿轮→释放控制杆→棘爪→捕捉→行李箱门打开,如图7-152所示。

② 闭锁。闭锁时,电动碰锁的工作流程是:行李箱门碰锁到达锁环位置→捕捉→棘爪→副闭锁位置→SCA扣紧→拉线-碰锁→

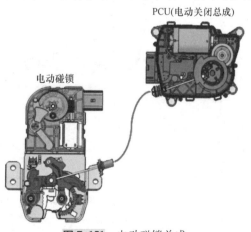

图7-151 电动碰锁总成

关闭控制杆→扣紧控制杆→捕捉→棘爪→主闭锁位置，如图 7-153 所示。

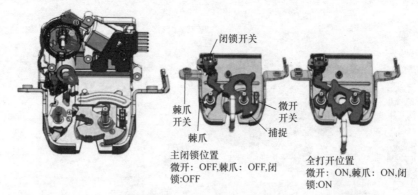

图 7-152　电动碰锁总成打开原理

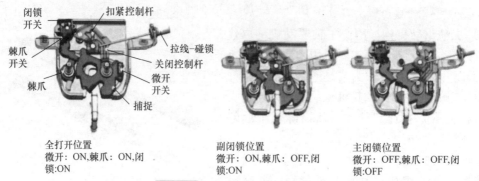

图 7-153　电动碰锁总成关闭原理

电动碰锁电动机内部的工作过程如图 7-154 所示，其工作流程：碰锁副闭锁位置→SCA 电动机→凸轮齿轮→从动齿轮→拉线→SCA→拉线→碰锁→返回到初始位置。

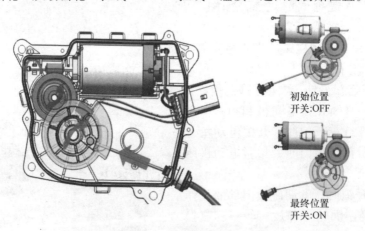

图 7-154　电动碰锁电动机内部的工作过程

3）PTG 控制单元。控制单元控制 2 个执行器（双向 PWM 控制电动机），检测控制电动机霍尔脉冲信号，软关闭电动机控制和通过分析霍尔传感器信号执行防阻碍功能。

4）防夹带。防夹带安装在尾门的左右两侧，当检测到阻碍或任何使用者身体部分（如手）时，它会传送信号到控制单元，为了保证安全，控制尾门反向操作。

5）蜂鸣器。当系统控制单元发出警告指令时，将指令蜂鸣器鸣响。

6）开关。尾门外侧手柄开关用来打开和关闭尾门（主要在打开时使用），尾门装饰板上的开关用来关闭尾门。当按下遥控器上的尾门按钮 0.5s 以上时，可以打开和关闭尾门。操纵控制台上的开关也可以打开和关闭尾门。

（2）控制原理

1）系统控制示意图。PTG 系统控制示意图如图 7-155 所示。

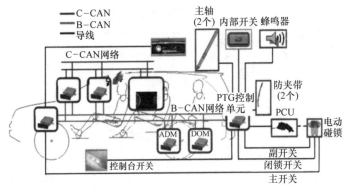

图 7-155　PTG 系统控制示意图

① 打开：通过装饰板开关或尾门开关打开开关→ PTG 控制单元→SJB→电动碰锁释放→副开关 ON 信号→PTG 控制单元→主轴驱动机构。

② 关闭：尾门开关→ PTG 控制单元→主轴驱动机构 - 关闭→副开关（从电动碰锁）→ PTG 控制单元→主轴驱动机构停止操作信号→扣紧信号至控制单元→扣紧→闭锁开关（尾门关闭）主闭锁开关 ON。

2）控制单元的信号输入与输出。控制单元的信号输入与输出示意图如图 7-156 所示。

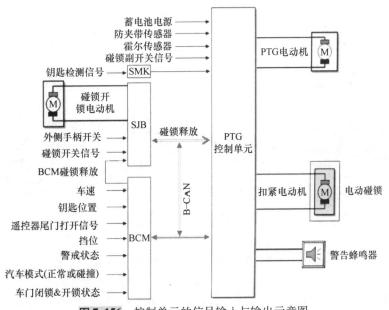

图 7-156　控制单元的信号输入与输出示意图

108 电动滑门（PSD）的结构与工作原理

马自达5高配车型装备了电动滑门系统，双侧滑门可以自动滑动、开启或关闭。

（1）结构组成　电动滑门系统由控制单元、驱动单元、自动关闭电动机、门锁释放执行器及触摸传感器等元件组成，如图7-157所示。

1）控制单元如图7-158所示，作用是集中控制滑门及闭锁系统。

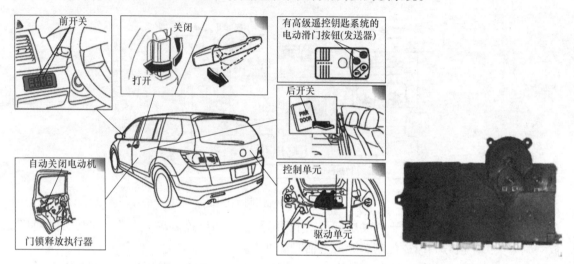

图7-157　电动滑门系统结构组成　　图7-158　电动滑门控制单元

2）驱动单元。电动滑门驱动单元由电动机、滑轮、驱动拉索、电磁制动器及离合器等元件组成（图7-159、图7-160），受控制单元控制，驱动车门滑动。

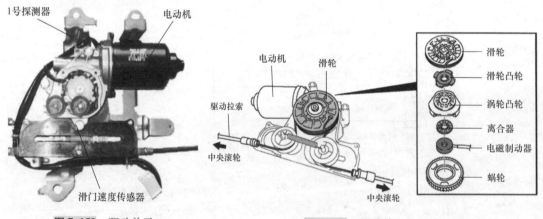

图7-159　驱动单元　　图7-160　驱动单元的组成

3）自动关闭电动机。图7-161所示自动关闭电动机的作用是根据门锁位置动作使电动滑门关闭。

4）门锁释放执行器。如图7-162所示，在自动开、关滑门之前，门锁释放执行器控制锁钩脱开。

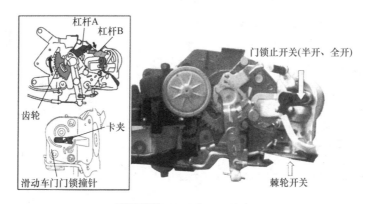

图 7-161　自动关闭电动机

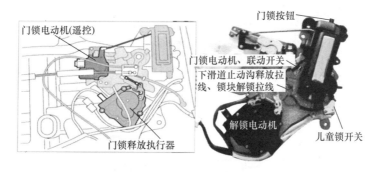

图 7-162　门锁释放执行器

5）触摸传感器。触摸传感器如图 7-163 所示，用于检测电动滑门和 B 柱之间的障碍物，如果触摸传感器碰到物体并被穿过，传感器的电阻值将发生变化。触摸传感器的工作原理如图 7-164 所示。绝缘橡胶因外力变形时，将接触到导电橡胶，电阻值此时将会发生改变，控制单元根据信号电压的变化感知到有障碍物。

（2）工作原理　电动滑门可以通过内、外拉手，前、后控制开关及遥控器滑门按键自动打开或关闭。电动滑门还具备防夹手功能，当车门在滑动过程中遇障碍物时，会自动返回。当车门滑动到半锁位置（碰上锁钩）后，自动关闭系统，控制滑门自动完全关闭。

图 7-163　触摸传感器

1）电路原理图。电动滑门系统电路原理图如图 7-165 所示。

2）系统控制原理图。

① 开门。电动滑门系统开门控制原理图如图 7-166 所示。当车门全开时，电动滑门将锁止，以防止滑门移动。此时拉索与内外手柄、门锁释放执行器联动，如图 7-167 所示。操作手柄（或开关）时，拉动拉索松开锁闩，滑门可移动。

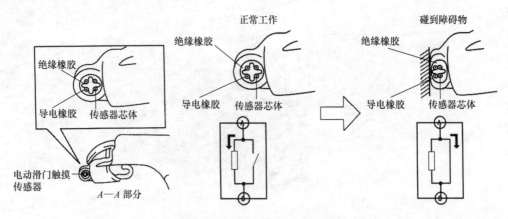

图 7-164 触摸传感器的工作原理

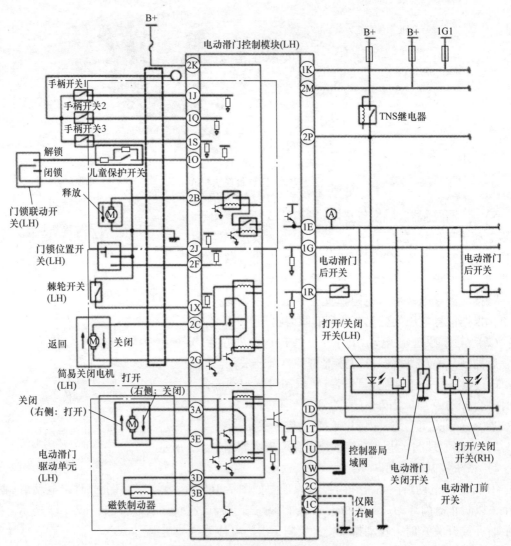

图 7-165 电动滑门系统电路原理图

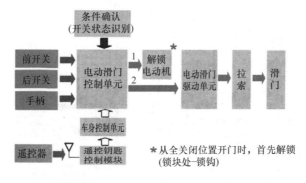

图 7-166　电动滑门系统开门控制原理图

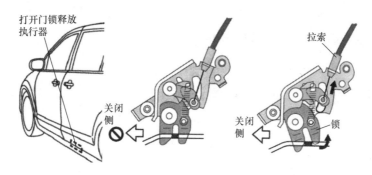

图 7-167　打开门锁释放执行器

② 关门。电动滑门系统关门控制原理图如图 7-168 所示。

③ 自动关闭。电动滑门系统自动关闭控制原理图如图 7-169 所示。

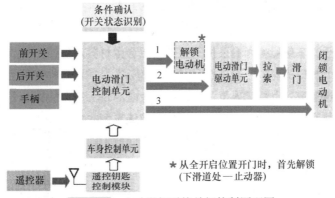

图 7-168　电动滑门系统关门控制原理图

图 7-169　电动滑门系统自动关闭控制原理图

电动滑门自动关闭时，各元件的工作是有顺序的，其锁紧时序如图 7-170 所示。

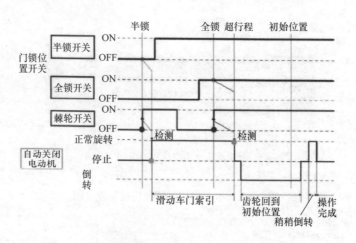

图 7-170 自动锁紧时序图

109 中控锁电路分析

大众门锁控制单元电路分析

J519 探测到点火开关处于"ON"的位置,激活 LIN 总线,从而使操作电动窗升降成为可能。当 J519 检测出车辆防盗系统出现故障时,出于安全考虑,即使点火开关置于"ON"位置,LIN 总线输出不激活电动车窗功能的指令,令电动车窗不可操作。所以,电动车窗功能受 J519 的管理与制约。

为左前车门控制单元供电的 KL30 总线端电源来自熔丝 SC30(20A),为右前车门控制单元 J387 供电的 KL30 总线端电源来自熔丝 SC31(20A),这是 J386、J387 正常工作的电源保证。

J519 与 J386、J387 连接了一条传输速率为 1~20kB/s 的 LIN 数据总线(紫/白),用于相互之间的数据通信,J519 是 LIN 总线的主控单元,J386、J387、J388、J388 是从控单元。

左前车门主开关板集成了左前升降开关 E40、右前升降开关 E81、右后升降开关 E55 及安全锁止开关 E39。E40 与 E81 开关信号输入 J386 均只有一条导线。开关内部电路如图 7-171 所示,J386 根据 E40 与 E81 信号内部串接不同的电阻形成对应的信号电压与信号产生的持续时间,可以识别出自动升降与点动升降的请求。当开关处于下降的位置时触点闭合,一个搭铁信号($U_{降}=0V$)发送给 J386,当开关处于上升的位置时触点闭合,串接电阻(在车上实际测量为

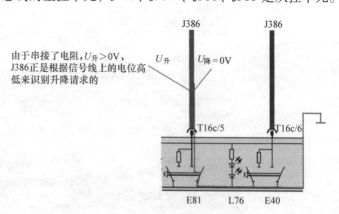

图 7-171 开关内部电路

220Ω）接入形成的电位 $U_{升}$（在车上左前电动车窗开关插接器 T16c/6 端子处，实际测量未操作时约为 12V，当模拟电阻 180Ω 接入时，形成的电位为 1.31V，车窗上升），将高于下降信号的零电位，如此 J386 就可能在信号线上区分出升降请求，信号持续时间长，J386 视为点动请示，反之则认为是自动。

左前门电动车窗主开关板内设有一个后车门电动升降电动机供电继电器，该电源取自 KL30 端总线端的 SC29 20A，由 J386 控制接通，其控制过程是：当点火开关置 "ON"，LIN 总线激活时，J386 的 T10i/8 端子输出的 12V 电压加在供电继电器的线圈上，电流形成回路产生磁场，继电器常开触点吸合，KL30 端总线端的 SC29→供电继电器常开触点（此时已闭合）→后部车窗升降器锁止开关 E39，为后车门电动车窗供电；E39 闭合，后车门电动车窗开关上的电源指示灯亮起，表示供电到位。点火开关置 "OFF" 后，只要车窗开启，仍延时一段时间执行电动车窗的点动操作，控制电路如图 7-172、图 7-173 所示。

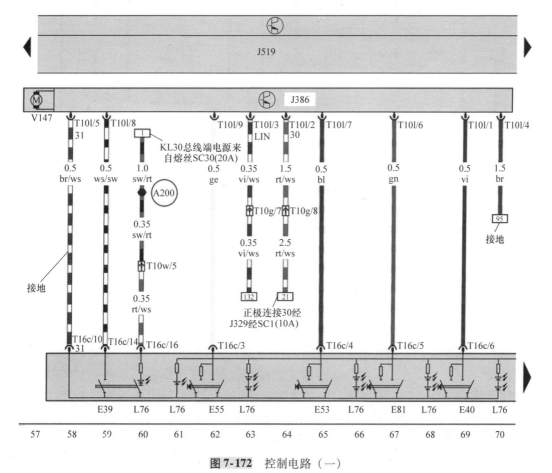

图 7-172　控制电路（一）

E39—安全锁止开关　E40—前左车窗升降开关　E53—驾驶人侧车门中的后左车窗升降器开关
E55—驾驶人侧车门中的后右车窗升降器开关　E81—驾驶人侧车门中的前右车窗升降器开关
J386—驾驶人侧车门控制单元　J519—车载电网控制单元　L76—按钮照明灯泡　T10g—10 芯插头连接
T10l—10 芯插头连接　T10w—10 芯插头连接　T16c—16 芯插头连接　V147—驾驶人侧电动摇窗器马达
A200—正极连接 5（15a），在仪表板导线束中

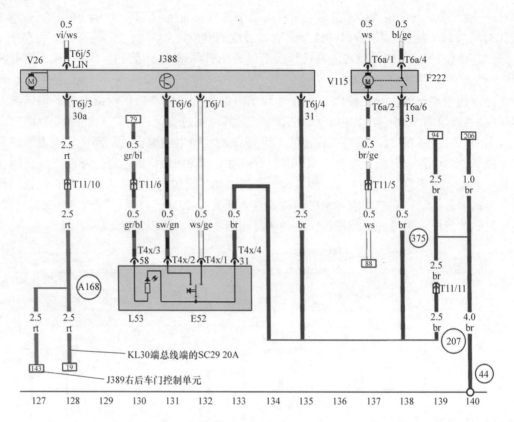

图 7-173 控制电路（二）

E52—左后车门内的车窗升降器开关　F222—左后中央门锁闭锁单元　J388—左后车门控制单元
L53—车窗升降器开关照明灯泡　T4x—4 芯插头连接　T6a—6 芯插头连接　T6j—6 芯插头连接
T11—11 芯插头连接　V26—后左车窗升降器马达　V115—左后车门中控锁马达
44—搭铁点，左侧 A 柱下部 207 搭铁连接，在左后车门电缆导线束中
375—搭铁连接 10，在主导线束中　A168—正极连接 4（30a），在仪表板导线束中
B528—连接 1（LIN 总线），在主导线束中

安全锁止开关 E39 具有车窗联锁功能，可以切断后面两个门上子开关的单独工作，两前门玻璃升降器都是一个单独的控制单元，利用 LIN 总线与车身控制模块 J519 进行通信，两个前门玻璃都有一键升降车窗（防夹）功能，两个后门则很简单，只有一个普通的电动机控制玻璃升降，当锁门或者解锁后，继续按住遥控闭（开）锁键，如果两个前门玻璃没有关闭（打开），则会自动升起（降低），两个后门则无此功能。

当防盗系统被激活后，组合仪表控制单元通过 CAN 数据线向控制单元发送防盗系统激活的信号，控制单元接收到激活信号后，将此信号发送给 LIN 主控制单元，LIN 主控制单元又将此信号发送给 LIN 从属控制单元，左前、右前车门控制单元接收到由 LIN 数据线发送的防盗系统激活的信号后，为了安全起见就控制四个电动车窗不能升降，使车辆进入安全模式。

打开点火开关，防盗系统没有激活时，CAN、LIN 数据线通信正常。按下左前升降开关 E40 时，开关信号发送给驾驶人侧车门控制单元 J386，J386 收到开关信号以后，控制该车门的车窗升降；按下右前升降开关 E81 时，开关信号发送给 J386，J386 接收到开关信号后，通过 LIN 数据线将此信号传输给 BCM 和右前车门控制单元 J387，J387 接收到此信号后控制右前电动车窗的升降。

110 自适应巡航控制系统的组成与工作原理

自适应巡航控制（ACC）功能不同于普通定速巡航，ACC 系统利用低功率雷达波发射接收得到前车的确切位置，若发现前车减速或监测到前方突然变道切入的车辆新目标，有自我判断和自适应能力，如图 7-174 所示。

图 7-174　汽车 ACC 雷达在工作

（1）组成　一汽大众汽车的 ACC 装置的硬件由控制器和天线等组成，如图 7-175 所示。

1）控制器　即含雷达发生器与信号处理等的雷达传感器部件。其铭牌数据是：模式 FMCW；工作频段 24GHz；发射功率 3W；工作距离 150m。

大众汽车的标志，即徽标（LOGO）由 V 和 W 两字母上下叠合组成。在有 ACC 功能的 CC 车型中是特制的，兼作雷达波的发射和接收天线之用，不能用一般车型的徽标替代。

2）操作开关：大众 ACC 操控键的位置如图 7-176 所示。在转向盘的左侧设置了 ACC 自适应巡航系统的按钮轿车上。基本都会有以下的按键或控制钮：CRUISE（定速巡航开关，或以图标直接代替）、SET（设定速度）、RES（恢复设定速度）、CNL/CANCEL（解除设定速度）以及 +（增加速度）–（减少速度）按键。

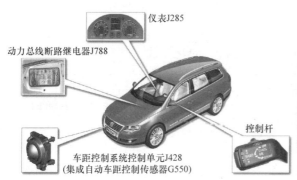

图 7-175　自适应系统的组成

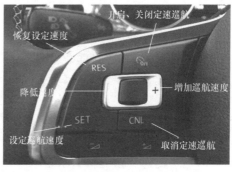

图 7-176　巡航开关

当需要开启车辆的定速巡航功能时，按下定速巡航开关键，这时仪表板上会显示定速巡航的图标并留白出速度设定，你可以选择在当前的车速上增加或减少巡航速度，也可以直接踩下油门将车辆提高至你需要设定的速度，按下 SET 键。若需取消巡航状态，一般轻踩刹车或油门踏板即可，也可以直接关闭定速巡航的控制开关。

（2）工作原理　ACC 是建立在以雷达测距、测速的基础之上的。系统实时检测车辆的前方，当前方有停止或慢行的车辆，比较自身的车速，相距小于安全距离而成为危险目标时，先提前由声或光向驾驶人发出警示，同时雷达输出信号至汽车控制系统，根据信号和微控制器的运算，确定减速或自动实现安全平稳高效的制动。

毫米波雷达有调频连续波（FMCW）雷达和脉冲雷达两种。当目标距离很近时，脉冲雷达发射脉冲和接收脉冲间的时间差非常小，对系统信号处理的高速性要求更高，增加近距离脉冲雷达的复杂性，成本也大幅上升，因而当前 ACC 的毫米波雷达常采用结构简单、成本较低、对近远目标探测均有良好性能的调频连续波雷达体制。

如图 7-177 所示，ACC 系统包括雷达信号发生器、天线、发送接收模块、信号处理模块、警示模块、加减速制动控制装置等。

射频发射接收前端是雷达系统的核心，微波传输以波导效率最高。前端的架构采用波导结构，还包括环形器、定向耦合器、线性 VCO、调制信号源、

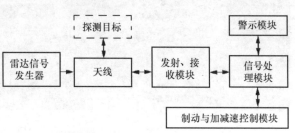

图 7-177　ACC 系统的工作原理框图

平衡混频器和低通滤波器等微波器件。前端混频输出的中频信号送至后级数据信号处理。数据处理的目标消除非必要信号（如杂波）和干扰信号，并对经中频放大的混频信号进行处理，从信号频谱中提取目标距离与速度等信息。

111　巡航电路分析

帕萨特领驭轿车定速巡航系统功能示意图如图 7-178 所示。由图可知，组合仪表 J285 集成有网关 J533。如图 7-179 所示，帕萨特领驭轿车多功能转向盘与组合仪表动力系统数据总线 A-CAN 和舒适系统数据总线 K-CAN 汇集于此，用于传输速率不同总线之间的数据交换。

作为定速巡航系统的控制器，发动机控制单元 J623 需要相关传感器和开关的信号输入。除了车辆原先已有的车速传感器、节气门位置传感器、制动开关或离合器开关外，还需定速巡航控制主开关 E45 的信号，其他所需的信息则由多功能转向盘控制单元

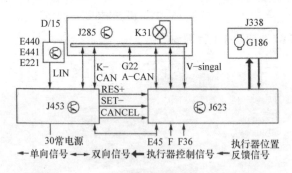

图 7-178　帕萨特领驭轿车定速巡航系统功能示意图

A—CAN—动力数据总线（500kb/s）　D/15—点火开关　E45—定速巡航主开关　E221—转向盘中的操作单元　E440　E441—多功能转向盘按钮　F—制动灯开关　F36—离合器开关　G22—车速传感器　G186—节气门定位电动机　J623—发动机控制单元　J285—组合仪表　J338—节气门控制单元　J453—多功能转向盘控制单元　K—CAN—舒适数据总线（100kb/s）　K31—巡航指示灯　LIN—数据总线，传输速率 20kb/s　V-singal—车速信号

J453 提供。

J453 采集、处理 E45 及多功能转向盘操作单元 E221 各按钮的开关信息，并将这些信息发送给 J623（用于定速巡航控制，由 3 条专门的导线连接）和组合仪表 J285（通过 K-CAN 总线传输，用于开启或关闭巡航指示灯及娱乐系统方面的控制），J453 还为喇叭继电器输出控制信号。定速巡航控制的执行器由节气门控制单元 J338 承担。

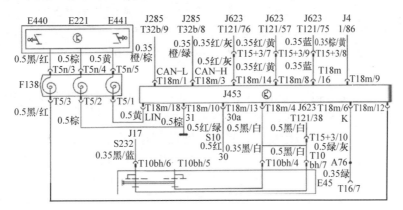

图 7-179 巡航电路图

E45—定速巡航主开关 E221—转向盘中的操作单元 E440—多功能转向盘左侧按钮（巡航按钮）
E441—多功能转向盘右侧按钮（音响按钮） F138—安全气囊螺旋电缆/复位环 J4—喇叭继电器
J17—燃油泵继电器 J623—发动机控制单元 J285—组合仪表 J453—多功能转向盘控制单元 T16—自诊断插座

（1）多功能转向盘 J453 由 30 号线供电，其路径是 30 号线→熔丝 S10（5A）→J453 的 T18m/13 端子，T18m/10 端子搭铁。当点火开关置"ON"时，舒适系统 K-CAN 数据总线激活，J453 可以从 K-CAN 数据总线获取点火开关 15 号线已接通的信息，从而使 J453 进入工作状态。

（2）多功能转向盘操作单元 E221 投入工作的电源条件 E221 由多功能转向盘左侧按钮 E440（用于巡航控制），右侧按钮 E441（用于音响的调节，系统电路图中未画出）和喇叭按钮 H（系统电路图中未画出）构成。

E221 由 J453 的 T18T/12 端子供电，由于转向盘左右转动的原因，中间需要由一套螺旋电缆连接。这个部件集成在安全气囊螺旋电缆/复位环 F138 内，其路径是 J453 端子 T18T/12→F138 下方插接器的 T5/3 端子→F138→F138 上方插接器的 T5n/3 端子→E221，搭铁线路径是 E221→F138 上方插接器的 T5n/4 端子→F138→F138 下方插接器的 T5/2 端子→与 J453 的搭铁线并联节点，从而使 E221 满足工作条件。

E221 获得工作条件后，E440、E441 各个按钮和喇叭按钮 H 的信号，经传输速率为 20kb/s 的 LIN 总线输入 J453，路径是 E221→F138 上方插接器的 T5n/5 端子→F138→F138 下方插接器的 T5/1 端子→J453 的 T18m/18 端子。J453 处理后再向所需信号的控制单元发送，用于音响调节的信息放在 K-CAN 数据总线上发送，用于巡航控制的信号则通过专门导线传输。J453 是 LIN 总线的主控单元，E221 属从控单元。

（3）开关和传感器信息的输入 定速巡航控制系统所需的开关和传感器有定速巡航主开关 E45、多功能转向盘左侧按钮 E440、制动灯开关 F、离合器开关 F36（手动档轿车）、车速传感器 G22、节气门位置传感器 G187 与 G188。

定速巡航主开关 E45 取电于燃油泵继电器 J17，与 4 个喷油器同处在熔丝 S32（20A）下游。当发动机运转时，J17 得电触点闭合，12V 电压通过 E45 向 J623（T121/38 端子）和 J453（T18m/4 端子）发送开关置"ON"的信息。

E440 包含了定速巡航系统的"RES＋"（恢复/加速）、"SET－"（设定/减速）和"CANCEL"（取消）3 个按钮。经 LIN 总线向 J453 输入对应的开关信息，J453 调制后通过 3 条导线向 J623 传输 RES＋（T121/75 端子）、SET－（T121/57 端子）和 CANCEL（T121/76 端子）信号，信号以点动形式出现，条件是 E45 开关触点闭合，这个必要条件在读取发动机 66 组测量值时可以得到验证。

车速传感器 G22 用于检测汽车行驶速度。G22 信号输入组合仪表 J285，J285 处理后，发送到发动机控制单元 J623 及需要车速信号的各个控制单元。

当 J623 识别出巡航车速设定值后，根据行驶阻力的变化，比较当前车辆实际车速与设定目标值的差，调节节气门定位电动机 G186，使节气门的开度与目标车速值相适应，节气门位置传感器 G187 与 G188 则将当前节气门所处的位置反馈回 J623。

一旦 J623 接收到离合器开关 F36 与制动灯开关 F 信号的输入，定速巡航系统暂时关闭，设定车速被 J623 记忆，供恢复巡航控制时调用。

（4）定速巡航控制 定速巡航指示灯 K31 点亮的条件：①定速巡航主开关 E45 闭合，即 J453 的 T18m/4 端子与 J623 的 T121/38 端子得到 12V 电压信号；②J623 内置的巡航控制程序激活；③CAN 数据总线通信正常。对帕萨特领驭轿车而言，K31 点亮并不意味着巡航控制已被执行，只是仅为巡航车速的设定做好了前期准备。

K31 点亮后，车辆速度达到巡航车速下限 30km/h 以上，驾驶人确定目标值，按下"SET－"按钮后，系统即以设定车速为控制目标执行巡航运行，右脚无须再操纵加速踏板。超车时，踩下加速踏板车速提高，超车并松开加速踏板后，车辆恢复到设定车速继续做等速行驶。此时，按动"SET－"按钮可减小设定车速，每按一次按钮，设定车速理论上降低 1.6km/h。

因交通条件的原因制动减速，或踩下离合器踏板，暂时关闭巡航控制后，设定车速被记忆。需要恢复巡航运行时，按下"RES＋"按钮，系统根据巡航暂时关闭前记忆的设定车速，控制 G186 开大节气门，直到达到巡航车速的目标值。"RES＋"按钮的另一功用是提高设定车速，每按一次按钮，设定车速理论上增加 1.6km/h。

按下"CANCEL"按钮，暂时关闭巡航控制，设定车速被记忆。

当 E45 处于"OFF"的位置时，完全关闭巡航控制，原设定车速的记忆被删除，再次执行巡航运行时需要重新设定。

定速巡航控制属电子节气门的子系统，一旦电子节气门系统出现故障，巡航控制程序将被关闭。

由前述电路分析可知，首先要做的基本检查是观察发动机运行中仪表的巡航指示灯 K31 是否点亮，如是，检查 E440 信号的输入；若否，则需要连接故障诊断仪，进入发动机控制单元 J623，查询控制单元版本，检查巡航控制功能是否开通，发动机控制单元功能菜单界面右侧上方软件版本前的标识 G，表示巡航控制程序被激活，如图 7-180 所示。

若巡航控制程序未被激活，切换软件的操作方法是：选中"016－访问认可功能"选项，单击"下一步"按钮，在弹出的软键盘内输入密码"11463"，单击＜Q＞键确认，退回功能选项菜单界面，再次检查巡航功能激活标识 G 的显示。

需要关闭巡航控制时，切换软件的操作方法是：选中"016 - 访问认可功能"选项，单击"下一步"按钮，在弹出的软键盘内输入密码"16167"，单击＜Q＞键确认，退回功能选项菜单界面，再次检查巡航功能激活标识 G 应隐去。

若巡航控制程序已被激活，但 K31 仍未点亮，通过读取 J623 内分布在 66 组 4 区有关巡航控制的测量值（表7-10），来判断故障所在。值得注意的是，读取测量值时，发动机应处于运转状态，即燃油泵继电器 J17 必须工作。如 4 区不出现 00000011，表明 E45 信号未输入 J623。

表 7-10 正常条件下发动机 66 组 4 区随开关位置不同的示值

开关条件	66 组 4 区数据示值	66 组 3 区（记忆的设定车速）
E45 OFF	00000000	0km/h
E45 ON	00000011	0km/h
E45 ON, SET - ON	00000111	设定车速值
E45 ON, RES + ON	00001011	恢复设定车速值或提高
E45 ON, CANCEL ON	00000001	关闭前的设定车速值

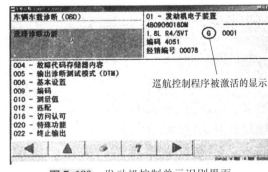

图 7-180 发动机控制单元识别界面

用图 7-181 所示的方法检查 E45 及 E45 至 J623 间的连接导线，当确认开关损坏时，更换 E45。具体方法是：E45 开关闭合时，用万用表电阻档测量开关侧插接器 6 号与 7 号端子间应导通，若不导通，更换 E45；或用导线跨接 E45 线束侧插接器 6 号与 7 号端子，模拟 E45 开关的闭合状态，若发动机 66 组 4 区测量值出现 00000011，则更换 E45，若测量值还是 00000000，则检查 E45 至 J623 间的线路。

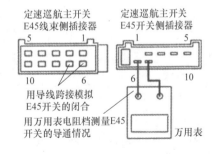

图 7-181 E45 开关线路及开关单体检测示意图

多功能转向盘控制单元 J453 具有 K 线，其诊断地址为 16，控制单元编码为 118。若诊断仪不能进入Ⅱ53 查询，则进入数据总线控制单元 J533 查询，读取 132 组 2 区 J533 通信的测量值，如测量值为 0，表明 J453 与数据总线失去通信。

此时，按动喇叭按钮做判断，如喇叭也不响，表明 J453 未能满足工作条件。检查对 J453 的供电（电源与搭铁线），如供电正常，更换 J453；如喇叭鸣响，检查 K - CAN 数据总线和 K 线。

112 倒车影像系统的组成

倒车影像系统主要由转向盘转角传感器 G85、中央电气控制单元 J519、转向柱控制单元 J527、网关 J533、倒车影像控制单元 J772 和倒车摄像头 R189 等组成，如图 7-182 所示。相比之前基于超声波的系统，在倒车中使用摄像头技术是一个吸引人的补充系统，倒车影像可以装在许多车辆上,它采用广角彩色摄像头和控制单元,能够直观地反映车辆后部情况。这个系统的优势在于:增加舒适性、动态指导线能够估计距离、提高停车时的准确性、增大了直接可视区域。

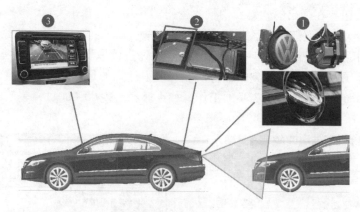

图 7-182　倒车影像系统

1—倒车摄像头 R189　2—倒车影像控制单元 J772　3—RNS 510 屏幕显示

(1) 倒车影像的两种工作模式　第一种为垂直停车模式,是指停进垂直于道路的停车位,除了静态指导线还有动态指导线用来指导车辆,动态指导线显示了在车辆当前转向角度下的车辆实际轨迹;第二种为平行停车模式,驾驶人在静态指导线的指引下停到平行于道路的停车位中,在这种情况下,停车过程中停车位的大小和相应的转向角度都已经被规定好了,如图 7-183 所示。

垂直停车模式

平行停车模式

图 7-183　倒车影像的两种工作模式

摄像头图像显示在导航屏幕上,或者显示在带有彩色显示屏的收音机屏幕上,系统通过倒档信号激活或关闭。两种模式之间的转换通过触摸屏幕完成;在 RNS 上,通过相应的控制元件转换。关闭倒车影像系统的方法有三种:

1) 退出倒档(退出倒档后有 10s 的延迟)。
2) 手动关闭显示屏,也可以按压泊车辅助按钮超过 2s。
3) 向前加速到车速超过 15km/h。

如果倒车车速超过 15km/h,显示屏变暗(直至看不清楚),当倒车车速低于 10km/h 时,倒车摄像头图像再次出现。

(2) 激活条件(图 7-184)

1) 点火开关(端子 15)打开。
2) 选挂倒档。
3) 车速低于 15km/h。

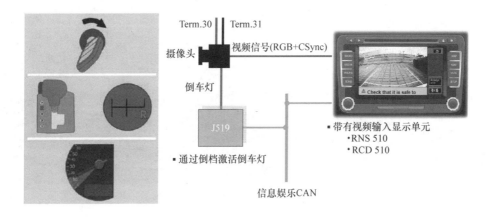

图7-184 激活条件

（3）工作过程

1）在手动档车型上，J519提供倒档接通信号，选挂倒档后，保护盖和徽标打开，摄像机在电控下翻出，利用广角镜头拍摄车后区域。未挂倒档时，倒车摄像机在徽标后面的保护盖内受到了很好的保护，以防止受到雨水、灰尘及干扰等的损伤，当摄像机伸出时，无法打开行李箱，如图7-185所示。这是因为此时微动开关将"行李箱已打开"信号传递给了车载电源控制单元，车载电源控制单元在此情况下（选挂倒档时）让行李箱无法打开。取消倒档后，倒车摄像机在9s后重新收回。此期间，车后图像依然保持在显示屏上（自动档车型该信号由变速器控制单元提供）。

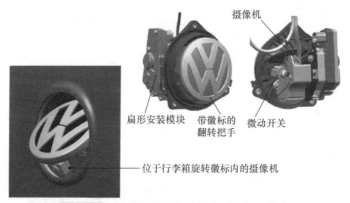

图7-185 倒车摄像机在徽标后面的保护盖内

2）然后收音机导航系统J503转换到视频输入模式。

3）倒车摄像头的视频信号经倒车影像控制单元J772处理后（修正图像变形），送到导航（显示单元）。J772具备两路视频输入，如果车上安装电视调谐器，系统会按照需求在两个视频输入中绑定一个。

4）J527告诉系统哪边转向灯激活，在平行停车模式中，系统会根据转向灯信号来激活显示相应一侧的指导线。如果没有激活转向灯，则显示双侧指导线（此时显示为两条交叉的黄色曲线）。

5）G85提供转向盘转角信号，系统按照内部存储的轴向空间参数，计算当前车辆驶过的距离，从而提供黄色动态指导线显示。

倒车影像系统可以通过将车后的障碍物显示到屏幕上来供驾驶人观看。高尔夫的倒车影像系统由倒车摄像机和显示屏构成，不需要单独的控制单元倒车摄像机直接连接到收音机或收音机导航系统，如图 7-186 所示。

图 7-186　倒车时 RNS 510 屏幕显示

113　道路辅助系统的组成

道路偏离预警系统如图 7-187 所示，其核心是集成了摄像头的控制单元（图 7-188），它以光学方式探测道路边界，辅助驾驶人保持车辆轨迹。摄像头能够监测的最小范围是车辆前方大约 5.5m 处，这主要是由于引擎盖限制造成的，前方可探测的道路区域范围为 20~60m。摄像头能够分辨 4096 级灰度（人眼能够分辨的在 100~120 级灰度之间）。因而与人眼相比，摄像头能够区分的灰度等级是人眼的 34~40 倍。电脑显示器能够显示的最大灰度是 256 级。通过三者的对比，说明这种摄像头的性能是相当高的。

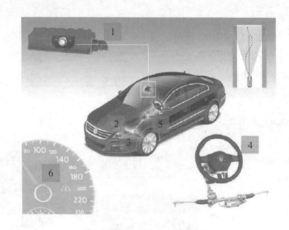

图 7-187　道路辅助系统
1—道路偏离预警控制单元　2—电动助力转向控制单元
3—助力电机　4—多功能转向盘　5—转向柱控制单元　6—仪表

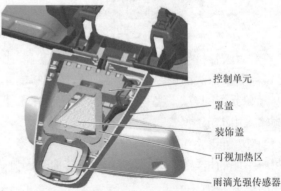

图 7-188　集成了摄像头的控制单元

摄像头和控制单元托架被固定在风窗玻璃上，在维修中总是和风窗玻璃作为一个整体提供。摄像头的可视加热区域被粘在风窗玻璃和控制单元托架之间，控制单元可以单独更换。

系统在摄像头图像内的两个梯形区域内搜索道路标记，如图 7-189 所示。为了将必要的计算量减到最小，只在每两排图像中搜索道路标记。在搜索范围内，道路识别系统寻找灰阶对比值，探测到的点形成一个标记，并且这些标记被连接在一起显示实际道路标记。随后，实际道路标记被用于计算控制单元中的虚拟道路路线，以用于道路偏离预警功能。在视频短片中，能够看到在控制单元内部是如何实现路线识别的。探测到的路线标记用绿色显示，标记间的空隙用红色显示。此外，系统也能识别到路线标记的宽度。

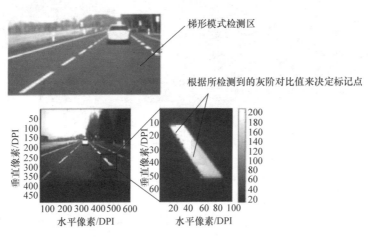

图 7-189　道路识别

系统使用来自道路识别的数据，计算出一个虚拟路线，如图 7-190 所示。这个虚拟路线宽度来源于实际路线宽度，但是虚拟路线总是比实际路线窄。在直路上，虚拟路线是对称布置的；而在弯道上，虚拟路线会做轻微改变，更靠近弯道内侧标记点，这样做的目的是使驾驶人在切入弯道时不会接收到道路辅助系统的方向修正信号。

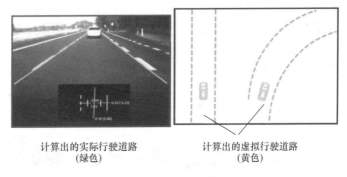

计算出的实际行驶道路（绿色）　　计算出的虚拟行驶道路（黄色）

图 7-190　道路计算

从计算出的道路边界和车辆内部保留的数据，计算出车辆在道路中的位置。如果车辆在没有激活转向信号的情况下偏离出虚拟道路，道路偏离预警系统开始进行修正，这个修正是有时间限制的（最长为100s），有转向力矩限制的（最大为3N·m），使车辆回到路线上，纠正力的大小取决于车辆和道路标记之间的角度。道路偏离预警系统的修正力大小取决于车辆与道路边界的接近角。例如：如果接近角较小，系统会认为驾驶人是由于疲劳或者心烦意乱造成车辆偏离跑道，此时系统给出的修正力较高，这样避免发生事故；如果接近角较大，系统会认为驾驶人想要离开现在行驶的道路但是忘记打开转向信号，此时系统给出的修正力较低。

如果激活转向信号,道路偏离预警系统暂时转换到被动模式,直到能够再次识别出道路。道路偏离预警系统的修正力(转向控制脉冲)任何时刻都可以被驾驶人控制。

如图7-191所示,短时按压按钮,在仪表中打开辅助菜单,使用多功能转向盘上的按钮,每个辅助系统都可以打开或者关闭;按压按钮并保持2s以上,可以使得先前选择的辅助功能同时打开或者关闭,注意是同时。出于安全的原因,自动距离控制(也就是ACC)功能不能通过按压并保持该按钮进行选择,它必须独立进行激活。

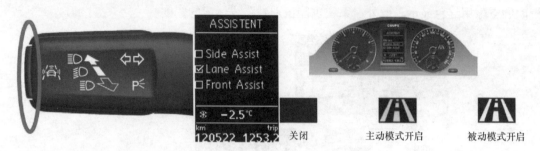

图7-191 按钮及仪表显示

仪表显示绿色:主动模式开启,系统运行的所有条件满足,如果车辆将要偏离路线,系统将进行转向修正。

仪表显示黄色:道路偏离预警系统开启,但是以被动模式运行,这时因为至少一个条件没有满足,系统不进行转向修正,也不会给出任何警告,但是系统仍然会对道路进行检测。

在主动模式开启时,如果驾驶人想要离开当前车道,驾驶人操作转向开关,可以暂时转换到被动模式。当转向信号消失后,自动转换到主动模式,并识别新的道路标记。

如果驾驶人在驾驶过程中手离开转向盘,系统能够探测到(系统通过转向力矩传感器得知),并由仪表发出警告音提示驾驶人。转向力矩传感器记录了电动助力转向控制器上的最小力矩,如果驾驶人至少有一只手抓着转向盘,那么路面的不平整就会引起转向力矩的轻微变化,如果力矩没有发生改变,控制单元就会认为驾驶人没有抓着转向盘,继而发出警报音。如果检测到故障,系统也会通过仪表发出警报音。

114 安全气囊系统的组成

安全气囊系统的主要部件有:预碰撞传感器、气囊模块、导线、指示灯、螺旋线束,如图7-192所示。

(1)气囊 气囊用聚酰胺织物(如尼龙)制成,内层涂有聚氯丁二烯,用以密闭气体,如图7-193所示。气囊在静止状态时,像降落伞未打开时一样折叠成包,安放在气体发生器上部与气囊饰盖之间。气囊开口一侧固定在气囊安装支架上,先将金属垫圈与气囊支架座圈夹紧,然后用铆钉铆接。气囊饰盖表面模压有撕印,以便气囊充气时撕裂饰盖,减小冲出饰盖的阻力。

(2)气体发生器 气体发生器又称为充气器,用专用螺栓与螺母固定在转向盘上的气囊支架上,结构如图7-194所示。其功用是在点火器引爆点火剂时,产生气体向气囊充气,

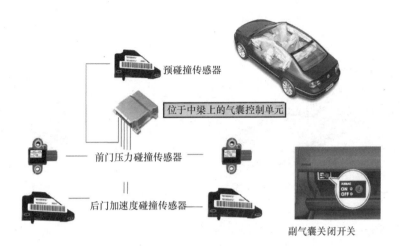

图 7-192 安全气囊系统的组成

使气囊膨开。

（3）点火器　点火器外包铝箔，安装在气体发生器内部中央位置。

点火器的功用是当 SRS ECU 发出点火指令使电热丝电路接通时，电热丝迅速红热引爆炸药，炸药瞬间爆炸产生热量，药筒内温度和压力急剧升高并冲破药筒，使充气剂（叠氮化钠）受热分解释放氮气充入气囊。

乘客侧气囊组件的结构特点：一是体积比驾驶席气囊的体积大（因为气囊到乘客的距离比到驾驶人的距离长）；二是气体发生器为长筒形，如图 7-195 所示。

图 7-193 安全气囊

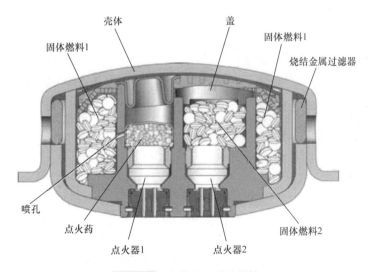

图 7-194 气体发生器的结构

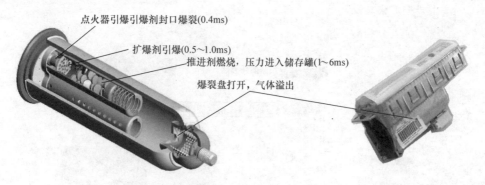

图 7-195 乘员席安全气囊

（4）安全气囊指示灯　安全气囊指示灯又称为 SRS 警告灯，安装在驾驶室仪表板面膜下面，并在面膜表面相应位置制作有气囊动作图形或 SRS、AIR BAG、SRS AIRBAG 等字母。

SRS 指示灯的功用是指示安全气囊系统的功能是否正常。当点火开关拨到"ON"或"ACC"位置后，如果指示灯发亮或闪亮约 6s 后自动熄灭，表示 SRS 功能正常。如果指示灯不亮、一直发亮或在汽车行驶途中突然发亮或闪亮，说明自诊断测试系统发现 SRS 故障，应及时排除。自诊断系统在控制 SRS 指示灯发亮或闪亮的同时，还会将所发现的故障编成代码存储在存储器中。检查或排除 SRS 故障时，首先应使用专用检测仪器或通过特定方式从通信接口（诊断插座）调出故障码，以便快速查寻与排除故障。

在气囊引爆后，必须更换 SRS ECU 和系统的零部件。

（5）螺旋线束　为了保证转向盘具有足够的转动角度而又不致损伤驾驶席气囊组件的连接线束，在转向盘与转向柱管之间采用了螺旋线束，即将线束安装在螺旋形弹簧内，再安放到弹簧壳体内，如图 7-196 所示。

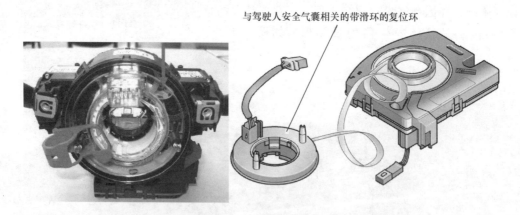

图 7-196 螺旋线束的结构

在选装安全气囊的汽车上，电喇叭线束也安装在螺旋形弹簧内。螺旋弹簧安装在转向盘与转向柱管之间，安装时应注意其安装位置和方向，否则将会导致转向盘转动角度不足或转向沉重。

（6）安全气囊控制单元　安全气囊控制单元 J234 具备两级处理系统，控制气囊分两个级别引爆，可以有效减少气囊对乘员的伤害；控制单元具备前部、侧面、尾部碰撞识别功能；控制单元可以正确释放安全气囊和安全带张紧器，并在发生碰撞时切断蓄电池电路，防止事故升级；控制单元同时对整个气囊系统进行持续监控；在蓄电池电路断开后的150ms时间内通过电容器向气囊系统提供独立的电源；控制单元通过故障警告灯显示系统故障，激活安全带提示报警SBR（Seat Belt Reminder），以提醒驾驶人气囊与安全带系统是否正常，其内部结构如图7-197所示。安全气囊控制单元安装位置如图7-198所示。

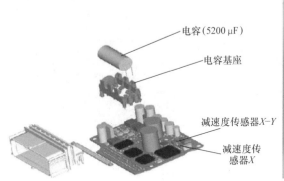

图7-197 控制单元内部结构

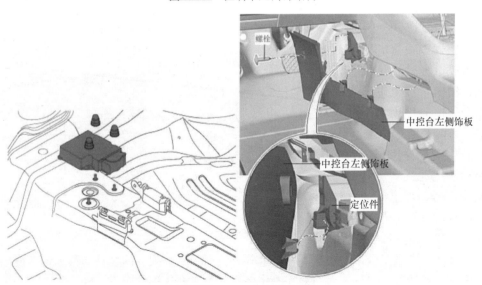

图7-198 控制单元安装位置

（7）前部安全气囊碰撞传感器 前部安全气囊碰撞传感器安装在前部变形区内，如图7-199所示，用于接收车辆前部碰撞加速度。控制单元通过其传输的信号来计算碰撞时车辆变形的速度，以此来较早识别事故的严重性。如果是轻微碰撞则无需引爆气囊，如果事故严重则须起动乘客安全保护系统。车辆前部发生碰撞时，强烈的信号通过纵梁和

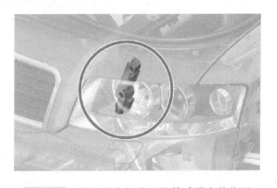

图7-199 前部安全气囊碰撞传感器安装位置

前部碰撞传感器传入安全气囊控制单元。

（8）侧面安全气囊碰撞传感器　安全气囊碰撞传感器是一个压力传感器，一般安装在车门侧面内部或车门侧面底部，如图 7-200 所示。侧面碰撞传感器内部由硅酮元件、盖子、起动装置等组成，如图 7-201 所示。

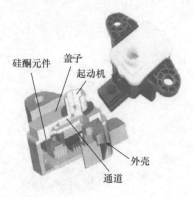

图 7-200　侧面安全气囊碰撞传感器安装位置　　图 7-201　安全气囊碰撞传感器结构图

如图 7-202 所示，侧面安全气囊碰撞传感器中设置有四个压电元件，四个压电元件连接成惠斯通电桥结构，给电桥提供电源与搭铁电路，四个压电元件中两个处于压力影响层，另两个处于非压力影响层。当车辆发生侧面碰撞时，处于压力影响层的压电元件在压力的作用下产生电压信号，由惠斯通电桥转换成数字信号输出作为传感器的信号。

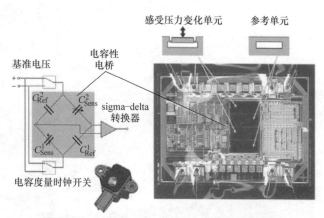

图 7-202　侧面安全气囊碰撞传感器电路结构图

（9）安全带使用识别开关　驾驶人及乘客在没有系安全带的情况下发生事故时，驾驶人及乘客的位移与移动的速度会远大于系好安全带的情况，对驾驶人与乘客的伤害非常大，在这种情况下，安全气囊控制单元会提前引爆气囊，气囊引爆的时间及要求都会发生改变，所以安全气囊控制单元必须知道驾驶人与乘客是否系好安全带，这也是安全带识别开关的重要性。安全带使用识别开关安装位置如图 7-203 所示。

当驾驶人和前排乘客未系安全带时，安全气囊控制单元的触发门槛将降低，即更为轻微的碰撞都可能引爆安全气囊。在大众检测仪器的 08 读取测量数据块的 03 和 04 通道中，若电阻值过大，表示未系安全带，安全带使用识别开关未接通。

当未系安全带时开关为打开状态，传感器电阻为 R_1 和 R_2 的电阻之和，当系好安全带以后，开关为闭合状态，电阻为 R_1 的电阻，电阻变化会引起传感器的信号电压的改变，从而电控单元根据传感器电压变化就可以判断驾驶人是否已系好安全带，如图 7-204 所示。

 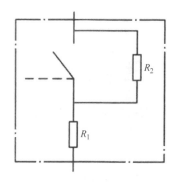

图 7-203　安全带使用识别开关安装位置　　图 7-204　安全带开关电路图

（10）前排乘客侧安全气囊关闭钥匙开关　很多车型的乘客侧前气囊（或称前排乘客侧的仪表板上的安全气囊）是可以人工关闭的，在人工关闭以后如果车辆发生碰撞事故，前排乘客侧的安全气囊是不会引爆的。这样的好处在于如果前排乘客侧没有人乘坐，发生碰撞事故后可以适当减少维修费用，减少不必要的损失。该开关可以通过插入钥匙以后旋转到"OFF"位置进行关闭，如图 7-205 所示。这个开关内集成了两个电阻电路，控制单元通过每个电路均可单独识别出开关的位置，当开关置于"ON"或"OFF"时，因为传感器内触点的位置不同，传感器两端产生不同的电压，从而安全气囊控制单元根据开关两端电压的变化来判断开关的位置，控制前排乘客侧安全气囊的工作状态。如果这个钥匙开关损坏，前排乘客侧安全气囊关闭指示灯就会闪烁。其电路图如图 7-206 所示。

 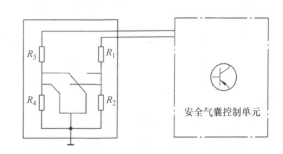

图 7-205　前排乘客侧安全气囊关闭钥匙开关位置　　图 7-206　前排乘客侧安全气囊关闭钥匙开关电路图

（11）预张紧式安全带系统　齿轮式安全带张紧机构结构图如图 7-207 所示，当安全气囊 ECU 向收紧器的触发器发出触发指令时，触发器引爆引药，气体发生器内的气体发生剂受热分解释放大量无毒的氮气，使压力急剧上升。活塞在膨胀气体的推动下迅速在导管内向上运动，同时带动小齿轮旋转，小齿轮带动上齿轮旋转，上齿轮带动啮合架旋转，啮合架带动扭转轴及安全带运动，将安全带收紧。在 8ms 内，能将安全带收紧 10cm，使驾驶人和乘员向前移动的距离缩短，从而防止其面部、胸部与转向盘、风窗玻璃或仪表台发生碰撞，工作过程如图 7-208 所示。

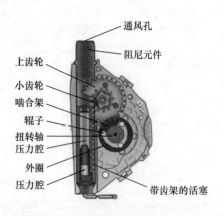

图7-207 齿轮式安全带张紧机构结构图

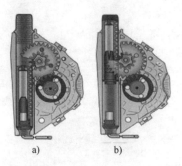

图7-208 齿轮式安全带张紧机构工作过程图
a) 初始位置 b) 工作终了

(12) 蓄电池切断继电器

1) 作用。蓄电池切断继电器是蓄电池的分离元件,它的任务是在发生撞车事故时,切断起动机和发电机,其实物图如图7-209所示。

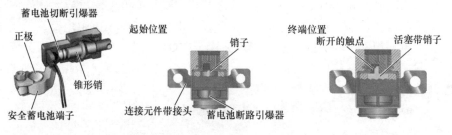

图7-209 蓄电池切断继电器实物图

2) 安装位置。奥迪A6轿车蓄电池切断继电器安装在蓄电池的前方,大众途锐汽车蓄电池切断继电器安装在继电器盒中。

3) 工作过程。图7-210所示为蓄电池切断继电器的电路图。蓄电池切断继电器由3号端子接收安全气囊的碰撞信号。当车辆发生撞车事故,安全气囊发生引爆时,蓄电池切断继电器接收到相应的电压信号,触发继电器工作,断开图中A与B之间的开关,使蓄电池停止向外界用电器供电。注: J655为蓄电池管理继电器。

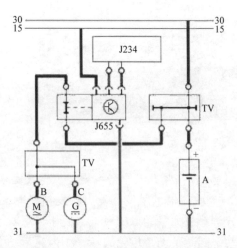

图7-210 蓄电池切断继电器的电路图

115 安全气囊电路分析

当汽车车速低于30km/h发生碰撞时，碰撞产生的减速度和惯性力较小，安全传感器和中央传感器将此信号送到安全气囊ECU，判断结果为不引爆安全气囊，只引爆安全带收紧器的点火器。与此同时，向左、右安全带点火器发出点火指令使安全带收紧，防止驾驶人和乘客受伤。

当汽车车速高于30km/h发生碰撞时，碰撞产生的减速度和惯性力较大，安全传感器和中央传感器将此信号送到安全气囊ECU，判断结果为需要引爆安全气囊和安全带收紧器。与此同时，向左、右安全带点火器和安全气囊点火器发出点火指令，在安全带收紧的同时，驾驶人侧安全气囊和乘客侧安全气囊同时打开，达到保护驾驶人和乘客的目的，如图7-211、图7-212所示。

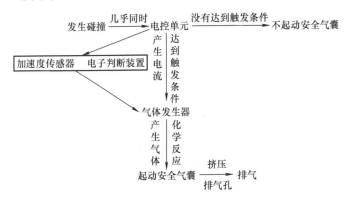

图7-211 工作过程

安全气囊供电搭铁电路：点火开关15→SC35A，为J234 T50/1端子和T50/2端子供电，J234 T50/46端子为搭铁，控制单元有了电源和搭铁，会进行自检，会点亮安全气囊指示灯6s左右，完成自检。若系统无故障，指示灯熄灭；若系统有故障，则指示灯持续点亮或者持续闪烁，如图7-213所示。

N95为驾驶人侧安全气囊引爆装置，位于转向盘上的两条线通过F138连接到安全气囊ECU T50/10和T50/11端子，N131端子为前排乘客侧安全气囊引爆装置，位于前排乘客侧车物箱上部仪表台上搭铁屏蔽线。

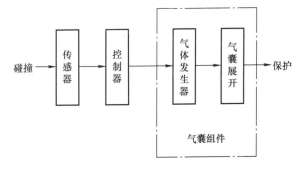

图7-212 工作原理

安全带开关E24用于检测驾驶人和乘员是否已经系上安全带，因为只有在系上安全带的情况下安全气囊才能发挥最大的作用，并控制仪表盘上的安全带指示灯和安全带拉紧器引爆装置，如图7-214、图7-215所示。

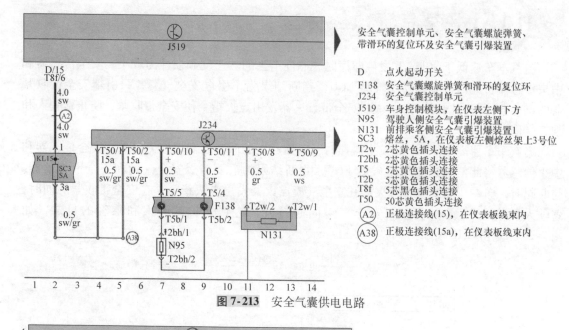

图 7-213 安全气囊供电电路

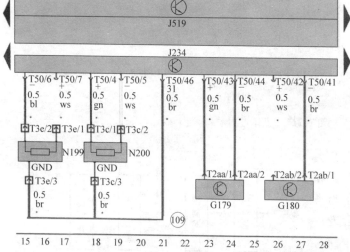

图 7-214 侧面安全气囊电路图

N199、N200 分别为左、右侧面安全气囊引爆装置，当车辆受侧面撞击时，保护驾驶人和乘员头部。

G179、G180 为侧面碰撞传感器，用以控制车辆侧面一定角度内所受的撞击程度，从而面控制侧面安全气囊打开。

安全气囊控制单元 J234 通过 CAN 总线与其他控制单元进行数据传输，当安全气囊控制单元本身出现故障时，就会通过 CAN 总线点亮仪表盘中的安全气囊指示灯 K75。当驾驶人安全带未系时，在汽车起步后时速超过 15km/h 后，会点亮安全气囊指示灯 K16 并控制蜂鸣器 H3 发出警告声。在汽车继续行驶约 2min 后，警告声消失，但安全气囊指示灯 K16 依然闪烁，如图 7-216 所示。

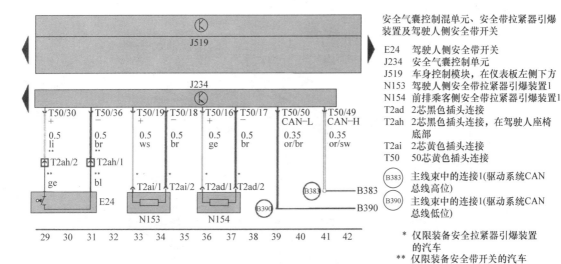

图7-215 安全带拉紧器电路图

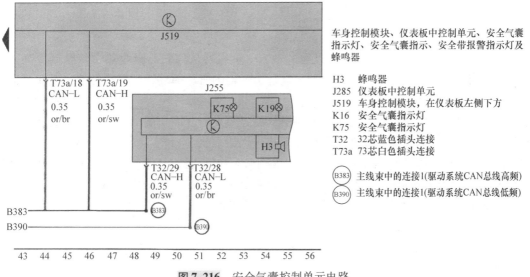

图7-216 安全气囊控制单元电路

在对安全气囊进行检修时，一般要断开蓄电池或安全气囊熔丝一段时间方可检测。而在没有专用设备的情况下，应尽量使用替代、排除法去判断故障部位。例如：在检测某个气囊引爆装置电路故障时，可以拔掉气囊引爆装置的插头，用 $3\sim5\Omega$ 的电阻（具体数值请参照原车实际数据）去代替。如果无故障，则说明是气囊引爆装置的问题；如果故障依旧，再去检测到ECU的线束是否断路、短路，或者直接接一个 $3\sim5\Omega$ 的电阻到ECU的两端子上，如仍有故障，就可以通过排除法判断是否为ECU故障。

116 空调系统的组成

（1）组成 汽车空调系统主要由压缩机、冷凝器、干燥瓶、H型膨胀阀、蒸发器、高低压管路等组成,如图 7-217 所示。

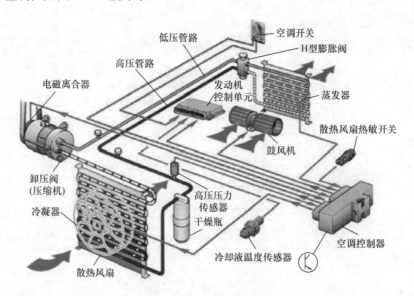

图 7-217 空调系统的组成

1) 蒸发器。蒸发器位于靠近驾驶舱的地方。蒸发器从驾驶舱吸收热量传给制冷剂。制冷剂以低压、低温雾状液体进入蒸发器,通过蒸发器的管片循环,很像冷却液在发动机散热器中循环的情况,如图 7-218 所示。

在电动风机的作用下,驾驶舱内的热空气流过蒸发器表面。制冷剂吸收热量而从液体变为气体,之后离开蒸发器,以低压气体的形式进入压缩机。

膨胀阀所释放出来的制冷剂在蒸发器内膨胀,于是蒸发器就急剧冷却下来。冷却的空气中的水分在低于露点温度处会聚集在一起,也就是说冷凝了,于是产生了冷凝水。于是空气就被"脱水"了(变干燥了)。这就可明显改变车内的温度和空气质量。除了水分要聚集到蒸发器上以外,空气中的悬浮物也会聚集到蒸发器上,因此蒸发器还会"净化"空气。

2) 冷凝器。冷凝器位于散热器的前面,如图 7-219 所示。冷凝器接收来自压缩机的高温、高压制冷剂气体并将其热量传给外界空气。

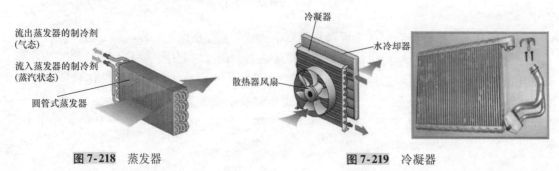

图 7-218 蒸发器　　　图 7-219 冷凝器

与蒸发器一样,制冷剂也通过一系列管片再冷凝。冷凝器传送的热量越多,蒸发器的冷却效果越好。大容量冷凝器加上高效风扇可以显著降低车内温度。

现在的汽车越来越多采用一种被称为平行流的冷凝器来替代传统的圆管冷凝器,这种新型的结构特点使冷凝器的效率得到了优化。

3)干燥器。位于空调系统高压侧冷凝器出口附近,储存制冷剂并作为制冷剂的膨胀容器,可以过滤液体制冷剂中的水分和异物,并作为制冷剂的一个存储区,如图7-220所示。

根据干燥器的结构形式,化学干燥剂只能够吸收特定量的水分。对于新的车型,干燥器作为可更换的滤芯直接连接在冷凝器上。制冷剂储液罐连同膨胀阀一起作为制冷剂的膨胀罐和储存罐。

在不同的工作条件下(如蒸发器和冷凝器上的热负荷、压缩机的转速等),制冷循环管路中流动的制冷剂量也是不同的。为了补偿制冷剂量的波动,就在循环管路上安装了制冷剂储液罐。在安装时进入制冷剂回路中的水气由干燥器经化学反应而清除。根据结构形式的不同,可以吸收6~12g水。吸水量取决于温度,温度越低,吸水量就越多。压缩机磨屑、安装时的污物等也会沉淀下来。

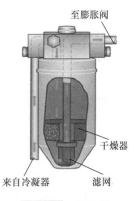

图7-220 干燥器

工作过程:由冷凝器出来的液态制冷剂流入储液罐,在储液罐中收集后流过干燥器,再通过立管流向膨胀阀,这样制冷剂内没有任何气泡,并持续不断地流向膨胀阀。

注意:每次打开管路更换部件时,最好将储液罐也一同更换,如果系统打开几个小时,储液罐必须更换。否则,不能再吸收系统中的水分,在膨胀阀处造成冰堵。

失效形式:失效后导致膨胀阀堵塞。

4)膨胀阀。膨胀阀用来调节进入蒸发器的制冷剂的流量,安装在蒸发器的外面。

该膨胀阀采用热控制方式来控制,它的调节元件是热胀盖和球阀。

热胀盖内膜片的一侧充满了一种专用气体,另一侧通过压力平衡孔与蒸发器出口(低压)相连。球阀通过一个推杆来操纵。低压一侧的温度就决定了专用气体的压力,也就决定了制冷剂的喷射量,如图7-221所示。

5)空调管路。同轴管路相当于一种内部热交换器,在同轴管路中,热流体和冷气体流通的区域相互分开,并且流通方向相反,如图7-222所示。从冷凝器流出的是高温液态制冷剂,从蒸发器流出的是低温气态的制冷剂,两者相遇时,高温液态制冷剂被冷却。

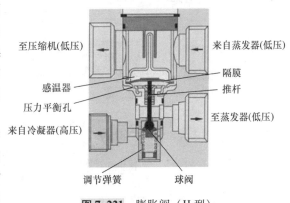

图7-221 膨胀阀(H型)

同轴管路末端有两个新的快速连接装置,这两个装置与保养有关。装配和安装时必须按照规定进行。

内部热交换进一步冷却膨胀装置前部的制冷剂,同时进一步加热压缩装置前部的制冷剂。这种结构的缺点是,压缩装置进口温度上升,使压缩装置热负荷更高。

① 组装。组装管路系统时,需先用制冷剂稍稍润湿两根空调管路,然后将管路插入,直到可以听到卡入的声音或者能感觉到管路确实卡入,如图7-223所示。

轻轻朝相反方向拉动管路,即可检查管路是否确实卡入。这时,应能识别或感觉到指示销的存在。注意事项：装配时管路不允许相互转动。

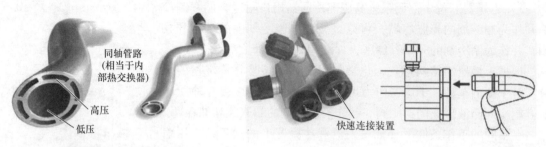

图 7-222 同轴管路断面　　　　　图 7-223 快速连接装置

② 拆卸。须将相应的分离套管推入快速连接装置中才可以拆卸管路。先将管路向内压到底，并将分离套管向内推，直到可以听到或感觉到其完全松开，然后将管路和分离套管一起从壳体中拉出。建议事先用阻尼油喷涂快速连接装置，这样就可以大大降低拆卸时的阻力。拆卸时可使用两种分离套管——T40149/1 或 T40149/2，如图 7-224 所示。注意事项：拆卸时管路不允许相互转动。

6）节流阀。节流阀是制冷剂循环管路中的一个狭窄点，就在蒸发器的前方，其结构如图 7-225 所示。

这个狭窄点会降低制冷剂的流量。节流阀前面（上游）的制冷剂是暖的且处于高压状态。制冷剂流过节流阀后，压力迅速下降，变成低压且冷的状态。

因此，节流阀就是制冷剂循环管路中高压侧和低压侧的"分界点"。密封系统可以保证制冷剂只流经节流阀。

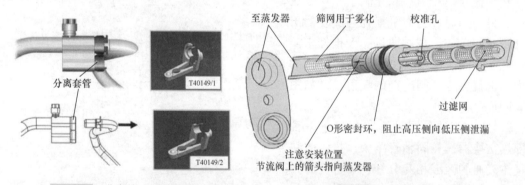

图 7-224 分离快速连接装置　　　　　图 7-225 节流阀

117 大众电控可变排量式空调压缩机

传统的汽车空调系统均采用定排量式空调压缩机，它根据蒸发器出风口温度来控制空调压缩机电磁离合器的接合与分离，从而达到控制制冷效果的目的。这种控制方式除了车内温度波动大、系统能耗增加等缺点外，最大的一个缺点是压缩机间歇性地离合会对发动机的正常工作有干扰，这在较小排量的汽车上表现比较突出。为了解决这个问题，可变排量式空调压缩机应运而生。现在大众车系已广泛采用电控可变排量式空调压缩机，它可实现压缩排量从无到有的无级调节,从而使车辆更加节油且空调压缩机工作时发动机无冲击。

(1) 电控可变排量式空调压缩机的组成　电控可变排量式空调压缩机主要由传动轮、壳体、排量调节电磁阀 N280、压缩腔、曲轴箱、活塞及驱动斜盘等部分组成,如图 7-226、图 7-227 所示。变排量空调压缩机的驱动与过载保护装置主要由传动轮、花键毂及传动钢片组等组成。花键毂由前、后两块特殊形状的钢板通过铆钉铆接在一起,前后钢板均伸出 3 个爪,后钢板伸出的 3 个爪上钻有直径约为 4mm 的孔。传动钢片内端通过螺钉与传动轮连接,外端压有直径约为 4mm 的凸起,夹持在花键毂前、后两钢板之间,且钢片凸起嵌入后钢板爪孔中,如图 7-228～图 7-231 所示。

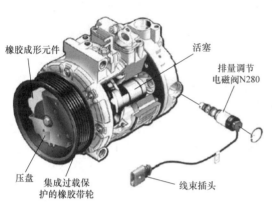

图 7-226　电控可变排量式空调压缩机的外部结构　　图 7-227　电控可变排量式空调压缩机的内部结构

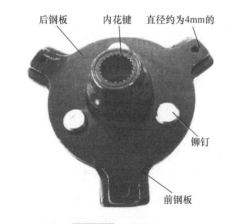

图 7-228　花键毂

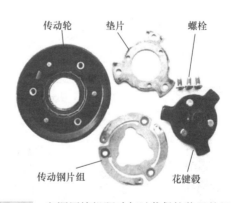

图 7-229　空调压缩机驱动与过载保护装置的组成

图 7-230　空调压缩机主轴与斜盘组件　　图 7-231　空调压缩机主轴、斜盘及活塞组件

（2）电控可变排量式空调压缩机的特点 电控可变排量式空调压缩机取消了电磁离合器，采用传动轮和驱动轴连接，但两者之间集成有过载保护装置，如图7-232所示。一旦空调压缩机内部发生故障使驱动轴咬死，传动轮就会与驱动轴分离，从而保护传动带不受损坏，进而使发动机可以继续运转。

驱动斜盘控制活塞做往复运动，其倾斜角度的大小决定空调压缩机排量的大小。驱动斜盘的支点设计在驱动斜盘的一侧，它的倾斜角度取决于曲轴箱和压缩腔的压差。压差越大，驱动斜盘的倾斜角度就越大，活塞的工作行程就越长，空调压缩机的排量就越大；反之压差越小，驱动斜盘的倾斜角度就越小，活塞的工作行程就越短，空调压缩机的排量就越小。

图7-232 集成过载保护的传动轮

（3）电控可变排量式空调压缩机的工作原理 如图7-233所示，当车内热负荷达到最大值或驾乘人员要求快速制冷（表现为车内温度瞬间调到最低）时，排量调节电磁阀的供电占空比为100%，排量调节电磁阀阀芯压缩弹簧外伸至行程最大处，此时斜盘箱与吸气腔相通，与排气腔隔绝，曲轴箱压力降到最小值，作用在活塞右侧的压力远高于作用于活塞左侧的压力（等于曲轴箱压力与弹簧力之和），这样弹簧被压缩，斜盘倾角变得最大，活塞行程最大，空调压缩机排量最大，以快速制冷。

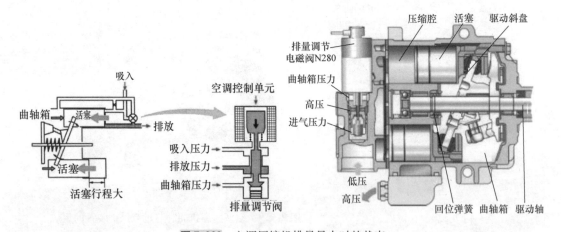

图7-233 空调压缩机排量最大时的状态

当车速升高时，车内热负荷减小，排量调节电磁阀的供电占空比将减小，排量调节电磁阀阀芯外伸行程减小，曲轴箱压力升高，作用在活塞左侧的压力升高，这样弹簧压缩量减小，斜盘倾斜角度变小，活塞行程变小，空调压缩机排量降低，以节约燃油。

如图7-234所示，当车内热负荷降到最小值时，排量调节阀断电，此时占空比为0，排量调节电磁阀阀芯提升到最高处，此时曲轴箱与排气腔相通，压力升到最大值，作用在活塞左侧和右侧的压力相等，这样弹簧自动伸长，斜盘倾角最小，活塞行程最小，空调压缩机排量最小（接近0）。

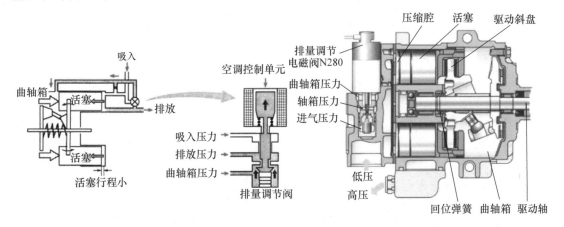

图 7-234　空调压缩机排量最小时的状态

空调控制单元通过 500Hz 的通断频率对 N280 进行控制，属于占空比式控制，对它的供电状况可以通过示波器测量，如图 7-235 所示。空调控制单元接收到空调开关信号和设定温度信号后将同时检测蒸发器出风口温度传感器、制冷系统压力传感器、环境温度传感器及蓄电池电压等信号，然后控制 N280 对空调压缩机排量进行无级调节。

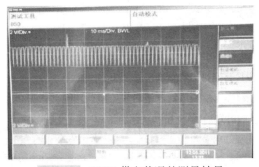

图 7-235　N280 供电状况的测量结果

（4）大众可变排量压缩机的排量调节电磁阀 N280 的功用　排量调节电磁阀安装在压缩机后端盖中。阀的固定有两种方式：可用一个弹簧锁止垫圈固定，也可用一个内六角螺栓固定。该阀的控制孔连通着压缩机内低压、高压与曲轴箱之间，并且该阀是实现免离合操作的控制执行元件。而控制执行的是空调控制单元，空调控制单元给出调制电流信号驱动该调节阀中的一个挺杆。电流的高低变化决定了调整量。空调控制单元根据车内所设定的温度，接收来自车辆外部温度传感器、车辆内部温度传感器、蒸发器温度传感器及制冷剂压力传感器的信号，对压缩机调节阀进行无级驱动。控制压缩机内低压、高压与曲轴箱压力对压缩机内斜盘倾斜角度进行调节。改变斜盘倾斜位置，从而决定了排量以及产生的制冷输出。在制冷功能被关闭后，发动机多楔传动带仍驱动压缩机连续运转。压缩机调节阀通过调节压力，控制斜盘倾斜位置改变，制冷剂流量被相应降低至 2%。这样低的流量不能建立工作所需的压力，排量调节电磁阀 N280 的结构如图 7-236 所示。

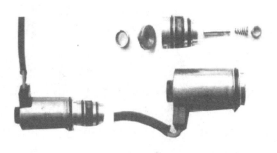

图 7-236　排量调节电磁阀 N280 的结构

118　空调电路分析

该车采用的空调压缩机型号为 SE7PV16，空调压缩机工作与否由空调压缩机电磁离合器的通电情况决定。如图 7-237 所示，空调压缩机电磁离合器电路由空调控制器、发动机冷却液温度传感器、蒸发器温度开关、车外温度传感器、空调压力开关、空调压缩机电磁离合器继电器、散热器风扇控制器、空调压缩机电磁离合器及发动机控制单元等组成。

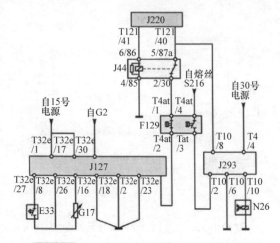

图 7-237　空调压缩机电磁离合器控制电路

正常情况下，当发动机运行，接通 A/C 开关时，空调压缩机电磁离合器吸合，空调压缩机开始工作；当出现以下任意一种情况时，空调压缩机电磁离合器将会被切断，空调压缩机停止工作：环境温度低于 -3℃；蒸发器温度低于 1℃；发动机冷却液温度高于 120℃；空调压力高于 3.14MPa 或低于 0.196MPa；发动机转速过低或过高；发动机负荷过大；发动机处于急加速工况。

（1）空调控制器 J127　J127 负责接收 A/C 开关、蒸发器温度开关、发动机冷却液温度传感器、车外温度传感器的信号。当 A/C 开关接通、蒸发器温度高于 1℃、发动机冷却液温度传感器低于 120℃、环境温度高于 -3℃ 时，空调控制器端子 T32e/23 输出电源给空调压力开关端子 T4at/2。

（2）空调压力开关 F129　F120 用于空调压缩机及散热风扇的控制。接通 A/C 开关后，J127 端子 T32d23 输出电源给 F129 端子 T4a/2，当空调压力正常时（空调压力小于 3.14MPa、大于 6.196MPa），常闭触点保持闭合，电源传输至空调压缩机电磁离合器继电器端子 2/30；当空调压力异常时（空调压力大于 3.14MPa 或小于 0.196MPa），常闭触点断开，电源无法传输至空调压缩机电磁离合器继电器端子 2/30。

（3）空调压缩机电磁离合器继电器 J44　J44（147B 继电器）为常闭继电器，安装在蓄电池后方的发动机室熔丝盒内。电源经 J44 端子 5/87a 输出后分两路：一路输送至发动机控制单元 J220 端子 T121/40，为 J220 提供急速提升请求信号；另一路输送至散热风扇控制器端子 T10/8，为散热控制器提供空调压缩机工作请求信号。J44 端子 6/86 与 J220 端子 T121/41 相连，当发动机处于紧急运行、大负荷等状态时，J220 将控制 J44 工作，使常闭触点断开。其内部电路如图 7-238 所示。J44 电磁线圈的电源不是 J220 端子 T121/41 提供的，而是 J44 端

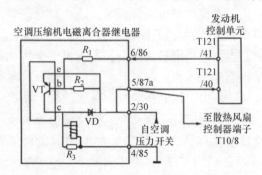

图 7-238　空调压缩机电磁离合器继电器内部电路

子 2/30 提供的。

1) 未接通 A/C 开关时,由于 2/30 = 0V,J44 线圈无供电,J44 触点闭合。

2) 接通 A/C 开关后,由于 2/30 = 12V,由于 6/86 = 0V,端子 2/30 通过电阻 R_2 分压,三极管 VT 导通($U_e > U_b$),J44 触点断开,此时散热风扇控制器不接收空调压缩机工作请求信号,空调压缩机不工作。J623 使 J44 端子 6/86 搭铁延时 140ms,用以实现将发动机怠速从 860r/min 提升至 1000r/min。当怠速稳定后,J623 使 J44 端子 6/86 上升为电源电压,三极管 VT 截止($U_e = U_b$),J44 触点闭合。

发动机数据流 50 组第 3 区显示空调压缩机工作请求信号(A/C 开关信号)与空调压缩机工作状态,经过测试,在不同情况下发动机数据流 50 组第 3 区的显示见表 7-11。

表 7-11 发动机数据 50 组第 3 区显示

测试条件	A/C 开关信号	空调压缩机工作状态
未接通 A/C 开关	A/C Low	Compre OFF
接通 A/C 开关	A/C High	Compre ON
断开空调压缩机电磁离合器触点	A/C Low	Compre OFF
拔下 J44	A/C Low	Compre OFF
断开 J44 端子 6/86 与 J220 端子 T121/41 的导线	A/C High	Compre OFF

(4)散热器风扇控制电路 如图 7-239 所示,散热风扇控制电路主要由散热风扇控制器 J293、热敏开关 F18、空调压力开关 F129、散热风扇等组成。

J293 内部有 3 个继电器,分别用以控制散热风扇高速运转、散热风扇低速运转和空调压缩机电磁离合器。J293 外围线路主要有 4 类:电源线、搭铁线、输入信号线和输出信号线。J293 各端子的含义及工作条件见表 7-12。

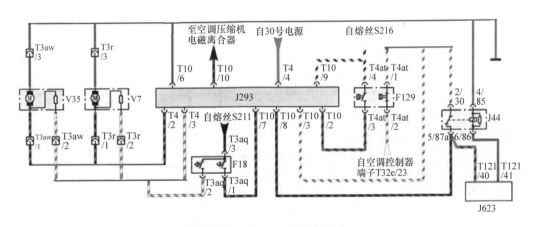

图 7-239 散热器风扇控制电路

F18—热敏开关 F129—空调压力开关 J44—空调压缩机电磁离合器继电器 J623—发动机控制单元
J293—散热风扇控制器 V35、V7—散热风扇

表 7-12　J293 各端子的含义及工作条件

端子	端子类型	含义	工作条件
T10/2	输入信号	压力信号	空调压力大于或等于 1.77MPa
T10/3	输入信号	空调信号 1	接通 A/C 开关；环境温度高于 -3℃；蒸发器温度高于 3℃；冷却液温度低于 120℃；空调压力正常
T10/6	搭铁	搭铁	始终
T10/7	输入信号	热敏开关信号	冷却液温度超过 105℃ 时
T10/8	输入信号	空调信号 2	满足空调信号 1 的所有条件；发动机处于正常工况
T10/9	输入信号	点火开关信号	接通点火开关
T10/10	输出信号	空调压缩机电磁离合器工作信号	端子 T10/8 供电条件满足；端子 T4/4 供电
T4/2	输出信号	散热风扇高速运转工作信号	端子 T10/2 或 T10/7 两者之一供电条件满足；端子 T10/9 供电条件满足；端子 T4/4 供电
T4/3	输出信号	散热风扇低速运转信号	端子 T10/3 供电条件满足；端子 T4/4 供电
T4/4	电源	电源	蓄电池供电

散热风扇的运转情况取决于 3 个信号：A/C 开关信号、发动机冷却液温度信号及空调压力信号。具体控制策略如下：

1）当发动机冷却液温度达到 95℃ 时，热敏开关端子 3 与端子 2 接通，散热风扇端子 2 得到供电，散热风扇低速运转。

2）当发动机冷却液温度达到 105℃ 时，热敏开关端子 3 与端子 1 接通，J293 端子 T10/7 接收到电源信号后，给散热风扇端子 1 供电，散热风扇高速运转。

3）接通 A/C 开关，J293 端子 T10/3 接收到 A/C 开关信号后，给散热风扇端子 2 供电，散热风扇低速运转。

4）当空调压力达到 1.77MPa 时，J293 端子 T10/2 接收到电源信号后，给散热风扇端子 1 供电，散热风扇高速运转。

(5) 鼓风机电路　如图 7-240 所示，空调控制器根据各传感器或鼓风机开关信号，通过占空比控制鼓风机转速。鼓风机调速模块 N23 各端子的测试结果见表 7-13。

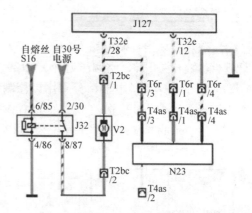

图 7-240　鼓风机控制电路
J32—空调控制器继电器　J127—空调控制器
N23—鼓风机调速模块　V2—鼓风机

表 7-13　鼓风机调速模块各端子的测试结果

端子	端子含义	测试条件	测量值
T4as/1	占空比信号	接通点火开关，依次将鼓风机档位从 OFF 档调至 7 档	0V→1.8V→1.86V→1.96V→2.04V→2.37V→2.45V→2.8V
T4as/2	空端子	—	—
T4as/3	鼓风机控制信号	接通点火开关，依次将鼓风机档位从 OFF 档调至 7 档	12V→10.8V→10V→8.9V→6.5V→5.77V→4.8V→2.37V
T4as/4	搭铁	始终	与搭铁间电阻小于 1Ω

（6）进气风门电路 如图7-241所示，空调控制器根据各传感器信号或内外循环开关信号，通过端子T32e/6与端子T32e/22控制进气风门伺服电动机总成的动作。进气风门伺服电动机总成各端子的测试结果见表7-14。

（7）空气混合风门控制电路 如图7-242所示，空调控制器根据各传感器信号和设定温度信号，通过端子T32e/4与T32e/20控制混合风门伺服电动机总成的动作。混合风门伺服电动机总成各端子的测试结果见表7-15。

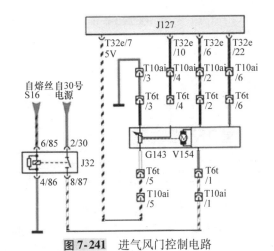

图7-241 进气风门控制电路
G143—进气风门伺服电动机电位计　J32—空调控制器继电器
J127—空调控制器　V154—进气风门伺服电动机

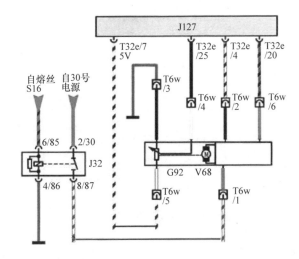

图7-242 空气混合风门控制电路
G92—混合风门伺服电动机电位计　J32—空调控制器继电器
J127—空调控制器　V68—混合风门伺服电动机

表7-14 进气风门伺服电动机总成各端子的测试结果

端子	端子含义	测试条件	测量值
T6t/1	电动机供电	接通点火开关	12V
T6t/2	内循环切换信号	从外循环切换至内循环	10.5V→0V
T6t/3	搭铁	始终	与搭铁间的电阻小于1Ω
T6t/4	电位计信号	从外循环→部分内循环→内循环	1.22V→2.4V→4.2V
T6t/5	电位计供电	接通点火开关	5V
T6t/6	外循环切换信号	从内循环切换至外循环	10.5V→0V

表 7-15　混合风门伺服电动机总成各端子的测试结果

端子	端子含义	测试条件	测量值
T6w/1	电动机供电	接通点火开关	12V
T6w/2	降温控制信号	温度从最热到最冷	10.5V→0V
T6w/3	搭铁	始终	与搭铁间的电阻小于1Ω
T6w/4	电位计信号	温度从最热到最冷	1.22V→4.2V
T6w/5	电位计供电	接通点火开关	5V
T6w/6	升温控制信号	温度从最冷到最热	10.5V→0V

（8）出风门模式控制电路　如图 7-243 所示，空调控制器根据各传感器信号和设定温度信号，通过端子 T32e/5 与 T32e/21 端子 T32e/3 与 T32e/19 控制两个出风模式风门伺服电动机总成的动作。出风模式风门伺服电动机总成各端子的测试结果见表 7-16。

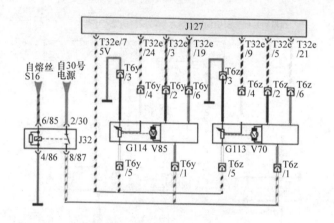

图 7-243　出风门模式控制电路
G113—中央风门伺服电动机电位计　G114—脚部/除霜风门电动机电位计
J32—空调控制器继电器　J127—空调控制器　V70—中央风门伺服电动机　V85—脚部/除霜风门电动机

表 7-16　出风模式风门伺服电动机总成各端子的测试结果

端子号	端子含义	测试条件	测量值
T6y/1、T6z/1	电动机供电	接通点火开关	12V
T6z/2	吹脚控制信号	吹胸部→吹脚	10.2V→0V
T6y/2	除霜控制信号	吹脚→除霜	10.2V→0V
T6y/3、T6z/3	搭铁	始终	与搭铁间电阻小于1Ω
T6z/4	电位计信号	吹胸部→吹脚	3.0V→2.0V→1.5V
T6y/4	电位计信号	吹脚→除霜	1.9V→3.2V
T6y/5、T6z/5	电位计供电	接通点火开关	5V
T6z/6	吹胸部控制信号	吹脚→吹胸部	10.2V→0V
T6y/6	吹脚控制信号	除霜→吹脚	10.2V→0V

119 空调制冷剂加注

(1) 空调系统抽真空仪器

1) 歧管压力表。歧管压力表是由两个压力表（低压表和高压表）、两个手动阀（高压手动阀和低压手动阀）、三个软管接头（一个接低压工作阀，一个接高压工作阀，一个接制冷剂罐或观察窗、真空泵吸入口）组成的。这些部件都装在表座上，形成一个压力计装置，如图 7-244 所示。

工作原理：压力表是弹簧管式，当具有一定压力的被测工作介质从接头进入弹簧管时，由于弹簧管内外压差的作用，使弹簧管膨胀变形，通过拉杆使扇形齿轮转一角度，从而带动小齿轮和指针也转过一个角度，指针所指的读数便是所测的压力。如果被测工作介质的压力低于大气压力，则弹簧管收缩变形，压力计所示读数便是真空度。

2) 制冷剂注入阀。在维修时，为了方便，配有制冷剂注入阀（图 7-245）来配套开罐，而且随车使用制冷剂（常用 R134a）的注入阀尺寸不同而不相同。

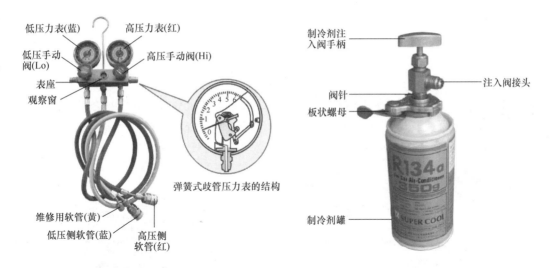

图 7-244　歧管压力表　　　　图 7-245　制冷剂注入阀

制冷剂注入阀的使用方法如下：

① 按逆时针方向旋转注入阀手柄，直至针阀完全缩回。

② 将注入阀装到小型制冷罐上，逆时针方向旋转板状螺母（圆板）直到最高位置，然后将制冷剂注入阀顺时针方向拧动，直到注入阀嵌入制冷剂密封塞。

③ 将板状螺母顺时针方向旋到底，再将歧管压力表上的中间软管固定在注入阀接头上。

④ 用手充分拧紧板状螺母。

⑤ 顺时针方向旋转手柄，使阀针在小罐上开一个小孔。

⑥ 若要加制冷剂，就顺时针方向旋转手柄，使阀针抬起，同时打开歧管压力表的相应手动阀。

⑦ 若要停止加制冷剂，就顺时针方向旋转手柄，使阀针下落到刚开的小孔里，使小孔

封闭，起密封制冷剂的作用，同时关闭歧管压力表上的手动阀。

特别注意：使用制冷剂注入阀时，制冷剂注入阀与制冷罐必须接紧，防止使用过程中，制冷剂喷出伤人。

3）电子检漏仪。常用电子检漏仪表有车握式和箱式两种，在使用中，应注意的是，由于制冷剂不同，各电子检漏仪只能单一地检测某一型号的制冷剂泄漏，而不能检测其他品种的制冷剂，所以，在使用前要先阅读相关使用说明书。图7-246所示为电子检漏仪。

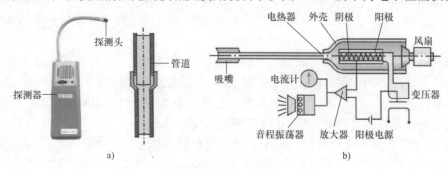

图 7-246　电子检漏仪
a）检漏仪外形　b）检漏仪结构

(2) 空调系统抽真空

1）抽真空操作步骤。抽真空是为了排除制冷系统内的空气和水分，它是空调维修中一项极为重要的程序。因为对空调系统进行维修或更换元件时，空气会进入系统，且空气中含一定的水蒸气，所以要对制冷系统抽真空。抽真空并不能把水分直接抽出制冷系统，而是产生真空后降低了水的沸点，水汽化成蒸气被抽出制冷系统，所以抽真空时间越长，系统内残余水分就越少，如图7-247所示。真空泵的流量必须大于18L/min。

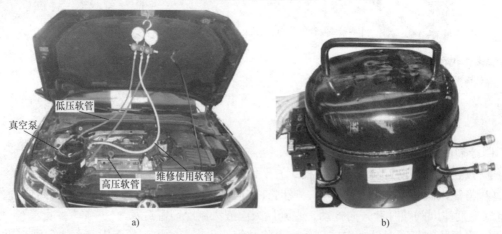

图 7-247　空调系统抽真空
a）抽真空　b）真空泵

① 先把歧管压力表高压软管接到空调系统高压维修阀上，再把低压软管接到低压维修阀上，把中间管接到抽真空机上。

② 打开歧管压力表高压手动维修阀与低压手动维修阀，起动真空泵，并观察低压表上

的真空表部分，直到将压力抽真空至 -100 ~ -80kPa。

③ 关闭歧管压力表上的手动高低压阀，关闭真空泵电源开关，观察真空表压力是否回升。如回升则表示空调系统泄漏，此时应进行检漏和修补；若压力表指示针不动，则再打开真空泵，连续抽真空 15 ~ 30min，使其压力表指针稳定。

④ 抽真空完毕后，先关闭歧管压力表高低压手动维修阀，再关闭抽真空机。注意事项：

a. 系统检修完毕后，只有抽完真空才能加注制冷剂。

b. 在抽真空过程中，如发现压力表一直不动或指针一直不降到要求的真空度，说明系统有泄漏，应检修。

⑤ 空调系统常用的检漏方法有外观检漏、压力检漏。

a. 外观检漏是指通过目视或用手直接触摸来检查制冷系统各接头是否有油泄漏出来，如图7-248所示。对于比较小的泄漏，可通过检漏仪或肥皂液来检查。

b. 压力检漏有充氮气压力检漏和充制冷剂压力检漏。

2）真空法加入冷却机油。

① 按抽真空的方法先对制冷系统抽真空。

a)　　　　　　　　　　　b)

图 7-248　外观检漏

a）检漏仪检漏法　b）肥皂液检漏法

② 选用一个有刻度的量筒，盛入比要补充的还要多的冷冻润滑油。

③ 将连接在歧管压力表上端的高压软管连接在真空泵的吸气口。

④ 将歧管压力表维修软管（黄色管）插入盛有冷冻润滑油的量筒内（加入量为 20 ~ 25mL）。起动真空泵，打开歧管压力计上的手动低压阀，补充的润滑油就从维修软管流经低压软管，从压缩机的低压侧进入压缩机中。当冷冻润滑油量达到规定量时，停止真空泵的抽吸，并关闭手动低压阀。

⑤ 按抽真空法加注冷冻润滑油后再对制冷系统抽真空、加注制冷剂。注意事项：如果更换新的压缩机，其里面已有冷却机油，不需再加。冷却机油正常颜色为淡黄色，若系统中的冷却机油为黑色、棕色等深颜色，则为冷却机油变质。

⑥ 更换制冷系统元件时冷却机油的补充量见表 7-17。

表 7-17　更换制冷系统元件时冷却机油的补充量

更换的零件	冷凝器	蒸发器	储液干燥瓶	制冷剂管路	压缩机
冷却机油的补充量/mL	40 ~ 50	40 ~ 50	10 ~ 20	10 ~ 20	80

3）加注制冷剂。由于制冷剂有液态和气态之分，故制冷剂的充注也有两种方法。

① 高压端充注法（液态制冷剂充注）。运用第一次充注，即经检漏抽真空后的系统充注。特点是安全、快捷。

操作步骤：

a. 当系统抽真空后，关闭歧管压力表上的高、低压手动阀。

b. 将中间软管的上端与制冷剂罐注入阀的接头连接起来,如图 7-249 所示,打开制冷剂罐开启阀,再拧开歧管压力表中间软管上端的螺母,让气体溢出几秒钟,把空气赶走,然后拧紧螺母。

c. 打开高压侧手动阀至全开位置,将制冷剂罐倒立,以便从高压侧充注液态制冷剂。

d. 从高压侧注入规定量的液态制冷剂后,关闭制冷剂罐注入阀及歧管压力计上的手动高压阀,然后将仪表卸下。特别要注意,从高压侧向系统充注制冷剂时,发动机处于不起动状态(压缩机停转),更不可拧开歧管压力表上的手动低压阀,以防止产生液压冲击。

注意事项:

a. 充注时不能起动压缩机,而且制冷剂罐要倒立。

b. 禁止在充注时打开低压开关。

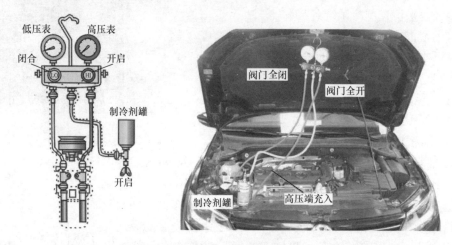

图 7-249 高压端注入制冷剂

② 低压端充注法(气态制冷剂充注)。通过歧管压力表上的手动低压阀,可向制冷系统的低压侧充注气态制冷剂。特点:充注速度慢,通常在补充制冷剂的情况下使用。

操作步骤:

a. 如图 7-250 所示,将歧管压力表与压缩机和制冷剂罐连接好。

b. 打开制冷剂罐,拧松中间注入软管在歧管压力表上端的螺母,直到听见有制冷剂蒸气流动的声音,然后拧紧螺母。目的是排出注入软管中的空气。

c. 打开手动低压阀,让制冷剂进入制冷系统。当系统的压力值达到 0.4MPa 时,关闭手动低压阀。

d. 起动发动机,将空调开关接通,并将风机开关和温控开关都调至最大。

e. 再打开歧管压力计上的手动阀,让制冷剂继续进入制冷系统,直至充注量达到规定值。

f. 在向系统中充注规定量制冷剂之后从视液玻璃窗处观察,确认系统内无气泡、无过量制冷剂。随后将发动机转速调至 2000r/min,冷风机风量开到最高档,若气温在 30 ~ 35℃,则系统内低压侧压力应为 0.147 ~ 0.192MPa,高压侧压力应为 1.37 ~ 1.67MPa。

g. 充注完毕后,关闭歧管压力表上的手动低压阀,关闭装在制冷剂罐上的注入阀,使发动机停止运转,将歧管压力计从压缩机上卸下,卸下时动作要迅速,以免过多的制冷剂排出。

注意事项:
a. 确保制冷剂罐直立,防止制冷剂从负压端进入系统,对压缩机造成损伤。
b. 充入到规定量后,关闭低压侧手动阀,再关闭制冷剂注入阀。
c. 不要充注过多的制冷剂,否则会引起轴承和传动带的故障。

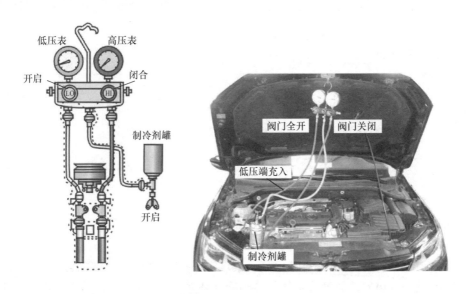

图 7-250　低压端注入制冷剂

120　空调故障分析

(1) 大众空调故障诊断　若此类空调出现不制冷故障,可按照以下步骤进行诊断:

1) 用手触摸空调低压管,查看低压管有无制冷现象。若感觉低压管有制冷现象而出风口无冷风,则为冷热风道交换问题;若感觉低压管无制冷现象,则进行下一步骤。

2) 用 VAS6150 进入空调系统查看是否有故障码。若有故障码,则先按故障码进行排除;若无故障码,则进行下一步骤。

3) 查看空调系统数据流内是否有关于空调压缩机关闭的代码(图 7-251)。若有代码,则根据各代码的含义按表 7-18 进行排除;若无关于空调压缩机关闭的代码,且各数据又都正常,则进行下一步骤。

4) 用空调歧管压力表连接高、低压管查看系统压力。若高、低压管的压力均正常,则系统内有空气;若高、低压管的压力均没有达到标准范围,则进行下一步骤。

5) 用示波器测量 N280 的波形。若波形正常,则更换空调压缩机;若无波形或波形不正常,则检查相关线束;若相关线束正常,则更换空调控制单元。

表7-18 压缩机各关闭代码的含义

代码	含义
1	系统压力太高，大于32bar（1bar=100kPa）
2	鼓风机损坏
3	系统压力太低，小于2bar
5	发动机转速太低
6	处于ECOM模式，AC开关未开
7	鼓风机未开
8	环境温度太低
10	电源电压太低，小于9.5V
11	发动机冷却液温度太高，高于115℃
12	被发动机或变速器控制单元关闭，检查其控制单元信息
14	蒸发器出风口温度低于1℃
15	蒸发器温度传感器故障
16	风扇未工作

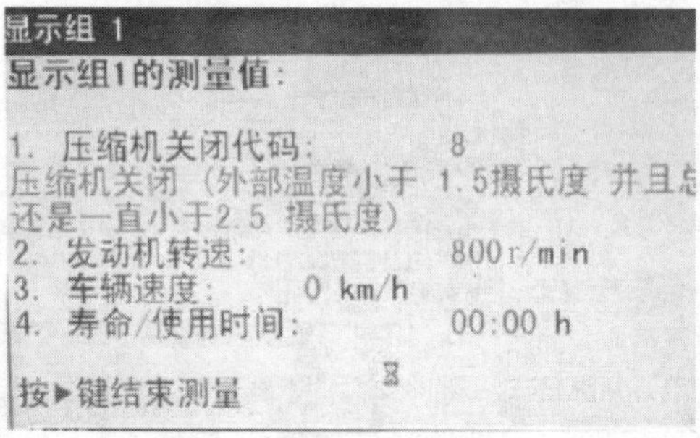

图7-251 关于空调压缩机关闭的代码

（2）速腾暖风不热

1）故障现象：一辆装备半自动空调系统的速腾轿车，行驶里程约为60000km，出现空调暖风不热，打开暖风后出风口吹出的是自然风。

2）故障分析：首先用VAS6150B检测，发现空调控制单元中无故障码存储。该车的暖风系统是由空调控制单元、风循环系统、冷却液循环系统组成的。当冷却液温度已经达到正常工作温度后，打开暖风开关，出风口吹出的风为自然风，推断可能的故障原因有空调控制系统故障或冷却液不能流过暖风冷却液箱进行循环。

接着用手触摸检查暖风冷却液箱的进出液管温度，能够明显感觉到暖风液管烫手，进出液口的温差不大。此时可将故障点锁定在暖风风门没有打开，鼓风机吹入的风不能经过暖风冷却液箱。由于此车是半自动空调，它的冷热风门控制是空调控制单元将中央出风口温度传感器的温度与空调控制单元中的数据相互比较后，通过控制冷热翻板伺服电动机的动作来调节出风口温度。用VAS6150B读取中央出风口温度的数据流，发现中央出风口温度传感器温度为84℃（图7-252），冷却液温度为83℃，说明此出风口温度数值出现了严重偏差。

分析该车的电路图后，决定先拔下中央出风口温度传感器，观察数据流中的中央出风口温度传感器温度由原来的84℃变为无任何显示（图7-253），并发现此时出风口能够吹出暖风。再次连接该传感器后试验，故障依旧。此时可进一步将故障点锁定在该中央出风口温度传感器及其与空调控制单元之间的线路。

根据电路图（图7-254）检查，拆下空调控制单元后测量其端子T20c/3与中央出风口温度传感器的端子2之间的电阻，为0.4Ω；测量空调控制单元的端子T20c/18与中央出风口温度传感器的端子1之间的电阻，为6.4Ω（标准值应该小于1.5Ω），说明两条线路无断路现象；接着分别测量中央出风口温度传感器的端子1、端子2与搭铁之间的电阻，为∞，说明两条线路无搭铁短路现象；最后测量中央出风口温度传感器的端子1与端子2之间的电阻，为∞，说明两条线路无短路现象。此时可将故障确认为中央出风口温度传感器的故障。

3）故障排除：更换中央出风口温度传感器（图 7-255），故障排除。

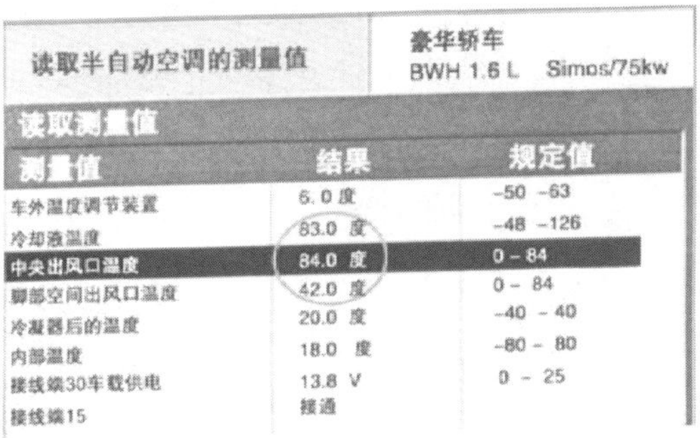

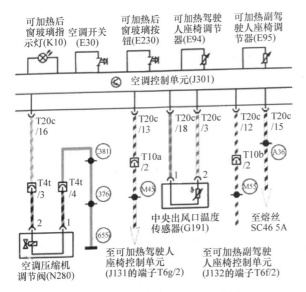

读取半自动空调的测量值	豪华轿车 BWH 1.6 L Simos/75kw	
读取测量值		
测量值	结果	规定值
车外温度调节装置	6.0 度	-50 -63
冷却液温度	83.0 度	-48 -126
中央出风口温度	84.0 度	0 - 84
脚部空间出风口温度	42.0 度	0 - 84
冷凝器后的温度	20.0 度	-40 - 40
内部温度	18.0 度	-80 - 80
接线端30车载供电	13.8 V	0 - 25
接线端15	接通	

图 7-252 故障车数据流

读取半自动空调的测量值	豪华轿车 BWH 1.6 L Simos/75kw	
读取测量值		
测量值	结果	规定值
车外温度调节装置	6.0 度	-50 -63
冷却液温度	84.0 度	-48 -126
中央出风口温度	–	0 - 84
脚部空间出风口温度	29.0 度	0 - 84
冷凝器后的温度	20.0 度	-40 - 40
内部温度	19.0 度	-80 - 80
接线端30车载供电	13.8 V	0 - 25
接线端15	接通	

图 7-253 断开中央出风口温度传感器后测得的数据流

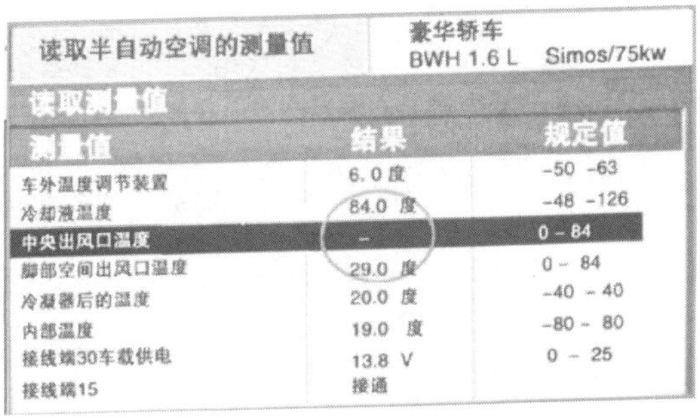

图 7-254 空调控制单元的电路图

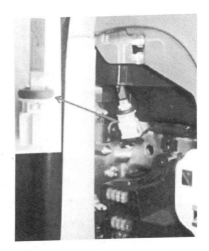

图 7-255 中央出风口温度传感器位置

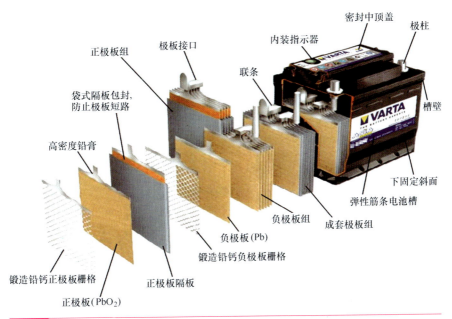

图 1-4 蓄电池结构

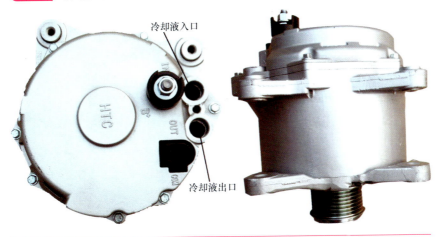

图 2-4 水冷发电机实物图

图 3-16 电磁控制装置的结构

图 5-6 氙气灯组件

本图所示为SAE[2)]-型的LED-前照灯

486_034

图 5-9 LED 大灯

图 6-2 仪表主要的警告灯和指示灯显示的信息

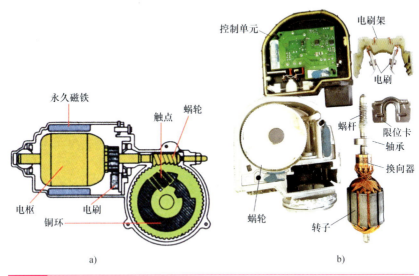

图 7-2　刮水器电动机总成结构图

a）不带控制单元的刮水器电动机　b）带控制单元的刮水器电动机

图 7-3　永磁式直流电动机分解图

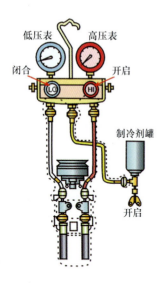 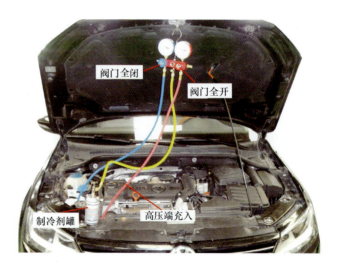

图 7-249 高压端注入制冷剂

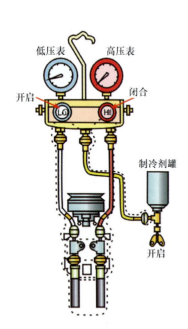 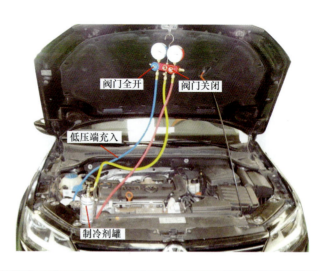

图 7-250 低压端注入制冷剂